责任保险与案例分析

许飞琼 编著

图书在版编目(CIP)数据

责任保险与案例分析 / 许飞琼编著. —上海：立信会计出版社，2024.4
 ISBN 978-7-5429-7498-3

Ⅰ.①责… Ⅱ.①许… Ⅲ.①责任保险—研究—中国 Ⅳ.①F842.686

中国国家版本馆 CIP 数据核字(2024)第 007847 号

策划编辑　　张忠秀
责任编辑　　张忠秀
美术编辑　　吴博闻

责任保险与案例分析
ZEREN BAOXIAN YU ANLI FENXI

出版发行	立信会计出版社
地　　址	上海市中山西路 2230 号　　邮政编码　200235
电　　话	(021)64411389　　传　真　(021)64411325
网　　址	www.lixinaph.com　　电子邮箱　lixinaph2019@126.com
网上书店	http://lixin.jd.com　　http://lxkjcbs.tmall.com
经　　销	各地新华书店
印　　刷	浙江临安曙光印务有限公司
开　　本	787 毫米×1092 毫米　　1/16
印　　张	17.25
字　　数	420 千字
版　　次	2024 年 4 月第 1 版
印　　次	2024 年 4 月第 1 次
书　　号	ISBN 978-7-5429-7498-3/F
定　　价	49.00 元

如有印订差错，请与本社联系调换

前　言
PREFACE

历时三个年头,《责任保险与案例分析》书稿今天终于完成了。院子里满墙的蔷薇花随风摇曳,令人好生欢喜。

2021年1月1日,我国第一部以"法典"命名的法律——《中华人民共和国民法典》(以下简称《民法典》)颁布实施,这是中国特色社会主义法律体系达到新高度的重要标志。2022年10月16日,党的二十大报告首次单独把法治建设作为专章论述、专门部署,这意味着我国的法治建设将进入全面系统化和从量变到质变的飞跃新阶段。责任保险作为以民事损害赔偿责任为保险标的的保险,其产生和发展的基础却不仅仅是各种民事法律责任风险的客观存在和社会生产力达到一定的阶段,更是由于人类社会的进步带来了法治建设的不断完善。国家法治建设将是立法、执法、司法、守法等全环节、全过程的发展建设,建设过程中的一个重要特点就是法律风险具有普遍性、持续性。因此,国家法治建设不仅意味着法律风险会全面、持续增长,而且必须要有责任保险机制来加以配合。正是基于这样的背景,我着手进行《责任保险与案例分析》一书的写作。

与已出版的同类教材相比,本书主要有如下特点:

一是紧扣时代特征。全书以新时代法规理论体系框架为基础,立足责任保险方面的最新研究成果与思政元素,对责任保险的理论体系与实务操作进行了比较完整的介绍,能够保证读者适应新时代对责任保险学科基础知识灵活性、系统性及多元化的需求。

二是突出理论与实务相结合。本书既系统阐述了责任保险理论知识,又全面介绍了责任保险的具体实务,能够帮助读者学以致用。

三是突出案例分析。全书每章在思政园地设置引入案例并专门安排一节来介绍精心编写的五个案例,既能够帮助读者通过贯穿始末的案例树立法治理念、弘扬和践行社会主义核心价值观,又能养成习惯性的法律思维,并主动探索和解决责任保险理论知识问题,达到提高分析问题、归纳问题和解决问题的能力。

四是富有启发性。本书每章的学习目标、知识链接与多类型的复习思考题,以及相关案例的分析,使教学的逻辑顺序与知识体系掌握的递进关系更加清晰,可以帮助读者更好地掌握相关专业知识,也更能适应金融保险专业、法律专业师生教与学的需要。

五是可读性强。全书文字简洁、语言通俗易懂、条理清晰,且各章节或配有相关图表、或配有计算等实例,增强了专业知识的可读性。

综上，本书不仅适合各高等院校金融保险类、法学类师生教学之用，而且可以作为保险与法律工作者、保险消费者的学习、参考用书。

感谢中国人保财险公司山东分公司机构业务部业务主管王雪女士在本书的写作过程中提供的帮助。此外，在本书的写作过程中，我参考并引用了一些报纸杂志、网络媒体发布的相关专业信息与案例素材，在此向这些作者表示诚挚的谢意，并请见谅可能存在的疏于注释之处。

许飞琼

2024 年 4 月

目 录
CONTENTS

第一章 导论   **1**
    第一节 责任保险的起源与发展 / 1
    第二节 责任保险的概念 / 4
    第三节 责任保险的特征和作用 / 17
    第四节 责任保险的种类 / 22
    第五节 案例分析 / 27
    复习思考题 / 39

第二章 公众责任保险   **41**
    第一节 公众责任保险概述 / 41
    第二节 公众责任保险的种类 / 51
    第三节 公众责任保险的经营 / 72
    第四节 案例分析 / 80
    复习思考题 / 87

第三章 产品责任保险   **89**
    第一节 产品责任保险概述 / 89
    第二节 产品责任保险的种类 / 96
    第三节 产品责任保险的经营 / 105
    第四节 案例分析 / 112
    复习思考题 / 121

第四章 雇主责任保险   **123**
    第一节 雇主责任保险概述 / 123
    第二节 雇主责任保险的合同内容 / 132
    第三节 雇主责任保险的经营 / 137
    第四节 境外雇主责任保险 / 145

第五节 案例分析 / 153
复习思考题 / 163

第五章 职业责任保险　　　　　　　　　　　　165

第一节 职业责任保险概述 / 165
第二节 职业责任保险的责任范围 / 169
第三节 职业责任保险的经营 / 171
第四节 职业责任保险的种类 / 176
第五节 案例分析 / 197
复习思考题 / 205

第六章 第三者责任保险　　　　　　　　　　　　207

第一节 第三者责任保险概述 / 207
第二节 机动车第三者责任保险 / 216
第三节 其他第三者责任保险 / 222
第四节 案例分析 / 231
复习思考题 / 239

第七章 个人责任保险　　　　　　　　　　　　　241

第一节 个人责任保险概述和种类 / 241
第二节 个人责任保险的经营 / 243
第三节 个人责任保险的种类 / 248
第四节 案例分析 / 257
复习思考题 / 267

参考文献　　　　　　　　　　　　　　　　　　269

第一章

导　　论

> **学习目标**
>
> 本章是全书的总纲。学生应了解责任保险的起源与发展，全面掌握责任保险的概念、特征与种类，正确认识责任保险是推进我国法治建设的有效机制。

第一节　责任保险的起源与发展

思政园地

一、责任保险的起源

从历史上看，责任保险起源于19世纪初叶的法国。1804年3月21日，法国正式公布了《法国民法典》(又称《拿破仑法典》)。这部法典首次规定了损害他人财产或身体者须承担赔偿责任。如该法典中的第1382至第1386条就有如下规定：任何人，如果其行为引起他人损害的发生，则应对他人损害承担过错侵权责任；任何人不仅要就自己的行为所导致的损害承担责任，而且还要就其疏忽或轻率的行为造成的损害承担侵权责任；父母就其子女所导致的损害行为要承担侵权责任，主人或雇主就其仆人或雇员所导致的损害行为要承担侵权责任以及教师就其学生所导致的损害行为要承担侵权责任；任何人不仅要就自己的行为所造成的损害承担侵权责任，而且还要对自己就其行为负责的人的行为或对自己就其管理下的物的行为所造成的损害承担侵权责任；动物的所有人或管理人应当对该动物在其管理之下或逃逸时所造成的损害承担侵权责任；建筑物的所有人应当就其建筑物欠缺修缮而坍塌所造成的损害承担侵权责任；等等。① 由于法律责任风险的存在，法国便率先开办了责任保险，建立了责任保险制度。在法国建立责任保险制度后不久，德国仿效法国也开设了责任保险。②

---

① 拿破仑法典(法国民法典)[M].李浩培,等译.北京:商务印书馆,1979:189-190.
② 许飞琼.责任保险[M].北京:中国金融出版社,2007:36.

二、责任保险相关险种的产生

19世纪中叶后,责任保险在欧美国家的许多领域开始实施。1855年,英国制定了世界上首部提单法——《1855年英国提单法》,承运人因此而面临着相关法律责任风险。同年,世界航运史上第一家船东互保组织在英国成立,承运人责任保险因此而产生,该组织承担会员船东对旅客的人身伤亡责任和船舶保险人不保的1/4船舶碰撞责任。与此同时,英国铁路乘客保险公司也开办了铁路承运人责任保险,对于在铁路运输中的货物毁损,承运人可以通过购买保险合同将要承担赔偿责任的风险转嫁给保险公司。1875年,英国沃顿保险公司签发第一张载有公众责任的保险单,同年还出现了马车第三者责任保险,专门承保因使用马车而引起的赔偿责任。1880年,英国颁布《雇主责任保险法》,该法规定雇主经营业务中因过错致使雇员受到伤害时须负法律赔偿责任。有鉴于此,同年英国成立了雇主责任保险公司并出具了第一份雇主责任保险单。1886年,英国在美国开设雇主责任保险分公司,而美国自己承保雇主责任保险业务的公司则在1889年才创办。此外,英国法律事故保险公司于1896年首先开创了汽车责任保险,成为汽车责任保险"第一人"。当时签发了保费为10~100英镑的第三者责任保险单。其他责任保险险种的产生主要有:1885年出现了职业责任保险——药剂师过失责任保险,1886年出现了承包人责任保险,1888年出现了升降梯责任保险,制造业责任保险则始于1892年,业主房东住户责任保险始于1894年,契约责任保险始于1900年,医生职业责任保险始于1890—1900年,产品责任保险即毒品责任保险始于1910年,运动责任保险始于1915年,航空责任保险始于1919年,会计师责任保险始于1923年,个人责任保险始于1932年,农户及店主责任保险始于1948年。1965年,英国发布《核装置法》,其中规定安装者必须负责最低限额为500万英镑的核责任保险;1970年,英国开始承保因飞机声震等噪音污染而造成的损害赔偿责任;此时,环境责任保险在英国得到了普遍推行。此外,法国于20世纪80年代推出了"建筑物十年期责任保险",主要承保竣工验收之日起十年之内,住宅因主体结构存在缺陷发生工程质量事故而给消费者造成的损失。值得指出的是,法定强制责任保险可以1927年美国马萨诸塞州的《强制汽车(责任)保险法》的颁布实施为标志,紧跟着的是1928年新西兰实行的机动车辆第三者责任强制保险。20世纪70年代,绝大部分责任保险产品均已产生并形成了独立的保险产品体系。[①]

三、责任保险的发展

责任保险在开办之初,曾在国际上引起过激烈的争论,有的认为责任保险是代替致害人承担赔偿责任,不符合社会公共道德准则;有的认为责任保险是在鼓励人们去犯罪;有的甚至认为责任保险削弱了民事法律制度的惩戒作用。[②] 但随着现代工业的迅猛发展,各种民事赔偿责任事故层出不穷,人们逐渐认识到责任保险是作为保证民事损害赔偿责任得以兑现的经济措施,既有利于补偿受害人的损失,提高被保险人承担民事赔偿责任的能力,也有利于社会生产和生活的稳定,由此有关责任保险的争议才销声匿迹。[③] 自20世纪30年

---

① 许飞琼.责任保险[M].北京.中国金融出版社,2007:37-38.
② 许飞琼.责任保险[M].北京.中国金融出版社,2007:38.
③ 许飞琼.责任保险[M].北京.中国金融出版社,2007:40.

代到40年代,一些国家开始将汽车第三者责任保险定为法定保险后,责任保险逐步普及到更多的国家。

自20世纪50年代以后,随着商品经济的发展,各种民事活动急剧增加,法律制度不断健全,人们的索赔意识不断增强,各种民事赔偿事故层出不穷,责任保险的发展在工业化国家进入了黄金发展时期,渗透生产与生活的一切领域。在这一时期,各种运输工具的第三者责任保险产品得到了迅速发展,雇主责任保险也成了普及化的责任保险险种。此外,公众责任保险、产品责任保险、职业责任保险等险别所包括的产品也越来越丰富。20世纪70年代责任保险则获得了全面、高速的发展,责任保险业务也因此而成为保险市场上举足轻重的业务,在美国等发达国家其业务量更是占整个非寿险业务的一半左右。

进入21世纪后,责任保险业务可谓突飞猛进。2014年,全球责任险保费达1 530亿美元,占非寿险市场的9%;2007—2014年,亚洲责任保险保费年均增长10%;2016年中国的责任保险保费收入362.35亿元,同比增长20.04%,总量超过日本,成为亚洲最大、世界第三的责任保险市场。① 2021年,中国的责任保险保费收入首度超过1 000亿元,达1 018亿元。② 在产品方面,除了传统型的公众责任保险、雇主责任保险、产品责任保险、职业责任保险,网络安全责任保险、偶发事故保险、绑架赎金保险、专利保险、活动取消保险、名誉损害责任保险等费用型、服务型的创新责任保险业务发展迅速。美国保险监督官协会(NAIC)的统计数据显示,2018年美国网络安全保险市场规模约35.98亿美元,比2017年的30.87亿美元增长了16.54%(☞知识链接1-1)。③ 2015年全球网络安全保险保费收入约为31亿美元,而2020年该保险保费收入突破了100亿美元。④ 另据美国知名市场研究机构Research and Markets 2019年8月发布的《网络安全保险——全球市场展望(2017—2026年)》报告预测,到2026年,全球网络安全保险市场规模将达到350.7亿美元,平均年复合增长率达26.6%。⑤ 可以肯定,责任保险在21世纪会成为一种全球性、普遍性的重要保险业务,不仅发达国家的责任保险地位会进一步得到巩固,许多发展中国家随着其市场经济的发展和法制的日益健全,也会进入高速发展的阶段。

知识链接1-1 网络安全保险是指保险人承保被保险人因网络安全事件造成的经济损失或应承担的法律赔偿责任的保险。网络安全保险是由计算机犯罪责任保险演变而来,故又被称为网络责任保险。欧洲网络与信息安全局将网络安全保险定义为承保网络空间相关风险(包括赔偿责任财产损失和盗窃、数据损坏、网络中断收入损失和计算机故障或网站污染等)的保险。目前,国内外网络安全保险一般包括网络安全财产损失保险、责任保险(如网络安全责任保险、信息技术产品责任保险、网络安全服务职业责任保险、网络数据被窃责

---

① 易永英.保险业去年原保费收入3.1万亿 同比增长27.50%[N].证券时报,2017-02-15;皮立波.国际责任保险市场概览及我国发展展望[J].中国保险,2021(6):13.
② 中国银行保险监督管理委员会统信部.2021年12月财产保险公司经营情况表[N/OL].中国银行保险监督管理委员会网站,http://www.cbirc.gov.cn/cn/view/pages/ItemDetail.html?docId=1034666&itemId=954&generaltype=0,2022-01-25.
③ 房文彬.网络安全保险如何叫好又叫座?[N].中国银行保险报,2022-04-25;刘玉琢,魏书音.美国网络安全保险业发展带来的启示[J].前瞻,2021(599).
④ 李晰.专家谈网络安全险:"保险+安全服务"才更完美[N].中国保险报,2017-12-18;皮立波.国际责任保险市场概览及我国发展展望[J].中国保险,2021(6):13.
⑤ 朱艳霞.网络责任险迎来巨大机遇[N].中国银行保险报,2019-11-05.

任保险、信息与隐私泄露责任保险)和综合险等品种。其承保内容主要是因网络安全事件而造成的经济损失、人身伤害及财产损失,包括对投保人自身造成的损失和对第三方造成的损失。美国市场销售的网络安全保险承担的责任主要分为七类:企业经营中断损失,系统和数据恢复费用,合规性监管罚款(如 GDPR),网络勒索及谈判费用,知识产权损失,数据泄露给第三方造成的损失,危机管理费用(如名誉损失、调查取证费等)。此外,部分企业还提供网络安全咨询、网络安全事件应急响应、修复公司声誉等服务。

由于责任保险的产生与发展壮大,其被西方国家保险界称为整个保险业发展的第三阶段,也是最后阶段。西方保险界认为,保险业的发展可以划分为三个大的发展阶段:第一阶段是传统的海上保险和火灾保险(后来扩展到一切财产保险);第二阶段增加了人寿保险;第三阶段则是扩展了责任保险。保险业由承保物质利益风险扩展到承保人身风险后,必然会扩展到承保各种法律风险。由此可见,责任保险在保险业中的重要地位,它既是法律制度走向完善的结果,又是保险业直接介入社会发展的具体表现。①

第二节 责任保险的概念

一、法律责任

(一) 法律责任的概念

法律责任这一概念可以从正反两个方面理解,即积极意义的法律责任与消极意义的法律责任。积极意义上的法律责任,是指所有法律主体都有遵守法律的义务,即将法律责任与法律义务含义同等,也称广义的法律责任。消极意义上的法律责任,即狭义上的定义,是指责任主体违反了法定或者约定的义务而必须承担的具有强制性的特定后果。现行立法所用的法律责任都是一种消极意义上的法律责任。例如,《民法典》第三十四条规定:"监护人的职责是代理被监护人实施民事法律行为,保护被监护人的人身权利、财产权利以及其他合法权益等。监护人依法履行监护职责产生的权利,受法律保护。监护人不履行监护职责或者侵害被监护人合法权益的,应当承担法律责任。"该法第八十四条规定:"营利法人的控股出资人、实际控制人、董事、监事、高级管理人员不得利用其关联关系损害法人的利益;利用关联关系造成法人损失的,应当承担赔偿责任。"又如《中华人民共和国安全生产法》(以下简称《安全生产法》)第九十二条第一款规定:"承担安全评价、认证、检测、检验职责的机构出具失实报告的,责令停业整顿,并处三万元以上十万元以下的罚款;给他人造成损害的,依法承担赔偿责任。"《中华人民共和国道路交通安全法》(以下简称《道交法》)第九十八条第一款规定:"机动车所有人、管理人未按照国家规定投保机动车第三者责任强制保险的,由公安机关交通管理部门扣留车辆至依照规定投保后,并处依照规定投保最低责任限额应缴纳的保险费的二倍罚款。"《中华人民共和国网络安全法》(以下简称《网络安全法》)第七十四条第一款规定:"违反本法规定,给他人造成损害的,依法承担民事责任。"等等。

---

① 许飞琼,郑功成.财产保险[M].北京.中国金融出版社,2020:307.

也由此可见,法律责任是由特定法律事实所引起的对损害予以补偿、强制履行或接受惩罚的特殊义务,是一种不利的法律后果。

(二)法律责任的分类

1. 根据违法行为的性质和危害程度分类

根据违法行为的性质和危害程度不同,法律责任分为行政责任、民事责任、刑事责任三类。

1)行政责任

行政责任又称行政法律责任,是指因违反行政法律、法规所应承担的法律责任。行政责任分为两类:一是行政处分。行政处分是指对国家工作人员及由国家机关委派到企事业单位任职的人员的行政违法行为,由所在单位或者其上级主管机关所给予的一种制裁性处理。行政处分的种类包括警告、记过、降级、降职、撤职、开除等。二是行政处罚。行政处罚是指国家行政机关对构成行政违法行为的公民、法人或者其他组织实施的制裁。行政处罚包括以下几种:警告;罚款;没收违法所得、没收非法财物;责令停产停业;暂扣或者吊销许可证、暂扣或者吊销执照;行政拘留,以及法律、行政法规规定的其他行政处罚。

2)民事责任

民事责任又称民事法律责任,是指由于违反民事法律或者合同约定,或者侵害了他人合法权益所应当承担的法律后果。民事责任包括侵权民事责任与违约民事责任。民事责任具有以下特点:①补偿性或赔偿性。民事责任的首要特点在于给予受损人以补偿,使受损人恢复到损害前的状况。②财产性。我国《民法典》第一百七十九条规定,承担民事责任的方式主要有:停止侵害;排除妨碍;消除危险;返还财产;恢复原状;修理、重作、更换;继续履行;赔偿损失;支付违约金;消除影响、恢复名誉;赔礼道歉。从这十一种方式可以看出,尽管《民法典》既调整人身关系,也调整财产关系,但更主要的是调整财产关系。《民法典》用来调整财产关系是通过用承担财产责任的办法来解决的。例如,该法第一千一百七十九条规定:"侵害他人造成人身损害的,应当赔偿医疗费、护理费、交通费、营养费、住院伙食补助费等为治疗和康复支出的合理费用,以及因误工减少的收入。造成残疾的,还应当赔偿辅助器具费和残疾赔偿金;造成死亡的,还应当赔偿丧葬费和死亡赔偿金。"又如,违反合同应当支付违约金或者赔偿损失;损坏公共财产或他人财产的,应当恢复原状或者赔偿损失;等等。即使《民法典》调整人身关系,也可以是财产关系,如公民的姓名权、肖像权、名誉权、荣誉权受到侵害时,受害人除了有权要求停止侵害,恢复名誉,消除影响,赔礼道歉(这些是人身责任而不是财产责任)外,还可以要求赔偿损失。可见,民事责任因其通过承担财产责任的办法来解决民事责任后果而具有财产性。③协商性。民事责任有法律直接规定的,也有由当事人协商确定的,在法律允许的条件下,民事责任可以由当事人协商确定。如对合同中违约金比例规定有一定幅度的,合同双方当事人可以协商确定违约金的比例、损害赔偿数额的计算方法等;一方损坏他人财物的,当事人可以协商确定是修复或者是折价赔偿。再如,公民由于过失而伤害他人身体的,受害人可以根据情况,适当减免致害人的赔偿责任等等。④强制性。民事责任是一种强制性的法律责任,它是以国家强制力为后盾的。所谓国家强制力,是指国家司法机关或行政机关有权采取的,能够迫使违法行为人承担其效果的强制力。其他责任,如道德责任,只能通过舆论监督等途径进行,不能通过国家强制力保证执行。国家强制力主要表现在两个方面：一是当民事主体违反合同或不履行其他义务，或者由于过错侵害国家、集体的财产，侵害他人财产、人身时，法律规定其应当承担民事责任；二是当国家要求民事主体承担民事责任而主体不予承担时，国家可以通过强制性的手段来要求主体承担。

3）刑事责任

刑事责任又称刑事法律责任，是指行为人因犯罪行为所导致的，违反国家刑事法律而必须承担的惩罚性后果。这种惩罚性后果由司法机关通过特定的程序来确定。刑事责任具有以下特点：第一，行为人行为具有严重的社会危害性。第二，刑事责任是犯罪人向国家所负的法律责任，由国家机关来追究。第三，刑事责任是所有法律责任中最严厉的一种，如被判处死刑、无期徒刑等。

2. 根据民事责任承担主体不同分类

根据民事责任承担主体不同，法律责任分为自然人责任、法人责任和非法人责任三类。

1）自然人责任

自然人责任又称个人责任，是指由于自然人（包括家庭）的作为与不作为而对他人的财产或身体造成损害依法应承担的责任。例如，某人骑摩托车撞伤行人而应当承担被撞者的医疗费、误工工资等损失赔偿责任。又如，某住宅业主因维护不善导致其住宅发生坍塌而损害了邻居住宅应承担的赔偿责任等。因个人责任往往涉及与个人相关联的家庭，所以，又可将个人责任称为家庭责任。

2）法人责任

法人是具有民事权利能力和民事行为能力，依法独立享有民事权利和承担民事义务的组织。法人责任是指法人在经营活动过程中造成他人的财产或身体损害而应当承担损害赔偿的责任。法人民事责任，主要是由法人违反合同行为或侵权行为而产生的。例如，因法人违反合同行为应当承担补救措施、偿付违约金、赔偿损失等民事赔偿责任；法人因侵权行为而应承担返还被侵害人的财产、赔偿被侵害人的医疗费和误工补贴等民事赔偿责任。又如，企业在生产产品过程中造成环境污染而应承担对受害的有关当事人的经济赔偿责任均是法人民事责任。

3）非法人责任

非法人是指介于自然人和法人之间的，未经法人登记的组织，是为实现某种合法目的或以一定财产为基础并供某种目的之用而联合为一体的非按法人设立规则而设立的组织。我国《民法典》第一百零二条规定："非法人组织是不具有法人资格，但是能够依法以自己的名义从事民事活动的组织。非法人组织包括个人独资企业、合伙企业、不具有法人资格的专业服务机构等。"该法第一百零四条规定："非法人组织的财产不足以清偿债务的，其出资人或者设立人承担无限责任。法律另有规定的，依照其规定。"可见，非法人组织承担的责任是无限责任，但其他法律对非法人组织的债务承担责任另有规定的，应当依照其特别规定确定非法人组织承担民事责任的方法。例如《中华人民共和国合伙企业法》（以下简称《合伙企业法》）第二条第三款规定，有限合伙人以其认缴的出资额为限对合伙企业债务承担责任。这就是法律对非法人组织债务承担责任的"另有规定"。非法人民事责任，主要是由非法人违反合同行为或侵权行为而产生的。例如，合伙制律师事务所、合伙制会计师事务所违反委托合同行为或侵权行为而产生的职业侵权责任，依据相关法律应该承担赔偿责任。我国《合伙企业法》第五十七条规定:"一个合伙人或者数个合伙人在执业活动中因故意或者重大过失造成合伙企业债务的,应当承担无限责任或者无限连带责任,其他合伙人以其在合伙企业中的财产份额为限承担责任。合伙人在执业活动中非因故意或者重大过失造成的合伙企业债务以及合伙企业的其他债务,由全体合伙人承担无限连带责任。"该法第五十八条规定:"合伙人执业活动中因故意或者重大过失造成的合伙企业债务,以合伙企业财产对外承担责任后,该合伙人应当按照合伙协议的约定对给合伙企业造成的损失承担赔偿责任。"正因为合伙人赔偿责任大,《合伙企业法》第五十九条还规定"特殊的普通合伙企业应当建立执业风险基金、办理职业保险。执业风险基金用于偿付合伙人执业活动造成的债务。执业风险基金应当单独立户管理。具体管理办法由国务院规定。"

值得一提的是,根据《中华人民共和国国家赔偿法》(以下简称《国家赔偿法》)第二条规定:"国家机关和国家机关工作人员行使职权,有本法规定的侵犯公民、法人和其他组织合法权益的情形,造成损害的,受害人有依照本法取得国家赔偿的权利。本法规定的赔偿义务机关,应当依照本法及时履行赔偿义务。"可见,与自然人、法人与非法人组织一样,国家也存在着法律责任。例如,若行政机关及其工作人员在行使行政职权时,发生非法拘禁、造成公民身体伤害或者死亡的其他违法行为,违法实施罚款、吊销许可证和执照、责令停产停业、没收财物等行政处罚,违法征收、征用财产等,国家须依法进行赔偿。

3. 根据责任关系不同分类

根据责任关系不同,法律责任分为直接责任、间接责任和连带责任三类。

1) 直接责任

直接责任是指行为主体自身的行为直接导致他人的财产损失或身体损害而应承担的法律责任。在一般侵权行为中,行为人和责任人是同一人,行为人对自己实施的行为承担后果责任,即自己造成的损害,自己赔偿,不能由没有实施违法行为的人承担赔偿责任。如因外科医生的疏忽而导致患者在手术中死亡,则外科医生应承担直接责任。

2) 间接责任

间接责任也称替代责任,是指责任人为行为人的行为负责,或者责任人为自己管领下的物件致害负责的法律责任。如雇主对雇员因执行公务使他人受到损害而承担的赔偿责任,动物饲养人或者管理人因饲养的动物造成他人损害而承担的赔偿责任,均属于间接责任。在间接责任这类特殊侵权行为中,责任人并没有实施侵权行为,实施侵权行为的是行为人(或物件),造成损害的也是行为人(或物件),按照一般侵权行为的规则,应当由行为人承担责任。但是,由于责任人与行为人(或物件)具有特定的关系,同时也由于责任人在主观上具有过失,因此由责任人承担赔偿责任,而不是由行为人承担责任。从法律上来说,间接责任必须具备下列特征:一是责任人与致害行为人或致害物相分离;二是责任人为致害行为人或致害物承担责任须以他们之间的特定关系的存在为前提;三是责任人为赔偿义务主体,承担赔偿责任。

3) 连带责任

连带责任是指多数责任主体中的任何一人都必须对该责任主体违反法律义务的后果承担全部强制性法律责任。例如,我国《民法典》第一百六十七条规定:"代理人知道或者应当知道代理事项违法仍然实施代理行为,或者被代理人知道或者应当知道代理人的代理行为违法未作反对表示的,被代理人和代理人应当承担连带责任。"该法第一百七十八条规定:"二人以上依法承担连带责任的,权利人有权请求部分或者全部连带责任人承担责任。连带责任人的责任份额根据各自责任大小确定;难以确定责任大小的,平均承担责任。实际承担责任超过自己责任份额的连带责任人,有权向其他连带责任人追偿。连带责任,由法律规定或者当事人约定。"可见,连带责任有以下特征:①连带责任是一种多数主体责任,即责任人在数量上为两个以上。②连带责任是违反法律义务所承担的民事责任。③连带责任人中任何一人都须对违反法律义务的后果负全部责任。④无论是全体责任人承担了对全部损害后果的民事责任,还是部分责任人承担了对全部损害后果的民事责任,受害人的请求权即已全部实现,不得再向责任人之全体或部分(包括未直接承担民事责任者)提出类似的请求。比如,某消费者从商店购买一台电热水器,半年后电热水器发生质量问题在专业修理店修理,但修理后的热水器在使用过程中发生漏电伤人事件,则消费者既可以向产品生产厂家索赔,也可以向产品销售商店或产品修理店索赔。在法律诉讼判决中,如果在连带责任原则下应由多个责任人承担责任,法庭可能会指令一个责任人赔偿消费者全部的损害赔偿金额,而损害赔偿金额再根据法律或合同约定在责任人之间进行分摊;如果某责任人没有赔偿能力,则其他责任人承担所有的赔偿责任。但无论何种方式,消费者只能获得一次损害赔偿金。

4. 根据归责原则不同分类

根据归责原则不同,法律责任分为过错责任、无过错责任和公平责任三类。

1) 过错责任

过错责任是指以行为人的过错为依据,判断行为人对其造成的损害承担侵权责任。根据违法行为人对自己的行为及其后果的一种心理状态,过错责任可分为故意和过失两种。①故意责任。故意责任是指由于行为人的故意行为导致他人财产损失和人身损害而必须承担的相关法律责任。故意是指行为人预见自己的行为会造成对他人侵害的结果,仍然希望它发生或者听任它发生。例如,作为有一定经验的驾驶员,明知其驾驶的汽车在不应该加速行驶的路段加速行驶可能会造成他人受损害的后果,而故意加大油门加速行驶导致他人伤残后又逃离现场,其行为就是故意的。行为人的故意行为致他人人身伤害或财产损失,行为人除应当承担民事赔偿责任外,同时构成刑事犯罪的,应承担刑事责任。②过失责任。过失责任是指行为人的过失行为导致他人财产损失和人身损害而必须承担相关的法律责任。过失是指行为人对自己的行为会造成侵害他人财产或生命权利的结果应当预见或者能够预见而没有预见,或者虽然预见了却轻信这种结果可以避免。如疲劳驾车造成他人财产损失、医生误诊造成病人死亡或损害,均是一种过失责任。(☞知识链接 1-2)故意责任和过失责任的区分,在刑法上对于定罪量刑有重要意义。(☞知识链接 1-3)但在民法中,确立行为人的民事责任,一般不因行为人的故意或过失而不同,不管是故意伤害还是过失致人伤害,其承担的民事责任除了刑事附带的民事赔偿案中无精神损害赔偿外是没有什么区别的。值得指出的是,除了上述概念,我国的法律中还有"过错推定"的概念,如我国《民法典》第一千一百六十五条规定:"行为人因过错侵害他人民事权益造成损害的,应当承担侵权责任。依照法律规定推定行为人有过错,其不能证明自己没有过错的,应当承担侵权责任"。(☞知识链接 1-4)

知识链接 1-2 过失有一般与重大之分。一般过失是指在正常情况下责任人在法律行为能力范围内能够预见而没有预见或已经预见但轻信事故不会发生而未采取措施所造成的事故及损失。重大过失是正常情况下一般人都能预见,作为有相应工作能力的人员却没有预见或疏忽轻信不会发生而造成的事故。民法理论上的重大过失是指行为人因疏忽或过于自信不仅没有遵守法律对他较高的注意之要求,甚至连人们一般应该注意并能够注意的要求都未达到,以致造成某种损害后果。换言之,如果行为人仅用一般人的注意在通常情况下就可预见,而怠于注意,就应当认定存在重大过失。

知识链接 1-3 《中华人民共和国刑法》第十四条规定:"明知自己的行为会发生危害社会的结果,并且希望或者放任这种结果发生,因而构成犯罪的,是故意犯罪。故意犯罪,应当负刑事责任。"该法第十五条规定:"应当预见自己的行为可能发生危害社会的结果,因为疏忽大意而没有预见,或者已经预见而轻信能够避免,以致发生这种结果的,是过失犯罪。过失犯罪,法律有规定的才负刑事责任。"

知识链接 1-4 过错推定,是指为了保护相对人或受害人的合法权益,法律规定行为人只有在证明自己没有过错的情况下,行为人才可以不承担责任。过错推定是过错责任原则的特殊形式,系采用举证责任倒置来完成的。显然,适用过错推定等于免除了主张行为人主观过错的举证责任,只要符合特定情形,就应由行为人就自己无过错承担举证责任,毫无疑问,更有利保护受害方的合法权益。由于过错本身是一个不断发展的概念,随着政治、经济、科学技术及人们知识水平的不断变化而变化,在许多情况下,因现有科技水平和知识水平的限制,很难确定行为人是否具有过错,且在一些特殊领域,要探究行为人主观上具有故意或过失几乎不可能,为了保护相对人的合法权益,相应产生了过错责任原则的特殊适用方法——过错推定责任。我国《民法典》第六十二条、第一千二百五十八条关于职务侵权行为、地面施工致人损害就是采用过错推定来追究侵权人的民事责任的。

2) 无过错责任

无过错责任(在英美法系中称为严格责任)(☞知识链接 1-5)是指行为人或是因为不可抗力的原因,或是因为不能预见的原因,即在主观上没有过错但仍不可避免地要承担事故发生损害后果的赔偿责任。我国《民法典》第一千一百六十六条规定:"行为人造成他人民事权益损害,不论行为人有无过错,法律规定应当承担侵权责任的,依照其规定"。如某机动车驾驶员在正常行驶过程中,一非机动车辆逆向而来造成车祸,机动车驾驶员在事故中并无过错,但仍要承担一定的民事损害赔偿责任,即为无过错责任。(☞知识链接 1-6)根据我国《民法典》规定,产品责任、机动车交通事故责任、医疗损害责任、环境污染和生态破坏责任、高度危险责任、饲养动物损害责任、建筑物和物件损害责任等七个方面均适用无过错责任原则。适用无过错责任原则的意义在于加重行为人的责任,使受害人的损害赔偿请求权更容易实现,受到损害的权利及时得到救济。

知识链接 1-5 在法学界,对于无过错责任与严格责任其实存在一定的不同看法。即认为严格责任尽管基本不考虑过错对责任成立的影响,但仍然存在着相当的抗辩事由,如不可抗力、自然因素、受害方过错、受害人自愿承担风险、第三人过错等。就此而言,严格责任"尽管严格,但非绝对"。故一方面因为其对过错的忽略,大致与大陆法无过错责任相类;另一方面从其有免责事由这一点可以认为其与过错责任中(特殊的)过错推定相类。因此,可以认为严格责任具有融过错责任和无过错责任风险于一体的损失分担机制之功能。严格责任"实质上是一种特殊的过错推定责任",两者的免责条件基本一致,是介于过错责任和无过错责任之间的中间责任。

知识链接 1-6 我国《道交法》第七十六条规定:"机动车发生交通事故造成人身伤亡、财产损失的,由保险公司在机动车第三者责任强制保险责任限额范围内予以赔偿;不足的部分,按照下列规定承担赔偿责任:(一)机动车之间发生交通事故的,由有过错的一方承担赔偿责任;双方都有过错的,按照各自过错的比例分担责任。(二)机动车与非机动车驾驶人、行人之间发生交通事故,非机动车驾驶人、行人没有过错的,由机动车一方承担赔偿责任;有证据证明非机动车驾驶人、行人有过错的,根据过错程度适当减轻机动车一方的赔偿责任;机动车一方没有过错的,承担不超过百分之十的赔偿责任。交通事故的损失是由非机动车驾驶人、行人故意碰撞机动车造成的,机动车一方不承担赔偿责任。"

3)公平责任

公平责任是指致害人和受害人都没有过错,在损害事实已经发生的情况下,以公平考虑为价值判断标准,根据具体实际情况由双方公平地分担损失责任。公平原则要求民事主体从事民事活动时要秉持公平理念,公正、平允、合理地确定各方的权利和义务,并依法承担相应的民事责任。在处理侵权案件时,过错责任和无过错责任原则并不能解决所有的情况。即在这种情形下,谈不上行为人主观上的过错性,按照过错原则,行为人不负赔偿责任;同时这种损害并非出自特殊的法律规定事实亦不能适用于无过错责任原则。但是,如受害人无端遭受损失而又得不到任何补偿,未免有失公平。因此,侵权理论在过错责任原则、无过错责任原则之外,又产生了公平责任原则。例如,我国《民法典》第四百九十六条第二款规定,采用格式条款订立合同的,提供格式条款的一方应当遵循公平原则确定当事人之间的权利和义务。根据该法第四百九十七条第二款规定,提供格式条款一方不合理地免除或者减轻其责任、加重对方责任、限制对方主要权利的格式条款无效。公平原则还要求民事主体合理承担民事责任,在通常情况下适用过错责任,要求责任与过错的程度相适应,在特殊情况下,也可以根据公平原则合理分担责任。如我国《民法典》第一千一百八十六条规定:"受害人和行为人对损害的发生都没有过错的,依照法律的规定由双方分担损失。"

二、责任保险

(一)概念

从保险法律上讲,"责任保险是指以被保险人对第三者依法应负的赔偿责任为保险标的的保险"。① 从保险实务上讲,责任保险是指以被保险人依法应负的民事损害赔偿责任或经过特别约定的合同责任作为承保责任的一类保险。② 无论是从法律定义还是实务定义,责任保险的概念至少应从以下几方面进行理解或把握:

第一,责任保险的保险标的是被保险人致人损害而应当依法承担的损害赔偿责任。在责任保险中,被保险人转嫁的是法律责任,该法律责任一般是侵权责任,但经过特别约定,

---

① 参见《中华人民共和国保险法》(以下简称《保险法》)第六十五条第四款。
② 许飞琼,郑功成.财产保险[M].北京.中国金融出版社,2020:305。

合同责任也可以成为保险标的。

　　第二,责任保险承保的法律责任必须是民事责任,而不论法定或约定责任均包括在内。一方面,责任保险承保的必须为法律责任,即责任保险所指的损害赔偿责任必须是因法律而承担的责任,至于合同或契约责任必须经过特别约定。另一方面,责任保险所承保的必须是民事责任,而不是行政责任或刑事责任。民事责任是因为被保险人违反民法而国家对其并没有惩处,只是从法律上规定其必须对受害人负损害赔偿责任;而行政责任或刑事责任,其结果并非仅仅负损害赔偿责任而已,国家必须另外对行为人进行惩处或判刑,而这是责任保险人所不能承保的法律责任。

　　第三,责任保险的保险目的是补偿因偶然或意外事件发生所致被保险人在法律上对第三者的损害赔偿责任。换言之,责任保险的目的不是补偿因意外事件导致被保险人自己的生命、身体或财产的损失,而是保障被保险人致损的第三者即受害人的权益。

　　第四,责任保险的保险对象是与保险人签订保险合同的被保险人。从保险目的来看,责任保险保障的是第三者即受害人的权益,但从保险合同的性质来看,责任保险的保险对象是合同的一方主体——被保险人。被保险人有保险合同约定的民事损害赔偿发生,保险人就进行补偿,即被保险人有损失保险人即补偿,被保险人无损失则保险人无需补偿。只是被保险人的这种损失是因被保险人的直接或间接原因导致第三者遭受损害依法应由被保险人承担的民事赔偿损失,因此,责任保险也就有了间接保险对象——不确定的第三者即受害人。保险人的经济补偿可以在被保险人补偿第三者后补偿给被保险人,也可以直接补偿给受害的第三者。

　　第五,责任保险的保险事故必须是被保险人依法应对第三者的损失负有赔偿责任且受到损失后的第三者向被保险人提出赔偿要求而保险人又承保了的赔偿责任事故。无过失无责任,这是世界各国民法的一般原则。责任保险人的保险责任,以过失责任为限而剔除故意行为所致的民事损害赔偿责任(但有的国家或地区的汽车责任强制保险中,被保险人的故意行为也包括在内)。此外,鉴于法律上无过错责任的存在,责任保险可以扩展承保无过错(失)责任。

(二) 保险标的

　　如前所述,责任保险的保险标的为被保险人致人损害而应当承担的损害赔偿责任,但并非所有的损害赔偿责任均可以为责任保险的保险标的,而仅仅是对该损害应承担的民事责任。

　　第一,责任保险的保险标的是被保险人对第三者应当承担的民事责任。法律责任按前面所介绍的内容有不同的种类,但从保险人的角度而言,并不是所有的法律责任都可以承保。保险人可以承保的法律责任属于可保责任,其余属于不可保责任。可保责任首先必须是法律责任。但法律责任中的刑事责任与行政责任是投保人不可能转嫁的风险。例如,被保险人驾驶汽车将人撞死而应当承担的刑事责任,或者煤矿矿主因瓦斯爆炸应该被追究的行政责任或刑事责任是不能作为保险标的而进行投保的。因此,责任保险可承保的法律责任主要指民事责任。

　　第二,不是所有的民事责任都可以作为保险标的进行投保。一方面,从民事责任的非损害赔偿责任和损害赔偿责任的角度而言,非损害赔偿责任不能作为责任保险的保险标的进行投保。例如,被保险人致人损害而应当承担的赔礼道歉的民事责任,不能作为责任保险的保险标的进行投保。另一方面,从民事责任的故意与过失责任两方面来看,过失责任是基本的法律责任,可作为保险标的进行投保;故意的民事责任一般是不能作为保险标的进行投保的。如投保人将报废了的车辆可能致人损害而应当承担的损害赔偿责任作为责任保险的保险标的进行投保是违法的行为,这类故意行为导致的民事责任不能作为责任保险的保险标的进行投保。但对于无过失责任导致的损失,在许多国家均可作为责任保险的保险标的进行投保。如雇主责任保险中的雇主对其雇员在工作过程中的受伤没有过失责任,但只要雇员不是自己故意行为所致,雇主就必须承担责任。由此可见,责任保险的保险标的不包括故意行为所致的民事损害赔偿责任,即将故意责任列为除外或免除责任,但又可以扩展无过失责任的承保,从而,又超越了民法中一般民事损害赔偿责任的范围。因此,责任保险的承保标的不能等同于一般的民事损害赔偿责任。

第三,经过特别约定的合同责任可以作为责任保险的保险标的进行投保。合同责任有狭义和广义之分,狭义的合同责任即违约责任,或称违反合同的民事责任、合同债不履行的责任,它是指当事人不履行合同之债所应承担的民事责任。广义的合同责任,又称合同上的责任,是指当事人在合同履行、变更、解除、担保中所应承担的民事责任。除违约责任外,它还包括变更、解除合同所产生的责任以及合同的担保责任等。原则上,责任保险的保险标的是被保险人对第三者应当承担的"合同责任"以外的民事责任。① 理论上,责任保险的保险标的也大多限定为侵权行为导致的第三者的人身伤害或财产损失而应当承担的赔偿责任。② 但现代责任保险的理论与实务,既承认责任保险的保险标的可以为侵权责任,也承认责任保险的保险标的可以为合同责任。这是因为许多法律对于违反合同的行为都要求承担民事赔偿责任。我国《民法典》第五百七十七条规定:"当事人一方不履行合同义务或者履行合同义务不符合约定的,应当承担继续履行、采取补救措施或者赔偿损失等违约责任。"该法第五百七十八条规定:"当事人一方明确表示或者以自己的行为表明不履行合同义务的,对方可以在履行期限届满前请求其承担违约责任。"例如,集装箱承运人根据集装箱货物运输合同应当向托运人提供合格的运输工具以保证货物的安全运输,若承运人未提供合格的运输工具而使货物受损,集装箱承运人应向托运人赔偿货物的损失。集装箱货物损害赔偿责任保险承保的就是合同责任。

第四,精神损害赔偿经过特别约定也可以成为责任保险的保险标的。我国《民法典》第一千一百八十三条规定:"侵害自然人人身权益造成严重精神损害的,被侵权人有权请求精神损害赔偿。因故意或者重大过失侵害自然人具有人身意义的特定物造成严重精神损害的,被侵权人有权请求精神损害赔偿。"该法第九百九十六条规定:"因当事人一方的违约行为,损害对方人格权并造成严重精神损害,受损害方选择请求其承担违约责任的,不影响受损害方请求精神损害赔偿。"如汽车驾驶人致人伤残,受害人及其家属要求致害人除了承担一般的民事损害责任外,还要求致害人支付一定的精神损害抚慰金,这是符合法律规定的。正因为如此,我国财产保险公司在经营机动车第三者责任保险或机动车车上人员责任保险时均设置有"附加精神损害抚慰金责任保险",即投保了机动车第三者责任保险或机动车车

---

① E. R. Hardy: *General Principles of Insurance Law*, Butterworths, 1986:12.
② Kenneth S. Abraham: *Insurance Law and Regulation*, The Foundation Press, 1990:483-504.

上人员责任保险的机动车,可投保附加精神损害抚慰金责任保险。在保险期间内,被保险人或其允许的驾驶人在使用被保险机动车的过程中,发生投保的主险约定的保险责任内的事故,造成第三者或车上人员的人身伤亡,受害人据此提出精神损害赔偿请求,保险人依据法院判决及保险合同约定,对应由被保险人或被保险机动车驾驶人支付的精神损害抚慰金,在扣除机动车交通事故责任强制保险应当支付的赔款后,在保险赔偿限额内负责赔偿。

综上所述,责任保险的保险标的一方面可为被保险人致人损害而应当承担的非故意行为所致的民事损害赔偿责任和经过特别约定的合同责任;另一方面,又可以将无过失责任和精神损害责任作为责任保险的保险标的进行投保。

(三) 保险责任

责任保险的保险责任,又叫赔偿责任,是指当责任保险合同约定的保险事故发生时,保险公司应承担的经济补偿责任。一般包括以下三项:

第一,被保险人依法对造成第三者财产损失或人身伤亡应承担的经济赔偿责任。这一项责任是基本责任,它以受害人的损害程度及索赔金额为依据,以保险单上的赔偿限额为最高赔付额,由责任保险人予以赔偿。

第二,因赔偿纠纷引起的由被保险人支付的诉讼、律师费用以及其他事先经保险人同意支付的必要的、合理的费用。

第三,保险事故发生后,被保险人为防止或减少对第三者人身伤亡或财产损失的赔偿责任所支付的必要的、合理的费用。

保险人承担上述赔偿责任的前提条件是,责任事故的发生应符合保险条款的规定,包括事故原因、地点、范围等,均应审核清楚。所谓人身伤害,不仅指自然人身体的有形毁损,也包括脑力损害、痛苦、疾病、丧失工作及死亡等;对于诸如错误拘禁、诽谤中伤、非法闯入或逐出等各项精神上的损害,除非特约承保,一般不予负责;财产毁损,则包括有形财产的损毁,受损财产的丧失使用,甚至及于未受损财产的丧失使用。

(四) 责任免除

责任免除又叫除外责任,是指依照法律规定或责任保险合同约定,保险人不承担赔偿保险金责任的范围。责任免除大多采用列举的方式,即在保险合同中明文列出保险人不负赔偿责任的范围。保险人一般在责任保险合同中规定下列责任免除:

(1) 被保险人的故意行为所致的各种损害后果。

(2) 战争、敌对行动、军事行为、武装冲突、恐怖活动、罢工、骚乱、暴动造成的损害后果。

(3) 核辐射、核爆炸、核污染及其他放射性污染导致的损害后果(核责任保险除外)。

(4) 大气污染、土地污染、水污染及其他各种污染导致的损害后果(环境污染责任保险除外)。

(5) 行政行为或执法行为导致的损害后果。

(6) 地震、火山爆发、海啸、雷击、洪水、暴雨、台风、龙卷风、暴风、雪灾、雹灾、冰凌、泥石流、崖崩、地崩、突发性滑坡、地面突然下陷等自然灾害导致的损害后果(雇主责任保险除外)。

(7) 被保险人或其雇员的人身伤亡及被保险人或其雇员所有或管理的财产损失(雇主责任保险除外)。

(8) 被保险人的合同责任(特别约定除外)。

(9) 精神损害赔偿(特别约定除外)。

(10) 保险事故造成的间接损失。

(11) 保险合同明细表或有关条款中列明的免赔额或免赔率。

(12) 其他不属于保险责任范围的损失、费用和责任。

上述责任免除中,有些经特别约定,也可以加保,或者还可增加责任免除。因此,责任保险的责任范围应以责任保险合同规定为准。

(五) 赔偿限额与免赔额

责任保险承保的是被保险人的赔偿责任,而非有固定价值的标的,且赔偿责任因损害责任事故大小而异,很难准确预计。因此,不论何种责任保险,均无保险金额的规定,而是采用在承保时由保险双方约定赔偿限额的方式来确定保险人承担的责任限额。凡超过赔偿限额的索赔仍须由被保险人自行承担。

从责任保险的发展实践来看,赔偿限额作为保险人承担赔偿责任的最高限额,通常有以下几种类型:

第一,每次责任事故或同一原因引起的一系列责任事故的赔偿限额,它又可以分为财产损失赔偿限额和人身伤亡赔偿限额。

第二,保险期内累计的赔偿限额,它也可以分为累计的财产损失赔偿限额和累计的人身伤害赔偿限额。

第三,在某些情况下,保险人也将财产损失和人身伤亡两者合成一个限额,或者只规定每次事故和同一原因引起的一系列责任事故的赔偿限额,而不规定累计赔偿限额。

从国际责任保险的发展趋势来看,越来越多国家的责任保险承保人对人身伤亡不再规定赔偿限额,或者仅规定一个综合性的赔偿限额。

在责任保险经营实践中,保险人除通过确定赔偿限额来明确自己的承保责任外,还通常有免赔额的规定,以此达到促使被保险人小心谨慎、防止发生事故和减少小额、零星赔款支出的目的。责任保险的免赔额,通常是绝对免赔额,即无论受害人的财产是否全部损失或死亡,免赔额内的损失均由被保险人自己负责赔偿。免赔额的确定,一般以具体金额数字表示,也可以规定赔偿限额或赔偿金额的一定比率。因此,责任保险人承担的赔偿责任是超过免赔额之上且在赔偿限额之内的赔偿金额。

(六) 保险费率

保险费率作为计算、收取责任保险费的依据,是由纯费率和附加费率两部分组成的,前者用来筹集责任保险基金并支付责任保险赔款,后者则不能列入责任保险基金,而是用来供责任保险人在经营业务时所开支的费用部分的费率(即业务开支费率)。在责任保险中,纯费率是根据各种责任保险的风险大小及损失率高低而确定的;附加费率则根据保险人为经营责任保险所耗费的管理费、业务费、工资及附加费、代理人的手续费等项目确定。不同的责任保险种类,制定费率时所考虑的因素亦存在着差异,但从总体上看,保险人在制定责任保险费率时主要考虑的影响因素应当包括如下几项:[①]

---

① 许飞琼,郑功成.财产保险[M].6版.北京:中国金融出版社,2020:317.

第一,被保险人的业务性质及其产生意外损害赔偿责任可能性的大小。如影剧院的赔偿责任风险是公众责任风险,企业的赔偿责任风险主要是产品责任风险,雇主所承担的赔偿责任风险主要是对雇员的责任风险,等等。不同业务性质的责任保险业务具有不同的赔偿责任风险,是制定责任保险费率时必须着重考虑的因素。

第二,法律制度对损害赔偿的规定。责任保险以法律制度规范的赔偿责任及其标准为基础,承保责任保险时必须充分考虑现行法律制度对该项赔偿责任风险的规范。法律制度规范越严格,表明赔偿责任风险越大,费率也越高,反之则相反。

第三,赔偿限额的高低。赔偿限额与免赔额的高低对责任保险的费率有客观影响,赔偿限额越高,保险费绝对数越高,但保险费率相对比率会越低,因为责任事故越大而出现的概率就越小,反之则相反。

第四,承保区域的大小。在其他条件相等的情况下,承保区域越大,风险越大,费率亦应越高。例如,产品责任保险中,承保国内的产品责任风险与承保出口产品的责任风险是有很大差异的,即以国内为承保区域和以国际为承保区域存在着风险差异,其费率也需要有差异。又如,雇主责任保险中,仅仅承保雇员在正常的工作场所从事职业工作的风险就小,如若将雇员的人身伤害风险扩展到其外出出差,则保险风险会增大,制定费率时亦应当加以考虑。

第五,每笔责任保险业务的量。每笔责任保险业务的量即每笔责任保险业务的数量规模等,对责任保险费率的影响亦很大。保险人一般对于统保程度高、数额大的业务采用较为优惠的费率;对于统保程度低、数额小的业务采用较高的费率;对于一些小额、零星的责任保险业务(如某笔数量有限的出口产品责任保险业务)还有最低保险费的规定。

第六,同类责任保险业务的历史损失资料。它虽然不是制定现行费率的直接依据,但是可以供制定现行费率参考,具有很高的借鉴价值,从而是保险人在制定费率时必须参照的依据。

(七)索赔方式

根据责任保险合同约定的保险责任期限不同,责任保险索赔分"期内发生式"与"期内索赔式"两种方式。

1. 期内发生式

期内发生式(以事故发生为基础),是指在保险期间内发生的、造成第三者人身伤亡或财产损失并属于保险责任范围内的事件才能构成保险事故,保险人依照保险合同承担赔偿责任。由于以保险期间内的保险事故发生为基础的承保方式要经过较长时间才能确定赔偿责任,国外又称之为"长尾巴责任事故"(☞知识链接1-7),所以,此种方式在实践中除公众责任保险、产品责任保险中有使用外,其他责任保险一般较少使用。

知识链接1-7 "长尾巴责任事故"困扰保险人的是无法精确预测最终的赔偿金额,从而影响保险定价的准确性。例如,产品责任保险中,由于保险人无法预见被保险人的产品(如有关药品、石棉产品)可能造成的潜在伤害,而这些无法预见的索赔可能几年甚至几十年后才提出,到那时,法律环境的变迁和通货膨胀都可能导致赔偿金额的提高,从而可能导致当初制定的保费不能满足赔偿,对保险经营造成不利影响。

采用这种承保方式的优点是保险人支付的赔款与其保险期限内实际承担的风险责任

相适应,其缺点是保险人在该保险单项下承担的赔偿责任,往往要拖很长时间才能确定,而且因为货币贬值等因素,最终索赔的数额可能大大超过责任事故发生时的水平。对此,各责任保险单中均有赔偿责任限额的规定,可以消除遇到货币贬值时对保险人赔款数额可能产生的不利影响,对超过责任限额的索赔,由被保险人自行承担。同时,为促使索赔请求的尽快提起,以便及早结束该保险单项下的理赔事宜,保险人在保险条款中往往规定一个后延期限的截止日期,对保险有效期限内发生的责任事故且在后延截止日期前提起的索赔,由保险人负责赔偿。(☞知识链接1-8)

知识链接1-8 在国外责任保险历史上,公众责任保险中的环境污染责任保险曾使用期内发生制,即保险人承诺对被保险人因为约定的环境污染致人损害事件在保险期间内发生而产生的索赔予以补偿,但该约定的事件仅以对第三人有所影响而在保险单约定的期间内所发生的事件为限。因环境污染致人损害而发生索赔的,经常是在保险单有效期间失效若干年甚至几十年后发生,且保险事故的发生与否,或在多长时间以内发生往往难以在签订合同时进行预测,而对于保险公司而言,从事这种相对不确定的保险业务不便于有效地评估损失率、提留准备金以及明确保险费,因此,现代的环境责任保险便很少使用该类型。在美国,保险人为限制其责任承担,在环境责任保险单中一般使用"日落条款"。所谓日落条款,是指约定自保险单失效之日起最长30年的期间为被保险人向保险人通知索赔的最长期限的条款。按照环境责任保险单约定的日落条款,自保险单失效之日起超过30年的,被保险人不得再请求保险人承担保险责任。

2. 期内索赔式

期内索赔式(以索赔提出为基础),是指不论造成第三者人身伤亡或财产损失的事件或被保险人的过错行为在何时发生,只要受到侵害的第三者在保险期限内向被保险人第一次提出有效索赔即构成保险事故,保险人就应依照保险合同承担赔偿责任。期内索赔式可以避免期内发生式存在的"长尾巴"责任问题。因此,现代的环境责任保险一般均采用期内索赔式责任保险。

采用此种方式索赔,其索赔时效的关键是索赔的提出必须在保险期间,而保险事故的发生有可能在保险期内或约定的保险期之前若干年。

采用此种索赔方式承保的结果对保险期限的影响可能有两种情况:①如果受害的第三人向被保险人(保险人)提出索赔的时间与事故发生的时间均在保险合同的有效期内,如2023年1月1日投保的责任险合同,同年11月6日责任事故发生,受害的第三人于同年12月10日向人提出索赔请求,则责任保险的保险期限不变;②如果责任事故发生于保险合同生效之前,如责任事故发生于2022年6月6日,而受害的第三人于2023年12月10日向被保险人(保险人)提出索赔请求,则责任保险的保险期限实质上被前置,从而形成责任保险的保险期限的追溯性质。而绝大多数以期内索赔式承保的责任保险都会产生追溯期限。

采用期内索赔式承保,可以使保险人了解全部的索赔情况,并较为准确地把握该保险合同项下应支付的保险赔款,以便对自己承担的风险责任或可能支付的赔款数额作出合理的估计。但保险期限前置的结果可能加大保险人的风险,使保险人承担了发生于很久以前的责任事故的后果,尤其是当保险期限被无限期地前置时,还有可能引发道德风险。对此,各国保险人在经营实践中,通常在一定的保险期限之外规定一个责任追溯日期作为限制性条款,保险人仅对于追溯日期以后、保险期限届满前发生的保险事故且在保险合同有效期内提出的索赔负责。例如,以上例约定的保险期限,保险人可以规定追溯日期为2022年1月1日,即在2022年1月1日以后、2023年12月31日以前发生的责任事故,并在2023年12月31日前受害的第三人向被保险人提出的索赔,由保险人负责赔偿。也有的保险人出具给被保险人的第一张期内索赔式合同(被保险人第一次投保责任保险时)不给追溯期,合同的起始日也为追溯期的起始日(事实上没有追溯期),以此避免被保险人将以前存在的风险以期内索赔式投保转嫁给保险人,被保险人即使在保单有效期内提出索赔,如果事故发生在追溯之前,保险人也不承担赔偿责任。

第三节 责任保险的特征和作用

一、责任保险的特征

责任保险的性质属于损害补偿性质,其经营原则与经营方式均与财产保险一致,因此,它属于财产保险范畴。但是,责任保险与一般财产保险又在许多方面存在差异,这些差异是责任保险自身特性的使然。[1]

1. 责任保险产生和发展的基础特殊

一般财产保险产生与发展的基础,是自然风险与社会风险的客观存在和商品经济的产生与发展。一般人寿保险产生与发展的基础,是社会经济的发展和社会成员生活水平不断提高的结果。而责任保险产生和发展的基础却不仅仅是各种民事责任风险的客观存在和社会生产力达到一定的阶段,更是由于人类社会的进步带来了法律制度的不断完善,其中法制的健全与完善成为责任保险产生和发展的最直接的基础。事实上,当今世界上责任保险最发达的国家或地区,必定同时是各种民事法律制度最完备、最健全的国家,它表明了责任保险产生与发展的基础是健全的法律制度,尤其是民法和各种专门的民事法律与经济法律制度。

2. 责任保险承保标的特殊

一般财产保险承保的均是有实体的各种财产物资,人身保险承保的则是自然人的身体,二者均可以在承保时确定一个保险金额作为保险人的最高赔偿限额。而责任保险承保的却是各种民事法律责任风险,没有实体的标的。对每一个投保责任保险的人而言,其法律责任风险可能是数十元,也可能是数百万元甚至数千万元、数十亿元,这在事先是无法预料的,保险人对所保的各种法律责任风险及其可能导致的经济赔偿责任大小,也通常无法采用保险金额的方式来确定。但若在责任保险中没有赔偿额度的限制,保险人自身就会陷入经营风险之中。因此,保险人在承保责任保险时,通常对每一种责任保险业务规定若干等级的赔偿限额,由被保险人自己选择,被保险人选定的赔偿限额便是保险人承担赔偿责任的最高限额,超过限额的经济赔偿责任只能由被保险人自行承担。换言之,责任保险承

---

[1] 许飞琼.责任保险[M].北京.中国金融出版社,2007:16-24.

保的标的是没有实体的各种民事法律风险,保险人承担的责任只能采用赔偿限额的方式进行确定。

3. 责任保险补偿对象特殊

在一般财产保险与各种人身保险的经营实践中,保险人的补偿对象都是被保险人或其受益人,其赔款或保险金也是完全归被保险人或其受益人所有,均不会涉及第三者。而各种责任保险却与此不同,其直接补偿对象虽然也是与保险人签订责任保险合同的被保险人,被保险人无损失则保险人亦无需补偿;但被保险人的利益损失又首先表现为因被保险人的行为导致第三方的利益损失为基础的,即第三方利益损失的客观存在并依法应由被保险人负责赔偿时才会产生被保险人的利益损失。因此,在一些国家的保险法中规定,责任保险人的赔款既可以支付给被保险人,也可以直接支付给受害人,从而实质上是对被保险人之外的受害方即任何第三者的补偿。一方面,保险人赔偿的前提是被保险人之外的第三者遭受损害,且依法应由被保险人承担经济赔偿责任;另一方面,保险人的赔偿不仅控制在对被保险人的责任限额内,而且控制在第三者的损失或被保险人受到索赔的金额内;此外,被保险人必须向第三者进行赔偿。因此,责任保险是由保险人直接保障被保险人的利益、间接保障受害人利益的一种双重保障机制。

4. 责任保险承保方式特殊

责任保险的承保方式具有多样化的特征。从责任保险的经营实践来看,它在承保时一般根据业务种类或被保险人的要求,采用下列承保方式:

(1) 独立承保的方式。在这种方式下,保险人签发专门的责任保险单,它与特定的物没有保险意义上的直接联系,而是完全独立操作的保险业务,如公众责任保险、产品责任保险等。采取独立承保方式承保的责任保险业务,是责任保险的主要业务来源。

(2) 作为一般财产保险业务的附加险承保的方式。在这种方式下,保险人签发责任保险单的前提是被保险人必须参加一般的财产保险,即一般财产保险是主险,责任保险则是没有独立地位的附加险。例如,建筑工程保险中的第三者责任保险,就一般被称为建筑工程保险附加第三者责任保险。附加承保的责任保险在业务性质和业务处理方面,与独立承保的各种责任保险是完全一致的,不同的只是承保的形式不同而已。

(3) 作为一般财产保险业务中的基本责任承保。在一些普通财产保险业务中,保险人或主动或应被保险人的要求加入责任保险内容,在这种方式下,责任保险的内容既不必签订单独的责任保险合同,也无须签发附加或特约条款,只需要参加该财产保险便使相应的法律责任风险得到了保险保障。因此,这类介于独立与附加责任保险之间的责任保险可以称之为"混合责任保险"。例如,目前国内一些公司销售的家庭财产综合保险中含有第三者责任保险、宠物责任保险等即是。又如,船舶保险中,碰撞责任作为保险人承保的基本责任之一,亦属于责任保险范畴。从发达国家责任保险业务来源的比重来看,以独立承保方式承保的责任保险业务占据主体地位,其次是附加的责任保险业务,最后才是作为一般财产保险业务中的基本责任承保的混合责任保险业务。此外,各种运输工具的责任保险虽然是独立承保的业务,但多数情况下均与特定的运输工具存在着难以分割的联系。

5. 责任保险赔偿处理特殊

与一般的财产保险和人身保险业务相比,责任保险的赔偿要复杂得多。其一,每一起责任保险赔案的出现,均以被保险人对第三方的损害并依法应承担经济赔偿责任为前提条件,从而必然要涉及受害的第三者,这表明责任保险的赔偿处理较为复杂,并非像一般财产保险或人身保险赔案一样只是保险双方的事情。其二,责任保险的承保以法律制度的规范为基础,责任保险赔案的处理也是以法院的判决或执法部门的裁决为依据,从而需要更全面地运用法律制度。其三,责任保险中因是保险人代替致害人承担对受害人的赔偿责任,被保险人对各种责任事故处理的态度往往关系到保险人的利益,从而使保险人具有参与处理责任事故的权利。其四,责任保险赔款可以直接支付给受害人,而其他财产保险的赔款却只能支付给被保险人。

6. 责任保险的风险控制特殊

一方面,责任保险承保的是不能事先确定的法律责任风险,法律责任的大小通常缺乏相应的规律性。如核电站爆炸法律责任风险极大,一旦失事,可能导致以亿元为单位的索赔,但有的核电站失事也可能仅仅导致几万元的索赔;而个人的责任风险可能低至数十元,也可能高至上千万元。可见,责任保险中被保险人的损害赔偿责任大小并不像其他保险业务那样存在着十分明显的规律性。另一方面,不同的责任保险业务其风险具有集中性和地域性。就集中性而言,高风险行业的法律责任风险大多比较集中,如煤矿、建筑、医疗卫生等行业是法律责任风险频繁发生的行业。就地域性而言,社会经济发达、民事侵权责任体系健全的地区法律责任风险大,如拥有世界上最为庞大的民事侵权体系的美国,1955年至2003年法律责任索赔额增长就比其国内生产总值的增长快约50%。[①] 由于法律责任风险的上述特性,保险人在经营责任保险业务时,其风险控制也具有与其他保险业务风险控制不同的要求:一是尽快完善责任保险制度建设,使责任保险覆盖面增大而使法律责任风险在庞大的业务体系内分散,以控制因高法律责任风险行业、高诉讼地区投保概率高,而低法律责任风险、低诉讼地区投保概率低而出现的一边业务赔、一边无业务的经营风险。二是通过合理的赔偿限额来控制风险,如我国许多商业保险公司的医疗责任保险的赔偿限额每人或每次限制在50万元以内,而现实中致害人导致患者的损害赔偿诉讼额已远远超过50万元。三是灵活确定责任保险费率,将被保险人的安全意识、安全管理及技术水平、防灾措施等作为厘订费率的因素,分类、分级差制定责任保险费率。四是充分发挥再保险的作用,使再保险成为责任保险中控制风险的重要工具和手段。如飞机的责任保险、大型公众活动场所的责任保险、重要产品(如卫星、飞机等)责任保险、各种科技工程和建筑安装工程的责任保险、船舶保险中的碰撞责任风险等,均需要通过再保险的方式来分散承保人的风险。

从上述分析中可以发现责任保险是具有明显特色的保险业务,在责任保险经营实践中,必须注意区分其与一般财产保险和人身保险的区别,把握责任保险自身特有的规律。

二、责任保险的作用

与一般的财产保险以有形的财产物资为保险标的不同,责任保险是以被保险人依法应承担的民事损害赔偿责任为保险标的的保险,其独到的作用体现在如下五个方面:

1. 分散被保险人的意外风险,维护受害人的合法权益

责任保险首先是为被保险人服务的,即责任保险保障的是被保险人即致害人的经济利

---

① 许飞琼.责任保险[M].北京.中国金融出版社,2007:24.

益,但其社会目的却是维护受害人的权益。在现实生活中,任何企业、团体或家庭、个人都不可能完全避免责任事故的发生,一旦发生事故,造成他人的人身伤亡和财产损失,致害人就必须依法承担起相应的经济赔偿责任。然而,由于致害人经济状况的差异,对于赔偿责任的负担能力也各不相同。现实生活中由于责任事故导致致害人倾家荡产的现象并不罕见,它表明了责任事故风险需要有一种社会化的分散机制,而责任保险即是这样一种科学的、社会化的风险分散机制;同时,对受害人而言,如果没有责任保险,在各种责任事故中受到损害后的合法权益能否得到保障,并无确切保证,而受害人的合法权益同样需要依靠责任保险来保障。因此,集众人之力的责任保险既可以补偿致害人的利益损失,同时还为受害者提供了索赔合法经济利益的保障。

2. 降低社会成本,分担政府责任

现实中,责任事故发生后,受害方就赔偿问题往往要同责任方进行长期的协商,如果协商不了进入法律程序,受害人还要收集证据,承担诉讼费和律师费等,既耗时耗力,又耗钱财。有时为了解决一个责任事故纠纷,个人、集体、政府均会卷入其中,社会成本猛增。如近几年来国内发生的一些建筑物坍塌事故、煤矿事故、公众场合的火灾事故、重大食品中毒事故等,不仅受害者及其家属长期被卷入责任事故的赔偿纠纷之中,政府有关部门也深陷繁杂的责任事故的调查与处理之中。但是,如果通过责任保险手段解决责任赔偿等方面的法律纠纷,不仅可以大大减轻政府部门的压力,而且可以降低社会诉讼成本,提高解决纠纷的效率。例如,有了医疗责任保险,一旦发生医疗事故,患者可以直接从保险公司获得赔偿,这不但减轻了医院和医生的负担,同时更为有效地保护了患者的利益;有了雇主责任保险,则可以有效协调雇主和雇员之间的利益关系,化解劳资纠纷。

3. 助力现行法律制度的贯彻实施

任何国家的法律制度都同时兼具着两个目标:一是通过各种民事法律制度与经济法律制度等来保障受害人的利益;二是通过刑事法律制度等来惩罚致害人。我国一直较为重视刑事法律制度的建设,但自1979年以后,通过颁布一系列的民事法律与经济法律,开始走向刑事法律与民事法律制度建设并重的新阶段。如我国《民法典》就对损害赔偿问题做了较为详细的规范,《中华人民共和国食品安全法》(以下简称《食品安全法》)、《中华人民共和国产品质量法》(以下简称《产品质量法》)《中华人民共和国律师法》(以下简称《律师法》)、《中华人民共和国环境保护法》(以下简称《环保法》)等众多法律均有专门的保障受害方权益的规定。但若致害人并无赔偿能力,即使受到了刑事法律的制裁,受害人仍然不能按照法律规定得到其应当得到的经济补偿,其结果就是使相应的民事法律规定成为一纸空文。例如,某个体户贷款购买了一辆汽车从事运输业,运输中发生车祸造成多人死亡、多人重伤,依照相关法律规定,该车车主不仅应当承担相应的刑事责任并受到刑事处罚,而且应当赔偿死者家属抚恤金和伤者的医疗费用、误工工资等,假若该车主没有赔偿能力,即使将车主判刑,车祸中的受害方依然无法得到其应当得到的损害赔偿,其合法利益仍然得不到保障,从而使相应的民事法律规定根本无法贯彻实施;如果该车主参加了责任保险,则只要车祸属于保险责任事故范围,受害人的合法权益就可以从承保人那里获得保障,相关法律制度也就得到了贯彻实施。

4. 推动民事责任制度的改进

责任保险的产生是以民事责任制度的存在为前提的,但责任保险的发展又对民事责任

制度的改进起到一定的推动作用。目前,民事责任制度正向有利于受害人的方向发展,这一点可从民事责任归责原则从过错责任到过错推定责任再到无过错责任的演变得到说明。不过,归责原则演变的结果虽然使受害人的利益得到了保护,但又势必加重致害人承担责任的负担。如果实施责任保险,致害人在其民事责任加重的同时,可以利用责任保险来分散其法律责任风险。从这个意义上讲,责任保险有利于民事责任制度的改进,即通过责任保险分散致害人的民事赔偿责任风险并维系其发展信心,促使民事责任制度可以更为积极地朝着有利于救济受害人的方向发展。此外,在民事责任制度中,当致害人无力赔偿时,受害人无法取得赔偿;当致害人恶意拒绝赔偿而隐匿财产时,受害人也无法取得赔偿;当致害人没有支付能力或其恶意拒绝支付赔偿,受害人无法取得赔偿,且受害人还须承担进行索赔诉讼的费用风险。对于这些民事责任制度所不能解决的赔偿问题,责任保险可以发挥其应有的作用,以弥补民事赔偿机能的不足。因此,从这个意义上说,责任保险有利于改进民事责任制度,即民事责任制度可以借助于责任保险分散致害人的民事赔偿责任风险,采取更为积极的步骤朝着有利于救济受害人的方向发展。

5. 促进社会和谐与文明

责任事故尤其是重大责任事故发生后,往往会造成生命或财产损失、会使生产中断、会因经济赔偿问题达不到一致而产生纠纷并影响社会安定,其结果必然是造成个人、家庭、单位、政府、社会之间的不和谐。但如果引入责任保险分摊机制,由个人、单位、保险公司等共同编织一张责任事故的安全"保险网",便可以增强整个社会的抗风险能力,使纠纷便利化解,社会理所当然就会更加安定和谐与文明。以环境污染、交通事故、医疗事故、工伤事故等为例,没有保险人的介入,责任事故的发生必然导致致害方与受害方的直接对抗;如果引入责任保险分摊机制,则可以由保险人扮演中间人角色,由保险公司来解决纠纷并承担责任。此外,保险人承保责任保险又通常以被保险人的安全管理、质量管理等符合优良条件为前提,并会通过平时的风险检查及其他相关条款来督促被保险人(☞知识链接1-9),从而在客观上减少并防范责任事故的发生,这更有助于从源头减少社会矛盾与冲突,促使社会更加和谐与文明。

知识链接1-9 为彰显保险的风险管理特征,满足社会公众对财产保险业(含责任保险)风险减量服务的需求和期盼,推动风险减量服务高质量发展,2023年1月15日,中国银保监会发布了《关于财产保险业积极开展风险减量服务的意见》(以下简称《意见》)。该《意见》指出,各保险公司要积极协助投保企业开展风险评估、教育培训、隐患排查、应急演练、监测预警等工作。鼓励保险公司不断创新风险减量服务内容,深耕细分市场,挖掘新技术、新经济发展产生的风险减量需求,实现风险减量服务专业化、精细化发展。在服务范围方面,该《意见》指出,各公司在安全生产责任保险、食品安全责任保险、环境污染责任保险等责任保险以及车险、农险、企财险、家财险、工程险、货运险等各类财产保险业务中,要积极提供风险减量服务。鼓励各公司积极为专精特新等领域提供专业化风险减量服务,切实发挥保险的经济"助推器"作用。鼓励各公司把风险减量服务嵌入企业管理与生产流程中,为企业提供专业的一揽子风险减量服务,构建风险减量服务新模式。

第四节　责任保险的种类

有着200多年发展历史的责任保险，其内容包罗万象，种类越来越多。但世界各国至今没有形成对责任保险统一标准的分类。本书将责任保险进行了如下五种方式的分类。

一、按责任保险的实施方式分类

按照实施方式不同，责任保险分为强制责任保险和自愿责任保险。

1. 强制责任保险

强制责任保险又称为法定责任保险，是指国家或政府通过制定法律、颁发法规或行政命令，强行在投保人和保险人之间建立起责任保险关系的责任保险。由于责任保险具有代替致害人承担经济赔偿责任的特点，为保障无辜受害者的经济利益，许多国家对一些责任风险项目实行强制性保险，即颁布法令要求相关责任人必须依法投保。如汽车第三者责任保险已成为许多国家的法定保险，环境污染责任保险、雇主责任保险、核责任保险、律师责任保险、医生责任保险等，也均已成为一些国家的强制保险项目。目前我国强制实施的责任保险主要有机动车第三者责任保险、高危行业的安全生产责任保险、疫苗责任强制保险、海洋与内河船舶油污民事责任保险、海洋石油勘探开发对海洋环境的污染损害民事责任保险、海洋油气矿产资源勘探开发污染损害民事责任保险、公共航空运输企业与通用航空活动以及民用航空器经营人地面第三者责任保险、个人担任破产管理人的执业责任保险、公证机构执业责任保险、特殊的普通合伙人的职业责任保险、注册会计师事务所的职业责任保险、道路与水路运输承运人责任保险、旅行社责任保险等。由于强制保险在某种意义上表现为国家对个人或企业意愿的干预，强制保险的范围是受严格限制的。我国《保险法》第十一条第二款就规定："除法律、行政法规规定必须保险的外，保险合同自愿订立。"

强制责任保险一般又有如下两种实施方式。

（1）对合同双方当事人的强制。它可根据不同的责任风险分为对投保人强制或对保险人强制，以及双方当事人均被强制三种情形。如《中华人民共和国企业破产法》（以下简称《企业破产法》）规定个人管理人必须参加执业责任保险，是属于对投保人的强制；一些大中城市规定一定规模的公众场所活动必须购买公众责任保险，一些高危险行业如煤矿、建筑企业的雇主必须购买雇主责任保险或场所责任保险或安全生产责任保险等，也是对投保人的强制。对保险人强制即责任保险不强制投保人的投保行为，但对承保的保险人却加以强制，即经办有关责任保险业务的保险人必须接受政府的管制，不能拒绝保险客户属于有关责任保险业务范围的投保要求，如中国出口信用保险公司不得拒绝投保人对出口产品进行产品责任保险的投保。对合同双方当事人均强制的责任保险是强制投保人在指定的保险公司购买责任保险，而被指定的保险公司不得拒绝投保人投保其必须投保的责任保险。如我国《机动车交通事故责任强制保险条例》（以下简称《交强险条例》）第十条规定："投保人在投保时应当选择从事机动车交通事故责任强制保险业务的保险公司，被选择的保险公司不得拒绝或者拖延承保。国务院保险监督管理机构应当将从事机动车交通事故责任强制保险业务的保险公司向社会公示。"有的国家还要求投保人将机动车辆第三者责任强制保险在专门的责任保险公司购买等,均是对责任保险合同双方当事人均实行强制。

(2) 对责任保险的范围进行强制。对于强制责任保险,法律不仅规定合同双方当事人投保或承保,而且规定投保标的范围,包括保险责任范围、保障时限、保险金额和保险赔偿方式等。例如,我国《交强险条例》第六条就规定全国实行统一的保险条款、统一的基础保险费率。(☞知识链接 1-10)又如,德国 1968 年 1 月 1 日开始实施的《汽车保有人强制责任保险法》在附录中对最低保险金额作的规定是:人身损害为 100 万马克,物的损害为 40 万马克,其间接纯财产损害为 4 万马克,多数人死伤者,人身最低保险责任限额为 150 万马克。[1]瑞士的汽车责任强制保险立法规定其汽车责任强制保险的最低保险金额为 300 万瑞士法郎。[2]

知识链接 1-10 2020 年 9 月 17 日,中国保险行业协会(网址:http://www.iachina.cn/module/download/downfile.jsp?classid=0&filename=0b5eb79adcbb4c04851a7975bb938305.pdf)对外发布了全国统一的《机动车交通事故责任强制保险条款》(以下简称《交强险条款》)及《机动车交通事故责任强制保险新费率浮动系数方案》。《交强险条款》第八条规定:"在中华人民共和国境内(不含港、澳、台地区),被保险人在使用被保险机动车过程中发生交通事故,致使受害人遭受人身伤亡或者财产损失,依法应当由被保险人承担的损害赔偿责任,保险人按照交强险合同的约定对每次事故在下列赔偿限额内负责赔偿:(一)死亡伤残赔偿限额为 180 000 元;(二)医疗费用赔偿限额为 18 000 元;(三)财产损失赔偿限额为 2 000 元;(四)被保险人无责任时,无责任死亡伤残赔偿限额为 18 000 元;无责任医疗费用赔偿限额为 1 800 元;无责任财产损失赔偿限额为 100 元。死亡伤残赔偿限额和无责任死亡伤残赔偿限额项下负责赔偿丧葬费、死亡补偿费、受害人亲属办理丧葬事宜支出的交通费用、残疾赔偿金、残疾辅助器具费、护理费、康复费、交通费、被扶养人生活费、住宿费、误工费、被保险人依照法院判决或者调解承担的精神损害抚慰金。医疗费用赔偿限额和无责任医疗费用赔偿限额项下负责赔偿医药费、诊疗费、住院费、住院伙食补助费,必要的、合理的后续治疗费、整容费、营养费。"

总之,强制责任保险是自愿原则适用的特例,考虑的是维护社会秩序、稳定社会关系的整体利益。它的强制性集中表现在投保和承保的环节上,即强制投保和强制承保。

2. 自愿责任保险

自愿责任保险,又称任意责任保险,是指投保人和保险公司在平等互利、等价有偿的原则基础上,通过协商一致,双方完全自愿订立责任保险合同,建立责任保险关系的保险。换句话说,是否投保和承保,参加什么险别的责任保险,责任保险合同的具体内容,完全由双方自愿自主决定,不受任何第三者干预。在商业保险中,责任保险绝大部分是自愿保险。强制责任保险一般提供的仅仅是法定的基本保障,而自愿责任保险能在此基础上更灵活地满足责任保险消费者的不同需求。因此,两者主要是一种互补关系,但如果强制责任保险的限额过高,则将抑制自愿责任保险的需求,从这个意义上说,二者又具有某种替代关系。

---

[1] 李祝用,徐首良.强制三者险与自愿三者险区别[J].保险研究,2006(1).
[2] 邹海林.责任保险论[M].北京.法律出版社,1999:74.

二、按责任保险的保险标的分类

责任保险的保险标的为被保险人致人损害而应当承担的损害赔偿责任,它包括民事侵权责任和特别约定的合同责任。因此,责任保险可分为民事损害赔偿责任保险和合同责任保险两类。

1. 民事损害赔偿责任保险

民事损害赔偿责任保险是指以民事损害赔偿责任为保险标的的保险。民事损害赔偿是民法中的一项重要原则,它是维护公众利益,保护公民、法人的合法权益不受侵犯的必要手段。民事损害赔偿责任的目的在于补偿受害人,而不是惩罚致害人,因此,凡侵权行为对受害人造成的损失,行为人或致害人必须全部赔偿,即损失多少赔偿多少,而不论行为人出于故意或过失,也不论行为人是否应受刑事法律制裁。构成民事损害赔偿责任的条件有如下四项:一是行为的过错。只有存在过错,行为人才对其行为所造成的损害负责。如旅客乘火车,因发生地陷而致火车颠覆,造成旅客伤亡,此系不可抗力所致,铁道部门并无过错,因而可以不负责任(但铁道部门为了保障乘客安全,一般扩展承担这种责任)。如果是行为人的故意行为致他人人身伤害或财产损失,行为人除应承担民事赔偿责任外,同时构成刑事犯罪,应同时追究其刑事责任。二是行为人的违法性行为。即进行某种法律所禁止的行为及不履行法律义务的行为属于行为人的违法性行为,如酗酒驾车而伤人(这是作为的违法行为);又如在马路上施工,夜间应设置红灯、路障而未设置,以致出现翻车事故(这是不作为的违法行为)。此外,违反社会公共道德准则的行为也可视同违法行为。三是存在损害事实。即只有当行为人对他人的人身、财物或精神造成事实上(客观)的损害,行为人才负经济赔偿责任。四是行为与结果之间要存在因果关系。该因果关系即损害事实确实是由于行为人的违法行为所致的,行为人才负赔偿责任。对上述四要素,应全面掌握,系统理解,只有同时具备四个条件,才构成法律上的民事损害赔偿责任。值得指出的是,并不是所有民事损害赔偿责任保险人均承保,民事损害赔偿责任保险所承保的是过失责任及扩展承保的无过失责任。

2. 合同责任保险

合同责任(或称契约责任、违约责任),是指根据合同规定订立合同的一方对所致的另一方或其他人的损害应负的赔偿责任。我国《民法典》第五百七十七条规定:"当事人一方不履行合同义务或者履行合同义务不符合约定的,应当承担继续履行、采取补救措施或者赔偿损失等违约责任。"责任保险一般不承保被保险人的合同责任,但经过特别约定,保险人也可以承保。因此,合同责任保险,就是指经过特别约定,责任保险人愿意将合同责任作为承保对象的责任保险。例如,承保雇佣合同规定的雇主对雇员在雇佣期间遭受人身损害应负赔偿责任的用工合同责任保险。又如,承保承运人根据货物运输合同应当向托运人提供合格的运输工具以保证货物的安全运输,若承运人未提供合格的运输工具而致货物受损,承运人应向托运人赔偿货物损失的货物运输合同责任保险。合同责任保险有如下三个特点:一是合同责任保险承保的是合同当事人违反合同义务所产生的赔偿责任风险;二是合同责任保险中的保险责任具有相对性,即保险合同约定的合同责任只能在特定的当事人之间发生,合同关系以外的第三人不负保险责任;三是合同责任的保险责任是约定的责任。

三、按与财产保险的关系不同分类

按与财产保险关系不同,责任保险分为独立责任保险、附加责任保险和混合责任保险三类。

1. 独立责任保险

独立责任保险是指保险人单独将赔偿责任风险进行承保的保险。它又包括纯独立责任保险和与财产保险相联系但可独立存在的责任保险。纯独立责任保险是指与财产保险不相联系的专一责任保险,如展览会责任保险、律师责任保险等都属于纯独立责任保险。而机动车辆第三者责任保险、飞机第三者责任保险等则是与相关财产保险联系但可独立存在的责任保险。

2. 附加责任保险

附加责任保险是指以附加形式构成为有关财产保险合同组合的责任保险。如机动车辆保险中的车载货物坠落责任保险、无过失责任保险等均属于附加责任保险即附加于机动车第三者责任保险(主险)上的责任保险;又如家庭财产保险(主险)中的"附加家政服务人员责任保险""附加宠物责任保险",政府救助保险(主险)"附加传染病救助责任保险"(知识链接1-11)等。附加责任保险的一个特点就是,这些责任保险必须在购买了有关主险以后才有效。

知识链接1-11 政府救助保险是我国地方政府与商业保险公司共同推出的一款以提升民生保障、创新社会治理的综合性保险险种,通过引入保险机制服务政府救助工作。保险责任覆盖自然灾害救助、意外事故救助、见义勇为救助等各类政府救助责任领域。

3. 混合责任保险

混合责任保险是指非独立也非附加的责任保险,即混合在一般保险合同中的责任保险。如某保险公司的"家庭液化气罐责任保险""安居综合保险"中的责任保险以及船舶保险中的碰撞责任保险就混合在一般的家庭财产保险和船舶保险合同中作为保险人承保的基本责任之一,属于混合责任保险。可见,混合责任保险是介于独立责任保险与附加责任保险之间的责任保险。

四、按责任承担主体不同分类

按责任承担主体不同,责任保险分为个人责任保险和团体(即法人或非法人组织)责任保险。

1. 个人责任保险

个人责任保险又称为自然人责任保险,是指保险人以个人或家庭成员的行为所导致的民事损害赔偿责任为承保风险的责任保险。个人责任保险具有如下三个特点:一是投保人或被保险人可以是有民事行为能力的单个自然人,也可以是以单个自然人组合的家庭;二是非工作期间的所有单个自然人的行为活动均可以纳入个人责任保险的范围;三是经过特别约定,自然人个人在工作期间造成他人的财产或人身损害的民事损害赔偿责任也可以投保个人责任保险(也可纳入雇主责任保险的附加责任保险)。在国际上,比较常用的个人责任保险的险种有住宅责任保险、运动责任保险、个人职业责任保险、农民个人责任保险等。

2. 团体责任保险

团体责任保险是指保险人以承保法人团体或非法人团体在经营活动过程中造成他人财产或身体损害而应当承担的责任风险为承保风险的责任保险。如影剧院的公众责任保险、厂商的产品责任保险、以团体为单位的职业责任保险以及以法人团体或非法人团体为投保人或被保险人的各种合同责任保险等。团体责任保险在责任保险中占有极其重要的地位，在我国，其保费收入目前占有绝大部分以上。

五、按责任保险的险别分类

按照责任保险的险别，责任保险可概括为公众责任保险、产品责任保险、雇主责任保险、职业责任保险和第三者责任保险等五类。①

1. 公众责任保险

公众责任保险，又称普通责任保险或综合责任保险，它以被保险人的公众责任为承保对象，是责任保险中独立的、适用范围最为广泛的保险类别。在公众责任保险项下，它又可以分为综合公共责任保险、场所责任保险、承包人责任保险和承运人责任保险四类，每一类又包括若干保险险种，它们共同构成了公众责任保险业务体系。公众责任保险承保被保险人在各固定场所或地点进行生产、营业或其他各项活动中，因意外事故造成他人人身伤害或财产损失，依法应由被保险人承担的经济赔偿责任，因此，工厂、办公楼、旅馆、住宅、商店、医院、学校、影剧院、展览馆等各种公众活动场所均可投保公众责任保险。

2. 产品责任保险

产品责任保险承保的产品责任，是以产品为具体指向物，以产品可能造成的对他人的财产损害或人身伤害为具体承保风险，以制造或能够影响产品责任事故发生的有关各方为被保险人的一种责任保险。产品责任保险承保因产品缺陷引起事故导致消费者、用户或其他人遭受人身伤害或财产损失，因此，制造、销售或修理者均可投保产品责任保险。

3. 雇主责任保险

雇主责任保险承保雇主对雇员在受雇期间的人身伤害根据劳工法、雇主责任法或雇佣（劳动）合同应承担的经济赔偿责任。与此密切相关的还有一种雇员第三者责任保险，承保雇员在执行任务时造成他人损害依法或依雇佣（劳动）合同规定应由雇主承担的经济赔偿责任。

4. 职业责任保险

职业责任保险，在国外又被称为职业赔偿保险或业务过失责任保险，它是由提供各种专业技术服务的单位（如医院、会计师事务所等）投保的团体业务，个体职业技术工作的职

---

① 根据2016年1月21日，中国保险监督管理委员会颁发的《责任保险统计制度》（试行）包括2张报表，即表1责任保险分险种监管财务报表与表2责任保险分险种监管业务报表的分类显示，责任保险分为公众责任保险、产品责任保险、雇主责任保险、职业责任保险和其他责任保险等五类。上述报表中并没有将"第三者责任保险"独立列出，而其中的"其他责任保险"主要包括产品延长保修保险产品、机动车延长保修保险产品、诉讼财产保全责任保险产品、航空延误保险产品、退货运费保险产品、账户支付安全保险产品、专利执行保险产品、其他产品等8个小类。但这8小类中除了"诉讼财产保全责任保险产品"属于责任保险产品，其他小类产品均非真正意义上的责任保险产品。故本书不按统计制度来进行分类，而仅从传统惯例或真正意义上的责任保险产品分类进行介绍。

业责任保险通常由专门的个人责任保险来承保。职业责任保险承保职业责任风险,即从事各种专业技术工作的单位或个人因工作上的失误导致损害赔偿责任风险,因此,在当代社会,医生、会计师、律师、设计师、经纪人、代理人、工程师等存在着职业责任风险的技术工作人员,均可以通过职业责任保险的方式来转嫁其风险。

5. 第三者责任保险

第三者责任保险是指承保被保险人的各种运输工具、建筑安装工程等因意外事故造成第三者的财产损失或人身伤亡损害赔偿责任的保险,它可以归为公众责任保险范畴,但因承保方式的差异,故将其单独列出。主要险种有机动车辆第三者责任保险、飞机第三者责任保险,建筑安装工程第三者责任保险等。

此外,在西方国家还流行一种综合性的责任保险,它将多种责任风险组合在一份分为不同项目的保险单内承保,被保险人可以根据具体需要投保其中的全部项目,也可仅选择部分项目投保。需要指出的是,遵循惯例,本书的内容将主要按上述第五种分类即责任保险的险别进行阐述。

第五节 案例分析

【案例 1-1】

70 岁的李某与 45 岁的易某同住某小区的 3 号楼,某年 6 月 11 日周六上午 10 点左右,易某出去取报纸信件,在电梯里碰到了正在吸烟的李某,易某指着电梯里的禁止吸烟警语和标志,劝李某将烟熄灭,随后二人发生言语争执,走出电梯后仍继续争吵。后物业工作人员过来进行劝阻,李某随物业工作人员进入物业公司办公室,易某回家。可李某在物业办公室因心脏病发作猝死。李某有心脏病史,半年前曾在医院做过心脏搭桥手术。

根据该小区监控视频显示内容,事件发生过程中,李某情绪较为激动,并随着时间的推移情绪激动程度不断升级;易某在整个过程中,情绪相对比较冷静、克制;二人只有语言交流,无拉扯行为,无肢体冲突。监控视频显示两人电梯内外争吵总时长为 4 分 11 秒。

事发后,李某家属认为李某猝死当天身体并无大碍,仅因抽烟问题与易某发生争执,是易某的劝阻行为超出了必要的限度,诱发了李某心脏病离世。李某家属甚至怀疑,争执期间,易某用脏话侮辱了老人,最终导致其心脏病发作,因此,要求易某进行死亡赔偿,赔偿金额 50 万元。易某认为李某的死亡是自身心脏病所致,与其劝阻吸烟没有关系,纯粹是一种意外。随后,李某的家属向当地人民法院进行起诉,要求易某承担 50 万元的民事赔偿。

人民法院经审理后认为:李某因在电梯内吸烟,导致与易某发生言语争执,在双方的争执被小区物业公司工作人员劝阻且易某离开后,李某猝死,该结果是易某未能预料到的,易某的行为与李某的死亡之间并无必然的因果关系,但李某确实是在与易某发生言语争执后猝死。该法院遂依照《民法典》第一千一百八十六条规定,受害人和行为人对损害的发生都没有过错的,依照法律的规定由双方分担损失。根据公平原则,判决易某补偿李某家属 2 万元,驳回李某家属的其他诉讼请求。

一审判决后,此案件引起了社会各界的争论,形成了如下不同的观点:

第一种观点认为,法律的意义是维护公平公正,而不是偏向弱势,让劝阻吸烟的易某承担侵权责任,会让社会寒心。而且,法律讲究的是有过错,而不是存在损害结果。劝阻吸烟并不具有过错也不是危害行为,同时善意的劝告也无法预知会有意外发生,应该判决不承担侵权责任。

第二种观点认为,本案适用公平责任不合适。因为公平责任的前提是查清双方都没有过错的情况下予以分担损失,而本案本是过错归责案件,在因证据不足无法查清过错的情况下而认定双方均无过错,不合事实,而且行为人易某的行为与损害后果根本没有任何的因果关系。

第三种观点认为,电梯内不能吸烟,予以劝阻,无可厚非,但劝阻方式仍然须适当。如果语言粗暴伤人造成损害,属于有过错有责任;如果语言理性得体,属于无过错无责任。而本案中,劝阻与争执语言,因李某去世,死无对证,已无法查清。因此,法院判赔2万元仅仅是对死者家属的一点精神损失补偿。

第四种观点也即被告方认为,国家卫生健康管理部门出台的《公共场所卫生管理条例实施细则》中第十八条明确规定,室内公共场所禁止吸烟,公共场所经营者应当设置醒目的禁止吸烟警语和标志,并配备专(兼)职人员对吸烟者进行劝阻。本案电梯里在明显位置张贴有禁止吸烟警语和标志,李某却视而不见。而被告方易某劝阻吸烟的行为未超出必要限度,属于正当劝阻行为。在公共场合劝阻抽烟者是每个公民也是李某应尽的义务。

第五种观点也是原告方认为,一审判决不合适,制止吸烟行为没有错,可持续4分多钟,还是在物业劝阻下离开,这就不正常了。而且,死者是老人,在尊老爱幼方面,易某也存在有过错,易某的行为与李某的死亡之间存在着一定的因果关系。因此,一审法院适用公平原则存在错误,根据《民法典》的相关规定,易某应当承担一般侵权责任。为此,原告方又向当地中级人民法院提出了上诉。中院进行了公开庭审。庭审中,原被告双方围绕易某与李某去世之间是否存在因果关系展开了辩论。被告方易某认为,老人心脏病突发,是其自身存在的疾病,并非易某所致,也非易某可预料。根据有关规定,易某在自己所处的环境遭到污染后积极行使了自己作为公民的监督权利,这种行为并不会造成死亡的结果。反倒是老人在明知自己有心脏病的情况下,任由自己情绪激动,将本来是一件利人利己的好事酿成了悲剧。此外,公众场所人都应遵守文明礼仪,这与年龄没有关系,被告易某的规劝言语也并没有不尊敬老人的地方。原告方认为,电梯运行是很短暂的过程,如果说易某认为抽烟对其造成侵害,电梯到达一楼后他可以选择自行离开,但事实上双方在电梯内进行了近2分钟的争吵,电梯外还在进行争吵。很明显,老人的死亡与易某有着直接的关系。

中院经审理后认为:

(1)易某劝阻李某在电梯内吸烟的行为未超出必要限度,属于正当劝阻行为。在劝阻李某吸烟的过程中,易某保持理性、平和劝阻,其与李某之间也没有发生肢体冲突和拉扯行为,也没有证据证明易某对李某进行过呵斥或有其他不当行为。易某没有侵害李某生命权的故意或过失,其劝阻李某吸烟行为本身不会造成李某死亡的结果。李某自身患有心脏疾病,在未能控制自身情绪的情况下,发作心脏疾病不幸死亡。虽然从时间上看,易某劝阻李某吸烟行为与李某死亡的后果是先后发生的,但两者之间并不存在法律上的因果关系。因此,易某不应承担侵权责任。

(2) 适用《民法典》第一千一百八十六条的前提是行为与损害结果之间有法律上的因果关系,且受害人和行为人对损害的发生都没有过错。而本案中易某劝阻吸烟行为与李某死亡结果之间并无法律上的因果关系,因此,一审法院判决依照《民法典》第一千一百八十六条的规定,适用公平原则判决易某补偿死者李某家属 2 万元,属于适用法律错误。

(3) 虽然一审法院判决后,易某没有上诉,但一审判决适用法律错误,损害了社会公共利益。因为保护生态环境、维护社会公共利益及公序良俗是民法的基本原则,弘扬社会主义核心价值观是民法的立法宗旨,司法裁判对保护生态环境、维护社会公共利益的行为应当依法予以支持和鼓励,以弘扬社会主义核心价值观。而且,根据本市有关规定,市区各类公共交通工具、电梯间等公共场所禁止吸烟,公民有权制止在禁止吸烟的公共场所的吸烟者吸烟。该规定的目的是减少烟雾对环境和身体的侵害,保护公共环境,保障公民身体健康,促进文明、卫生城市建设,鼓励公民自觉制止不当吸烟行为,维护社会公共利益。本案中,易某对李某在电梯内吸烟予以劝阻合法正当,是自觉维护社会公共秩序和公共利益的行为,一审判决判令易某分担损失,让正当行使劝阻吸烟权利的公民承担补偿责任,将会挫伤公民依法维护社会公共利益的积极性,既是对社会公共利益的损害,也与民法的立法宗旨相悖,不利于促进社会文明,不利于引导公众共同创造良好的公共环境。一审判决判令易某补偿死者家属 2 万元错误,二审法院依法予以纠正。

基于此,二审法院依法作出宣判:认定易某不担责。

原告方虽然对二审判决结果仍然很难理解,但也找不出更好的理由进行辩论,最后只好接受了最终判决结果。

点评:

(1) 从本案因果关系的认定上,二审法院与一审法院保持了一致。即易某的劝阻行为未超出必要限度,属于正当劝阻行为。而且整个劝阻过程中,易某没有与李某发生肢体冲突和拉扯行为,也没有证据证明易某对李某进行过呵斥或其他不当行为。李某在自身患有心脏疾病,在未能控制自身情绪的情况下,心脏疾病发作而不幸死亡。虽然从时间上看,劝阻行为与死亡结果是先后发生的,但两者之间并不存在法律上的因果关系。

(2) 劝阻不文明行为应当得到鼓励,二审判决易某不担责,判决结果具有重要的现实意义和社会价值。否则按一审判决有可能会导致今后公共场所吸烟没人劝阻、老人跌倒了没人扶的不良风气蔓延。当然,遵守法律法规和社会公序良俗,是每个公民的义务;维护社会公共秩序和社会公共利益,是每个公民的责任。要使人们坚信,对合法正当行为,人民法院都会依法予以支持和保护的,司法审判永远是社会正能量的守护者。

(3) 本案虽与保险没有关系,但不难看出,现实中类似事故发生的当事人双方都存在可以通过保险转嫁的风险。对于死者李某而言,如果有疾病保险,其猝死或许其家属可以通过疾病保险金的给付受益(猝死一般不属于意外事故保险责任范围);就易某而言,如果有个人责任保险又附加有无过失责任保险,则即使法院判其赔偿,也可以通过保险代其进行赔付(故意除外)。需要说明的是,本案虽然没有涉及物业公司,但现实中难免有法院判物业公司承担连带责任或判负有其他相关法律责任(如业主与物业签订的合同责任),因此,物业公司也可以购买包括电梯在内的场所责任保险或合同责任保险,以转嫁或规避相关法律责任风险。

【案例 1-2】

某年10月8日,张某驾驶小车(在A保险公司投保了机动车交通事故责任强制保险,以下简称交强险)在县城主干道上由西往东超车行驶时,撞上了由东往西骑摩托车的文某后,又与李某驾驶的小车(在B保险公司投保交强险)发生了碰撞,造成文某受伤、两小车及摩托车受损的三方相撞的交通事故。经交警部门认定,张某对该起事故负全部责任,文某与李某不负责任。文某在三方如何赔偿(主要是B保险公司不愿意赔偿)没有达到一致的情况下,向法院进行了起诉,要求法院判令张某、李某、A、B保险公司共同赔偿医疗费、伤残赔偿金、摩托车维修费等损失22万余元(其中医疗费近6.4万元)。

本案的争议焦点主要是B保险公司在交强险无责限额范围内是否应当承担赔偿责任。

笔者认为,B保险公司应在交强险无责限额范围内承担赔偿责任。原因如下:

(1) 根据无过失责任,我国的法规规定交强险无责也赔偿。我国《民法典》第一千二百零八条规定:"机动车发生交通事故造成损害的,依照道路交通安全法律和本法的有关规定承担赔偿责任。"我国《道交法》第七十六条规定:机动车一方没有过错的,承担不超过百分之十的赔偿责任。同时,我国《民法典》第一千二百一十三条规定:"机动车发生交通事故造成损害,属于该机动车一方责任的,先由承保机动车强制保险的保险人在强制保险责任限额范围内予以赔偿;不足部分,由承保机动车商业保险的保险人按照保险合同的约定予以赔偿;仍然不足或者没有投保机动车商业保险的,由侵权人赔偿。"而我国《交强险条款》第九条也规定:被保险人在交通事故中无责任的,保险人在无责任医疗费用赔偿限额内垫付。即无论被保险人是否在交通事故中负有责任,被保险机动车发生道路交通事故造成第三者人身伤亡、财产损失的,由保险公司依法在交强险责任限额范围内先行赔偿。由此可见,保险人的赔偿责任与机动车驾驶人是否构成侵权责任以及侵权责任大小之间并无关联,赔偿责任在交强险范围内与侵权责任脱钩,不以因果关系为要件;如果将因果关系列为交强险尤其是无责赔偿的前提条件,抹杀了交强险责任与侵权责任之间的区别,有违交强险制度的立法目的,损害了交强险制度的功能价值。

(2) 第三者有权就其应获赔偿部分直接向保险人请求赔偿保险金。我国《保险法》第六十五条第一款、第二款规定:"保险人对责任保险的被保险人给第三者造成的损害,可以依照法律的规定或者合同的约定,直接向该第三者赔偿保险金。责任保险的被保险人给第三者造成损害,被保险人对第三者应负的赔偿责任确定的,根据被保险人的请求,保险人应当直接向该第三者赔偿保险金。被保险人怠于请求的,第三者有权就其应获赔偿部分直接向保险人请求赔偿保险金。"

(3) 交强险无责赔偿标准的设立更重要的是强调树立安全发展理念,弘扬生命至上、安全第一的思想,健全公共安全体系,是人民利益至上的具体表现。根据我国《交强险条款》第八条的规定,被保险人无责任时,无责任死亡伤残赔偿限额为18 000元;无责任医疗费用赔偿限额为1 800元;无责任财产损失赔偿限额为100元。可见,交强险无责赔偿不会导致保险人或者被保险人承担过重的赔偿责任,其设立的目的,仅仅是强化受害人的救济和保障,弘扬生命至上,营造人人关注安全、重视安全的氛围,提升安全素质。这也是《道交法》第七十六条的立法精神所在。

【案例1-3】

某年4月1日,A施工升降机生产企业向C保险公司投保了产品责任保险,合同规定每次责任事故或同一原因引起的一系列责任事故的赔偿限额中,人身伤亡赔偿限额每人为10万元。在保险期间内,某建筑工地工作人员B在使用A企业生产的升降机时发生侧翻,不幸从9米多高处摔下,致使颅骨骨折、脑部损伤,花费医疗费用13.8万余元。事故发生后,B向A企业索赔,A企业因在C保险公司投保了产品责任保险,便向C保险公司提出了索赔,同时告知B,在保险公司同意赔偿之前,企业不会进行赔偿。C保险公司在事故发生时接到A企业的报案后即派人对现场进行了查勘,发现升降机的底部安全止推没有展开,并且事故现场地面有24.8度的坡度,认定此事故属于明显的操作不当而非产品责任。为此,C保险公司向A企业发出了拒赔的通知。因得不到赔偿款,B便向法院直接起诉了保险公司,要求C保险公司在合同赔偿限额内赔偿其因升降机事故导致的医疗费用10万元。

对于此案,在原被告之间主要就诉讼权产生了争议。

(1)原告B认为:我国《保险法》第六十五条第一款、第二款规定:"保险人对责任保险的被保险人给第三者造成的损害,可以依照法律的规定或者合同的约定,直接向该第三者赔偿保险金。责任保险的被保险人给第三者造成损害,被保险人对第三者应负的赔偿责任确定的,根据被保险人的请求,保险人应当直接向该第三者赔偿保险金。被保险人怠于请求的,第三者有权就其应获赔偿部分直接向保险人请求赔偿保险金。"原告B有权起诉保险公司并享有向保险公司请求直接赔偿的权利。

(2)被告C保险公司认为:一是原告B混淆了两种不同的法律关系,即损害赔偿关系和保险赔偿关系。原告B和A企业之间属民事侵权法律关系,而A企业与保险公司之间则是保险合同法律关系。保险公司既非侵权责任人,原告也非合同当事人,保险公司与原告之间无任何法律关系。因此,将保险公司列为被告没有任何法律依据。二是《保险法》第六十五条第一款、第二款的本意,只是规定保险人可以直接向第三人赔偿,而非规定第三人有权直接向保险人索赔,只有在事故属于保险责任且被保险人怠于请求赔偿的前提下,第三者才可以对保险人直接提出索赔。而本案事故是原告操作不当引起的,不属于产品责任问题,保险公司不应承担赔偿责任,更何况保险公司与被保险人A企业之间签订的《产品责任保险条款》中并没有约定第三人可以向保险人直接索赔。

分析:

(1)被保险人对第三者是否负有赔偿责任,必须经人民法院进行裁判或仲裁裁决确认。本案中,A企业是否对B负有赔偿责任并不能以保险公司的查勘调查结果来确定,必须以具有资质的第三方评估机构来进行评估认定,如本案事故责任可以由国家质量监督检验检疫机构来评定后出具事故责任认定书,人民法院再根据责任认定书及相关资料进行裁判或仲裁裁决来确认。事实上,一审法院对本案经调查取证审理后认为,保险公司主张事故属于原告B违规操作所致证据不足,不予采信。换言之,法院认定本案事故属于产品责任事故。

(2)本案A企业应该承担法律赔偿责任。因法院已裁定本案事故属于产品责任事故,根据我国《民法典》第一千二百零二条规定,因产品存在缺陷造成他人损害的,生产者应当承担侵权责任。该法第一千二百零三条同时规定,因产品存在缺陷造成他人损害的,被侵权人可以向产品的生产者请求赔偿,也可以向产品的销售者请求赔偿。

(3) 受害的第三人有权就其应获赔偿部分直接向保险人请求赔偿保险金。《保险法》第六十五条第一款规定:"保险人对责任保险的被保险人给第三人造成的损害,可以依照法律的规定或者合同的约定,直接向该第三人赔偿保险金。"该条款可以理解为:一般情况下,当保险事故发生时,根据责任保险合同由保险人向被保险人赔偿保险金,但是在特定的情况下,即有法律规定或者合同约定时,保险人亦可以直接向第三人赔偿保险金。虽然从"可以"这一字眼,我们可看出此处是一种任意性规范,而不是义务性规范,即授予保险人依照法律规定或者合同约定直接向第三人赔偿的权利而不是保险人必须向第三人直接赔偿的义务,但对于本案,保险公司仅根据自身的事故勘察认定为非保险事故,导致受害人B无法从致害人A企业处获得赔偿。在这种情况下,可以理解为被保险人A企业怠于请求保险赔偿,根据《保险法》第六十五条第二款的规定,受害的第三者B有权就其应获赔偿部分直接向保险人请求赔偿保险金。最高人民法院关于适用《中华人民共和国保险法》若干问题的解释(四)【2020年】第十五条规定:被保险人对第三者应负的赔偿责任确定后,被保险人不履行赔偿责任,且第三者以保险人为被告或者以保险人与被保险人为共同被告提起诉讼时,被保险人尚未向保险人提出直接向第三者赔偿保险金的请求的,可以认定为属于保险法第六十五条第二款规定的"被保险人怠于请求"的情形。也因此,保险公司认为原告B混淆了损害赔偿关系和保险赔偿关系的观点是不成立的。

结论:

最终,本案一审法院判决被告C保险公司支付原告B(第三者)医疗费用10万元。

【案例1-4】

某年5月8日,Y蹦极游乐园向Q保险公司投保了一份营业场所公众责任保险,在签订保险合同时,保险人Q与投保人Y共同约定:"为使甲方(即Y)在开发蹦极塔娱乐项目过程中得到可靠的经济保障,根据'营业场所公众责任保险条款'(以下简称'保险条款')的有关规定,经双方协商同意,订立本协议",并参照该"保险条款"的相关内容对双方权利义务进行了约定。其中,保险责任范围载明:"凡参加甲方娱乐项目的游客(以下简称被保险人),因下列事故造成人身伤亡属于保险责任范围:①绳索长度超出安全范围;②蹦极中意外造成的伤害;③发生保险事故时,甲方对被保险人的人身采取的施救保护措施所支付的合理费用;④经乙方(即Q)书面同意,甲方支付的仲裁或诉讼费用"。赔偿限额约定:"一年中乙方负责赔付被保险人人身伤亡损失累计最高限额50万元"。关于赔偿处理,约定由乙方根据"保险条款"规定的赔付标准负责赔偿,而"保险条款"规定每次事故每人赔偿3万元。保险合同签订后的第二年5月6日,游客章某在Y蹦极游乐园蹦极,因操作人员失误坠地摔伤致残。在医治过程中,Y垫付章某的医疗费用2万元,并将Q保险公司支付的、按照Y蹦极游乐园门票(门票提示语:"进行本项目活动中,如出现人身意外伤亡事故,均由保险公司负责赔偿最高壹万元的保险金)中含的1万元保险赔偿金给付了章某。章某医治出院后,因Y和Q均迟迟不给予合理的经济补偿,于是对Y和Q提起诉讼,主张被告进行残疾、护理、精神损害等共计32万元的赔偿。经审理,法院判决如下:Y因过失致章某的伤害承担全部赔偿责任,赔偿金额为30万元(含已垫付的2万元医疗费用);章某对Q无诉讼请求权,驳回其诉讼;Y与Q之间的保险合同理赔纠纷不在本案处理范围,应另案解决。Y不服,对Q提起诉讼:要求Q在保险协议约定的50万元赔偿限额内赔偿Y已支付及生效判决已确定的费用损失(不含保险公司责任除外的精神损害赔偿金2万元)共计28万元。

在Q保险公司是否应该赔偿Y蹦极游乐园的问题上产生了如下不同的观点:

(1) 不应该赔偿。理由是:根据Y、Q双方的"保险协议",被保险人为游客,Y仅仅是投保人,保险合同只保障被保险人的权益,而本案中的被保险人游客章某在法院驳回其起诉Q保险公司的请求后,并没有再上诉。因此,Q不应赔偿Y。

(2) 只能赔偿2万元。理由是:依据Y、Q双方签订的"保险协议"所附的"保险条款"的规定,每次事故每人赔偿3万元,而Q保险公司已经赔偿了1万元意外保险金,因此,只需对Y补偿其已经支付游客的2万元。

(3) 应该赔偿3万元。理由是:依据Y、Q双方签订的"保险协议"所附的"保险条款"的规定,每次事故每人赔偿3万元。Q保险公司支付给游客章某的1万元是门票所含的意外伤害保险,不应该在责任保险项下扣除。

(4) 应该赔偿30万元。理由是:根据保险合同双方当事人对赔偿限额的约定,一年中乙方Q负责赔付被保险人人身伤亡损失累计最高限额50万元,"保险协议"并无每次每人赔偿限额的约定。此外,在保险期即将结束时,才有唯一的章某受伤害,而伤害事故属于保险期间所发生的保险事故,法院不包括精神损害的判赔又仅为30万元,赔偿额并没有超过年50万元的累计最高限额。

分析:

本案其实是一个对责任保险合同主体定位不准确而导致的保险纠纷案。

第一,合同主体的错位必然导致纠纷。所谓营业场所责任保险,是指以被保险人营业的固定场所(包括房屋、建筑物及其设备、装置等)因存在结构上的缺陷或管理不善,或被保险人在被保险场所内进行生产经营活动时因疏忽发生意外事故,造成他人人身伤亡或财产损失的经济赔偿责任为保险标的的保险。由定义可知,营业场所责任保险的保险对象是被保险人,而这个被保险人即为营业场所的所有者或经营者(如本案中的Y),而非第三方或本案中的游客(如章某)。换言之,本案责任保险合同的主体应该是确定的:一方为Q保险人,另一方为被保险人Y蹦极游乐园。众所周知,保障第三方即受害人的权益仅仅是责任保险的间接目的,当因责任保险合同的被保险人直接或间接原因导致不确定的第三方遭受损害依法应由被保险人承担民事损害赔偿责任,且这个民事损害赔偿责任又符合责任保险合同的约定时,受害的第三方才能获得保险保障。也就是说,第三方即受害人(如本案中的章某)只不过是责任保险合同间接的被保险对象,或者说是责任保险合同的被保障人。如果将诸如章某之类的游客列为被保险人,则本案保险合同就不是责任保险性质的合同,而是一个由Y为游客购买的人身意外险合同了。我国《保险法》第六十五条第四款规定:"责任保险是指以被保险人对第三者依法应负的赔偿责任为保险标的的保险。"可见,依据《保险法》关于责任保险的定义,本案的章某是第三者,Y蹦极游乐园才应该是被保险人。此外,《保险法》第六十五条第一至第三款规定:"保险人对责任保险的被保险人给第三者造成的损害,可以依照法律的规定或者合同的约定,直接向该第三者赔偿保险金。责任保险的被保险人给第三者造成损害,被保险人对第三者应负的赔偿责任确定的,根据被保险人的请求,保险人应当直接向该第三者赔偿保险金。被保险人怠于请求的,第三者有权就其应获赔偿部分直接向保险人请求赔偿保险金。责任保险的被保险人给第三者造成损害,被保险人未向该第三者赔偿的,保险人不得向被保险人赔偿保险金。"该法第六十六条规定:"责任保险的被保险人因给第三者造成损害的保险事故而被提起仲裁或者诉讼的,被保险人支付的仲裁或者诉讼费用以及其他必要的、合理的费用,除合同另有约定外,由保险人承担。"也就是说,本案在责任保险合同项下,受害的第三方也享有向Q保险公司诉讼请求权。

综上,根据责任保险合同主体的性质,按照《保险法》的规定,本案中的主体之一——Y蹦极游乐园应该是有权利要求合同另一方主体Q保险公司承担合同之责。在这种情形下,前述关于本案四种不同的观点中的第(1)种观点是错误的。很显然,这个结果是本案合同发生主体严重错位所导致的。

第二,"保险协议"与"保险条款"表述不清必然增加纠纷的复杂性。本案中,由Q保险公司与Y蹦极游乐园签订的"保险协议"中对赔偿限额约定如下:"一年中乙方负责赔付被保险人人身伤亡损失累计最高限额50万元";关于赔偿处理,约定由乙方根据"保险条款"规定的赔付标准负责赔偿,而"保险条款"规定"每次事故每人赔偿3万元。"尽管Q保险公司提供的格式合同的意思是想表示:在保险期间内,如果被保险人在经营业务过程中发生了导致第三方人身伤亡的保险事故,保险人赔偿被保险人每次事故每一受害者的责任限额是3万元,一年内无论发生多少次事故,无论多少人受到人身伤害,保险人的总赔偿限额是50万元。但因本案中协议表述不准确,将不应该是被保险人的游客定位为被保险人,而责任保险合同真正的被保险人Y蹦极游乐园却仅仅是投保人,这样,不同的两个"被保险人"便都有可能要求保险人履行合同义务。

一是,当游客定位为被保险人时,根据"保险协议"约定:对于被保险人的赔偿是"人身伤亡损失累计最高限额50万元"。作为本案的"被保险人"章某便有理由要求Q保险公司在50万元的限额内赔付其损失了。至于赔偿处理,虽然合同双方同时约定由乙方Q保险公司根据"保险条款"规定的赔付标准"每次事故每人赔偿3万元",但"保险协议"优先于"保险条款",这既是合同意思解释原则之规定,也是保险法之规定。根据保险合同意思解释原则即按照合同当事人的真实意思进行解释,当保险合同中的内容与保险单、投保单或其他保险凭证中的内容不一致时,应以保险合同中的内容为准;当有特约内容的合同与一般保险合同或保险单等不一致时,应以特约合同为准的规定。我国《保险法》第十三条规定:"投保人提出保险要求,经保险人同意承保,保险合同成立。保险人应当及时向投保人签发保险单或者其他保险凭证。保险单或者其他保险凭证应当载明当事人双方约定的合同内容。当事人也可以约定采用其他书面形式载明合同内容。依法成立的保险合同,自成立时生效。投保人和保险人可以对合同的效力约定附条件或者附期限。"签发保险单(一般载有保险条款内容)是保险公司在合同成立后应尽的法定义务,也就是说,保险合同(即保险协议)之规定优于载有保险条款的保险单之规定。同时,《保险法》第三十条规定:"采用保险人提供的格式条款订立的保险合同,保险人与投保人、被保险人或者受益人对合同条款有争议的,应当按照通常理解予以解释。对合同条款有两种以上解释的,人民法院或者仲裁机构应当作出有利于被保险人和受益人的解释。"当同一份协议前后特别约定有不同,应以有利于被保险人的解释为评判标准。因此,本案"被保险人"章某完全有要求Q保险公司在50万元以内的赔付权利。

二是,如果按照责任保险合同的性质,被保险人应该是Y蹦极游乐园,而不是游客或受害的第三者,则"一年中乙方负责赔付被保险人人身伤亡损失累计最高限额50万元"中的被保险人就又可以理解为甲方Y了。问题是"保险协议"对甲方Y蹦极游乐园并没有规定每人的赔偿限额(即只对合同中受害的第三方——本合同的"被保险人"游客有3万元的赔偿限额规定),故Y可以不遵循"保险条款"的规定,而只按照协议来要求乙方Q保险公司在50万元限额内进行赔偿。同时,根据我国《民法典》第四百九十六条第二款规定:采用格式条款订立合同的,提供格式条款的一方应当遵循公平原则确定当事人之间的权利和义务,并采取合理的方式提示对方注意免除或者减轻其责任等与对方有重大利害关系的条款,按照对方的要求,对该条款予以说明。提供格式条款的一方未履行提示或者说明义务,致使对方没有注意或者理解与其有重大利害关系的条款的,对方可以主张该条款不成为合同的内容。我国《保险法》第十七条规定:"订立保险合同,采用保险人提供的格式条款的,保险人向投保人提供的投保单应当附格式条款,保险人应当向投保人说明合同的内容。对保险合同中免除保险人责任的条款,保险人在订立合同时应当在投保单、保险单或者其他保险凭证上作出足以引起投保人注意的提示,并对该条款的内容以书面或者口头形式向投保人作出明确说明;未作提示或者明确说明的,该条款不产生效力。"从前面案情及分析可知,本案"保险条款"中保险人的赔偿义务较"保险协议"中的赔偿义务轻,但在订约程序上,无论是"保险条款"本身,还是"保险协议"本身均未见任何提示和明确解释有关赔偿的条件与标准,也难以证明保险人对有关赔偿已尽说明义务。因此,"保险条款"规定每次事故每人赔偿3万元也不能对甲方Y蹦极游乐园产生效力。正因为如此,前面不同观点中的第(3)种本是比较正确的观点,只是因为"保险协议"与"保险条款"中的条文含糊不清而不适合于本案。至于第(4)种观点,尽管提出Q保险公司应该赔偿Y投保人30万元保险金,但其一年内仅仅发生章某这一事故而没有发生其他保险事故,保险赔偿金额没有超过50万元的总累计限额的理由是荒唐的。因为依法成立的合同,当事人各方的权利和义务是对等的,也是受法律保护的,当事人应当按照约定履行自己的义务,不得擅自变更或者解除合同。在保险期内,发生了保险事故,保险人应该按照合同的约定进行理赔,如果没有发生任何保险事故,即使是合同到期了,其合同双方当事人的权利和义务也是对等的。

综上,无论是从将本案合同中受害的第三方章某作为被保险人来看,还是从责任保险合同的被保险人本应该是Y蹦极游乐园来看,Q保险公司都应该在保险合同规定的50万元的限额内赔偿被保险人。

第三,意外伤害保险与责任保险本质相混淆是导致本案纠纷的诱因。责任保险承担的是被保险人的民事损害赔偿责任或法律赔偿责任,是一种无形的利益标的;其仅仅负责赔偿在被保险人的营业或工作场所内因被保险人的直接或间接的过失所导致的第三方遭受到的意外损害(含物质损失与人身伤害);而人身意外伤害保险承保的却是自然人的身体与生命,是一种有形的实体标的,它一般属于普通人身保险的范畴。本案中门票所含的保险就是一种意外伤害保险,其被保险人即为持票人章某,其投保人也是章某本人(门票中的意外伤害保险是公园和保险公司联合起来强行向消费者销售的保险,按照法律规定,这种保险销售是违法的,但现实中,这样的现象常有出现)。因此,当章某在蹦极时受到伤害时,他可以持门票(即意外伤害保险合同)向保险公司索赔。但因章某的伤害是在Y蹦极游乐园内因Y蹦极游乐园操作人员失误坠地而致,其还可以依据民事损害赔偿法律向Y蹦极游乐园的经营者或所有者即本案保险合同中的甲方索取经济赔偿,而承保Y蹦极游乐园的场所责任保险人应当代Y蹦极游乐园即甲方支付受害人章某的赔偿金。换言之，从章某来说，他可以兼得意外伤害保险与场所责任保险两份保障，致害人或保险人均不能以其获得了双份赔偿金而拒付或分摊赔偿金。因此，前面不同观点中的第(2)种观点也是错误的。值得指出的是，本案中也正是因为保险合同双方(尤其是提供格式合同的保险人一方)对意外伤害保险与责任保险本质划分不清，才会将责任保险合同间接保障的被保障人游客列为合同中的被保险人，而本应该是被保险人的Y蹦极游乐园仅仅在保险合同中扮演一个投保人角色。

法院判决：

一审法院经审理认为，保险协议合法、有效，乙方Q保险公司应履行赔偿金给付义务；甲方Y蹦极游乐园施救支付的合理费用属于保险责任范围，且不超过双方约定的50万元赔偿限额，故予以支持；"保险条款"与"保险协议"内容相悖，不予支持。判决：乙方Q保险公司赔偿甲方Y蹦极游乐园医疗费等合理损失30万元。

乙方不服一审判决中有关"保险条款"效力的认定，提出上诉。二审法院经审理认为，"保险协议"并无每人赔偿限额的约定，保险人也不能证明已对"保险条款"履行说明义务，故该"保险条款"不生效。甲方依保险合同享有保险赔偿请求权，乙方应在"保险协议"约定的50万元赔偿限额内承担保险责任。根据《保险法》第十七条规定，判决驳回上诉，维持原判。

结论与启迪：

本案因责任保险合同主体不清以及相关概念的本质混淆而导致"保险条款"与"保险协议"两者之间相悖，一、二审法院均认定保险人未履行说明义务并确定"保险条款"不生效、保险人应在协议约定的最高赔偿限额内支付保险赔偿金是正确的。

从本案可以得出如下四方面的启迪：

一是保险合同的主体必须明确的同时更应该准确。即保险合同的主体应该是合同关系中享有权利和承担义务的人。将保险人、投保人列为保险合同的主体，而将被保险人列为保险合同的关系人，并无实际意义。因为任何性质的保险合同，其被保险人是受保险合同保障、并享有赔偿请求权的人，即保险合同的当然主体只有被保险人(遗憾的是，目前我国《保险法》第十条存在对保险合同主体定位不准确的规定，因合同主体定位不准而导致的保险纠纷案在未来仍将不可避免，保险各方应予以高度重视，并采取相关措施尽量避免或防止类似纠纷的发生)。

二是责任保险合同明确规定每次事故每人赔偿限额及保险期间累计最高赔偿限额对保险人防止或限制自身的经营风险是非常重要的，因此，保险人在制定合同或协议时，不仅要精确计算确定赔偿限额，并明确列示这些内容，而且要向投保人或被保险人明确解释这些内容。

三是，制定保险合同或条款一定要保持保险项目或内容的前后一致，避免因条款或约定相互矛盾或相互抵触而使法院根据有关法律作出有利于被保险人的解释并导致保险人赔偿成本的增加。

四是，保险人应该全面熟悉和正确掌握有关保险、合同、法律方面的理论知识，并在业务经营过程中做到谨慎经营、合法经营。

【案例1-5】

某年9月,P卫生院与T保险公司签订了为期一年的医疗责任保险合同,约定医疗责任每人基准赔偿限额为20万元,法律费用赔偿限额为2万元。次年5月,P卫生院因医疗过错致受害人C死亡,经法院判决由P卫生院赔偿了受害人C家属各项费用22万元,并承担了该案的诉讼费和鉴定费8 000元。在该案的诉讼过程中原告还支付了律师代理费2万元。随后,P卫生院根据保险合同的约定向T保险公司索赔22万元,并向其交齐了全部索赔资料,但直到当年年底,T保险公司只支付赔偿金及法律费用共11万元,后拒不支付其余款项。据T保险公司称,P卫生院在申请投保时填写的投保单上所载明的赔偿限额为10万元、法律费用限额1万元,公司在出具保单时,因打印错误,在保单上载明的医疗责任赔偿限额为20万元、法律费用限额为2万元,实为误操作,P卫生院所填写的投保单才是其真实的意思表示,应以该投保单的赔偿限额为准,保单上的有关项目应更正为医疗责任赔偿限额10万元、法律费用赔偿限额1万元,现公司已足额赔偿了P卫生院的损失,不应再支付其余款项。双方争执不下,诉至法院。法院在审理中发现,投保单的填写时间为某年10月20日,而保险单的出单日期为同年的9月21日,投保单的时间明显滞后于保险单的时间,经调查,在投保时,是由P卫生院在空白投保单上加盖公章,后由T保险公司业务员填写的日期。

不同观点:

本案的焦点在于,当投保单内容与保险单内容不一致时,对保险合同双方权利义务的认定应以投保单为准,还是以保险单为准?对此,存在两种不同的观点:

第一种观点认为,应以投保单为准。根据最高人民法院关于适用《中华人民共和国保险法》若干问题的解释(二)(以下简称《司法解释二》)第十四条规定,投保单与保险单或者其他保险凭证不一致的,以投保单为准。本案应以投保单上的赔偿限额为准。现T保险公司已按合同约定的赔偿责任限额履行完毕,故不必再对超出限额部分的金额负责。

第二种观点认为,应以保险单为准。投保单是投保人提出投保请求时填写的书面要约,投保单经保险人审核后,保险人予以承保,保险合同成立,并签发保险单。保险单载明双方权利义务,是保险合同的正式证明文件。因此,当投保单与保险单不一致时,应以最终签发的保险单来认定保险合同双方的权利义务,何况本案的保险单签发时间还早于投保人签发的时间。虽然根据《司法解释二》第十四条规定,投保单与保险单或者其他保险凭证不一致的,以投保单为准。但该条也同时规定,不一致的情形系经保险人说明并经投保人同意的,以投保人签收的保险单或者其他保险凭证载明的内容为准。何况本案投保单的日期是由T保险公司业务员填写的。

分析:

经保险人签字盖章的投保单与保险单或其他保险凭证均是保险合同的组成部分,当其内容不一致时,可综合考虑订立合同时双方的真实意思表示及双方存在的过错来处理投保单与保险单或其他保险凭证不一致的情形。

(1)关于投保单与保险单的效力问题。投保单是投保人向保险人申请订立保险合同的书面要约,一般由保险人事先统一印制,列出保险条款的主要内容,留下空白供投保人填写。投保单经投保人依自己的意思如实填写并交保险人,即成为投保人向保险人发出的要约。投保单本身并非保险合同的文本,在投保人填写完毕交付保险人签字盖章前,它仅仅是要约;但经保险人签字盖章后,其内容就成为保险合同的一部分。保险单是保险人与投保人之间订立的正式合同凭证,由保险人签署,交由被保险人收执保管,并以此作为投保人向保险人交付保险费和被保险人在保险标的发生保险事故时向保险人索赔的主要依据。我国《保险法》第十三条第一、第二款规定:"投保人提出保险要求,经保险人同意承保,保险合同成立。保险人应当及时向投保人签发保险单或者其他保险凭证。保险单或者其他保险凭证应当载明当事人双方约定的合同内容。当事人也可以约定采用其他书面形式载明合同内容。"

(2) 有关司法解释对投保单与保险单或者其他保险凭证不一致的规定。根据《司法解释二》第十四条规定,保险合同中记载的内容不一致的,按照下列规则认定:投保单与保险单或者其他保险凭证不一致的,以投保单为准。但不一致的情形系经保险人说明并经投保人同意的,以投保人签收的保险单或者其他保险凭证载明的内容为准。《司法解释二》之所以这样规定,是鉴于保护投保人的利益。因投保单是投保人向保险人发出的订立保险合同的要约,比起保险单更能反映投保人的真实意思。但司法解释认定以投保单为准的前提是投保人对保险单或者其他保险凭证的内容不予认可的情形。本案中,保险单送达给了投保人,该投保人收到保险单后并未提出异议,说明其认可保险单载明的内容,故不适用上述司法解释(二)第十四条"投保单与保险单或者其他保险凭证不一致的,以投保单为准。"的规定,而应根据该条规定,以最终保险单上记载的内容为准。

(3) 从过错承担的角度,本案认定以保险单为准并无不当。首先,T 保险公司出具的保险单的日期要早于投保单一个月,虽然 T 保险公司抗辩称该保险单内容系打印错误,但保险单上的保险费收付金额并没有错误,保险费是保险人出售保险的价格,当保险公司将保险单交付投保人并按单收取了保费即意味着这笔保险买卖已成交,也就是说合同已成立并生效。其次,投保单上的日期系由 T 保险公司业务员填写,且是业务员在投保人卫生院提供的、加盖公章的空白投保单上后加填。作为承保人,T 保险公司这种先卖出保险单再补填投保单的行为是违规经营的行为,也是没有进行核保的不谨慎经营的行为,其带来的代价当然应由行为方 T 保险公司自身来承担。

综上所述,本案中,T 保险公司应按照保险单载明的责任限额向 P 卫生院承担赔偿保险金的责任。

启迪:

实践中,有些保险业务员为拉拢业务或者简化流程,在办理保险业务时大多存在不规范之处,比如对投保人的投保资格审查不严格,让投保人在空白格式文书上签字或者代投保人签字、填写投保单等,从而导致投保单与保险单(证)内容不一致、时间不吻合等问题出现,引发保险纠纷。为减少类似本案不必要的纠纷发生,一方面,保险公司应严格、规范业务办理流程和提高保险业务员的职业素养;另一方面,投保人、被保险人应增强自我保护意识和法律意识,切勿在空白或未填写完整的投保单上签字。至于故意骗保或惜赔、拒赔的行为则应受到法律严厉的处罚或制裁。

复习思考题

一、名词解释

法律责任；民事责任；直接责任；过错责任；无过失责任；责任保险；赔偿限额；合同责任保险；强制责任保险

二、选择题

1. 责任保险所承保的法律责任主要是指(   )。
   A. 刑事责任   B. 民事责任   C. 行政责任   D. 约定责任
2. 在责任保险中，保险人在经过特别约定后可以考虑承保的责任是(   )。
   A. 合同责任   B. 过失责任   C. 无过失责任   D. 刑事责任
3. 责任保险是以被保险人对第三者依法应负的赔偿责任为(   )的保险。
   A. 赔偿限额   B. 保险标的   C. 保险对象   D. 保险利益
4. 责任保险的保险事故确定需要的条件有(   )。
   A. 被保险人依法对第三者的损害须负有赔偿责任
   B. 投保人对受害人的损害负有法律赔偿责任
   C. 第三者因被保险人原因受到损害，并向被保险人提出赔偿要求
   D. 致害人对受害人的损害负有法律赔偿责任
   E. 被保险人疏忽、过失造成对第三者的损害赔偿责任
5. 责任保险的间接补偿对象是(   )。
   A. 被保险人   B. 致害人   C. 受害人   D. 投保人
6. 责任保险的适用范围有(   )。
   A. 公众场所经营者   B. 产品维修者
   C. 城乡居民家庭   D. 运输工具的所有者
7. 责任保险的保险责任包括(   )。
   A. 因赔偿纠纷引起的由被保险人支付的诉讼费
   B. 被保险人未经保险人同意而支付的交通费
   C. 诉讼过程中发生的律师费
   D. 责任保单赔偿限额以外的费用
8. 在责任保险中，主要的责任免除有(   )。
   A. 被保险人故意行为所致的损害后果
   B. 被保险人家属的财产损失
   C. 被保险人租赁的财产损失
   D. 被保险人过失行为所致的损害后果
9. 在责任保险中，承保范围最广的险别是(   )。
   A. 公众责任保险   B. 雇主责任保险
   C. 职业责任保险   D. 产品责任保险
10. 按与财产保险的关系不同分类，责任保险有(   )。

A. 混合责任保险　　　　　　　　B. 附加责任保险
C. 独立责任保险　　　　　　　　D. 约定责任保险

三、问答题

1. 什么是法律责任？有哪些种类？
2. 责任保险的特征有哪些？
3. 责任保险的保险责任范围包括哪些方面？
4. 责任保险的保险标的的特点是什么？
5. 影响责任保险费率厘定的因素有哪些？
6. 责任保险的作用表现在哪些方面？
7. 责任保险可以分为哪几类？
8. 责任保险有几种承保方式？
9. 法制时代，责任保险如何创新？

四、分析题

第52次《中国互联网络发展状况统计报告》显示①：截至2023年6月，我国网民规模达10.79亿人，较2022年12月增长1 109万人；互联网普及率达76.4%，较2022年12月提升0.8个百分点。但网络安全现象也不乐观。截至2023年6月，遭遇个人信息泄露的网民比例为23.2%；遭遇网络诈骗的网民比例为20.0%；遭遇设备中病毒或木马的网民比例为7.0%；遭遇账号或密码被盗的网民比例为5.2%。同时，截至2023年6月，全国各级网络举报部门共受理举报9 652.1万件［根据中央网信办（国家互联网信息办公室）违法和不良信息举报中心2023年上半年月报数据加总得出］，较2022年同期上升12.2%。

试结合我国《网络安全法》第七十四条第一款："违反本法规定，给他人造成损害的，依法承担民事责任。"及《民法典》第一千一百九十七条："网络服务提供者知道或者应当知道网络用户利用其网络服务侵害他人民事权益，未采取必要措施的，与该网络用户承担连带责任。"分析我国网络安全法律责任风险如何通过保险进行转移？

---

① 中国互联网络信息中心.第52次《中国互联网络发展状况统计报告》[R/OL].cnnic.cn/NMediaFile/2023/0908/MAIN1694151810549M3LV0UWOAV.pdf. https://cnnic.cn/NMediaFile/2023/0908/MAIN1694151810549M3LV0UWOAV.pdf.2023-09-08.

第二章

公众责任保险

> **学习目标**
>
> 学习本章时,学生应掌握公众责任保险的基础知识,包括公众责任保险的定义及其发展状况、公众责任保险与第三者责任保险的区别、公众责任保险的合同内容及经营实务,能熟练运用公众责任保险的理论知识分析相关案例。

第一节 公众责任保险概述

思政园地

一、公众责任与公众责任保险

1. 公众责任

公众责任,是指致害人在公众活动场所的过错行为致使他人的人身或财产遭受损害,依法应由致害人承担的对受害人的经济赔偿责任。由于责任人的行为损害了公众利益,这种责任被称为公众责任。公众责任的构成,以在法律上负有经济赔偿责任为前提,其法律依据是各国的民法及各种有关的单行法规制度。① 例如,我国《民法典》第一千二百二十九条规定:"因污染环境、破坏生态造成他人损害的,侵权人应当承担侵权责任。"该法第一千二百五十八条规定:"在公共场所或者道路上挖掘、修缮安装地下设施等造成他人损害,施工人不能证明已经设置明显标志和采取安全措施的,应当承担侵权责任。窨井等地下设施造成他人损害,管理人不能证明尽到管理职责的,应当承担侵权责任。"等等。一般来说,工厂、写字楼、学校、住宅以及商店,展览馆、动物园、旅馆、医院、影剧院、运动场、餐饮场所等各种公众活动场所,均有可能因生产、经营等各项活动而出现意外事故,造成他人的人身伤害或财产损失,致害人不得不依法承担相应的民事损害赔偿责任。例如,2015 年 5 月 25 日,河南省平顶山市鲁山县康乐园老年公寓发生特别重大火灾事故,造成 39 人死亡,6 人受伤,过火面积 745.8 平方米,直接经济损失 2 064.5 万元。② 2015 年 8 月 12 日,位于天津市

---

① 许飞琼.责任保险[M].北京:中国金融出版社,2007:85.
② 安全监管总局人事司(宣教办).河南平顶山"5·25"特别重大火灾事故调查报告[R/OL].中华人民共和国应急管理部,https://www.mem.gov.cn/gk/sgcc/tbzdsgdcbg/2015/201510/t20151014_245219.shtml.2015-10-14.

滨海新区天津港的天津东疆保税港区瑞海国际物流有限公司危险品仓库发生火灾爆炸事故,造成 165 人遇难、8 人失踪,798 人受伤住院治疗,304 幢建筑物、12 428 辆商品汽车、7 533 个集装箱受损;截至 2015 年 12 月 10 日,事故造成直接经济损失人民币 68.66 亿元(其他损失尚需最终核定)。① 2019 年 3 月 21 日,位于江苏省盐城市响水县生态化工园区的天嘉宜化工有限公司发生特别重大爆炸事故,造成 78 人死亡、76 人重伤、640 人住院治疗,直接经济损失 19.86 亿元。② 2020 年 3 月 7 日,位于福建省泉州市鲤城区的欣佳酒店所在建筑物发生坍塌事故,造成 29 人死亡、42 人受伤,直接经济损失 5 794 万元。③ 2022 年 4 月 29 日,湖南省长沙市望城区发生一起特别重大居民自建房倒塌事故,造成 54 人死亡、9 人受伤,直接经济损失 9 077.86 万元。④ 等等。这些民事损害均是公众场所责任事故承担人应依法承担的损害赔偿责任。

2. 公众责任保险

公众责任保险,又称普通责任保险或综合责任保险,它是责任保险中独立的、适用范围极为广泛的保险类别,主要承保企业、机关、团体、家庭、个人以及各种组织(单位)在固定的场所从事生产、经营等活动以至于日常生活中由于意外事故而造成他人人身伤害或财产损失,依法应由被保险人所承担的各种损害赔偿责任。在英美保险市场中,公众责任保险被定义为除雇主责任保险以及航空、汽车、机器和海上保险中的责任保险以外的所有个人与企业责任保险的总称。⑤

作为一类有着最广泛影响的责任保险,公众责任保险始于 19 世纪的 80 年代,最先开办的业务有承包人责任保险、升降梯责任保险和业主房东住户责任保险等。到 20 世纪 40 年代,公众责任保险在工业化国家已进入家庭,个人责任保险得到发展,它标志着公众责任保险的完全成熟。进入 20 世纪 70 年代,由于公众对损害事故的索赔意识增强和法制的不断完善,公众责任保险在工业化国家尤其是欧美发达国家中,已经成为机关、企业、团体及各种游乐、公众活动场所以及家庭、个人的必需保障。公众责任保险险种不仅已被广大民众所普遍接受,同时许多险种也早就列入了法定保险的范畴。

西方发达国家的经验显示,公众责任保险在构建"公众安全保险网"方面起到非常重要的作用。一方面,公众责任保险可以使受害人在灾害损失发生后得到相应的经济补偿,使生产经营单位尽快恢复生产经营活动,减轻政府善后处理的负担,维护社会经济秩序,保障公众切身利益,促进社会稳定;另一方面,通过保险公司在承保前的防灾防损工作及投保时采取区别对待、浮动费率等措施,鼓励投保人和被保险人主动采取安全防范措施,在客观上使公众安全中的隐患得以有效预防和控制,降低风险发生的概率。总之,公众责任保险作为防灾救灾的重要手段之一,由于受益群体广泛、覆盖面较宽,具有很好的社会公益性,参

---

① 天津港"8·12"瑞海公司危险品仓库特别重大火灾爆炸事故调查报告[R].中华人民共和国中央人民政府网,http://www.gov.cn/foot/2016-02/05/content_5039788.htm.2016-02-05.
② 新闻宣传司.江苏响水天嘉宜化工有限公司"3·21"特别重大爆炸事故调查报告公布[N/OL].中华人民共和国应急管理部,https://www.mem.gov.cn/xw/bndt/201911/t20191115_340724.shtml,2019-11-15.
③ 福建省泉州市欣佳酒店"3·7"坍塌事故调查报告公布[N/OL].中国政府网.http://www.gov.cn/xinwen/2020-07/14/content_5526783.htm,2020-07-14.
④ 湖南长沙"4·29"特别重大居民自建房倒塌事故调查报告公布[N/OL].央视网,https://news.cctv.com/2023/05/21/ARTILDrujxiybixU6ErUYnqx230521.shtml.2023-05-21.
⑤ 许飞琼.责任保险[M].北京:中国金融出版社,2007:86-87.

与社会公共安全管理的作用将越来越明显。

二、公众责任保险与第三者责任保险的共同特征和区别

在法学界，习惯于将公众责任称为第三者责任；在保险界，人们也常常把公众责任保险与第三者责任保险相混同。在责任保险经营实践中，公众责任保险是一种完全独立承保的业务，而第三者责任保险却通常与一般财产保险具有不可分割的关系或某种内在的联系，如各种运输工具第三者责任保险就与相应的运输工具紧密相连。因此，公众责任保险的特征更多地体现在与第三者责任保险的区别上。①

1. 公众责任保险与第三者责任保险的共同特征

（1）公众责任保险与第三者责任保险承保的都是被保险人对公众或第三者依法应承担的经济赔偿责任。

（2）公众责任保险与第三者责任保险中的受害方都缺乏像其他责任保险中受害方一样的群体特色。在雇主责任保险中，受害方限于与雇主有雇佣关系的雇员；在产品责任保险中，受害方大多是产品的直接消费者或用户；在职业责任保险中，受害方一般是与接受职业技术服务的特定对象，如医生与患者的关系、教师与学生的关系。而公众责任保险与第三者责任保险中的受害方却可能是任何法人或个人，即其范围更具广泛性。

（3）在厘订费率、确定责任限额和赔偿方式等具体经营环节上，公众责任保险与第三者责任保险有相通性。

2. 公众责任保险与第三者责任保险的区别

（1）公众责任保险业务均采取完全独立的方式承保，即每一笔业务都有独立的保险合同作为法律依据。第三者责任保险却大多采用附加险的方式承保，它没有独立的保险合同，一般只在特定财产的财产保险单的基础上以附加条款的形式确定（如建筑、安装工程第三者责任保险等）；即使可以独立承保的业务（如机动车第三者责任保险），其条款也一般列入特定财产保险条款中，与特定财产保险有着不可分割的关系。

（2）公众责任保险的保险区域范围一般只限于被保险人的固定场所，即保险人只对在固定场所内发生的损害事故且依法应负的经济赔偿责任负责，对超越固定场所范围的活动所造成的经济赔偿责任一般除外不保。第三者责任保险则要视具体情况来确定保险区域范围，如运输工具第三者责任保险的保险区域范围就不可能只限于存放处所，而必须是运输工具的全部活动场所。

（3）公众责任保险按习惯列入责任保险理论体系，且占有最重要的地位。第三者责任保险虽然本质上属于责任保险业务，但传统上却作为财产保险中特定财产保险理论的组成部分，更强调与特定财产保险的相通性。如飞机第三者责任保险一般作为飞机保险的内容，机动车第三者责任保险也作为机动车保险的内容。在实务中，既有将第三者责任保险业务所收保险费及赔款作为责任保险业务统计、考核的，也有将其分别计入不同财产保险业务统计、考核的。

综上所述，第三者责任保险实际上是指那些不能单独承保的或虽能单独承保但仍与特定的财产保险业务存在着必然和内在联系的责任保险业务，它应纳入责任保险理论体系，

---

① 许飞琼.责任保险[M].北京：中国金融出版社，2007：88-89.

但应与公众责任保险分开。鉴于上述观点，本书将第三者责任保险单独列章，在第六章专门阐述，以避免在理论与实务中造成不必要的混乱。

三、公众责任保险合同的内容

公众责任保险合同的内容因各公众责任保险种类的不同而各异，但一般都包含保险责任、责任免除、保险期限、赔偿限额和免赔额以及合同双方当事人的权利和义务等内容。

（一）保险责任

公众责任保险承担的是被保险人在保险期内、在保险地点发生的依法应承担的经济赔偿责任，这种责任应是被保险人的侵权行为造成的对第三者的民事损害赔偿责任。具体可分为如下两项：

1. 第三者人身伤亡或财产损失

第三者人身伤亡或财产损失，是指在保险期限内，被保险人在保险合同列明的范围内，因生产经营活动发生意外事故，造成第三者的人身伤亡和财产损失，依法应由被保险人承担的经济赔偿责任，保险公司按合同条款的规定负责赔偿。其中，人身伤害，仅指受害人身体上的伤残、疾病、死亡，一般不包括受害人的精神伤害；财产损失指物质财产的损坏和灭失，包括由此引起的丧失使用的损失和其他费用；意外事故指不可预料的以及被保险人无法控制并造成物质损失或人身伤亡的突发性事件。依法是指依照发生损害责任事故（侵权行为）当地的法律以及政府当局颁布的法令、条例等。

2. 因保险事故引起的诉讼费用及事先经保险人书面同意的其他费用

（1）诉讼费用。诉讼费用一般是指进行民事诉讼和行政诉讼时发生的依法应由当事人交纳的费用。诉讼费用包括案件受理费、申请费和其他诉讼费用三种。保险人承担的诉讼费用是指，对于被保险人因侵权行为而应付给索赔人（受害人）的法律诉讼费用以及经保险人事先同意的被保险人自己支出的诉讼费用。其中，应付索赔人（受害人）的法律诉讼费用是指受害人诉诸法律程序向被保险人索赔而支出的，根据法院判决应由被保险人偿还索赔人的费用；被保险人自己支出的诉讼费用是指保险人认为有必要以被保险人名义直接和受害人在法院进行诉讼或抗辩而支出的合理的费用，该项费用必须在支出前得到保险人的同意，以便让保险人视情况决定这样做的后果及可行性。

（2）其他费用。其他费用是指发生保险责任事故后，被保险人为缩小或减少对第三者人身伤亡或财产损失的赔偿责任所支付必要的、合理的费用。这种费用一般有事故发生后的急救费用（施救或救助费用）、必要的医疗费用以及必要的救护车、专业护理和丧葬费用，根据险种的不同，有时还包括残骸清理费以及确定人员伤亡的费用等。我国《保险法》第五十七条规定："保险事故发生时，被保险人应当尽力采取必要的措施，防止或者减少损失。保险事故发生后，被保险人为防止或者减少保险标的的损失所支付的必要的、合理的费用，由保险人承担；保险人所承担的费用数额在保险标的的损失赔偿金额以外另行计算，最高不超过保险金额的数额。"

对每次保险事故引起的上述两大项赔偿金额，保险公司一般以法院或政府有关部门根据现行法律裁定的应由被保险人偿付的金额为准。但在任何情况下，均不得超过保险合同所规定的每次保险事故赔偿限额。

(二) 责任免除

公众责任保险的责任免除(又称除外责任),可以分为三个方面:一是绝对责任免除,即责任保险人不能承保的风险;二是不能在公众责任保险中承保的但可以在其他保险中承保的风险;三是经过加具批单、增收保费才能承保的风险。

1. 绝对责任免除

公众责任保险的绝对责任免除,主要包括以下内容:

(1) 被保险人故意行为引起的损害事故。这里的故意行为是指明知故犯的且造成他人人身伤害或财产损失的恶意侵权行为,如被保险人在公众活动的保险地点实施杀人、放火等行为引起的损害事故。

(2) 战争、类似战争行为(如内战和叛乱)、敌对行为、恐怖、军事行为、武装冲突、骚乱、暴动、盗窃、抢劫、罢工或封闭工厂所引起的任何损害事故。这类风险责任难以测定,而且通常造成的损失较大,因此,一般不为公众责任保险所承保。

(3) 地震、雷击、暴雨、洪水、火山爆发、地下火、龙卷风、台风、暴风等人力不可抗拒的原因引起的损害事故。

(4) 政府有关当局的没收和征用行为引起的损害事故。

(5) 核反应(包括核聚变和核裂变)、核材料、核辐射及放射性污染等核事故引起的直接和间接损害。

(6) 任何与被保险人一起居住的亲属引起的损害事故。

(7) 由于震动、移动或减弱支撑引起的任何土地、财产或房屋的损害责任。

(8) 被保险人须缴纳的罚款、罚金或处罚性赔款。

(9) 锅炉爆炸、空中运行物体坠落引起的损害事故。

(10) 由被保险人作出的或认可的医疗措施或医疗建议引起的直接或间接损失责任。

2. 公众责任保险不能承保情况下的风险转嫁

(1) 被保险人的雇员或正在为被保险人服务的任何人所受到的伤害的责任,这是指被保险人的雇员,在从事与其职业有关的工作时遭受的任何伤害,公众责任保险不予负责,但雇主责任保险可以为其提供保障。

(2) 被保险人及其雇员或代理人所有的财产或由其照管、控制的财产不属于公众责任保险项下的第三者所有,故而为责任免除。但被保险人可以通过投保普通财产保险或火灾保险来为其相关财产提供风险保障。

(3) 被保险人及其雇员或代理人正在从事或一直从事工作的任何物品、土地、房屋或建筑的损失,由于这些是被保险人工作的对象,故不包括在公众责任保险中,但被保险人可投保各种适用的财产保险,如企业(团体)财产保险、机器损坏保险、建筑工程保险等。

(4) 被保险人或其雇员从事医师、律师、会计师、设计师、建筑师、美容师或其他专门职业所发生的赔偿责任属于职业责任,公众责任保险不予承担。但被保险人可通过投保职业责任保险来转嫁这一风险。

(5) 对于不洁、有害食物或饮料引起的食物中毒或传染性疾病,有缺陷的卫生装置,以及售出的商品、食物、饮料存在缺陷造成他人的损害事故,属于产品责任保险范畴,应投保产品责任保险。

(6) 对于未载入保险合同而属于被保险人所有的或以其名义使用的任何牲畜、脚踏车、各种机动车辆、火车头、各类飞机和船舶等引起的损害事故以及建筑、安装工程所有人的责任风险除外,它由各种专门的第三者责任保险承保。

(7) 被保险人及第三者的停产、停业等造成的一切间接损失,公众责任保险不予负责,但可以通过一般财产保险的附加险如利润损失保险来进行转嫁。

3. 可以附加承保的责任免除

对保险人而言,此类责任免除,经过加批加费可予承保(参见表2-1某保险公司公众责任保险附加保险条款清单),但未经加批加费均属于公众责任保险的责任免除,保险人对由此引起的损害事故不承担任何责任。其内容主要包括:

(1) 被保险人根据与他人的合同(或协议)应承担的责任。由于这些合同中的一些规定有可能不是被保险人的法律责任或是增加了被保险人的法律责任,因而,公众责任保险的保险人通常将其作为一项常规的责任免除,这在国内各保险公司的公众责任保险条款中均有体现。但是,如果合同责任没有超过被保险人应对他人承担的法律责任范围,即假定没有合同规定存在,被保险人仍需对他人承担这种法律责任时,保险人对此仍视同一般责任予以负责。如果投保人要求对合同责任进行加保,则应将所有合同责任都向保险人进行申报,由保险人决定能否予以加保。

(2) 公众场所的归被保险人的或其所占有的或以其名义使用的电梯、升降梯、自动梯、起重机、吊车或其他升降装置导致的损害事故。随着国内电梯责任保险等专门险种的出现,这类风险既可作为专门的风险进行投保,也可以在基本保险单项下进行扩展加保。

(3) 火灾和爆炸等导致的损害事故一般不包括在常规的公众责任保险范围内,被保险人若要加保,保险人可通过"公众责任保险附加火灾和爆炸责任保险条款"予以加保,但必须是发生在保险地点范围之内的火灾、爆炸等。

(4) 被保险人所拥有、使用或经营的游泳池发生意外事故造成的第三者人身伤亡或财产损失不包括在基本的公众责任保险范围内,但可以在基本保险单项下进行扩展加保,如附加游泳池公众责任保险险种。

(5) 被保险人因在公众责任保险单列明的固定场所内布置的广告、霓虹灯、灯饰物发生意外事故造成的第三者人身伤亡或财产损失,公众责任保险基本保险单一般不予承担,但保险人可以在基本保险单项下通过"公众责任保险附加广告及装饰装置责任保险条款"扩展承保。

(6) 被保险人因在一般公众责任保险单列明的地点范围内所拥有、使用或经营的停车场发生意外事故造成的第三者人身伤亡或财产损失,可以通过附加停车场责任保险予以承保。

(7) 精神损害责任,即被保险人造成他人精神损害后需要承担的经济赔偿责任。这类损害赔偿责任经过特别约定,可以进行加保。

表2-1 某保险公司公众责任保险附加保险条款清单

编号	条款名称
1	公众责任保险附加董事及高级管理人员个人第三者责任保险条款
2	公众责任保险附加救火费用保险条款
3	公众责任保险附加车辆装卸责任保险条款

第二章 公众责任保险

(续表)

编号	条款名称
4	公众责任保险附加广告及装饰装置责任保险条款
5	公众责任保险附加游泳池责任保险条款
6	公众责任保险附加急救费用保险条款
7	公众责任保险附加人身侵害责任保险条款
8	公众责任保险附加租用汽车责任保险条款
9	公众责任保险附加建筑物改变保险条款
10	公众责任保险附加出租人责任保险条款
11	公众责任保险附加客人财产责任保险条款
12	公众责任保险附加提供物品及服务保险条款
13	公众责任保险附加食品、饮料责任保险条款
14	公众责任保险附加火灾和爆炸责任保险条款
15	公众责任保险附加锅炉爆炸责任保险条款
16	公众责任保险附加电梯责任保险条款
17	公众责任保险附加恐怖活动保险条款
18	公众责任保险附加罢工、暴乱、民众骚乱及恶意破坏保险条款
19	公众责任保险附加契约责任保险条款
20	公众责任保险附加交叉责任保险条款
21	公众责任保险附加错误和遗漏保险条款
22	公众责任保险附加违反条件保险条款
23	公众责任保险附加不受控制保险条款
24	公众责任保险附加预先支付赔款保险条款
25	公众责任保险附加指定公估人保险条款
26	公众责任保险附加停车场责任保险条款
27	公众责任保险附加雇员过失责任保险条款
28	公众责任保险附加租用财产保险条款
29	公众责任保险附加社会活动保险条款
30	公众责任保险附加污染责任保险条款
31	公众责任保险附加自动承保新地址保险条款
32	公众责任保险附加放弃代位追偿权利保险条款
33	公众责任保险附加保管或控制之财产保险条款
34	公众责任保险附加服务人员保险条款
35	公众责任保险附加自有车辆责任保险条款
36	公众责任保险附加急救责任保险条款

(续表)

编号	条款名称
37	公众责任保险附加安装有缺陷的卫生设施保险条款
38	公众责任保险附加震动、移动、减弱支撑保险条款
39	公众责任保险附加赔偿业主保险条款
40	公众责任保险附加赔偿委托人保险条款
41	公众责任保险附加精神损害保险条款
42	公众责任保险附加酒类责任保险条款
43	公众责任保险附加停车服务责任保险条款
44	公众责任保险附加衣帽间保险条款
45	公众责任保险附加起重机械及不需注册的车辆责任保险条款
46	公众责任保险附加承租人责任保险条款
47	公众责任保险附加索赔单证准备和整改费用保险条款
48	公众责任保险附加承包人意外责任保险条款
49	公众责任保险附加超额车辆责任保险条款
50	公众责任保险附加烟熏责任保险条款

(三) 保险期限

公众责任保险的保险期限一般为一年期或不足一年。通常情况下,投保人一般按年对保险标的进行投保。但有时公众责任风险存在的期间比较短,可能是几个月,甚至是几天或1天之内。在这种情况下,如果仍以年为保险期间进行投保,则对投保人而言就非常不合算。这时,投保人一般会按月或按天来签订保险合同,相应地,投保人所需要交纳的保险费也按照月或日费率来计算,如表2-2所示。短期公众责任保险中最常见的是展览会责任保险,通常展览会的展出期间都是几天或几周,这时展览会责任方就会选择短期的公众责任保险险种来转嫁可能面临的风险。

表2-2 公众责任保险短期费率表

保险期间(月)	1	2	3	4	5	6	7	8	9	10	11	12
短期月费率(年度费率的百分比)	10%	20%	30%	40%	50%	60%	70%	80%	85%	90%	95%	100%

注:保险期间不足一个月的部分,按一个月计收。

(四) 赔偿限额和免赔额

1. 赔偿限额

赔偿限额是公众责任保险人承担经济赔偿责任的最高限额,也是厘定费率、计算保险费的重要因素。确定公众责任保险赔偿限额的方法有三种:

第一种,在规定每次保险事故的赔偿限额的情况下,又分人身伤害和财产损失的分项限额,再规定保险期间内累计赔偿限额。分项限额制约每次事故的人身伤害和财产损失赔偿责任,累计限额制约整个保险期间的赔偿责任,累计赔偿限额通常为每次事故赔偿限额的 1~5 倍。[1]

第二种,采用规定每次事故赔偿限额的方式,既无分项限额,又无累计限额,仅规定每次公众责任事故的混合赔偿限额,它只能制约每次事故的赔偿责任,而对整个保险期内的总的赔偿责任不起作用。目前一些保险公司的普通公众责任保险的每次事故赔偿限额一般分为 10 万元、50 万元、100 万元、200 万元、300 万元、500 万元和 1 000 万元七个档次。

第三种,规定每次保险事故的赔偿限额,不分项(有的保险公司仅仅规定人身伤害事故的赔偿限额而财产保险损失除外),同时规定整个保险期间内保险人所承担的累计赔偿责任,保险人承担的责任可能为一次或多次事故的赔偿责任。

在上述三种赔偿限额的确定方式中,保险人通常采用第一种或第二种方法,但也可以根据投保人的具体情况采用第三种或其他方法来确定赔偿限额。

公众责任保险赔偿限额的高低,由保险双方当事人在签订保险合同时根据可能发生的赔偿责任风险大小协商订立;或保险人事先确定若干赔偿限额,由被保险人选定。对于保险责任范围内各种可能发生的费用(如诉讼费),现一般都要求包括在赔偿限额内,不另外计算。当然,也有保险人规定此类费用支出,在赔偿限额外另行计算,但每次事故产生的费用以每次事故的赔偿限额为限。甚至还有保险人规定此类费用支出,不受责任限额的限制。但无论哪种方式,都要在保险单上载明,并按保险单上载明的条件计算和执行。

2. 免赔额

免赔额是保险人的免责限度。公众责任保险对人身伤害赔偿责任一般没有免赔额的规定,[2]但对受害的第三者财产损失则一般规定每次事故的绝对免赔额,即无论受害人财产损失程度如何,免赔额以内的损失保险人均不负责,由被保险人自己承担。免赔额的确定以承保业务的风险大小为依据,并在保险单上注明,以促使被保险人加强防灾工作,并在保险事故发生时采取积极措施,尽可能减少损失。如果保险单上没有免赔额的规定,保险人可以另行出单注明免赔事项。

值得指出的是,若有关费用按保险单规定不在赔偿限额范围内,即使扣除免赔额,其赔偿总金额仍可能超过赔偿限额的规定,这属于正常现象。

(五) 合同双方当事人的权利和义务

公众责任保险合同双方当事人的权利和义务,一般在合同中予以明确规定,具体包括:

1. 被保险人的权利和义务

(1) 被保险人的权利。被保险人的权利主要是在其尽义务的条件下,获得损害赔偿责任风险的保险保障,即当发生保险责任范围内的损害赔偿责任事故时,其依法应向受害人支付的赔款由保险人在赔偿限额内代为赔偿或予以补偿。

(2) 被保险人的义务。被保险人的义务主要表现在以下七个方面:第一,按约缴纳保险费。被保险人应根据保险合同的规定按期缴付保险费。第二,被保险人应严格遵守国家

---

[1] 中国保险行业协会.责任保险行业承保指引汇编[M].北京:中国金融出版社,2016:17.
[2] 随着民事法律责任制度的不断发展,公众场所面临的法律赔偿风险越来越大,而有些场所(如养老院、酒店或餐厅)的主要风险是人身伤害,针对这些场所的公众责任保险,有些保险人针对人身损害赔偿也可设置一定额度的免赔额或免赔率。

公安消防等部门有关消防、安全、生产操作、特种设备使用等方面的相关法律、法规及规定，加强管理，采取合理的预防措施，尽力避免或减少责任事故的发生。第三，变更通知义务。鉴于公众责任保险的特点，保险人对所承担责任的任何变动必须及时了解，被保险人有义务对任何与投保当时所申报的情况有变更或不同之处的内容在规定时间内及时通知保险人，以便保险人据此调整承保条件，出具批单，必要时还需加收保费。如果被保险人不承担或不履行这一义务，对因变动而发生的危险造成的损害责任，保险人一概不予负责。第四，为保险人进行现场查勘提供便利条件，接受保险人的防灾建议并有义务付诸实施。第五，事故通知义务。一旦发生保险合同所承保的任何事故，一方面被保险人应立即通知保险人，并在规定的时间内以书面报告提供事故发生的经过、原因和损失程度；另一方面应尽力采取必要、合理的措施，防止或者减少损失；并在未经保险人检查和同意之前，对拥有的建筑物、道路、工厂、机器、装修和设备不得予以改变和修理。此外，在预知可能引起诉讼时，一般要立即以书面形式通知保险人，并在接到法院传票或其他法律文件后，立即将其送交保险人，以使保险人尽快参与索赔过程，并作出适当的反应；被保险人不得擅自对索赔作出拒绝、谈判、承诺、议定或赔付的决定，否则，保险人可以拒赔。第六，在索赔时，被保险人应根据承保公司的要求提供作为索赔依据的所有证明文件、资料和单据。第七，协助保险人抗辩和追偿。在保险事故损失涉及其他责任方时，不论保险人是否已赔偿被保险人，被保险人应立即采取一切必要的措施行使或保留向该责任方索赔的权利。在保险人支付赔款后，被保险人应将向该责任方追偿的权利转让给保险人，移交一切必要的单证，并协助保险人向责任方追偿。被保险人能否履行上述义务是保险人承担赔偿责任的前提条件。

2. 保险人的权利和义务

（1）保险人的权利。保险人的权利主要包括以下几个方面：第一，收取保险费。第二，实地查勘权。保险人有权在任何适当的时候对被保险人的房屋、机器、设备、工作和产品或商品的风险情况进行现场查验，被保险人应提供一切便利，及提供保险人要求的用以评估有关风险的详情和资料。第三，防灾建议权。保险人有权对被保险人提出各种防灾建议，并有权督促被保险人执行。第四，索赔处置权。对保险事故导致的索赔，保险人在赔偿限额内有全部处置权，即是否赔付、是否抗辩等均须由保险人决定。第五，代位追偿权。适用于损害责任事故是由第三者造成的，保险人在赔偿后即取得代位追偿权。

（2）保险人的义务。保险人的义务就是对被保险人因保险责任范围内的损害事故造成的利益损失在赔偿限额内进行补偿。

除了上述权利和义务外，绝大部分保险人在保险合同中还会列有以下的规定：若发生保险人承保的任何事故或诉讼时，一是没有经过保险人书面同意，被保险人对索赔方不得作出任何责任承诺或拒绝、出价、约定、付款或赔偿；二是在必要时，保险人有权以被保险人的名义接办对任何诉讼的抗辩或索赔的处理；三是保险人有权以被保险人的名义，为保险人的利益自付费用向任何责任方提出索赔的要求；四是未经保险人书面同意，被保险人不得接受责任方就有关损失作出的付款或赔偿安排或放弃对责任方的索赔权利，否则，由此引起的后果将由被保险人承担。

值得指出的是，上述公众责任保险合同当事人双方的权利和义务，除非保险单上有特殊规定，产品责任保险、雇主责任保险及职业责任保险也适用。

第二节 公众责任保险的种类

公众责任保险具有适用范围的广泛性和业务的复杂性,为了满足投保人对公众责任风险保障的不同要求,保险人需要设计多种公众责任保险来承保不同的业务,从而形成了公众责任保险险种众多的特点。但因本书篇幅所限,本节仅对综合公众责任保险、场所责任保险、承包人责任保险、承运人责任保险和环境污染责任保险等险种进行简述。

一、综合公众责任保险

综合公众责任保险是一种综合性的责任保险,它承保被保险人在任何地点因非故意行为或活动所造成的他人人身伤害或财产损失依法应负的经济赔偿责任。从国外类似业务的经营实践来看,保险人在该种保险中除一般公众责任外还承担着包括合同责任、产品责任、业主及工程承包人的预防责任、完工责任及个人伤害责任等风险。因此,它是一种以公众责任为主要保险风险的综合性公共责任保险。从国内来看,目前此类保险扩展为一种类似一揽子保险性质的综合性责任保险,其代表性产品有安全生产责任保险、政府救助综合责任保险等。

(一) 安全生产责任保险

1. 概念

安全生产责任保险,简称安责险,是指保险机构对投保的生产经营单位发生的生产安全事故造成的人员伤亡和有关经济损失等予以赔偿,并且为投保的生产经营单位提供生产安全事故预防服务的商业保险。根据我国《安全生产法》第五十一条第二款规定:"国家鼓励生产经营单位投保安全生产责任保险;属于国家规定的高危行业、领域的生产经营单位,应当投保安全生产责任保险。(☞知识链接2-1)具体范围和实施办法由国务院应急管理部门会同国务院财政部门、国务院保险监督管理机构和相关行业主管部门制定。"该法第一百零九条规定:"高危行业、领域的生产经营单位未按照国家规定投保安全生产责任保险的,责令限期改正,处五万元以上十万元以下的罚款;逾期未改正的,处十万元以上二十万元以下的罚款。"可见,在我国,安责险是一种部分强制、部分自愿的商业保险。

> **知识链接2-1** 2006年9月,我国的山西大同开始在煤炭企业试点安全生产责任保险。2009年7月,国家安全生产监督管理总局(以下简称国家安全监管总局)出台《关于在高危行业推进安全生产责任保险的指导意见》,安全生产责任保险作为独立的概念开始被正式提出。2010年1月,海南省将安全生产责任保险纳入《海南经济特区安全生产条例》,并规定矿山开采、危险化学品生产等高危企业应当投保安全生产责任保险,其他生产经营单位可按实际需求自愿投保。为此,海南省成为我国第一个以地方立法形式强制相关单位实施安全生产责任保险的省份。2013年5月,国家安全监管总局启动了全国烟花爆竹行业安全生产责任保险统保示范项目,这是责任保险领域继旅行社责任保险、学生实习责任保险、客运索道责任保险之后的第四个行业性全国统保项目,也是我国第一个全行业产业链安全生产责任保险统保示范项目。2014年8月,我国的《安全生产法》第四十八条第二款提出:"国家鼓励生产经营单位投保安全生产责任保险。"为推进安全生产责任保险工作提供了法律

依据。2016年12月9日《中共中央国务院关于推进安全生产领域改革发展的意见》正式发布后,国家三部门(原国家安全监管总局、原中国保监会、财政部)在2017年联合印发了《安全生产责任保险实施办法》。自此,安全生产责任保险成为我国生产经营单位必不可少的责任保险产品。

2. 基本内容

(1) 投保人或被保险人。凡在国内依法设立并登记注册的生产经营单位均可以成为投保人或被保险人。

(2) 保险责任。保险责任包括投保的生产经营单位的从业人员人身伤亡赔偿,第三者人身伤亡和财产损失赔偿,事故抢险救援、医疗救护、事故鉴定、法律诉讼等费用。具体而言,按保险合同约定承担如下四个方面的责任:一是在保险期间内,被保险人在保险单载明的地点范围内依法从事生产经营活动过程中,因意外事故造成其雇员或第三者的人身伤亡与财产损失,且经县级以上安全生产监督管理部门认定为生产安全事故,依照我国法律(不包括港澳台地区法律)应由被保险人承担的经济赔偿责任;二是保险事故发生后,被保险人或当地政府在组织事故抢险救援过程中,因征用事故发生企业以外的专业救援队伍及设备所发生的依法应由被保险人承担的费用;三是发生保险事故后,当地政府为查明事故原因及相关责任而聘请具备相应资质的专业机构(部门)进行检验(检测)、勘查(勘探)、评估(评价),并出具备相应法定效力的报告所发生的依法应由被保险人承担的费用;四是事故发生后依法应由被保险人承担的善后处理费用(如伤亡者家属的交通费、住宿费、误工费等)以及法律服务费用。

(3) 保险服务。根据2019年8月中华人民共和国应急管理部颁发的《安全生产责任保险事故预防技术服务规范》(AQ9010—2019)的强制性要求,保险公司承保安责险(尤其是强制性安责险)后,必须把保险服务体现在保险行为的全过程中,即实现包括事前风险预防、事中风险管控、事后事故救援与损失补偿在内的一体化服务模式。通过保险机构风控专家队伍和第三方专业机构形成合力,共同开展事故预防服务,协助投保或被保险生产经营单位强化主体责任,提升安全管理水平,有效化解事故风险,真正实现安全生产的总体目标。保险机构生产安全事故预防服务工作主要包括:一是安全生产和职业病防治宣传教育培训;二是安全风险辨识、评估和安全评价;三是安全生产标准化建设;四是安全生产事故隐患排查;五是安全生产应急预案编制和应急救援演练;六是安全生产科技推广应用;七是其他有关事故预防工作。

(4) 赔偿金(限)额。根据我国《安全生产责任保险实施办法》第十六条、第十七条规定,同一生产经营单位的从业人员获取的保险金额实行同一标准,不得因用工方式、工作岗位等差别对待;各地区根据实际情况确定安责险中涉及人员死亡的最低赔偿金额,每死亡一人按不低于30万元赔偿,并按本地区城镇居民上一年度人均可支配收入的变化进行调整;对未造成人员死亡事故的赔偿保险金额度在保险合同中约定。

(5) 保险费率。根据各行业领域安责险基准指导费率,实行差别费率和浮动费率。建立费率动态调整机制,费率调整根据以下因素综合确定:一是事故记录和等级:费率调整根据生产经营单位是否发生事故、事故次数和等级确定,可以根据发生人员伤亡的一般事故、较大事故、重大及以上事故次数进行调整。二是其他:投保生产经营单位的安全风险程度、安全生产标准化等级、隐患排查治理情况、安全生产诚信等级、是否被纳入安全生产领域联合惩戒"黑名单"、赔付率及是否有工伤保险等。各地区可以参考以上因素,根据不同行业领域实际情况进一步确定具体的费率浮动。例如,北京市安责险的基准费率就是以全国及北京市的生产安全事故数据和安全生产状况为基础,充分考虑北京市各行业企业特点等多种因素的前提下厘定的,执行统一的费率定价和费率浮动机制。企业连续无事故,每年下浮保险费10%,可连续下浮5年。北京安责险的基本保险金额为:企业员工的伤亡责任限额为65万元,第三者人身伤亡责任限额155万元,医疗费限额3万元,事故救援费限额在300万~500万元(含疏散费500元/人/天)),每次事故赔偿限额在350万~2亿元以上。① 企业可以在基本保险金额的基础上,根据自身情况选择不同保险金额投保。再如,表2-3为某保险公司非煤矿山企业按人数记名承保收取保险费的计费方案。

表2-3 某保险公司非煤矿山企业按人数记名承保的计费方案②

		有工伤保险					无工伤保险					扩展180天内误工费用;每次事故2 000万元,累计5 000万元保费充足度不足
	类型	死亡(万元/人)	医疗(万元/人)	保费(元/人)	救援费用(万元)	保费(元/人)	死亡(万元/人)	医疗(万元/人)	保费(元/人)	救援费用(万元)	保费(元/人)	
非煤矿山企业	井下	20	2	800~1 000	100	浮动	60	5	2 500~2 700	100	浮动	
	地面	20	2	600~800	100	浮动	60	5	1 900~2 100	100	浮动	

3. 基本特点

与一般商业责任保险险种比较,安责险有以下特点:

(1) 保险责任包含有一般商业责任保险不予承保的"投保企业的重大过失责任"。

(2) 保障对象既包括生产经营单位的雇员,也包括社会公众人员。

(3) 对事故伤亡人员的赔偿遵循"无过错责任"原则,按照保险合同约定的全额赔付伤亡补偿金。

(4) 针对人员密集场所的相关行业,可以增加"扩展恐怖活动条款""扩展犯罪行为条款"。

(5) 建立有与生产经营单位安全状况、历史事故挂钩的费率浮动调整系数。

(6) 抢险救援费用明确列为一项保险责任,保险范围增加为避免人员伤亡的"人员疏散费用"。

(7) 生产经营单位未能在规定的时间内履行对事故的受害方或第三方受益人的赔偿,保险公司可直接向事故伤亡人员进行先行赔付。

(二) 政府救助综合责任保险

1. 概念

政府救助综合责任保险,是指为了减轻政府对公民的救助责任而设立的一种以自然灾

---

① 北京市应急管理局.制度问答 安责险的保障有什么?[N/OL]. http://yjglj.beijing.gov.cn/art/2021/8/23/art_4194_610814.html,2021-08-23.北京市应急管理局.制度问答 安责险的价格高不高?基本保险金额是多少?保险期限有多长?[N/OL]. http://yjglj.beijing.gov.cn/art/2015/3/27/art_4194_246392.html,2015-03-27.

② 中国保险行业协会.责任保险行业承保指引汇编[M].北京.中国金融出版社,2016:148.

害、意外事故、见义勇为、传染病、恐怖活动等多种政府救助责任风险为保险标的的保险。

2. 基本内容

（1）投保人与被保险人。投保人为保险所在地相关政府部门（如民政、财政、应急、安监、卫计委、金融等）；被保险人为保险所在地的人民政府、民政部门、财政部门或其他合法机构。

（2）被保障对象。被保障对象主要是保险所在地政府行政辖区内所有人员（包括户籍人口、暂住人口及临时出差、旅游、务工等各类流动人口，抢险救灾的非户籍人员），户籍所在地不在行政辖区内但在辖区工作的党政机关、社会团体、国有企事业单位在编人员。

（3）保险责任。保险责任包括自然灾害政府救助责任、意外事故政府救助责任、见义勇为政府救助责任、传染病政府救助责任、拥挤踩踏政府救助责任、恐怖活动政府救助责任、精神病人伤人政府救助责任、重大恶性案件伤害政府救助责任、高空坠物伤人政府救助责任、公共区域溺水事故政府救助责任、危房倒塌政府救助责任、窨井盖事故政府救助责任、救灾人员伤亡政府救助责任、野生动物致害政府救助责任、公共突发事件政府救助责任、安置费用政府救助责任、建档立卡的贫困人口交通事故政府救助责任等，上述保险责任一般通过相关主险、附加险及扩展险种来承保；投保人可以选择投保，也可以全部投保，具体以保险合同载明的为准。

（4）保险期间。保险期间一般为一年，也可为三年。

（5）保险赔偿。保险事故发生后，被保险人对居民给付的救助金，保险人一般根据保险合同约定按照以下方式计算赔偿：第一，发生居民死亡的，保险人按照每人伤亡责任限额赔偿。第二，发生居民残疾的，由保险人认可的二级及以上医疗机构或司法机构依据《劳动能力鉴定 职工工伤与职业病致残等级》(GB/T 16180—2014)①标准鉴定残疾程度并出具伤残程度证明，保险人按照本保险合同所附残疾赔偿比例表规定的百分比，乘以每人伤亡责任限额赔偿。第三，发生医疗费用的，保险人仅承担工伤保险等社会保险及商业保险报销后的医疗费用，在扣除保险合同约定的免赔额后按当地社会医疗保险标准在每人医疗费用责任限额内据实赔偿。第四，对于每次事故造成的损失，保险人在每次事故责任限额内赔偿。在保险期间内，保险人对多次事故的赔偿金额不超过累计责任限额。第五，对法律费用的赔偿，保险人在累计责任限额之外另行计算，但不超过法律费用责任限额。上述各项责任限额及每次事故免赔额（率）由投保人与保险人协商确定，并在保险单中载明。此外，在进行上述赔偿时，如果保险责任范围内的损失应由有关责任方负责赔偿的，被保险人应行使或者保留向该责任方请求赔偿的权利。在保险人向有关责任方行使代位请求赔偿权利时，被保险人应当向保险人提供必要的文件和其所知道的有关情况。

二、场所责任保险

（一）概念

场所责任保险，是指承保固定场所（包括房屋、建筑物及其设备、装置等）因存在结构上的缺陷或管理不善，或被保险人在被保险场所内进行生产经营活动时因疏忽发生意外事故，造成他人人身伤亡或财产损失的经济赔偿责任。场所责任保险是公众责任保险中的主

---

① 中华人民共和国国家质量监督检验检疫总局，中国国家标准化管理委员会.劳动能力鉴定 职工工伤与职业病致残等级(GB/T 16180—2014)[M].北京．中国标准出版社,2015.

要业务来源，广泛适用于公众活动场所如歌舞厅、影剧院、音乐厅、卡拉OK厅、夜总会、网吧等公共娱乐场所，宾馆(旅馆)、饭店等食宿场所，商场(超市)、市场等贸易场所，游泳馆、滑雪场、健身房、保龄球馆、旱冰场等体育健身场所，展览会、招聘会、博览会等会展场所，公园、景点等旅游场所，养老院、托儿所、幼儿园等福利场所，医院、疗养院等医疗保健场所，学校、图书馆等学习教育场所，车站、码头、机场等运输场所，邮电、银行、证券等服务场所，等等。

(二) 保险责任范围

场所责任保险的保险责任除特定业务外，均适用于公众责任保险中的保险责任规定，但在责任免除方面却有自身的特点。除公众责任保险的一般责任免除外，场所责任保险还有如下责任免除：

第一，承包人在被保险人场所内进行修理、重建或拆毁作业时造成对他人的损害，场所责任保险人不予负责，而是由承包人负责，但该责任承包人可通过投保承包人责任保险获得保障。

第二，被保险人所有、使用、操作或维修的飞机、机动车辆、船舶造成对他人的损害，场所责任保险人不予负责，该项责任属运输工具第三者责任，只能在运输工具第三者责任保险项下承保(本书第六章将述及)，但娱乐场所内的船舶、单轨车辆等造成的损害事故，仍属场所责任保险的范围。

第三，被保险人饲养的动物造成的损害事故不予承保，但动物园的动物例外。

第四，任何工业或家用水管、排水管、空调、消火栓、自喷淋等装置漏气、漏水引起的损害事故不予承保，但经特别约定，此项责任可以在场所责任保险内扩展承保。

第五，通过屋顶、门窗或通风装置进入房屋、建筑物内的雨、雪所造成的损害事故不予承保。

第六，售出的商品、食物、饮料造成的损害事故，是产品责任事故，应在产品责任保险项下承保。

场所责任保险的承保方式通常是在普通公众责任保险总保单的基础上加列场所责任保险条款独立承保，也可以设计专门的场所责任保险单予以承保。但对于私人住宅内引起的对第三者损害的经济赔偿责任则不适用，因为该项责任属于个人责任，应在个人责任保险项下承保。

(三) 主要险种

在实务经营中，场所责任保险本身是一类综合性业务，它又可以划分为若干个具体险种，这些险种有的是独立业务，有的是附加业务。现就国内外流行的几个场所责任保险产品简要介绍如下：

1. 火灾公众责任保险

1) 概念

火灾公众责任保险，是指在保险期间内，被保险人在保险合同载明的场所内依法从事生产、经营等活动时，因该场所内发生火灾、爆炸造成第三者人身伤亡和财产损失，依法应由被保险人承担经济赔偿责任的保险。

2) 责任保障范围

在保险期内，被保险人在保险合同载明的场所内发生火灾、爆炸造成第三者人身伤亡或财产损失,依法应由被保险人承担的民事赔偿责任,保险公司负责赔偿。此外,发生保险事故后,被保险人为防止第三者人身伤亡或财产损失的范围进一步扩大所支付的合理的、必要的施救费用和事先经保险公司书面同意的诉讼、律师费用,保险公司也负责赔偿。但是,下面各项,保险公司一般作为责任免除不予保障:①投保人、被保险人及其代表的重大过失或故意行为,以及被保险人从事与保险合同载明的经营范围不符的活动或违法违规经营。②战争、敌对行动、军事行为、武装冲突、罢工、骚乱、暴动、恐怖活动、盗窃、抢劫。③由地震及其次生灾害、火山爆发、地下火、核爆炸、空中运行物体坠落引发的火灾、爆炸。④行政行为或司法行为。⑤被保险人或其雇员的人身损害和财产损失,以及第三者的财产损失。⑥未经有关消防及安全监督管理部门验收或经验收不合格的固定场所或设备发生火灾、爆炸事故造成的损失。⑦被保险人应该承担的合同责任,但无合同存在时仍然应由被保险人承担的经济赔偿责任不在此限。⑧罚款、罚金及惩罚性赔偿。⑨精神损害赔偿。⑩间接损失以及其他不属于保险合同责任范围的损失、费用和责任。

3) 责任限额与免赔额(率)

火灾公众责任保险的责任限额一般包括每人责任限额和累计责任限额,由投保人与保险人协商确定,并在保险合同中载明。如有的保险公司具体规定为:每人责任限额分20万~50万元,相应的累计责任限额为500万~1 000万元。除赔偿限额外,保险费的高低一般还要依据场所性质、营业面积、建筑物结构类型及防火设施情况等设置调整系数。当发生保险责任范围内的损失时,保险人对每人人身损害的赔偿金额不超过每人责任限额,在保险期间内,保险人累计赔偿金额不超过累计责任限额。对每次事故法律费用的赔偿金额,保险人在计算的赔偿金额以外按应由被保险人支付的数额另行计算,但一般不超过累计责任限额的一定百分比率。保险人对多次事故法律费用的累计赔偿金额一般也规定以不超过累计责任限额的一定百分比率。

2. 电梯责任保险

1) 概念

电梯责任保险,是指在保险期间及保险合同明细表列明的地点范围内,被保险人所有、使用或管理的电梯(包括电梯、液压电梯、自动扶梯和自动人行道),在运行过程中发生意外事故造成第三者的人身伤亡或财产损失,依法应由被保险人承担经济赔偿责任的保险。(☞知识链接2-2)

知识链接2-2 随着2013年6月《中华人民共和国特种设备安全法》(以下简称《特种设备安全法》)的颁发,保险行业根据该法第十七条"国家鼓励投保特种设备安全责任保险"的精神,开发了包含电梯设备在内的《特种设备第三者责任保险条款》,但鉴于电梯责任保险属于传统型公众场所责任保险产品,故在此篇进行介绍。根据《特种设备安全法》第二条的规定,所谓特种设备,是指对人身和财产安全有较大危险性的锅炉、压力容器(含气瓶)、压力管道、电梯、起重机械、客运索道、大型游乐设施、场(厂)内专用机动车辆,以及法律、行政法规规定适用本法的其他特种设备。该法第十七条同时规定:"国家鼓励投保特种设备安全责任保险。"

2) 责任保障范围

电梯责任保险合同的保障范围一般有如下规定:在保险期间内,保险单中列明的电梯在正常运行过程中发生事故,导致第三者遭受人身伤亡或财产损失,经国家有关行政部门组成的电梯事故调查组认定,该事故属于电梯安全责任事故,依法应由被保险人承担经济赔偿责任,保险人将根据保险合同的规定对于承保责任在约定的赔偿限额内负责赔偿。同时,对发生保险事故后,被保险人为减少损失或防止损失扩大而支付的必要、合理的费用,以及被保险人事先经保险人书面同意支付的涉及该保险事故的诉讼费、律师费、仲裁费或事故鉴定费,保险人根据保险合同的规定,在约定的赔偿限额内也负责赔偿。电梯责任保险的专门责任免除有:①被保险人故意、恶意、欺诈、犯罪行为造成的损害事故。但因被保险人的疏忽使电梯超载或未按期检验而发生的损害事故,保险人可予负责。②在电梯进行安装、改造、调试、维修保养、检验检测期间发生的电梯损害责任事故。③受害者自身的故意行为所致的损害(因这种损害不是被保险人造成的,被保险人没有法律赔偿责任,保险人亦不可能予以补偿)。④战争、敌对行为、军事行动、武装冲突、恐怖活动、罢工、骚乱、暴动、盗窃或抢劫导致的电梯损害责任事故。⑤由于核裂变、核聚变、核武器、核材料、核辐射及放射性污染所引起的直接或间接责任。⑥各种自然灾害造成的人身伤亡和财产损失。⑦被保险人或其雇员所有、占有、使用或管理的财产的损失及任何间接损失或精神损害赔偿。⑧任何罚款、罚金或惩罚性赔款。⑨发生事故电梯自身的损失。⑩其他不属于保险责任范围内的损失或责任。

3) 保险费

电梯责任保险的保险费一般按电梯的不同用途及载客量收取。从电梯安全管理的角度出发,保险人一般还要区分具体情况计算保险费,如电梯中有电话或有专人驾驶或装有应急装置就应比无电话或无专人驾驶或未装应急装置的电梯收费要低,即安全管理状况好的比安全管理不好的电梯责任保险的保险费要低,费率的高低一般在常规费率(千分之一)的基础上来确定。

4) 责任限额与保险期间

电梯责任保险的责任限额和保险期限,均按公众责任保险的一般规定确定并在保险单上载明。

3. 展览会责任保险

1) 概念

展览会责任保险,是指在保险期间内,以被保险人或其雇请人员在保险合同载明的展览场所进行展出工作、装卸展品、运转机器以及其他与展览相关的活动中,因疏忽或过失引起的损害赔偿责任为保险标的的保险。

2) 责任范围

下列各项损失或费用,依法应由被保险人承担的经济赔偿责任:①对于所租用展览场所的建筑物、各类固定设备及地面、地基的损失。②由于所雇请的工作人员的人身伤亡引起的抚恤金、医疗费和其他有关费用,以及财产损失。③由于第三者的人身伤亡所引起的抚恤金、医疗费和其他有关费用,及第三者的财产损失。④保险事故发生后,被保险人因保险事故而被提起仲裁或者诉讼的,对应由被保险人支付的仲裁或诉讼费用以及事先经保险人书面同意支付的其他必要的、合理的费用。保险人承担上述责任的先决条件是要求被保险人必须采取可能的预防措施,并责成工作人员或雇佣人员按有关操作规程安全操作,防止事故发生。同时,在责任免除方面,展览会责任保险除适用公众责任保险或场所责任保险的责任免除规定外,一般具体规定对被保险人的展品、设备损失以及被保险人的人身伤害不予负责;对被保险人及其工作人员或雇佣人员的故意行为、违法行为所引起的财物损失、人身伤亡,保险人同样不承担任何责任。责任限额可以根据被保险人的要求和展览会的性质、内容、展品、展出方式以及展览场所结构、价值,可能参观的人数、对象等综合考虑分项(如展览场所、第三者人身伤害、第三者财产损失)确定,并须在保险单上注明。保险责任期限一般为整个展览期间。

3) 保险费率的厘订

展览会责任保险的保险费率厘订依据主要是展览会的内容、展品的性质,展出单位的组织管理水平、以往同类业务的经营经验等。待确定适当保险费率后,即按下列情况分别计算:①对展览场所造成损坏的赔偿责任,按展览场所(如展览馆)的价值及规定的适用费率计算、收取保险费。②对第三者造成损害(包括人身伤害和财产损失)的赔偿责任,按保险双方商定的责任赔偿限额及适用费率计算、收取保险费。③上述两项保险费之和,即为展览会责任保险的应收保险费。如果被保险人是用自己所有的场所进行展览或仅投保对公众的损害责任,则仅收第二项保险费。无论哪种方式,均应一次性计收全部保险费。

4) 索赔与理赔

当展览会发生责任事故时,被保险人应及时通知保险人,并立即进行抢救或施救。对于人员伤害,应尽快送医院或诊疗所,对于财物损毁,应尽可能控制损失面的扩大和损失程度的加剧。保险人在接到事故通知后,应尽快赶赴现场查勘,在弄清人员伤亡和财物损毁情况的基础上进行事故原因调查并审核事故责任。当受害者向被保险人索赔并应由被保险人负法律赔偿责任时,保险人可在分项责任限额内给予补偿,但被保险人最少必须做到以下两点:一是索取展览场所建筑物损失赔偿时,应提供损失清单以及其他必要的单证;二是索取受伤害的第三者的抚恤金、医疗费和其他有关费用时,应提供由医院或诊疗所出具的伤亡人员的残废或死亡证明和医疗费用发票及其他必要的单证。

4. 停车场责任保险

1) 概述

停车场责任风险问题是城乡现代化进程中必须给予高度关注和有效解决的问题,也是关系到城乡社会经济健康持续发展的重要问题。近年来,随着社会经济的持续快速增长,城乡尤其是城市的机动车拥有量急剧增加,从而使停车场成为重要的公众场所,停车场责任风险问题也日益显现出来,如除车辆意外事故外,盗窃、抢劫带来的责任风险问题已使停车场所开办者或经营者面临着巨大的赔偿支出,因此,停车场责任保险的需求也相应变得越来越大。

停车场责任保险是承保停车场所有人或管理者对存放的车辆应负法律赔偿责任的场所责任保险险种,该险种同时还承保包括停车场所有人或其工作人员因为停放或修理车辆等原因,开动非自己所有的车辆致使他人身体和财物遭受损害时依法应承担的经济赔偿责任。

2) 责任范围

停车场责任保险的保险保障范围包括:①民事损害赔偿责任。即在保险合同有效期间,在保险合同列明的场所内,自寄存车辆进入停车场(库)开始至离开停车场(库)为止,由于发生火灾、爆炸、失窃等意外事故或因被保险人疏忽或过失造成寄存车辆的损失和第三者人身伤害,依法应由被保险人承担的民事损害赔偿责任,保险人负责赔偿。②相关费用。

即在发生保险事故后,被保险人为防止或减少停车场内寄存车辆的损失或第三者人身伤害所支付的合理、必要的施救费用或医疗费用以及事先经保险人书面同意的诉讼、律师费用,保险人也负责赔偿。停车场责任保险的责任免除范围包括:①战争、敌对行为、军事行动、武装冲突、罢工、骚乱、暴动及政府有关当局的没收、征用造成的损失。②核反应、核子辐射和放射性污染造成的损失。③由于地震、海啸、雷电、洪水、暴雨、台风、龙卷风、地裂、山崩、地面下陷及空中运行物坠落等人力不可抗拒的自然灾害造成的损失。④被保险人及其代表或雇员的故意行为或重大过失造成的损失。⑤被保险人及其代表、雇佣人员,或为其服务的任何人的人身伤亡及其所有或所保管或控制的财产(除寄存车辆以外)的损失。⑥被保险人根据与他人协议所承诺的责任(但被保险人的法定责任不在此限)。⑦受事故车辆货物撞击及车载货物和随车携带的工具、器具及私人财产的损失。⑧对被保险人的罚款或惩罚性赔偿。⑨其他不属于保险责任范围内的损失、费用和责任。

3)索赔与理赔

在保险期内,被保险人应严格遵守政府有关消防、治安管理规定,制定防火、防爆管理制度,配备专(兼)职保安、治安人员,并采取切实可行的措施,防止保险事故发生,对公安消防部门或保险人提出的隐患整改意见应认真付诸实施。在发生保险责任范围内的事故后,被保险人应积极抢救,把损失减少到最低限度,并保护好现场,同时立即通知保险人并以书面报告提供事故发生的经过、原因和损失程度。当事故的发生可能引起诉讼时,被保险人应立即以书面形式通知保险人,并在接到法院传票或其他法律文件后,应及时将其送交保险人。如果未经保险人书面同意,被保险人或其代理对索赔方作出有关承诺、拒绝、出价、约定、付款或赔偿等决定,以及接受责任方就有关损失作出的付款或赔偿安排或放弃对责任方的索赔权利,保险人将不会赔偿因此而发生或增加的费用。在向保险人申请赔偿时,被保险人应提交保险单正本、事故证明书、损失清单、裁决书、由保险人认可的县级以上(含县级)医疗机构出具的医疗证明以及保险人认为其他必要的单证材料。

保险人在接到被保险人报案及索赔时,应及时进行事故调查及责任和赔付金额的认定,对每次事故的赔偿金额保险人可以按照法院或政府有关部门依法裁定的结果为依据,也可以经事故双方当事人及保险人三方协商确定的应当由被保险人偿付的金额为支付依据。

5. 餐饮场所责任保险

1)概念

餐饮场所责任保险,是指在保险期间内,在保险合同载明的餐饮场所范围内,被保险人在经营过程中因意外事故所致第三者人身伤亡或财产损失,依法应由被保险人承担的经济赔偿责任的保险。

2)保障范围

餐饮场所责任保险的保障范围包括:一是起源于经营场所的火灾、爆炸造成第三者的人身伤亡或财产损失;二是被保险人现场提供与其营业性质相符的食品时,因疏忽或过失造成第三者食物中毒或其他食源性疾患或人身伤亡;三是被保险人及其代表或雇员的过失行为造成的在被保险人营业场所就餐的第三者的人身伤亡;四是电梯、升降机在正常运行过程中坠落或突然发生故障造成的第三者人身伤亡;五是保险责任事故发生后,被保险人因保险事故而被提起仲裁或者诉讼的,对应由被保险人支付的仲裁或者诉讼费用以及事先经保险人书面同意支付的其他必要的、合理的费用;六是保险责任事故发生后,被保险人为缩小或减少对第三者人身伤亡或财产损失的赔偿责任所支付的必要的、合理的费用。餐饮场所责任保险的责任免除范围除适用公众责任保险或场所责任保险的一般责任免除规定外，还包括以下四项：一是食用非国家有关管理部门允许食用的野生动物或私自销售政府卫生管理部门严令禁止售卖的食品；二是被保险人被主管部门吊销卫生许可证或责令停业整改而仍继续营业；三是监护人未尽到监护义务造成被监护人的损害；四是因传染病造成的人身损害。

3）索赔与理赔

在保险期内，被保险人除了遵循合同的一般规定外，应严格遵守有关法律法规及规定，执行食品安全卫生规程和标准；采取合理的预防措施，尽量避免或减少责任事故的发生。在保险合同有效期内，如有经营餐饮类别变动、营业地点改变、电梯数量增加、消防卫生状况恶化或其他重要事项变更导致保险标的的危险程度显著增加的，被保险人应当及时书面通知保险人，保险人可以按照合同约定增加保险费或者解除合同。保险事故发生后，被保险人在尽力采取必要的、合理的措施防止或者减少损失的同时，应及时通知保险人，并书面说明事故发生的原因、经过和损失情况；请求赔偿时，应向保险人提供相关证明和资料。保险人收到被保险人的赔偿保险金的请求后，应当及时作出是否属于保险责任的核定，并将核定结果通知被保险人；对属于保险责任的，在与被保险人达成赔偿保险金的协议后在规定时间内，履行赔偿保险金义务。

6. 校方责任保险

1）概念

校方责任保险是指在学校实施的教育教学活动或学校组织的校外活动中，因学校过错而导致在校学生人身伤害事故，依法应由学校承担的经济赔偿责任，由保险公司在赔偿限额内负责赔偿的保险。

2）保险责任

校方责任保险的保险责任为：在教育教学活动中或由学校统一组织或安排的活动（学校活动包括体育课、实验课、课间操、课外活动、春游、夏令营、冬令营和各类社会实践活动、学生实习等）过程中，因学校疏忽和过失导致注册学生的人身伤害和财产损失，依法应由学校承担的直接经济赔偿责任。具体内容如下：第一，教职员工擅离工作，不履行职责的，或者虽在工作岗位但未履行职责，或者违反工作要求、操作规程的；第二，学校安排学生集体活动，未采取必要的防护措施的；第三，学校组织安排的实习、劳动、体育运动等体力活动，超出学生一般生理承受能力的；第四，学校的教育教学和生活设施、设备不符合国家和本市的安全标准的；第五，学校的场地、房屋和设备等维护、管理不当的；第六，学校组织教育教学活动，未按规定对学生进行必要的安全教育的；第七，学校组织教育教学活动，未采取必要的安全防护措施的；第八，学校知道或应当知道本校学生患有传染性疾病，而未采取必要的隔离防范措施导致其他学生感染的；第九，学校向学生提供的食品、饮用水以及玩具、文具或者其他物品不符合国家和本市的卫生、安全标准的；第十，火灾、爆炸、煤气中毒所造成的意外事故；第十一，高空物体坠落所造成的意外事故；第十二，学校知道或者应当知道学生不适应某种场合或者某种活动的特异体质，未予以必要照顾的；第十三，事故发生后，学校未采取措施及时救护致使损害扩大的；第十四，教职员工侮辱、殴打、体罚或者变相体罚学生的；第十五，学生拥挤所造成的意外事故；第十六，发生依法应由学校承担责任的其他意外事故;第十七,发生保险责任事故后,学校为缩小和减少损失所支付必要的、合理的费用;第十八,发生依法应由学校承担责任的其他意外事故,学校事先经保险公司书面同意支付的诉讼费用及其他必要合理的费用,保险公司在每人赔偿限额内赔偿。

应当注意的是:注册学生自伤、自杀,而学校及其教职员工的教育管理并无不当;注册学生本人具有特异体质,而学校事先并不知情;学校的教职员工的非职务行为;学校明知其教学设施不能使用,而仍旧使用;任何性质的间接损失和精神损失;类似战争行为;行政命令;自然灾害及不可抗力;校方的违法行为等风险不在校方责任保险的保障范围之内,即属于责任免除。

3) 保险期限与赔偿限额

校方责任保险的保险期限为一年,通常为一个学年,即为当年9月1日至次年8月31日,期满续保。

赔偿限额因各保险公司的保障范围而有不同,在承担前述保险责任的情况下,保险公司一般定每人每年基本赔偿限额为人民币30万~50万元,每所学校每次事故累计最高赔偿限额一般为人民币500万~1 000万元。保险费的缴纳一般由被保险人按在册学生人数在新学年开始前缴纳,但也有的地方由学校所在地的政府投保缴费。

4) 赔偿项目与索赔事项

校方责任保险赔偿项目一般具体包括如下三项:一是普通伤害赔偿。该项目赔偿的费用有医疗费、住院伙食补贴费、营养费、监护人误工费、护理费和交通费等六项。二是伤残赔偿。其赔偿费用除包括普通伤害赔偿所含的六项费用外,还包括残疾用具费、残疾生活补助费和残疾护理补助费三项。三是死亡赔偿。其赔偿费用除包括普通伤害所含的六项费用外,还包括丧葬费和死亡补偿费。此外,上述责任事故发生后所产生的诉讼费用及其他必要的、合理的费用也属于赔偿项目。

在保险事故发生后,被保险人索赔前、索赔过程中及索赔后应该做的事有:一是立即采取一切必要的有效措施实施救助,防止损失的进一步扩大,并同时向有关部门(如保险、公安、消防、医院等)报案。二是向在现场的当事人和目击者取证;尽可能保护好事故现场,保留尽可能多的证据,以供保险公司检验,协助保险公司进行实地勘查。三是索赔时,应提供详细的事故报告及有关记录(填写《出险通知书》《校(园)方责任保险责任认定书》)。四是索赔时应提供有关证明材料,如加盖公章的出险学生学籍卡复印件,病历卡原件,医疗费、交通费等相关费用单据原件(如有其他保险,需提供单据复印件和赔款分割单);如有误工费,需误工证明和工资证明;如有伤残,需伤残鉴定报告;如发生死亡,需死亡证明。如经过法院判决或仲裁,需"法院判决书"或"仲裁书";以及保险人认为有必要的其他证明材料。五是索赔后如果涉及其他责任方,应向其他责任方索赔,或积极协助保险公司行使代位求偿权。

在保险事故发生后,被保险人不应该做的事有:一是在没有保险公司同意的情况下,被保险人学校就认为自己对事故负有责任,并立即或主动承担责任或向第三方承诺赔偿或做其他安排。二是延迟通报出险情况。三是在未获保险公司的同意情况下,擅自放弃对第三者的索赔权利。四是延迟提供事故损失证明文件。若被保险人做了上述不应该做的事项,对其损失或因此而扩大的损失,保险人一般不予负责。

5) 校方责任保险附加险

(1) 附加注册学生第三者责任保险。在校方责任保险主险保险期间和主险保单明细表列明的保险区域范围内,在被保险人的校(园)内或由其统一组织并带领下的校(园)外活动中(限中国境内,港澳台地区除外),由于被保险人的注册学生的疏忽或过失造成其他第三者的人身伤亡或财产损失,依法应由被保险人承担的经济赔偿责任,保险人负责赔偿。但被保险人的注册学生的故意行为或违法行为造成的损失、费用和责任,保险人不负责赔偿。此外,该附加险有免赔额的规定,每次事故免赔额一般以每次事故赔偿金额的5%计。

(2) 附加境外责任保险条款。在校方责任保险主险保险期间和主险保单明细表列明的保险区域范围内,被保险人在统一组织并带领下的出境活动中(包括港澳台地区),由于疏忽或过失造成其注册学生的人身伤亡或财产损失,依法应由被保险人承担的经济赔偿责任,保险人依据合同约定负责赔偿。本附加险适用事故发生地的法律及司法管辖权。上述附加险合同条款与校方责任保险主险合同条款相抵触之处,以附加险条款为准;其他未尽事项以校方责任保险主险合同条款为准。

三、承包人责任保险

(一) 概念

承包人是指承包各种建筑工程、安装工程、装卸作业以及承揽加工、定做、修缮、修理、印刷、设计、测绘、测试、广告等业务的法人或自然人,如建筑公司、安装公司、装卸队、搬运队、修理(缮)公司,设计所、测绘所等。承包人可分为主承包人和分承包人,分承包人就是向主承包人承包部分工程的法人单位或自然人。按照我国《民法典》确定的损害赔偿原则及承包合同的一般规定,承包人在施工、作业或工作中造成他人人身伤害或财产损失的损害事故,应由承包人而不是发包或委托人承担经济赔偿责任,这种责任就是承包人责任。

承包人责任保险作为公众责任保险中的专用险种,始于1886年的英、美保险市场,是最早出现的责任保险险种之一。它专门承保承包人在进行承包(揽)合同项下的工程或其他作业时造成的损害赔偿责任。在保险人的实务经营中,被保险人(承包人)的分承包(包括分段承包)人也可作为共同被保险人而获得保障。对于建筑、安装工程中的损害赔偿责任也可以在建筑工程、安装工程保险(财产保险)的基础上扩展承保或在其附加第三者责任保险内承保。

(二) 保险责任范围

承包人责任保险承担的损害赔偿责任,必须是保险单上列明的原因造成的,如疏忽行为、质量缺陷等。

除适用公众责任保险的一般责任免除外,承包人责任保险还有专门的责任免除(可以根据承包作业的对象或风险具体规定)。以工程承包人责任保险为例,其特殊责任免除有:

第一,被保险人或其分承包人在进行地下、地基或挖掘作业时造成的下列损失:因地陷、地壳隆起或移动、震动或塌方而使土地、建筑物或其他结构包括其内部财产受到的损失;因土地软化或泥土、砂子移动造成上述类似的损失;地下水增加或减少造成的损失。规定上述责任免除,不仅在于它存在造成工程巨大损失的较大可能性,而且在于它通常不是一种意外事故。

第二,被保险人的分承包人及其工作人员或雇佣人员遭受人身伤害,这种伤害赔偿应当由工伤保险负责或由雇主责任保险、或安全责任保险、或意外伤害保险承保。

第三,污物、噪音引起的损害赔偿责任。因此项责任是公害性质的风险,波及面大,保险人一般剔除不保。

第四,工程移交后发生的损害赔偿责任。工程一经验收交货,承包人即行终止责任,但当代工程项目的承包往往在合同中规定有保证期如安装工程项目的试车、考核期等,因此,承包人的责任实质上须延迟至保证期满。对此,经被保险人要求,保险人可以扩展承保保证期的损害赔偿责任。

至于装卸作业、搬运作业、修理行业以及加工、修缮等承揽作业承包人的保险责任与责任免除规定受一般公众责任保险的规定约束,还可参照上述内容在保险单中作出具体和明确的规定。

(三) 费率厘订及其他

承包人责任保险的费率,主要以不同性质的承包作业以及承包价格来分别确定,如首先分为建筑工程承包人、安装工程承包人、装卸或搬运作业承包人、修理(缮)作业承包人、加工承揽作业承包人等,或分为法人单位与个体经营等;其次,根据承包作业的具体对象来调查、评估风险责任,如高层建筑与低层建筑工程、大型机器安装与一般安装工程,装卸玻璃与装卸机床、加工纺织品与加工机械零部件,等等,均应在承保时区分清楚,再参照承保这种业务的财产保险(如机器损坏保险、建筑工程保险、安装工程保险及普通财产保险等)的费率,科学厘订出承包人责任保险的费率。一般来说,保险人对于下列情况往往采取较优惠的费率予以承保:第一,巨额承包或加工承揽合同;第二,资信好的承包人或加工承揽人;第三,有防护措施的地下工程;第四,对地下财产如水、气管道的损失不负责任的地下工程;第五,经验丰富、技术优良、安全管理好的承包人或加工承揽人。

承包人责任保险承保的赔偿责任不仅仅是承包人依法应负的对其他人的人身伤害和财产损失,而且主要是对承包人造成承包作业对象损失的损害赔偿责任。承包人责任保险的责任期限一般采用工期保险单,即从承包作业的开工之日起,至完工之日止,但加工及其他承揽作业亦采用定期保险单,具体规定应根据承包作业的规模及其连续性等确定。

(四) 主要险种

1. 建筑、安装工程承包人责任保险

建筑、安装工程承包人责任保险是承包人责任保险中的主要业务,它承保建筑、安装施工单位在承包施工期间因疏忽或过失行为造成的事故所导致的法律赔偿责任。具体而言,保险人的保险责任有:

第一,施工中造成第三者的财产损毁赔偿责任,如土木建筑施工中爆破引起土石飞溅而致他人的财产损失。

第二,施工中造成第三者的人身伤害赔偿责任,包括医疗费、住院费、误工工资等。

第三,施工中造成业主或发包方的财产损失,如工程质量不良、物料被盗等,依照法律或承包合同应由承包人负责赔偿,保险人给予补偿。

第四,有关费用。如场地清理费,即发生保险事故后清理施工现场的费用;法律费用及其他经保险人同意支付的费用等。

若一个工程项目由多个承包人承包,保险人仅承担被保险人应负责的赔偿份额,若承包人之下有分承包人,被保险人可以扩展至分承包人,并受交叉责任条款制约。其他事宜

除适用承包人责任保险及公众责任保险的一般原则,还可参考建筑、安装工程第三者责任保险。

建筑、安装工程承包人责任保险除了上述保险责任外,其责任免除主要有:

第一,战争、军事行动、恐怖、敌对行为、武装冲突、暴乱、罢工、没收征用及因政府命令或有关行政当局命令等引起的任何损失、费用和责任;裂变、核聚变、核武器、核材料、核辐射及放射性污染引起的任何损失、费用和责任。

第二,洪水、暴风、龙卷风、暴雨、雷击、地震、海啸、地面突然塌陷、突发性滑坡、崖崩、泥石流、雪灾、雹灾及其他人力不可抗拒的破坏力强大的自然现象造成的任何损失、费用和责任。

第三,由于震动、移动或减弱支撑而造成的任何财产、土地、建筑物的损失及由此造成的任何人身伤害、物质损失和责任。

第四,建设单位、承包人或其他关系方或他们所雇用的在工地现场从事与工程有关工作的职员、工人以及他们的家庭成员的人身伤亡或疾病;或这些人所有的或由其照管、控制的财产发生的损失。

第五,被保险人使用、拥有的领域有公共运输行驶执照的车辆、船舶、飞机造成的事故而引起的任何责任。

第六,罚款、处罚、违约金及违约造成其他人的损失、惩罚性的损失、违反或不履行工程合约引起的任何损失。

第七,保险单或有关条款中规定的应由被保险人自行负担的免赔额及其他不属于保险责任范围内的任何损失、费用和责任。

2. 修船责任保险

修船责任保险,是指承保修船企业在修理船舶期间造成损害事故并依法律或修船合同或协议应由修船方负责的经济赔偿责任的保险,是承包人责任保险中的专用险种之一。

修船责任保险的责任范围一般规定由被保险人的过失引起的火灾事故、船舶机损及导致承修船舶在移泊、进出船坞时碰撞码头设施、船坞和其他船舶的损害赔偿责任,以及修船期间造成任何第三者的人身伤害或财产损失的法律赔偿责任。保险责任限额一般规定累计限额和每次事故限额两部分,可以不分项,也可以按承修船、第三者财产损失、第三者人身伤亡分项确定。

保险期间采用工期保险单,即按计划修船工期为依据在保险单上规定保险起讫日期。若提前完工,以完工日期为准提前终止保险责任,若延迟完工,以保险单上规定日期为终止日期,但可在被保险人要求并加缴保险费的条件下将保险责任期限延长至完工时为止。保险费按总赔偿限额乘以规定的费率并以修理合同订明的币种计收。

被保险人承修船舶如发生保险责任范围内的灾害事故,被保险人应立即通知保险人并采取一切必要的措施,以减少损失。对有益的合理措施费用,保险人可予偿付,但该项费用以不超过保险合同规定的赔偿总额为限。被保险人向保险人索赔时,应以书面形式报告发生损失的原因,并提供损失清单和其他必要的单据。如涉及第三者责任,应将向第三者追偿的权利和必要的证件移交保险人,并协助保险人向第三者进行追偿。此外,被保险人遭受损失经保险人赔偿后的残损物件归保险人所有或按双方议定价值折价归被保险人。如果被保险人在发生损失的当天起,超过两年不向保险人申请赔偿,不提出必要的单据证明,即作为自愿放弃索赔权益。

四、承运人责任保险

（一）概念与意义

承运人责任保险是指以各种客、货运输任务的部门或个人在运输过程中可能发生的损害赔偿责任为保险标的的保险。由于运输工具种类繁多，运输对象分为客、货两种，运输方式又有直接运输和联合运输之分，承运人责任保险也只能根据不同的运输方式和运输对象设计各种保险方案。较常见的有承运人旅客责任保险、承运人货物责任保险、运送人员意外责任保险等。与一般公众责任保险不同的是，承运人责任保险保障的责任风险实际上是处于流动状态中的责任风险，但因运行途径是固定的，从而亦可以视为固定场所的责任保险业务。根据我国《道路运输条例》第三十五条规定："客运经营者、危险货物运输经营者应当分别为旅客或者危险货物投保承运人责任险。"

在货物运输保险（财产保险范畴）和各种人身保险业务日渐普遍的同时，开办承运人责任保险仍然是十分必要的。这是因为：

第一，在货物运输保险中，保险人只承保发货人或收货人的货物损失赔偿，而且这种赔偿的条件是由自然灾害、意外事故等不可抗力造成的，它与承运人的法律责任无关。

第二，在客运中，旅客虽然可以通过人身意外伤害保险来达到保障目的，但这种保障并非人人皆有，而且由于这种保障的标准偏低，往往不足以弥补受害人所受到的伤害，从而需要有责任保险的保障来补充和分散承运人的风险。

上述两点均说明保险人在货物运输保险与人身保险中承担的一般是意外损害，即使对因承运人的疏忽或过失责任造成的损害事故负责，也必然行使对承运人的追偿权利。因此，上述保险一方面是对承运货物或旅客保障不足，另一方面并未承保承运人的风险责任，从而表明承运人责任保险对货物运输或客运均是必要的。

（二）主要险种

1. 承运人旅客责任保险

承运人旅客责任保险，是承运人责任保险的专用险种，它承保被保险人在运送旅客的途中，因发生意外而致使旅客人身伤亡或行李损失，依法应由被保险人（承运人）承担的经济赔偿责任。由于各国的旅客责任普遍采取强制保险的方式，故在保险市场上又称为旅客法定责任保险。按保险区域划分，旅客责任保险分为境内的旅客责任保险和国际运输线上的旅客责任保险，前者由国家法律和保险合同规范，后者由国际公约或国家法律及保险合同规范。按运输工具划分，旅客责任保险可分为飞机旅客责任保险、道路旅客责任保险、水路运输旅客责任保险等。

1）飞机旅客责任保险

飞机旅客责任保险是以承保旅客在乘坐或上下飞机时发生意外事故使旅客受到人身伤害，或随身携带和已经交运登记的行李、物件的损失以及对旅客行李或物件在运输过程中因延迟而造成的损失，根据法律或合同应由被保险人（即承运人）负担的赔偿责任为保险标的的保险。旅客是指购买飞机票的旅客或被保险人同意免费搭载的旅客，但不包括为完成被保险人的任务而免费搭载的人员。保险责任一般从乘客验票登机后开始到离开飞机之时止。

2) 道路旅客责任保险

道路旅客责任保险是指道路旅客运输承运人在运输过程中发生交通事故或其他事故，致使承运的旅客遭受人身伤亡和直接财产损失，依法应承担的经济赔偿责任为保险标的的保险。旅客是指持有效运输凭证乘坐客运汽车的人员、按照运输管理部门有关规定免费乘坐客运车辆的儿童以及按照承运人规定享受免票待遇的人员。财产损失是指旅客托运行李及随身携带物品的损失。运输过程（途中）是指旅客上车至到达目的地下车的过程，包括经被保险人同意的客运车辆临时停放过程，以及被保险人及其司乘人员（包括驾驶员、驾驶员助手、跟车车主、跟车服务员、跟车导游）许可的中途临时下车过程。道路旅客责任保险可拓展附加司乘人员责任保险、精神损害责任保险。

3) 水路运输旅客责任保险

水路运输旅客责任保险是指旅客在乘坐客运船舶期间遭受人身伤亡或财产损失，依法应由承运人承担经济赔偿责任为保险标的的保险。其中，承运人一般是指在沿海、江河、湖泊及其他通航水域内从事水路运输和水路运输服务业务的单位和个人。除一般承运人责任保险的免除责任外，水路运输旅客责任保险对船舶不适航或船舶不论何种原因对他船施行拖带作业、海事部门发布禁航令后继续航行作业及违反安全生产管理规定的作用都不承担赔偿责任。

值得指出的是，在上述承运人旅客责任保险的实务经营中，必须注意下列事项：第一，旅客是指购买了车票、船票、机票的乘客或经被保险人同意免费搭载的乘客，但不包括为完成被保险人的任务而免费搭载的人员，如飞机上的空中小姐、火车上的乘务员等。第二，旅客是一个特定的概念，旅客的身份确定以乘坐与其车票、船票、机票等相符的运输工具并且在有效运输期间为条件。例如，旅客买的是机票，坐的却是火车，保险人对其所遭受的损害不负责任；又如，旅客已完成旅途之行即到达车票、船票、机票等所载的终点或超过了有效运输期间或超过了有效运输里程均不再是保险意义上的旅客，保险人将不予负责。第三，旅客的行李（限随身携带）一般也包括在旅客责任保险范围，即保险人不仅承保承运人对旅客人身伤害的法律赔偿责任，而且承保承运人对旅客随身携带行李损失的法律赔偿责任，但旅客托运的行李或货物除外。第四，保险人可以扩展被保险人的无过失责任，如不可抗力造成旅客伤亡或行李损失，被保险人（承运人）不承担赔偿责任，但承运人为提高信誉并保障旅客的权益，可以要求扩展承保该部分责任。第五，旅客责任保险的保险费依据运输工具、运输区域、运输中的风险以及运输工具的座位数、赔偿限额等确定。

2. 承运人货物责任保险

承运人货物责任保险是指保承运人对其所运货物的损害赔偿责任，它一般分为航空货物责任保险、水陆货物责任保险和物流货物责任保险。对于联运的货物发生灭失、短少、变质、污染、损坏等损失，应由承运人承担赔偿责任的，由终点阶段的承运方按照规定赔偿，再由终点阶段的承运方向负有责任的其他承运方追偿。所谓联运，是指使用两种或两种以上的交通工具承运货物的方式。如果保险人承保的是终点承运方的赔偿责任，在补偿被保险人的损失后即取得向其他承运方追偿的权益，如果保险人承保的是有责任的其他承运方的赔偿责任，则代被保险人补偿终点承运方的损失。值得注意的是，根据我国《民法典》的规定，在符合法律和合同规定条件下的运输，由于不可抗力（如地震、海啸、台风等）、货物本身的自然性质、货物的合理损耗以及托运方或收货方本身的过错造成的货物损失，承运人可以免责，保险人亦不承担赔偿责任。

承运人承担的货物损失依法律或合同规定的赔偿责任,是按货物的实际损失包括货物本身的价值、包装费、运杂费、保险费等标准赔偿的,保险人在赔偿限额的条件下亦按此标准补偿。

1) 航空货物责任保险

承保航空公司在受托运送货物时可能发生的损害赔偿责任,该项责任贯穿于从货物交由航空公司承运时开始至到达目的地交付收货人或办妥转运手续时为止的整个运输过程。从国外保险市场情况看,航空货物责任保险虽然也有保险责任事故的规定,但多为"一切险",即承保风险广泛,包括承运过程中损失且依法应由被保险人赔偿的多种责任,如货物在运输中发生损毁、延迟到达等由于处理上的错误所致的法律赔偿责任,保险人均予负责。

2) 水陆货物责任保险

水陆货物责任保险,适用于用各种船舶、火车、汽车及其他各种水陆交通运输工具承运的货物。参加该项保险后,如其所运的货物因承运车、船等遭遇火灾、爆炸,倾覆以及船舶的触礁、搁浅、沉没等意外事故所造成的货物损失,在法律或合同中应由承运人负责赔偿时,保险人予以负责。但承运货物的自然损耗、货物本质上的缺陷、霉烂、变质,装卸过程中所致的损失以及运输过程中的丢失、短量,被保险人或其代理人及其驾驶人员的违章装载和其他故意行为所致的损失,保险人不负赔偿责任。

3) 物流货物责任保险

物流是指承运人接受委托,使货物从供应地向接收地实体流动的过程,主要包括运输、储存、装卸、搬运、包装、流通加工、配送和信息处理等活动。物流货物责任保险承保的风险主要包括火灾、爆炸,运输工具发生碰撞、出轨、倾覆、坠落、搁浅、触礁、沉没、隧道、桥梁、码头坍塌、碰撞、挤压导致包装破裂或容器损坏,符合安全运输规定而遭受雨淋,装卸人员违反操作规程进行装卸、搬运等导致的法定赔偿责任部分。物流货物责任保险为专业经营第三方物流业务的物流公司提供了全面有效的保障,它将运输中承运人的责任以及仓储、流通加工过程中保管人及加工人的责任融合在一起。因此,物流货物责任保险承保的风险大于其他单独的责任保险承保的风险,可以为客户提供经营第三方物流业务过程中的全面保障。物流货物责任保险一般还有若干附加险,包括附加盗窃责任保险、附加提货不着责任保险、附加冷藏货物责任保险、附加错发错运费用损失保险和附加流通加工、包装责任保险等。附加盗窃责任保险和附加提货不着责任保险分别承保被保险人由于物流货物遭受偷窃或提货不着而依法应承担的经济赔偿责任;附加冷藏货物保险承保被保险人由于冷藏机器故障所致物流货物腐烂变质而依法应承担的经济赔偿责任;附加错发错运费用损失保险承保被保险人由于人为疏忽或信息系统故障导致信息处理错误造成物流货物错发错运而增加的运输费用;附加流通加工、包装责任保险承保被保险人由于对物流货物进行加工、包装等操作,造成使用、消费或操作物流货物的第三者的人身伤害或财产损失,依法应承担的经济赔偿责任。

五、环境污染责任保险

(一) 概念与意义

1. 概念

环境污染责任保险,其在各个国家的具体名称有所不同,如英国称之为环境损害责任保险和属地清除责任保险,美国称之为污染法律责任保险。在我国,其被称为"绿色保险"。(知识链接2-3)一般认为,环境污染责任保险是以被保险人因玷污或污染水、土地或空气,依法应承担的民事损害赔偿责任作为保险标的的保险。它是对被保险人在生产经营活动过程中因非故意的原因形成污染,进而造成第三方人员伤亡、财产损失或环境破坏时,由保险人根据合同约定,对其所应承担的赔偿责任进行损失补偿的一种责任保险机制。

知识链接 2-3 目前,"绿色保险"在我国除了指环境污染责任保险外,还包括碳汇保险、绿色建筑保险、UBI车险等方面的保险。其中:(1)碳汇保险。碳汇(carbon sink)是指通过植树造林、植被恢复等措施,吸收大气中的二氧化碳,从而减少温室气体在大气中浓度的过程。气象灾害会导致碳汇减少并间接增加碳排放,而碳汇保险可以为减排交易或碳排放等存在的风险进行保障。如农林碳汇(气象指数)保险、海洋碳汇(指数)保险等。(2)绿色建筑保险。其主要分为绿色建筑财产保险(如节能型/节水型住宅保险)和绿色建筑职业责任保险(保障建筑师、工程等绿色建筑专业人员由于职业责任方面的错误和遗漏造成的赔偿和诉讼等风险)两大类。目前国际主流为传统建筑受损后重置,并升级为绿色建筑的形式提供保险保障。(3)UBI车险(Usage Based Insurance)。UBI车险是基于车主驾驶行为以及使用车辆相关数据相结合的个性化保险产品,其保费取决于车主实际行驶里程、驾驶时间、行驶地点、具体驾驶行为等指标的综合考量。产品实施目的是提高全民行车安全率,打造人、车、生活三位一体完整的生态系统。

2. 意义

环境污染是传统工业化的负面结果,也是影响人类可持续发展的制约性因素。在公民环境权与生态正义理论的支配下,让污染者承担损失补偿的法律责任成为各国普遍奉行的规则,而环境污染责任保险则成了兼具转嫁责任方的环境污染法律风险和保障受损方经济权益的不可替代的机制。在形式上,环境污染责任保险是企业转嫁环境污染损害赔偿责任的风险管理方式,但最终实现的则是保障环境污染事件中的受害方权益,即无论致害方是否有能力承担环境污染带来的损害赔偿责任,保险公司都能够按照保险合同的约定,承担起致害人对受害人的损失补偿责任。因此,环境污染责任保险提供的是一种确切有效的责任赔偿保证。

国内外的发展实践表明,环境污染责任保险制度的建立与发展,既有效分散了企业面临的环境污染法律风险,也为更有效地弥补在环境污染事件中受损害者的损失提供了保障,亦减轻了政府处置环境污染事件的压力。例如,2010年英国石油公司(BP)在墨西哥湾漏油事件中,损失达200多亿美元,尽管其背负巨大债务,但因其参加了环境污染责任保险,从保险公司处亦获得了35亿美元左右的赔偿,从而为该公司摆脱破产命运并补偿受害方提供了条件。(知识链接2-4)在我国,湖南省株洲昊华公司氯化氢气体泄漏导致周边农田污染事故是首例环境污染责任保险获赔案例,如果在过去这将是一场极难处理的环境与民事赔偿纠纷,甚至可能演变成社会冲突,但因该公司于2008年7月参加了平安保险公司的环境污染责任保险,在污染事件发生不到10天内,120多户村民即得到了保险补偿。① 又如2020年8月28日,位于江苏省宜兴市丁蜀镇的宜兴某公司发生储罐区环烷酸混合物泄

---

① 赵衡.龙江镉污染:关注问责,更关注权利救济[J].检察日报,2012-02-04.

漏事件，造成附近河道水体受到生态环境污染而产生修复清污费等费用约100万元，当地人保财险公司依照保险单约定全部予以赔付。① 类似的保险补偿案例在发达国家是很普通的现象，它表明了环境污染责任保险的风险分散与损失补偿功能不可替代，通过这一保险机制派生出来的减少纠纷、缓和或者化解矛盾、维护和谐作用不容小视。据中国保险行业协会统计，2018—2020年，保险业累计支付环境污染等绿色保险赔款533.77亿元，其中2020年保险赔付金额为213.57亿元，较2018年增加84.78亿元，年均增长28.77%。②

知识链接2-4 2010年4月20日，英国石油公司（British Petroleum，BP）租用的一个名为"深水地平线（the Deepwater Horizon）"的深海钻油平台发生爆炸，11名钻机工人丧生。随后的87天里，数百万加仑的石油涌入了墨西哥湾的水域。BP漏油事件（即英国石油漏油事故，或称墨西哥湾漏油事件）成为美国水域有史以来最大的漏油事件，也是世界历史上最严重的环境灾难之一。

参见：墨西哥湾漏油事件10周年后，数千种鱼类体内仍发现油污染[N/OL].新浪新闻，http://k.sina.com.cn/article_1686546714_6486a91a020011uba.html.2020-04-22；许栩.从漏油事件看环境污染责任的缺失[J].中国保险报，2011-07-10.

（二）保险责任范围

在我国，目前环境污染责任保险的保险责任范围，主要是指在保险期间或保险合同载明的追溯期内，被保险人在被保险场所的区域范围内从事保险单载明的业务时，因突发意外事故导致污染损害，并由此造成第三者的损失，由第三者在保险期间内首次向被保险人提出损害赔偿请求，依法应由被保险人承担的经济赔偿责任。具体内容如下：①第三者因污染损害遭受的人身伤亡或直接财产损失。②第三者根据环境保护相关法律、法规或行政性命令对污染物进行清理发生的合理必要的清理费用。③保险事故发生后，被保险人为了控制污染物的扩散，尽量减少对第三者的损害，或为了抢救第三者的生命、财产所发生的合理必要的施救费用。④保险事故发生后，被保险人因保险事故而被提起仲裁或者诉讼的，对应由被保险人支付的仲裁或诉讼费用以及事先经保险人书面同意支付的其他必要的、合理的法律费用。但除了合同约定其他不属于保险责任范围内的损失、费用和责任外，对于核辐射、核爆炸、核污染及其他放射性污染，光电、噪音、电磁辐射、微生物质污染造成的损失不承担赔偿责任；对于酸雨、硅、石棉、转基因物质及其制品造成的损失，渐进性污染损失，被保险人的排污行为造成的损失等也不承担赔偿责任。

（三）主要险种

在国内，绝大部分保险公司只设立"环境污染责任保险"这一大险种及其若干附加险（如附加自有场地清污费用保险、附加自然灾害责任保险），但也有保险公司根据环境污染的原因或地域等不同而设立有不同的险种，如水污染责任保险、油污染责任保险、危险废物污染损害责任保险、场所污染责任保险等，这里主要介绍的是国内外法律强制实施的船舶油污责任保险与核责任保险。

1. 船舶油污责任保险

船舶油污责任保险是指保险人承保的船舶在行使过程中，其油类污染海面、河道、湖泊

---

① 世界环境日与保险专题[J].中国银行保险报，2022-06-07.
② 陈晶晶.绿色保险突进：三年保额高达45万亿[N].中国经营报，2021-09-25.

而带来的法律赔偿责任的保险。凡运输油类的船方,均有油类渗漏、泄漏造成水域污染而损害水质、水产或他人健康、财产损毁的责任风险存在,因此,为完善船舶油污事故损害赔偿机制,国际上,凡是缔结或者参加有关国际条约(如《1992 年国际油污损害民事责任公约》《1996 年国际海运有害有毒物质污染损害赔偿责任公约》《2001 年国际燃油污染损害民事责任公约》和《2002 年雅典公约》等)的国家均制定有船舶油污责任保险的法律法规。我国的《海洋环境保护法》《防治船舶污染海洋环境管理条例》《危险化学品安全管理条例》(知识链接 2-5)以及《中华人民共和国船舶油污损害民事责任保险实施办法》(2020 年 8 月 18 日我国交通运输部在其官网公布了该办法的修订征求意见稿)①等也都明确规定相关船舶运输单位要投保油污责任保险。

知识链接 2-5 我国《海洋环境保护法》第六十六条规定:"国家完善并实施船舶油污损害民事赔偿责任制度;按照船舶油污损害赔偿责任由船东和货主共同承担风险的原则,建立船舶油污保险、油污损害赔偿基金制度。实施船舶油污保险、油污损害赔偿基金制度的具体办法由国务院规定。"《防治船舶污染海洋环境管理条例》第五十一条规定:"在中华人民共和国管辖海域内航行的船舶,其所有人应当按照国务院交通运输主管部门的规定,投保船舶油污损害民事责任保险或者取得相应的财务担保。但是,1 000 总吨以下载运非油类物质的船舶除外。船舶所有人投保船舶油污损害民事责任保险或者取得的财务担保的额度应当不低于《中华人民共和国海商法》、中华人民共和国缔结或者参加的有关国际条约规定的油污赔偿限额。"《危险化学品安全管理条例》第五十七条第二款规定:"通过内河运输危险化学品的船舶,其所有人或者经营人应当取得船舶污染损害责任保险证书或者财务担保证明。船舶污染损害责任保险证书或者财务担保证明的副本应当随船携带。"

油污责任保险的保险责任是被保险人的法律赔偿责任,一般包括如下三类:①由于被保险船舶漏出的油或其混合物,污染水域或可能造成损害后果时,被保险人采用合理措施清理漏油而支出的费用。②由于被保险人(包括生产、经营、运输单位)的疏忽或过失导致污染事故,依法应由被保险人承担的对第三者的损害赔偿责任。③法院、司法部门判决应由被保险人担负的罚款或罚金及有关法律费用等可采用加批承保的方式负责赔偿。但被保险人的故意行为所致的油污责任事故损失,被保险船舶的船壳和机件的正常维修、油漆费用和本身磨损或锈蚀损失,被保险人的财产及油类自身的损失以及保险责任之外的其他责任,保险人均可以免责。

2. 核责任保险

在许多保险单中,核责任是除外不保的,这是因为一方面核事故极为罕见,另一方面核事故一旦发生其责任极为巨大,没有专门的承保人或承保单进行承保是无法进行风险转移

---

① 《中华人民共和国船舶油污损害民事责任保险实施办法(修订)(征求意见稿)》第一条第二款规定:"本办法所称的'船舶污染损害民事责任保险'包括海域航行船舶污染损害民事责任保险或者财务保证,以及内河航行船舶污染损害民事责任保险或者财务保证。"该征求意见稿第二条第一款、第二款规定:"在中华人民共和国管辖海域内航行的载运油类物质的船舶和 1 000 总吨以上非载运油类物质的船舶,其所有人应当按照本办法的规定投保油污损害民事责任保险或者取得相应的财务保证。在中华人民共和国内河水域航行的载运散装液体危险化学品的船舶,其所有人应当按照本办法的规定投保污染损害民事责任保险或者取得相应的财务保证。"交通运输部关于《中华人民共和国船舶油污损害民事责任保险实施办法(修订)(征求意见稿)》公开征求意见的通知 - 政府信息公开 - 交通运输部 https://xxgk.mot.gov.cn/2020/jigou/haishi/202008/t20200818_3452741.html,2020-08-18.

的。但核可以为人类带来能源,人类也非常需要核能,这就决定了人类必须承受或面对某些由核带来的巨大风险。为此,经营核能的单位需要转嫁核风险,经营保险的企业也愿意承保,核责任保险便由此而产生。核责任保险承保由于核事故导致的依法应由被保险人负责的损害赔偿责任,它是随着现代高科技的发展和核技术的应用而发展起来的,采用无过错责任原则承担赔偿责任。

在国际核责任保险市场上,主要有下列业务:①核能工业责任保险。它承保核能装置(包括核电站)在建造期间或运行期间,由于核责任事故造成的对他人身体伤害和财产损失的经济赔偿责任。②核能放射责任保险。它承保核能反应堆或核武器爆炸事故所引起的光辐射、核辐射和放射性污染产生的由被保险人依法应负的赔偿责任。核责任保险可以单独承保,也可以作为核能工业保险的一项附加责任予以承保。如承保核电站综合保险,就可以扩展核责任保险。

在美国,核责任保险有两种独立的保险单:核设施保险单和核物质供应商与运输商保险单。前者仅仅承保特定的核能危险因素所引起的责任,包括核物质的放射性、毒性、爆炸性或其他的危险性质所带来的人身伤亡和财产损失。但对于核设施内所发生的财产损失和由核武器或核战争所引起的人身伤亡和财产损失则除外不保。后者是向为核设施提供原材料、零部件和其他服务的核材料供应商和运输商额外提供的核责任保险,以保障供应商和运输商所面临的额外责任风险。因此,该保险单属于核设施保险单的超额保险,也可以属于额外公众责任保险。①

在我国,为了解决核损害责任问题,1986 年国务院曾作出《关于处理第三方核责任问题的批复》,规定核电站或核设施营运人对核事故承担绝对责任和唯一责任,对于一次核事故所造成的核损害,营运人对全体受害人的最高赔偿额为人民币 1 800 万元;对核损害的应赔总额如果超过 1 800 万元,政府将提供最高限额为人民币 3 亿元的财力补偿。2007 年《国务院关于核事故损害赔偿责任问题的批复》做了新的规定,其中规定核电站的营运者和乏燃料贮存、运输、后处理的营运者,对一次核事故所造成的核事故损害的最高赔偿额为 3 亿元人民币;其他营运者对一次核事故所造成的核事故损害的最高赔偿额为 1 亿元人民币。核事故损害的应赔总额超过规定的最高赔偿额的,国家提供最高限额为 8 亿元人民币的财政补偿。② 因核营运人对核事故承担绝对责任和唯一责任,在国家承担有限责任的情况下,核营运人的核事故赔偿责任风险仍然非常大,必须依靠商业保险进行核风险转嫁,而单独的保险公司无力或不敢承担核污染风险的前提下,面对核营运人风险转嫁需求,1999 年,在国家财政兜底的前提下,我国的保险市场上成立了"中国核保险共同体"(以下简称中国核共体),专门开办包括第三者损害赔偿责任在内的核保险业务(核损害第三者责任保险、核物质运输责任保险、放射性雇主责任保险)。③ 截至 2022 年 12 月,中国核共体拥有 31 家成员,包括 24 家财产保险公司和 7 家再保险公司。④

---

① 所罗门·许布纳等.财产和责任保险[M].陈欣,等译.北京:中国人民大学出版社,2002:426-427.
② 国务院关于核事故损害赔偿责任问题的批复.2007 年第 23 号国务院公报.中国政府网,http://www.gov.cn/gongbao/content/2007/content_711045.htm.
③ 中国核保险共同体网站.核保险业务.http://www.chinapool.org.cn/zghbxgtt/gywm10/hbxyw90/2022010703522277824/index.html.
④ 中国核保险共同体网站.成员公司.http://www.chinapool.org.cn/zghbxgtt/gywm10/cygs/index.html.

2017年,我国颁发了《中华人民共和国核安全法》(以下简称《核安全法》),该法第九十条规定:"因核事故造成他人人身伤亡、财产损失或者环境损害的,核设施营运单位应当按照国家核损害责任制度承担赔偿责任,但能够证明损害是因战争、武装冲突、暴乱等情形造成的除外。为核设施营运单位提供设备、工程以及服务等的单位不承担核损害赔偿责任。核设施营运单位与其有约定的,在承担赔偿责任后,可以按照约定追偿。核设施营运单位应当通过投保责任保险、参加互助机制等方式,作出适当的财务保证安排,确保能够及时、有效履行核损害赔偿责任。"随着法律对核污染责任保险的强制投保,为进一步完善重大核事故保险风险分散机制,2020年10月我国银保监会颁发了《核保险巨灾责任准备金管理办法》(以下简称《办法》),该《办法》要求核保险巨灾准备金按核保险承保盈利的75%计提,在发生一次保险事故造成的核保险行业自留责任预估赔款超过3亿元人民币或等值外币,且核保险行业自留责任年度已报告赔付率超过150%时,可以使用核保险巨灾责任准备金。①

第三节　公众责任保险的经营

一、公众责任保险的承保

承保业务是公众责任保险经营实务中的首要环节,为使承保工作有效地进行,承保人必须详尽地占有资料,然后方可以从事选择可承保的风险予以承保并办理承保手续。

(一) 承保资料的来源

承保资料是指保险人承保业务所必须了解的被保险人及保险对象的情况、信息及风险等,在公众责任保险的经营实践中,保险人主要通过投保单、保险代理人或保险经纪人以及实地调查等途径来了解保险客户的相关情况。

1. 投保单

投保单是由投保人填写的陈述投保要求及有关事项的书面材料,它是承保工作中的主要资料来源之一,其内容因具体业务种类而异。一般来说,保险合同承保范围愈广泛,或条款规定愈宽松(如综合公众责任保险),则投保单所需提供的资料应愈详细。投保单中所列的询问事项,投保人必须如实并详细填写,承保人员据此并收集到的其他资料作为承保与否的依据。由于投保单是保险合同的重要组成部分,在特定情况下将被作为判明责任、决断纠纷的直接依据之一,从而要求投保人必须遵守诚信原则。投保人的任何不遵守诚信原则或陈述不清或填报不实,均将直接影响到保险合同的效力。

2. 保险代理人或保险经纪人的信息和意见

在承保过程中,保险代理人或保险经纪人与投保人的接触比较多,对保险标的风险性质及投保人的情况了解也较多,因此,在保险代理人或保险经纪人参与承保过程的情况下,应重视二者提供的信息和提出的意见,这些信息和意见可能会对承保事项有重要的影响。

---

① 中国银保监会 财政部 生态环境部发布《核保险巨灾责任准备金管理办法》[N/OL]. 中国银行保险监督管理委员会. http://www.cbirc.gov.cn/cn/view/pages/ItemDetail.html? docId = 938220&itemId = 915&generaltype = 0.

3. 实地调查

在承保公众责任保险时，保险人不仅要依靠外部机构或投保人所提供的资料，同时还要对承保区域和投保人做实地调查以获得更加切实的承保信息。其中，对投保人的实地调查更为重要，以便尽可能防止道德风险的发生。

除了以上三个承保资料的来源以外，其他资料来源如从建筑师、设计师等处获得的信息资料以及被保险人以往在其他保险公司的投保纪录等，对于公众责任保险的承保也是非常重要的。

（二）承保前需要掌握的资料

总的来说，公众责任保险在承保前需要获得的资料有如下几项：

1. 被保险人

对于被保险人，保险人需要了解以下几个方面的信息：第一，被保险人经营的业务性质，即其所从事的行业或职业。由于不同性质的业务具有绝对不同的危险，保险人在承保时必须弄清被保险人经营业务的性质，看其是否存在着特别的危险，必要时可以附加一些承保的限制条件。第二，被保险人的管理水平及人员结构情况，如饭店、旅馆的等级就是衡量其管理水平的综合标志。第三，被保险人有几方及各方之间的关系，如合资、合作、股份企业以及业主及承包人等，以及各自的全称和地址。第四，被保险人以往的事故记录，包括责任事故的发生次数、时间、原因、损害后果及处理情况等。

2. 保险区域范围

公众责任保险区域范围是保险人承担风险责任的地理范围限制，一般都规定在被保险人的单位范围内（如商场、影剧院、小学校、游乐园等）或被保险人的工作场所（如承包人的施工、作业地点）或被保险人的活动区域（如承运人的运输区域、个人责任保险中个人及家庭成员的日常活动范围等）。对于承保的区域和场所，保险人需要了解以下几个方面的信息：第一，承保区域的确切地址和范围。在公众责任保险中，投保的场所位置必须是固定的，其范围和面积大小（包括使用面积和占地面积）也要在承保前确定，并在保险合同中注明。保险人仅承保规定区域范围内的责任事故，凡超越规定区域范围的责任事故，保险人不予承保。第二，承保区域及其所处的地理位置和周围情况。如保险地点的人口密度、临近建筑、临山、临河、临湖、临街等情况以及建筑物的等级。第三，承保区域的安全性。承保区域的建筑质量是否合格，是否有良好且符合规范的安全设施，是否有应急抢救措施等。第四，承保区域范围的大小及特点。例如，投保场所的占地面积和使用面积有多大，是集中在一起还是分散在若干处等；又如，承运人责任风险会因承运对象所去区域而异。

3. 司法管辖权

在承保时，要确认公众责任保险的司法管辖权。司法管辖权一般来讲是在被告的所在地。但对于涉外公众责任保险业务，由于诉讼会涉及外方被告（如外国驻华机构、中外合资企业、外国独资企业等）和外方原告，承保时要在条款中明确司法管辖权是在中国境内还是在其他国家或地区。

（三）承保业务的分类及保险费的确定

在充分掌握被保险人的相关资料后，保险人可以根据搜集到的资料确定承保业务的类别和危险程度，进而确定其保险费率，然后和投保人签订保险合同，完成公众责任保险业务

表 2-4 某保险公司涉外公众责任保险费率表

货币单位：美元　费率按千元

每次事故或累计赔偿限额业务种类		10 万		50 万		100 万		200 万		300 万		500 万		1 000 万	
		每次事故	累计	每次事故	累计	每次事故	累计	每次事故	累计	每次事故	累计	每次事故	累计	每次事故	累计
1	从事危险性较小的工作单位，如代表处、办公楼、设计院、咨询单位等	7.2	6	1.92	1.6	1.2	1	1.32	1.1	1.44	1.2	1.08	0.9	0.6	0.5
2	从事无特别危险工作的单位，如通讯、地毯、包装、工艺、手工艺、电子、电影制片、纺织、食品、汽车、修理、酿酒等	8.4	7	3.6	3	2.4	2	2.52	2.1	2.64	2.2	2.28	1.9	1.8	1.5
3	从事有相当危险工作的单位，如装卸、锅炉、冷藏、电工、卷烟、水暖维修等	9.6	8	4.08	3.4	3	2.5	3.12	2.6	3.24	2.7	2.88	2.4	2.4	2
4	从事有特别大危险的工作单位，如水泥厂、锯木厂、造船、油漆、塑料化工厂、橡胶、起重、拆梁、商店、旅馆、娱乐场所等	10.8	9	4.56	3.8	3.36	2.8	3.48	2.9	3.6	3	3.24	2.7	2.76	2.3
5	从事特别危险工作的单位，如建筑安装、石油钻井、钢铁、火柴、管道安装等	12	10	5.04	4.2	3.6	3	3.72	3.1	3.84	3.2	3.48	2.9	3	2.5
6	高空深水作业、探险、勘探	13.8	11.5	5.4	4.5	3.72	3.1	3.84	3.2	3.96	3.3	3.6	3	3.12	2.6

的承保。

1. 承保业务的分类

由于被保险人的经营业务多种多样,从而承保区域的风险也会有所差异,保险人要将被保险人按其工作场所的危险程度来加以归纳和分类,并作为厘定费率的重要因素。如以表2-4某保险公司涉外公众责任保险为例,该险种可以分为以下六类:①从事危险性较小的工作的场所,如办公楼、设计院等。②从事无特别危险工作的场所,如通讯、包装、工艺、电子、食品、汽车修理等。③从事有相当危险的工作的场所,如装卸、搬运、锅炉、冷藏、电工、卷烟、水暖维修等。④从事有特大危险工作的场所,如水泥厂、锯木厂、造船、油漆、塑料、化工、橡胶、起重、桥梁、商店、旅馆、娱乐场所等。⑤从事有特别危险工作的场所,如建筑、安装、石油钻井、钢铁、火柴、管道安装、鞭炮生产等。⑥其他场所,如高空作业、勘探作业、航空、航天等。

2. 保险费的确定

在确定被保险人所属行业和确定其风险程度后,保险人可根据保险区域的位置和大小、被保险人的管理水平以及被保险人以往的损失赔偿和记录等来订立保险费率。费率厘定后,保险人可在区分短期业务与一年期业务的基础上,按照投保人要求的赔偿限额选择使用的费率来计算保险费。

二、公众责任保险的保险费率厘定与计算

(一)保险费率厘定

保险人在经营公众责任保险业务时,一般不像其他财产保险业务那样有固定的保险费率表,而是通常视每一被保险人的风险情况逐笔议定费率,以便确保保险人承担的风险责任与所收取的保险费相适应。一般来说,保险人在厘定公众责任保险费率时考虑的因素主要有三个:保险金额(每次和累计的保险事故责任限额)和免赔额、投保企业所属行业以及承保区域大小和位置。

1. 赔偿限额和免赔额

按照国际保险界的习惯做法,保险人对公众责任保险一般按每次事故的基本赔偿限额和免赔额来分别厘定人身伤害和财产损失两项保险费率,如果基本赔偿限额和免赔额需要增减时,保险费率也应适当增减,但又非按比例增减。如表2-5所示,某公司户外广告媒体公众责任保险选择每次事故每人人身伤亡30万元,每次事故总赔偿限额为300万元,每年为500万元以下的赔偿限额,其费率为8‰,每年总赔偿限额在2 000万元时,则按5.5‰计算保险费。

表2-5 某保险公司户外广告媒体公众责任保险费率表

单位:万元

年累计赔偿限额	每次事故赔偿限额	费 率	每次事故分项限额	
			财产损失	人身伤亡(万元/每人)
500以下	300	8.0‰	20	30
500~1 000以下	300	7.0‰	20	30

(续表)

年累计赔偿限额	每次事故赔偿限额	费率	每次事故分项限额	
			财产损失	人身伤亡(万元/每人)
1 000～1 500 以下	300	6.5‰	20	30
1 500～2 000 以下	300	6.0‰	20	30
2 000 以下	300	5.5‰	20	30

2. 投保企业所属行业

不同行业之间的风险差别比较大,例如写字楼的公众责任风险要比公众娱乐场所的风险小得多,而后者的风险又比化工厂所面临的风险要小。因此,不同行业处于不同的风险等级,所对应的公众责任保险费率也各不相同。如表 2-4 即为某保险公司根据不同风险行业来制定的普通涉外公众责任保险费率。

3. 承保区域的大小和位置

在其他条件相等的情况下,承保区域越大,风险越大,因而其保险费率也更高。同时,承保区域由于受地理位置的影响,其余社会公众的接触程度也各不相同,地理位置也会对费率的大小产生影响。例如,在市区繁华地段的加油站所面临的公众责任风险远比地处郊区的加油站面临的风险大,因而前者的公众责任保险费率也就更高。

(二) 保险费的计算

在费率厘定后,保险人在区分一年期业务与短期业务(一年以内)的基础上按赔偿限额选择适用的费率计算保险费。

公众责任保险的保险费计算方式包括如下三种情况:

① 以累计赔偿限额(或每次事故赔偿限额)为计算依据,即:

$$保险人的应收保险费 = 累计赔偿限额 \times 适用费率$$

② 以每次事故赔偿限额为计算依据,即:

$$保险人的应收保险费 = 每次事故赔偿限额 \times 适用费率$$

③ 对某些业务按场所面积大小计算保险费,即:

$$保险人的应收保险费 = 保险场所占用面积(平方米) \times 每平方米的保险费$$

例如,某影剧院占用面积 1 000 平方米,根据其风险大小及特点,保险双方协商约定每 10 平方米收保险费 5 元,则该笔业务的应收保险费为:

$$应收保险费 = 5 \times (1\,000/10) = 500(元)$$

无论何种方式计算保险费,保险人原则上均应在签发保险单时一次收清。

三、公众责任保险理赔

(一) 理赔程序

公众责任保险的理赔程序,一般包括如下七个步骤:①保险人接到出险通知或索赔要求时,应立即记录出险的被保险人的名称、保险单号码、出险原因、出险时间与地点、造成第三者损害程度及受害方的索赔要求等。②进行现场查勘,调查核实责任事故的相关情况,并协助现场施救。③根据现场查勘写出查勘报告,作为判定赔偿责任和计算赔款的依据。④进行责任审核,判断事故是否发生在保险期限内,是否属于保险责任范围,受害人是否向被保险人提出索赔要求或起诉。⑤做好抗诉准备,必要时可以被保险人的名义或同被保险人一起出面抗诉。⑥以法院判决或多方协商确定的赔偿额为依据,计算保险人的赔款。⑦支付保险赔款。

当发生公众责任保险事故时,保险人的理赔应当以受害人向被保险人提出有效索赔并被法律认可为前提,以赔偿限额为保险人承担责任的最高限额,并根据规范化的程序对赔案进行处理。

(二) 赔款的计算

保险人认定保险责任并核定损失后,就可以开始计算赔款,计算的过程有如下步骤:

第一,以受害人向被保险人提出有效索赔并为法律认可为前提。若受害人未提出索赔,被保险人没有赔偿责任,保险人自然不用赔偿。

第二,以赔偿限额为损害赔偿的最高限额,超过部分由被保险人自行承担。

第三,扣除绝对免赔额。

第四,将紧急医治费、为防止或减轻对他人的损害赔偿、为向肇事人(被保险人之外的人)保留索赔权或进行追偿所需支付的费用列入赔款中,但其总和不得超过保险单上规定的赔偿限额。

第五,对法律费用及经保险人同意支付的其他合理费用,可根据保险合同的规定分别予以处理。如果规定上述费用另行计算,则总赔款不受赔偿限额限制,即保险人实际支付的赔款可能超过赔偿限额;如果规定上述费用一并列入赔偿金计算,则其总赔款不得超过赔偿限额。

第六,无论法律费用是否另行计算,只要被保险人承担的对第三者的赔偿金超过了保险赔偿限额,均应按赔偿限额与赔偿金的比例来分摊法律费用。具体的分摊公式如下:

$$保险人应摊费用 = 全部法律费用 \times \frac{保险赔偿限额}{被保险人应付的赔偿金额}$$

其中,全部法律费用是指为处理该索赔案而支付的诉讼费、抗辩费、律师费和取证费等;被保险人应付的赔偿金额,是指被保险人作为致害人依法应赔偿受害者的全部赔款,包括受害者的财产损失、人身伤害的医疗费、误工工资等。如果被保险人应付赔偿金额等于或小于保险人的赔偿限额,由保险人承担全部法律费用的补偿。

第七,对第三者的财产损失按实际损失计算赔款,对第三者的人身伤害赔偿包括医疗费、医药费、误工工资、生活补助费、丧葬费、遗属抚恤金等按有关法律(如我国的《最高人民法院关于审理人身损害赔偿案件适用法律若干问题的解释》)及保险合同的规定计算。

例如,某单位的办公楼倒塌,造成他人伤亡20人,产生紧急医治费30万元,被保险人依法应承担的赔偿金额为1 500万元;此前,该单位已投保了公众责任保险。在索赔过程中发生法律费用30万元,而根据合同规定,该业务的每次事故赔偿限额为1 000万元。那么,保险人应负的赔款额为:

(1) 紧急治疗费:30万元。

(2) 赔偿金：1 000万元。

(3) 法律费用：20万元(30×1 000÷1 500)。

保险人合计赔款1 050万元，被保险人自行承担赔偿金及法律费用510万元。

假如上例中，保险人在保险合同中规定，包括法律费用和其他费用在内的每次事故的混合赔偿限额为1 000万元，那么，在该案例中，尽管被保险人的损失为1 560万元，但其能从保险人那里获得的赔款仅为1 000万元，其自行承担的赔款和费用将增加至560万元。

(三) 理赔中重复保险的处理

在公众责任保险实际业务中，投保人有时会将同一公众责任风险向两家或两家以上的保险人投保，这样就构成了重复保险。对构成重复保险的公众责任保险业务，保险人为了控制被保险人获得多份赔款的风险，均会采取分摊原则。重复保险的分摊方式有比例责任分摊方式、限额责任分摊方式、顺序责任分摊方式三种。其中，最常采用的是比例责任分摊方式。

采用比例责任分摊方式，就是将各家公众责任保险人的赔偿限额加总起来，然后按各自的赔偿限额占的比例，再计算应分摊的赔款。其计算公式如下：

$$应付赔款 = 索赔金额 \times \frac{本保单项下每次事故赔偿额}{全部保险单赔偿限额之和}$$

例如，某超市同时向A、B、C三家保险公司投保了赔偿限额分别为100万元、150万元、250万元的公众责任保险。在保险期限内，因发生损害事故而导致索赔，索赔金额为150万元。根据比例责任分摊方式，可以计算出三家保险公司的赔偿金额分别为：

A公司比例分摊 = 100÷(100 + 150 + 250)×100% = 20%

A公司应赔金额 = 150×20% = 30(万元)

B公司比例分摊 = 150÷(100 + 150 + 250)×100% = 30%

B公司应赔金额 = 150×30% = 45(万元)

C公司比例分摊 = 250÷(100 + 150 + 250)×100% = 50%

C公司应赔金额 = 150×50% = 75(万元)

需要说明的是，如果一笔公众责任保险业务中的某一部分构成重复保险，则保险人对于未构成重复保险的部分在赔偿限额内应按实际损害赔偿责任负责赔偿，仅对构成重复保险的部分进行分摊。例如，某企业有甲、乙、丙三处厂房，其中有甲处厂房向包括A公司在内的多家保险公司投保了公众责任保险，另两处仅向A保险公司投保了公众责任保险。那么，A公司对乙、丙两处发生的公众责任索赔在赔偿限额内单独承担责任；对甲处发生的公众责任索赔则须按比例在多家保险公司之间分摊，因为该企业的甲处厂房已经构成了重复保险。

四、公众责任保险的主要附加条款

除前面提及的公众责任保险类别外，为满足不同保险客户的需要，保险人通常还设置许多公众责任保险附加条款(表2-1)，以满足不同保险消费者的需求。该类附加险不能单独投保，它们必须依附在公众责任保险主险合同下进行投保，并需要特别约定及投保人加付保险费才能生效。目前较为流行的公众责任保险附加条款包括以下几个方面。

1. **交叉责任条款**

交叉责任条款适用一个公众责任保险合同项下有一个以上的被保险人的业务，它要求多个被保险人之间造成相互的第三者责任不予追究，实质上相当于每一个被保险人都有一份独立的保险合同。

2. **合同责任条款**

合同责任是责任保险中的一般责任免除，但根据被保险人的要求并经保险人同意，也可以作为特约责任加保。该条款的主要内容就是取消公众责任保险保单上的"合同责任除外"条款，同意承保被保险人的合同责任，同时要求被保险人提供相应的合同文件作为审查并承担责任的依据。

3. **锅炉爆炸责任条款**

爆炸引起的责任赔偿也是公众责任保险中的一项基本的责任免除，该条款即是适应被保险人的需要对这一责任免除的取消，其基本内容就是保险人同意承保被保险人因锅炉爆炸事故引起的公众责任索赔，即保险责任被扩展。

4. **食品、饮料条款**

食品、饮料条款承保非产品责任保险承保的，由被保险人自制且就地消费的食品和饮料所可能导致的第三者人身伤亡或财产损失赔偿责任。

5. **附加被保险人条款**

被保险人与任何个人或组织所签订的合同中，被保险人要求将该个人或组织列于公众责任保险单项下，保险人同意视该个人或组织为附加被保险人的附加条款。该附加条款适用所提供的人身伤害责任及财产损失责任保险，但仅限于指定被保险人所有的或掌管的为其工作而引起的相关责任。

6. **广告招牌及装饰装置责任条款**

广告招牌及装饰装置责任条款是指保险人扩展承保完全由于拥有、维护或使用位于被保险人所在城市境内任何地方，处在或不处在被保险人场所内的霓虹灯或广告招牌及装饰装置造成人身伤害或财产损失时，法律规定被保险人应负的赔偿责任。

7. **出租人责任条款**

出租人责任条款扩展承保被保险人因出租的房屋发生火灾造成第三者人身伤亡或财产损失时应负的赔偿责任。

8. **人身侵害责任条款**

人身侵害责任条款扩展承保在公众责任保险主险合同列明地点范围内由于下列情况造成第三者人身侵害时被保险人应负的赔偿责任：错误逮捕、拘留或监禁或诬告；侮辱、诽谤或侵犯私人权利；非法侵入、驱逐或其他侵犯私人权利行为。

9. **罢工、暴乱、民众骚动及恶意破坏条款**

罢工、暴乱、民众骚动及恶意破坏条款扩展承保公众责任保险主险合同列明的地点范围内，直接由于罢工、暴乱、民众骚动及恶意破坏造成第三者人身伤亡或财产损失时被保险人应负的赔偿责任。

10. **恐怖活动保险条款**

恐怖活动保险条款扩展承保公众责任保险主险合同列明的经营场所出现任何恐怖分子或组织进行恐怖活动造成第三者人身伤亡或财产损失时被保险人应负的赔偿责任。

11. 被保险人雇员责任条款

被保险人雇员责任条款扩展承保被保险人的雇员在从事与保单列明的被保险人经营业务相关的工作时因发生意外事故或由于其个人疏忽、过失而造成第三者的人身伤亡或财产损失引致的法律赔偿责任。

12. 附加精神损害保险条款

附加精神损害保险条款扩展承保公众责任保险主险列明的被保险地点发生保险责任范围内的事故而导致第三者人身伤害所引起的精神损害。保险人仅负责赔偿被保险人依法应承担的经济赔偿责任。

上述特约责任条款仅仅是公众责任保险中常见的保险责任扩展内容，对于特殊投保人的特殊要求，保险人可以根据自身具体情况设计相应的附加责任条款，如表2-1 所示。

第四节 案例分析

【案例2-1】

某年12月2日，65岁的徐某在一餐馆就餐时不慎滑倒摔伤，随后在当地医院进行治疗，该餐馆垫付了10 000元医疗费。第二年7月30日，经当地法医临床司法鉴定所鉴定，徐某骨折构成十级伤残，误工期为135日、护理期为40日、营养期为40日，支出鉴定费1 500元。事后，徐某向该餐馆索赔15万余元，其中包括精神损害赔偿3万元。该餐馆以索赔额度太高而拒绝支付。因赔偿问题协商未果，徐某将该餐馆诉至法院，要求对方赔偿自己医药费、误工费、护理费、鉴定费、精神损害费等各项损失共计152 377元。该餐馆在当地某保险公司投保有每次事故每人赔偿限额为10万元的公众责任保险，该事故发生在保险期内。

当地法院受理此案后立即进行了多方调查，鉴于原、被告双方对案件事实部分均无争议，承办法官便决定在原告、被告、保险公司三方间进行背对背的法庭调解。被告餐馆的法定代表人表示顾客就是上帝，自己作为店家对顾客的损失负有不可推卸的责任，愿意承担相应的赔偿义务，但徐某年龄为65岁，早已办理了退休手续，虽然现在外面另谋有一门卫工作，但其要求的误工费并不合理；原告徐某经过法官耐心地释法悉理后，愿意放弃误工费；而保险公司在核实与餐馆签订的保险合同规定后，愿意按照赔偿比例进行赔付。最终，三方互相理解，握手言和，该餐馆当庭赔付原告徐某包括精神损失费1 000元在内计1 397元（之前已垫付10 000元医疗费），保险公司则于法院调停后第三天将保险赔款51 985元支付给了原告徐某。

【案例2-2】

某市政工程公司于某年5月向保险公司投保了承包人责任保险，保险责任是其施工过程中的过失造成他人的人身伤害或财产损失的赔偿责任，赔偿限额为每起事故10万元。同年10月2日，该公司一队工人在维修路边窨井时因突下大雨跑回施工棚，忘记在井边设立标志,也未盖好窨井盖子。傍晚时分,雨还在下,一行人骑自行车经过该地时跌入井中受伤,并受感染而致死亡;受害者家属向该市人民法院起诉,要求窨井管理单位——市政工程公司承担损害赔偿责任。法院依法判决被告赔偿原告方的医疗费、抚恤金共计76万元。

本案在赔偿方面产生了如下不同的观点:

第一种观点认为市政工程公司没有责任,保险方也不必补偿。因为受害者是成年人,其跌入井中致死是自己不小心掉下所致,应当自己负责。

第二种观点认为应由市政工程公司赔偿,保险方不能补偿。因为行人跌入井中致死完全是施工单位即被保险方没有尽到应尽义务所致,只有让受害方直接向致害方索赔并由致害方承担全部责任,才能维护民法的尊严和保险合同的法律严肃性。

第三种观点认为应由保险方赔付。因为市政工程公司已将公众责任风险转嫁给保险方,保险方就应当代致害方承担全部赔偿责任,不能让被保险人的利益受损失。

分析:

(1) 本案是一起损害公众权益的责任事故案。因为行人凭往常经验骑车,前无标记又遇大雨,照直前行是正常的,行人跌入井中致死的原因,应该是窨井未盖和井边未设标志。如果有标志而行人失事,责任在行人;如果已加好井盖,也不致酿成本案中的惨剧。可见,无施工标志和未加盖井盖是本案的真正致因。因此,按照我国的《道交法》第一百零五条:"道路施工作业或者道路出现损毁,未及时设置警示标志、未采取防护措施,或者应当设置交通信号灯、交通标志、交通标线而没有设置或者应当及时变更交通信号灯、交通标志、交通标线而没有及时变更,致使通行的人员、车辆及其他财产遭受损失的,负有相关职责的单位应当依法承担赔偿责任。"我国《民法典》第一千二百五十八条:"在公共场所或者道路上挖掘、修缮安装地下设施等造成他人损害,施工人不能证明已经设置明显标志和采取安全措施的,应当承担侵权责任。窨井等地下设施造成他人损害,管理人不能证明尽到管理职责的,应当承担侵权责任。"其损害事实存在,致害人行为有违法性,违法行为与损害后果之间有因果关系,致害方存在过错,市政工程公司无法推卸损害赔偿的民事法律责任。

(2) 致害方负有过失责任。施工中不设施工标志和未加盖井盖是违反城市道路安全管理规则的违法行为,但本案中致害人并非心存故意,而是暴雨骤至并持续未断所致,因此,损害后果是致害人的过失(慌张失措)造成的,它虽然不能构成致害人推脱民事损害赔偿责任的理由,却属于公众责任保险合同中规定的保险责任范围。因此,保险方应在被保险方即致害方利益损失的情况下承担起相应的保险补偿责任。

(3) 法院判决赔偿额适用于致害人却不适用于保险人。根据我国《民法典》的规定,法院判决的赔偿额是致害人即被保险人必须接受的法定赔偿额。因此,本案中致害人即被保险人市政工程公司应按法院判决支付受害方赔偿金76万元;而保险人对被保险方即致害方的补偿,虽也要以法院判决为依据,但须以双方签订的公众责任保险合同规定的赔偿额为最高限额。本案中,保险双方在签订保险合同时约定每起事故赔偿限额为10万元,因此,保险人也只能补偿被保险人市政工程公司损失10万元。

结论: 致害人即被保险人依法赔偿受害方损害赔偿金76万元。其中:保险方依据责任保险合同支付给被保险方赔款10万元,以弥补其利益损失;至于被保险方超过保险限额之上的赔偿金支出须由其自己承担,即市政工程公司还须自己承担66万元的赔偿责任。

【案例2-3】

某年7月15日,五岁的豆豆随妈妈到某商场四楼儿童用品部的一冷饮销售处买饮料喝,在喝完饮料后,豆豆独自跑到位于电梯旁边的果皮箱扔饮料盒,不慎摔下了电梯。豆豆被迅速送往该市人民医院急救,但因原发性脑干损伤,小豆豆抢救无效死亡。因该商场已在某保险公司投保了顾客意外伤害保险,在事故发生后,保险公司按合同规定赔付给豆豆的父母10万元人民币。但保险公司赔付后,豆豆父母又向商场进行索赔。该商场认为,商场投保"顾客意外伤害保险",目的就是维护消费者的利益,也减少自身风险。保险公司赔付的保险金就是商家对顾客承担的责任,因此不同意在保险公司赔偿之后再承担任何赔偿责任。

对于本案产生了如下不同观点:

第一种观点认为,虽然说豆豆是在商场内受伤致死的,商场应负一定的责任,但是商场已经为在该商场的顾客购买了人身意外伤害险,并且保险公司也根据意外伤害险合同的规定向豆豆父母给付了保险金。因此,商场不用再向受害人父母进行赔偿。

第二种观点认为,商场需不需要另外再向受害人父母进行赔偿,要看商场在这起事故中需要负多大的责任。如果说最终确定商场需要承担的责任大于保险公司已经赔付的10万元,那么商场还要就其责任中超过10万元的部分进行赔偿。如果商场需要承担的责任小于10万元,那么就不需要再另行赔偿了。

第三种观点认为,商场向保险公司投保的险种是意外伤害保险,就其性质来说并不是对商场应负责任的补偿。如果商场投保的是场所责任保险的话,那么保险公司已经赔付的10万元才可以看作是对商场应负责任的代替赔偿。在这种情况下,索赔事项才可以按照第二种观点进行处理。因此,商场必须另外向受害人父母进行赔偿,数额取决于商场应负法律责任的大小。

分析:

分析本案的关键在于弄清楚意外伤害保险合同与责任保险合同的区别,同时还要把人身意外伤害保险合同与商场应承担的责任这两个不同的法律关系区分开来。

(1) 该商场投保的人身意外伤害保险属于人身保险,以被保险人因遭受意外伤害造成死亡、残废为给付条件。人身保险合同的特点在于其承保的标的是人的身体和生命,其价值无法用货币来衡量,因而人身保险合同属于定额给付性的保险合同。在投保人与保险人之间签订了人身意外伤害保险合同以后,保险金的请求权归属于被保险人,亦即保险事故发生后,除了被保险人或其受益人,其他任何人都无权取得保险金。除非采取在保险事故发生前退保的方式,否则投保人无法影响被保险人对保险金的请求权。如果保险事故的发生是由第三者引起的或者第三者对此负有责任,被保险人或其受益人在得到保险金的给付后仍然有权向肇事的第三者要求赔偿,而该第三者也不能以受害人或其家属已经得到保险金的给付作为免责的理由。

(2) 责任保险属于广义上的财产保险,以被保险人对第三者依法应负的民事赔偿责任为保险标的。在投保了责任保险后,如果发生了保险事故使得被保险人对他人依法应负民事赔偿责任,那么该项责任将由保险人在保险合同约定的赔偿限额内代为赔偿。也就是说,如果被保险人应负的民事赔偿责任在保险合同的赔偿限额之内,则被保险人得以因保险人的代为赔偿而免责。如果保险合同的赔偿限额不足以完全弥补被保险人的民事赔偿责任,则应负责任超出保险合同赔偿限额的部分由被保险人自己承担。

可以看出,责任保险与人身意外伤害保险的性质是截然不同的。人身意外伤害保险是给付性的,保险公司赔付与否取决于是否发生了保险事故,而不论该事故的责任归属于哪一方。并且在保险事故发生后,保险公司直接与受害方发生关系,第三方无权介入。责任保险的性质则是补偿性的,以被保险人对事故负有民事赔偿责任为赔付的前提,一般情况下保险公司不与受害方直接发生关系。

(3) 在本案中,商场已经向保险公司投保了以商场顾客为被保险人的人身意外伤害保险,受害人父母也从保险公司得到了保险金,那么商场对受害人的赔偿责任是否就因此而免除了呢?根据前面所述人身意外伤害保险合同的特点可以知道,虽然商场是该保险合同的投保人,保险费也由商场交纳,但保险合同成立后,商场对该项合同的保险金并没有请求权,请求权在被保险人(商场顾客)手里。本案中受害人父母获得保险公司给付保险金的依据是已经生效的意外伤害保险合同,而不是依据商场对受害人应负的法律赔偿责任。也就是说,尽管该保险合同的投保人是商场,但是保险公司向受害人父母给付保险金与商场应负的法律赔偿责任之间没有任何的关系,这两者是不能混淆在一起的。受害人的父母仍然有权向商场提起索赔。

结论: 该商场虽然投保了以商场顾客为被保险人的人身意外伤害保险,但是并不能免除其对在商场内受伤的顾客的赔偿责任。受害人的父母除了根据保险合同应该得到10万元保险金外,还应该得到该商场依法应承担的经济赔偿责任额。

启迪:

(1) 该商场向保险公司投保顾客意外伤害保险的本意应该是想通过保险来转嫁自己的潜在责任,但遗憾的是没能分清人身意外伤害保险与责任保险的区别。该商场为顾客投保的人身意外伤害保险可以被视作该商场吸引顾客的手段之一,也可被视作该商场为顾客额外提供的福利,但却不可以被看作是该商场转移自己潜在法律责任的措施。本案中,如果该商场在保险公司投保的是场所责任保险,由于场所责任保险承保固定场所因存在结构上的缺陷或管理不善而造成他人人身伤亡和财产损失引起的赔偿责任,那么,即使本案中豆豆的监护人因监护不到位而被法院判赔承担主要责任,该商场也能在场所责任保险合同项下得到补偿。本案不仅仅是给了该商场一个教训,同时也给类似的公众场所经营者提了一个醒。经营公众场所面临着各种风险,对顾客的潜在责任就是不容忽视的一种。如果运用得当,保险应该是非常好的一种转移风险的措施。但从本案例可以看到,险种的选择也非常重要。如果选择不当,不但付出了一笔保险费,其风险也没有得到转移。

(2) 就保险人而言,为了保险客户切实转移风险,得到客户的真正信赖,也为了开发经营更多的保险险种,促进自身业务的发展,保险公司对类似商场这样的投保人,应该尽自己的义务,向投保人真实介绍或解释有关保险险种,在其投保时对其选择保险险种提出参考意见,以避免投保人投了保,却不能转嫁自身风险的现象发生。

【案例 2-4】

某年8月8日,某水运公司A号船向保险公司投保了承运人责任保险。该船承运某县矿产公司运往外地电池厂价值30万元的锰粉80吨,8月15日,船在航行中与另一轮船发生碰撞,导致两船沉没,锰粉遭受严重损失。案发后,经被保险人通知,保险方派员现场查勘,组织施救打捞,当时除5.3吨锰粉流失外,打捞上来的74.7吨锰粉全部运回该县。保险方同时与该县矿产公司多次联系,请他们协助加工重新包装折价处理,但该公司以化验室名义出具了"沉船锰粉经检验已失去放电效能,不能再作锰粉使用"的证明,强调该批锰粉已无法加工,失去了使用价值,其损失应由承运人负责。据此,保险方按约支付了26万元的赔款结案。

真相及处理:

保险方在赔付承运方的责任利益损失后,又获知该单位对打捞上来的锰粉进行加工出售处理,并查实该批锰粉出售获款18万元。在有关方面的协助支持下,保险方终于查清了该案是矿产公司某负责人等出具假化验证明书欺骗承运方和保险方的骗赔案。在事实面前,供货方不得不承认水浸的锰粉还有使用价值,损失不大。根据我国《民法典》第八百三十二条:"承运人对运输过程中货物的毁损、灭失承担赔偿责任。但是,承运人证明货物的毁损、灭失是因不可抗力、货物本身的自然性质或者合理损耗以及托运人、收货人的过错造成的,不承担赔偿责任。"的规定,承运方只能承担承运中造成的实际损失,因此,供货方应退回多获的赔偿金,而这笔赔偿金又是保险方代承运方支付的,应退回给保险方。经过努力,保险方终于追回了22万元责任保险赔款。

启迪:

本案例表明以下几点值得注意:

(1)责任保险中道德风险相当严重,它不仅来源于被保险人,也来源于第三者,且与承运人或被保险人尽责与否有关。由于与保险方签约的是承运方,而受害方又只与承运方有合同关系,保险方代承运方担责任,被保险方处于中介位置,往往难以尽调查之责。如本案中,承运方就应协助保险方弄清事实真相,只有确实应由自己承担的承运赔偿责任才能承担,而承运方显然未做到这一点。

(2)对于技术检验问题应由中间机构作出。保险方的教训在于,轻信了矿产公司的化验证明,而矿产公司的证明只会对自身有利,即使不存在骗赔事实,也不宜作为保险方承担责任的依据。因此,在保险实务中,如碰到需要作技术检验和鉴定的赔案,保险方应将样品送给与被保险方和受益方无关的中间机构检验,因为第三者与保险方无利害冲突关系,其检验结果必定较为客观公正,可以作为理赔的依据。

【案例2-5】

某年2月10日,某市一五星级酒店向某保险公司投保公众责任保险,保险金额为100万美元,期限1年。同年5月1日晚,A国驻该市总领事馆在该酒店设宴招待来访的本国某代表团。宴毕,一行人到该酒店的酒吧间饮酒至10点半左右;在返回时,代表团成员H先生被停车场边缘一侧绿化带延伸出来的高80厘米、长260厘米的水泥平台绊倒摔伤,经送医院检查,确诊为肋骨压缩性骨折,并收治入院;但H先生不愿在医院住院治疗,第二天即自行出院,后由医生定期赴他的住所出诊;其间,他还两次去中国香港请私人医生治疗,后又在医院持续治疗到11月19日。事故发生后,该领事馆向酒店作了通报,当时未提出索赔;直到第二年 8 月 14 日才正式代表 A 国政府向酒店提出索赔,称因为 H 先生处于继续治疗中,不知何时能恢复工作,所以无法确定索赔金额。酒店立即将索赔函转该市保险公司处理。

不同的观点:

(1) H 先生认为保险方应按公众责任险赔偿其受伤后各种损失费用 22 万多美元。理由有:一是该酒店水泥平台是造成其人身伤害的直接原因,属民事侵权行为,而对于侵权行为的责任者应对受害人进行损失赔偿,而事故责任方即酒店已投保公众责任保险,故应由保险方负责赔偿;二是受害人有受伤医疗费和工资损失的全部证明文件和单证,且有详细金额数。

(2) 保险方认为 H 先生的伤害应自己负责,但考虑到两国的友好关系愿意协商处理。理由在于:一是建造水泥平台是为了划分停车场与车道,防止车辆反向行驶,建造的目的是正当的,水泥平台的建筑规程不构成过错;二是事故现场在夜间的照明亮度非常好,一般人在正常状态下不可能在平台上绊跌;三是虽然水泥平台是 H 先生受伤的一个因素,但水泥平台本身与事故之间无因果关系,水泥平台单独作为一个因素不可能造成受伤事故,本案事故是由于伤者的疏忽造成的,伤者的疏忽是导致事故的直接原因。因此,伤者应自负责任,酒店无责任,故保险方也不必承担责任。出于两国交好的条件,保险方愿意通过协商来解决。

调查与协商过程:

由于该酒店的建筑工程是由某建筑有限公司负责设计的,保险方传真发函该公司,询问水泥平台的设计意图。建筑师传真复函称,该水泥平台的建造目的是划分停车场与车道,同时为了防止车辆反向行驶,保证停车场上正常的停车秩序,在正常情况下水泥平台是不可能引起伤害事故的。经过调查研究,保险方对有关文件、单据进行了仔细的审核和讨论。事故发生后第二年 9 月 6 日,保险方提出协商解决意见:

(1) 费用计算时间不能按 6 个半月计算,根据医院确定的"至多需 4 个月即可治愈",应按 4 个月计算,即自事故发生后的 5 月 2 日至 8 月 31 日。

(2) 伤员应在中国医院治疗,医疗费用应以中国医院确定的人民币 11 800 元为准,按照国家外汇管理局当时公布的外汇牌价,折合为 1 873.10 美元。

(3) 工资部分的房租补贴、休假津贴、驻外特别补贴、丧失探亲假等 4 项,根据实际情况不应列入工资损失,只应当列入基本工资和职务津贴两项,按 4 个月算,计约 81 453.53 美元。

(4) 医疗费用与工资损失两项共计 83 326.63 美元。

(5) 本案事故主要原因在于伤者自己的疏忽,酒店水泥平台是次要原因,故在上述 8 万多美元的损失中,酒店方可承担三分之一的责任。

事故发生的第二年 10 月 10 日,索赔方律师约请保险方进行第二次会谈。会谈中索赔方律师提出:索赔方同意保险方提出的以 83 326.63 美元为损失金额,但保险方提出只承担三分之一的责任不合理,因为事故中伤者虽有一定疏忽,但酒店水泥平台是事故的主要原因,酒店方应负 80% 的责任。保险方在充分讲明事实和理由的基础上提出以赔付 50% 结案。

结论：

事故发生后的第二年12月9日，A国驻该市领事馆发函保险公司，称同意保险方赔付损失金额的一半即41 663.32美元。三日后，双方代表分别在协议书上签字，保险方向索赔方赔付41 663.32美元。

复习思考题

一、名词解释

公众责任保险;安全生产责任保险;政府救助综合责任保险;火灾公众责任保险;餐饮场所责任保险、校方责任保险;承包人责任保险;承运人责任保险;环境污染责任保险;交叉责任条款

二、选择题

1. 下列责任保险中,属于场所责任保险的有（　　）。
   A. 建筑物完工责任保险　　　　　B. 电梯责任保险
   C. 住宅责任保险　　　　　　　　D. 展览会责任保险

2. 公众责任保险业务体系一般包括（　　）。
   A. 场所责任保险　B. 承运人责任保险　C. 个人责任保险　D. 承包人责任保险

3. 公众责任保险的责任免除一般包括（　　）。
   A. 广场罢工损害事故　　　　　　B. 诉讼费用
   C. 洪水损害责任　　　　　　　　D. 被保险人亲属所致的损害责任

4. 公众责任保险的费率厘定除考虑责任限额和免赔额的因素外,还应考虑的有（　　）。
   A. 被保险人所经营业务的性质　　B. 被保险人本身的信誉
   C. 被保险人的管理水平　　　　　D. 被保险人以往损失赔偿的记录

5. 赔偿限额作为保险人承担赔偿责任的最高限额,其表现形式有（　　）。
   A. 每次责任事故的赔偿限额　　　B. 保险期内累计的赔偿限额
   C. 每次或累计的财产损失赔偿限额　D. 每次或累计的人身伤亡赔偿限额

6. 某广告牌意外跌落砸伤一过路行人,该广告牌制作单位承担了赔偿责任。该责任被称为（　　）。
   A. 场所责任　　B. 承运人责任　　C. 个人责任　　D. 承包人责任

7. 承保固定场所(包括房屋、建筑物及其设备、装置等)因存在结构上的缺陷或管理不善,或被保险人在被保险场所内进行生产经营活动时因疏忽发生意外事故,造成他人人身伤亡或财产损失的经济赔偿责任的保险属于（　　）。
   A. 承包人责任保险　B. 场所责任保险　C. 环境责任保险　D. 承运人责任保险

8. 下列各项中,属于电梯责任保险专门责任免除的是（　　）。
   A. 受害者自身的疏忽行为所致的损害　B. 被保险人故意行为造成的损害
   C. 被保险人所有或管理的财产的损失　D. 电梯自身的损失

9. 停车场责任保险是承保停车场所有人或管理者对存放的车辆应负法律赔偿责任的场所责任保险业务,其承保的致损风险有（　　）。
   A. 火灾　　　　B. 爆炸　　　　C. 失窃　　　　D. 暴雨

10. 校(园)方责任保险赔偿项目中普通伤害赔偿项目包括（　　）。
    A. 医疗费　　　　　　　　　　B. 残疾用具费
    C. 住院伙食补贴费　　　　　　D. 死亡补偿费

三、问答题

1. 公众责任保险与第三者责任保险有何异同点?

2. 公众责任保险的保险保障范围如何划分？

3. 场所责任人如何转嫁场所责任风险？

4. 承包人责任保险的费率厘定应该考虑哪些因素？

5. 承运人责任风险与运输保险有什么联系与区别？

6. 如何建立和完善我国的环境污染责任保险制度？

四、案例分析

1. 某年9月9日，75岁的赵女士在其子女的陪伴下来到北京某酒楼就餐。在到酒楼洗手间方便时，赵女士不慎被洗手间门口地上砌置的、高度仅为1厘米的大理石石条绊倒，经医院诊断为"左膝关节内侧付韧带损伤，右膝关节软组织损伤"。赵女士家属在与酒楼协商人身损害赔偿未果的情况下，向法院提起诉讼，请求法官判令被告支付医药费、护理费、误工费和交通费用共计8 000余元；给付精神损失费2 000元。

问：(1) 酒楼是否应该承担赵女士的损害赔偿责任？为什么？

(2) 酒楼已向保险公司投保了公众责任保险，如果酒楼被判赔偿，保险公司该如何理赔？

2. 当孙某购物完毕将车驶出某商场停车场时，车场的管理人员一面为驶进的车辆引导车位，一面打着手势帮助孙某将车挪出拥挤、狭小的车位。在孙某将车开出车位时，其车撞到一个障碍物，水箱当即被撞坏。当孙某以车场管理员的手势有误以至于其车被撞坏为由要求商场停车场赔偿时，停车场以停车费用只是负责提供车位、看管车辆为由拒赔。

问：(1) 商场停车场拒绝赔偿的行为对吗？请进行法理分析？

(2) 如果商场停车场购买了停车场所责任保险，孙某是否能得到赔偿？为什么？

3. 王女士的父亲在钓鱼时鱼线碰到鱼塘上空的高压线，受电击死亡，王女士因此状告市电力公司、鱼塘所有者及承包人等，索赔58万元。

问：(1) 王女士父亲的死亡属于公众责任事故吗？为什么？

(2) 本案被告市电力公司和鱼塘所有者、承包人均应承担王女士父亲死亡的赔偿责任吗？为什么？如果市电力公司和鱼塘所有者、承包人均有责任，他们的责任应该如何划分主次是比较合理的？

(3) 本案中的被告如何通过保险转嫁这类法律责任风险？

4. 李某乘坐出租车时，因驾驶员操作不当，出租车撞在了前方车辆的尾部，造成李某双腿粉碎性骨折，经过半年的治疗，虽有所好转，但却落下终身残疾(伤残为九级)。交警部门认定出租车驾驶员负全责。

问：(1) 驾驶员驾驶的出租车是从某出租车公司承包的，如果李某提起诉讼，是以驾驶员作为被告？还是以出租车公司作为被告呢？或两者同时作为被告？为什么？

(2) 在保险中，有多少保险险种可以转嫁这种人身损害风险？哪种或哪些险种最适合致害人转嫁这类风险？

(3) 如果承运人购买了承运人责任保险，保险公司是否应该赔偿本案中被保险人的损失？为什么？

5. 某大学生小强与同学到学校旁边的一公众游泳池去游泳，小强在不知道游泳池水的深浅时游进了近3米深的区域，水性不好的小强在游了几分钟后即上下翻滚，同学见状急忙去救，可因体力不支没有将小强救上岸。结果因溺水时间过长，小强被淹死。事发后，小强的父母要求学校进行赔偿，但学校以这是学生个人私自外出游泳的行为所致为由，不愿承担责任。

问：(1) 学校对这起学生死亡事件是否应该担负责任？为什么？

(2) 如果学校向保险公司购买了校方责任保险，小强的死亡损失属于保险责任事故吗？为什么？

第三章

产品责任保险

> **学习目标**
>
> 学习本章时,学生应重点掌握产品责任保险的基本原理、合同内容与经营步骤,以及我国产品责任保险的重要条款,并利用产品责任保险理论分析相关案例。

第一节 产品责任保险概述

思政园地

一、产品责任保险的产生与发展

产品责任保险是指由于被保险人在约定期限内所生产、出售的产品或商品在承保区域内发生事故,造成使用、消费或操作该产品或商品的人或其他任何人的人身伤害、疾病、死亡或财产损失,依法应由被保险人承担经济赔偿责任,以及因此而产生的诉讼费用时,保险公司在约定的赔偿限额内负责赔偿的一种责任保险。

产品责任保险始于 1910 年前后的英美毒品责任保险,至今已有一百多年的历史了。(知识链接 3-1)早期的产品责任保险,主要承保一些直接与人体健康有关的产品,如食品、饮料、药品和化妆品等。后来,承保范围日益扩大,各种日用、轻纺、机械、石油、化工、电子工业产品乃至于大型飞机、船舶、成套设备、钻井船、核电站、卫星等均可投保产品责任保险,即只要投保人有投保产品责任保险的要求,其任何产品均可以从保险人处获得产品责任风险的保险保障。当然,武器、弹药以及残次产品等,保险人不能承保。①

知识链接 3-1 关于产品责任保险的产生有不同的说法,有的人认为产生于 1900 年英国海上事故保险公司出具的啤酒产品责任保险单,承保酒商因啤酒含砷引起的民事责任。有的人认为产生于 1910 年前后的毒品责任保险。理由是:①英美两国当时在食品、药品等方面出现的社会问题多且严重,以致不得不出台法律进行监管。16 世纪瑞士医生帕拉塞尔苏斯把鸦片溶于酒精当中提炼出一种在治疗相关疾病时起麻醉作用的鸦片酊。在之后的整

---

① 许飞琼.责任保险[M].北京:中国金融出版社,2007:196.

整几个世纪的时间里,因医学并不发达,医生治病的目的往往是抑制病痛,而不是治愈疾病。鸦片酊的出现,让普通英国人迅速找到了"万能药",不管什么疾病,服用一点就可以抑制疼痛。虽然当时有部分医生也知道这种鸦片酊会带来危害,但因廉价且短时间内患者看不出这种药带来的危害,以致在当时,英国人可以轻松地从药剂师、杂货店、书店,甚至是街边的流动小贩手中买到鸦片酊。然而,随着时间的推移与检验,鸦片酊带来的恶果是显而易见。为此,1868年,英国议会通过了《毒品药店法案》,开始对鸦片及其制成品实施管控,禁止销售非药用鸦片。生产商、销售商也因法律的产生而面临着毒品制作和销售的法律责任。1893年,英国颁发了被法学界公认为产品责任首法的《货物买卖法》,该法规定,货物销售方必须保证其所售货物具有"商销性"。商销性即该货物必须符合购物者购买该种货物的一般目的,即买受人依照相关价格和条件可以合理期望它应当具有的正常品质或特质。否则,货物销售人便应对其所售货物的不具"商销性"的瑕疵所引起的损害负责。而在美国,19世纪末至20世纪初,横行市场的掺假食品和药品,肆意威胁着美国人民的身体健康和生命安全,给消费者带来了巨大的危害和损失,而且也使美国食品和药品行业及美国政府的信誉受到巨大损害。为此,1906年,西奥多·罗斯福总统签署了《纯净食品和药品法》,该法是美国历史上第一部联邦管制食品和药品的综合性法律。随着英美有关食品与药品法律的出台,相应的法律责任便产生了。②据英国作者科林·史密斯著的《责任保险》介绍,产品责任保险早期主要承保因提供不洁食物引起的食物中毒危险。综上,1910年前后,英美保险市场上产生有毒产品的责任保险应是比较可信的。

20世纪70年代以后,美国确定严格责任原则并开始在世界上产生广泛影响,产品责任保险获得快速发展。当时美国的产品责任保险业务量最大,索赔案件最多、赔偿金额也最高,其产品责任保险费收入每年达数亿美元之巨。西欧国家和日本等国的产品责任保险业务虽在美国之后但增长速度均比较迅速。韩国、新加坡、澳大利亚、新西兰、我国台湾地区等的产品责任保险也在20世纪70年代后获得了迅速发展。

我国国内的产品责任保险始于1980年,外贸的烟花爆竹出口到美国发生的产品责任事故引起了巨大金额的索赔和诉讼纠纷,导致美国进口商要求我国出口产品要投保产品责任保险,为此我国有了产品责任保险,即1980年中国人保公司推出的(湖南浏阳)花炮产品责任保险。但其业务量不大,保障范围也比较小。1985年以后,上海、杭州、广州等地的保险机构率先将产品责任保险面向国内市场,如上海市的中国人保公司20世纪80年代就开办了触电保安器、电热毯、电视机、洗衣机、电冰箱等产品的责任保险业务。① 时至今日,产品责任保险在国内已经有了四十多年的发展历程,也取得了一定的成绩,但是与一些保险发达国家和地区相比仍然有着一定的差距。

综观产品责任保险的发展历史,其与各国的产品法律制度的建立、发展和完善是相辅相成的。各国的司法实践表明,产品责任实行严格责任(或无过失责任)原则将是一个世界性趋势,因为保护消费者权益和促进产品质量的提高及安全使用是各国政府的重要任务,因此,产品责任保险在世界范围内尤其是在发展中国家的发展势所必然。

---

① 许飞琼.责任保险[M].北京.中国金融出版社,2007:197.

二、产品责任保险的意义

产品责任事故随着产品种类的丰富而愈发频繁、严重。例如,近几年来,电动自行车因其经济、便捷、环保等特点迅速进入千家万户,截至 2021 年,全国已达 3.4 亿辆。① 但由于电动自行车还存在产品质量缺陷,产品责任事故也时有发生。以火灾为例,2018 年全国共发生电动自行车火灾 3 000 余起,2021 年则上升到 1.8 万余起。② 当产品缺陷导致人身或财产损害时,对于受害者来说,它带给个人和家庭的可能是巨大的伤害甚至是不可弥补的损失;对于产品的生产企业或销售企业来说,它同样可能造成难以估量的危害,如收入损失、负面公众形象、生产量降低、市场份额萎缩、惩罚性的罚款等。例如,2006 年我国台湾地区盛香珍食品公司因出口至美国的果冻没有充分的产品说明,先后在三起诉讼中败诉,分别赔偿 1 670 万美元、5 000 万美元和 5 000 万美元后倒闭。③ 不仅如此,倒闭后其美国经销商也被"株连"起诉。④ 又如,成立于 1886 年的美国强生公司,是世界上规模最大且产品多元化的医疗卫生保健品及消费者护理产品公司,但近十年来,因其滑石粉产品致癌而分别于 2012 年、2016 年、2017 年、2018 年、2019 年被美法院判赔受害人或其家属 1.1 亿美元、7 200 万美元、5 500 万美元、4.17 亿美元、47 亿美元和 80 亿美元的赔偿金;而截至 2019 年 3 月,强生公司因爽身粉的安全问题就面临超过 13 000 件诉讼。⑤ 再如,美国当地时间 2021 年 10 月 29 日,美国司法部在官网上发布消息称,珠海格力、香港格力和格力在美国的子公司在知晓其除湿机有缺陷,不符合适用的安全标准甚至可能会起火的情况后,将近 6 个月内没有向美国消费品安全委员会(CPSC)报告这一信息。在消费者对因产品缺陷产生的火灾及其伤害的投诉不断增加后,这些公司才报告并召回了这些除湿机。后格力和美国司法部达成延迟起诉协议(DPA)。根据 DPA 的条款,珠海格力和香港格力同意接受总额为 9 100 万美元(约合 5.8 亿元人民币)的罚款,并同意向因公司有缺陷的除湿机而引起火灾的任何未获赔偿的受害者提供赔偿。⑥ 由此可见,由于产品责任带来的巨额赔偿会导致企业现金流出现极大困难,没完没了的官司会使企业疲惫不堪,大量的新闻媒体曝光会使企业出现信用危机,产品声誉的受损又会触发市场的萎缩甚至丧失。总之,企业会因产品责任问题而陷入困境或倒闭。产品责任风险如此惊人,凭单个企业是无力承担的,必须通过有效途径进行转嫁。

与处理其他风险的方式相同,生产商和销售商可以通过自保、停止风险较大产品的生产或购买保险等方法来避免或减小产品责任方面的风险。但其中,最好的途径就是通过有效的商业保险手段进行产品责任风险转嫁。事实上,产品责任保险是世界各国普遍采用的

---

① 电动自行车安全之殇:疯狂改装致事故不断,保险服务有"陷阱"[N/OL].新浪网. http://finance.sina.com.cn/consume/puguangtai/2022-08-25/doc-imizirav9674265.shtml.2022-08-25.
② 赵莲.国务院安委会部署加强电动自行车全链条安全监管[N/OL].中华人民共和国应急管理部. https://www.mem.gov.cn/xw/yjglbgzdt/202208/t20220826_421120.shtml.2022-08-26.
③ 李芷晴.果冻噎死人 产品责任保险保不保?[J].现代保险杂志.2006(178).
④ 王洪军,吴程涛.出口欧美别忘买份产品保险[N].佛山日报.2006-10-18.
⑤ 美国强生爽身粉致癌案:被判赔偿 47 亿美元![N/OL].搜狐网. https://www.sohu.com/a/241035495_100017737,2018-07-13;孙吉正.强生诉讼、召回频发"石棉案"难脱身[N].中国经营报,2019-10-19.
⑥ 2021 中国九大责任保险故事[N/OL].新浪网. http://finance.sina.com.cn/money/insurance/bxdt/2021-12-31/doc-ikyamrmz2324456.shtml,2021-12-31.

方式。这是因为,一方面经过多年的发展,保险方式已相当成熟,保险人承保的保险责任对被保险人的利益力求做到保障最大化;另一方面,保险费的固定支出将确保不致出现巨额索赔时企业可能面临的财务的波动性。因此,开展产品责任保险无论是对产品消费者还是对生产者、销售者或修理者等责任主体,其意义都是重大的。

第一,有利于保障消费者的权益。任何产品都有发生意外事故的可能,大到航天飞机,小到果冻或一根针,一旦发生事故,就会损害消费者的财产和人身权益。受害者的权益能否得到保障,不仅取决于国家和社会对消费者的保护措施和法律制度,而且取决于生产者、销售者、修理者的经济承受能力。对生产者、销售者、修理者而言,其风险责任是无限的,经济承受能力却是有限的,在某些情况下,即使法律保护消费者的权益,致害人也无力赔偿或无力全部赔偿。而产品责任保险可以在最大限度内起到保护消费者权益不受损害的作用。例如,2003年,吉林海城发生大面积"学生奶"中毒事件,因该豆奶生产企业投保了产品责任险,从保险公司获得300多万元的赔款,转赔给中毒学生家长,从而在减轻企业赔偿负担的同时,保障了受害者及其家属的权益。① 而2008年发生的导致受害患儿多达29.4万人的"三鹿毒奶粉事件",虽然三鹿集团等22家有责任的企业共筹集资金约11亿元,用于患儿赔偿(其中2亿元用于患儿医疗赔偿基金,其余9亿元用于对29.4万名确诊患儿给予一次性现金赔偿,标准为:死亡患儿约20万元,重症患儿3万元,一般治疗患儿2 000元),但这些企业也因此事件负债累累而宣告破产。② 可见,企业对其产品是否投保产品责任保险,对广大消费者权益的保护乃至企业自身的风险管控作用是显而易见的。

第二,有利于生产者、销售者、修理者转嫁其不确定的产品责任风险,促进科学技术的发展。不论是过去、还是现在或将来,都不可能有绝对安全的产品,企业生产的合格品也往往包含着某些缺陷或不确定的风险。从社会发展趋势来看,科学技术愈发展,社会产品就愈丰富,现代化产品给人们带来方便、舒适的同时,也带来了许多不安全的因素。例如,液化气灶取代了煤炉,方便了众多家庭,却带来了爆炸风险;手机快充头方便了手机用户,却也易带来火灾和爆炸的风险;作为科技进步的新兴产物,转基因食品增加了产量,却可能会导致某些遗传类疾病的发生;航天飞机可能爆炸,核电站也可能泄漏;等等。由此可见,即使是高科技产品,也仍有缺陷存在,从而使产品责任风险随着科学技术的发展而发展。然而,人类选择的生活方式以及科学技术造福于人的光明前景又是那么诱人,任何国家都不会因为发生了众多的产品责任事故而对生产的发展望而却步。既然产品责任风险在所难免,科学技术的发展也保证不了产品的绝对安全,那么,产品生产者、销售者、修理者在提高产品质量的同时,只有靠产品责任保险来分散风险、促进科技创新并稳定经营了。

第三,有利于提高产品质量。一方面,在一个法制不断完善、人们索赔意识逐渐增强的国家或地区,保险人是否接受生产者、销售者、修理者投保产品责任保险成为广大用户或消费者衡量或评价产品质量优劣的一个重要标志,有产品责任保险的产品比没有保险的产品更具竞争力,更易占领市场。但保险人承保产品责任保险,是有选择和限制条件的,即只承

---

① 曲哲涵.产品责任险:用好这把保护伞[J].新安全,2005(1):46-48.
② 三鹿奶粉事件后续医疗赔偿金方案正式公布[N].北京晚报,2009-02-25;奶粉事件中:30万患儿将获赔[N].三秦都市报,2008-12-28;谢绍芬.食品业产品责任保险制度研究:中国台湾食品业强制保险立法的启示[J].经济与管理,2011(12):83-87.

保那些产品质量优秀或合格的产品,对于产品质量低劣的生产者、销售者、修理者是不接受其投保的。因此,产品责任保险的承保有利于企业提高产品质量。另一方面,保险公司承保产品责任保险,从某种意义上来说,它参加了产品质量综合治理。因为保险合同签订以后,保险人有义务提供防灾防损服务,保险人为了自己的风险防范,除了会常常深入企业,协助企业抓好产品质量管理工作,还可以与有关经济主管部门,如工商行政管理部门、质量监督机构和司法部门配合,按照有关法规、质量标准和合同要求,参与对投保企业的产品质量的监督和管理,促使企业增强质量观念,不断提高产品质量。

第四,有利于扩大产品出口,为国家多创外汇收入。随着国际贸易往来的日益扩大,产品责任的国际化趋势将更加明显,不符合国际标准的产品不可能走出国门,即使走出了国门,也将面临巨大的销售风险。目前,我国许多信息电子技术设备、轻纺服装、土特产、食品、机械、机电产品等以及为外商加工装配的产品越来越多地进入国际市场,由于某些产品在国外发生责任事故引起对方巨额索赔以及诉讼纠纷,基于严格的地方法律对产品安全性的要求,越来越多的进口商要求出口商能够对其产品负完全责任,甚至跨境电商平台对卖家也提出强制性产品责任保险的要求。可见,产品责任保险成为进入更多国外市场的重要通行证。如果不购买产品责任保险,一些重要的国际性买家就不会跟出口产品企业进行合作;即使出口商购买产品责任保险,在投保时,国际性买家也要求将其列为额外被保险人共同享受保险利益,否则,他们将有权拒绝结汇。甚至有的国家还要求保险单是标准普尔或同等级的其他评级机构排名 A + 或以上的保险公司签发的才被认可。例如,2021 年 2 月 16 日,亚马逊向多位中国卖家发出了一则邮件通知,通知中要求,连续三个月销售总额达到 1 万美元后,卖家需要购买至少 100 万美元的产品责任保险附加超额责任保险,保险单必须涵盖通过亚马逊网站进行销售的所有产品(注明投保产品),且必须指定亚马逊及其受让人为其他被保险人(附加指定经销商条款);未购买产品责任保险可能导致无法提现甚至被禁止销售。① 当然,为了扩大产品出口,政府也经常出台政策鼓励企业购买责任保险,如根据我国《关于出口货物保险增值税政策的公告》第一条的规定:"自 2022 年 1 月 1 日至 2025 年 12 月 31 日,对境内单位和个人发生的以出口货物为保险标的的产品责任保险的跨境应税行为免征增值税。"② 由此可见,出口产品责任保险能够提高我国出口产品的信誉和竞争能力,扩大出口,为国家多创外汇收入。

第五,有利于我国《民法典》《产品质量法》《消费者权益保护法》等法律法规的贯彻执行。我国《民法典》《产品质量法》等法律规定,若因产品质量引起人身伤亡或财产损失,生产者或销售者均要依法被追究责任。而实务中,负有赔偿责任的致害人因经济状况各异,赔偿责任虽具有法律强制力,但它并不能改变致害人的经济状况。换言之,受害人并不一定能获得全部赔偿,即受害人所获赔偿额多寡受制于致害人的经济状况。但是,通过产品责任保险则可以有效解决该矛盾。从理论上分析,产品责任保险最具社会意义的积极作用是产品责任事故中受害方的合法权益能得到及时保护。因产品责任保险用收取保险费积

---

① 亚马逊服务业务解决方案协议网站. https://sellercentral. amazon. com/gp/help/external/G1791? language = zh-CN. 2021 中国九大责任保险故事[N/OL]. 新浪网, http://finance. sina. com. cn/money/insurance/bxdt/2021 - 12 - 31/doc-ikyamrmz2324456. shtml, 2021-12-31.

② 关于出口货物保险增值税政策的公告. 中国政府网, http://www. gov. cn/zhengce/zhengceku/2021-12-31/content_5665877. htm, 2021-12-31.

聚保险基金的办法,可以使受害人的利益在产品责任的致害人受到法律制裁的同时得到确切可靠的保障。因此,大力开办产品责任保险,对于贯彻我国《民法典》《产品质量法》《消费者权益保护法》等法律关于保护消费者合法权益的规定具有深刻影响,法律的严肃性必然会得到全面的维护。

综上所述,在我国开办并大力发展产品责任保险其意义是巨大的,它对加强生产者、销售者的责任感,提高产品质量,保护消费者的权益均有着积极的现实意义。可以预见,随着法制的健全,产品责任诉讼案将会急剧增加,产品生产者、销售者、修理者转嫁责任风险的要求将更加迫切,产品责任问题势必引起全社会的关注,产品责任保险将会有广阔的发展前景。

三、产品责任保险的特点

产品责任保险的特点主要表现在以下几个方面:

第一,产品责任保险强调以产品责任法为基础。因为受害者(用户、消费者或其他人)与致害者(生产者、销售者、修理者等)既不会有合同关系,又不一定有直接联系,如果没有一定的法律规定,受害者的索赔将无法可依,(☞知识链接 3-2)产品责任也不易划分,产品责任保险就失去了可靠的基础。

知识链接3-2 英国关于产品责任的最早判例——1842 年的"温特博姆诉赖特案"。该案原告温特博姆是当时英国一驿站长雇佣的马车夫,该驿站长事前与被告赖特订有一份由赖特提供合格安全的马车并用于运送邮件的契约。赖特在约定的时间内将马车交给了驿站长。可当马车夫温特博姆驾驶该车运送邮件时,马车的一只轮子突然塌陷,车子破裂致其受伤。为此,温特博姆向赖特提起了索赔之诉,被告赖特以原告不是提供车的契约当事人为由而提出抗辩。最后,法院认可了该理由,判决被告胜诉。法院认为,被告保证马车处于良好状态的责任是向另一签约方——驿站长承担的契约责任,被告无须对马车夫温特博姆负有责任。由此便逐渐形成了这样一种理论:在没有契约关系的情况下,对于缺陷产品的受害人,产品的提供者不仅不承担契约方面的责任,而且也不承担侵权方面的责任。审理此案的法官阿宾格爵士在判决理由中特别强调:"如果责任要扩展到没有契约关系的人,那就会出现最荒谬和最可悲的后果,而对此后果尚看不到任何限制可能。"阿宾格法官在温特博姆诉赖特一案中,首次为产品责任案件的处理提出的"无契约无责任原则"在客观上使产品责任问题受到了关注。从此以后,"无契约无责任"原则在产品责任领域流行了起来,以契约为基础对产品事故承担责任在英美法中得以确认并被奉行近一个世纪。当然,该原则自身有相当大的局限性,如能请求赔偿(救济)的人仅以缔结契约的一方当事人即买受人为限,若购买人与使用人不是同一人,则不在保护之列,这对购买人以外的其他受害人来说是极不公平的。

参见:王小能.国外产品责任制度的产生及其发展趋势[J].国外法学,1986(2):18-23.该案载《英国判例报告》第 152 卷第 402 页(财政大臣法院,1842 年)。

第二,产品责任保险虽然不承担产品本身的损失,但它与产品有着内在的联系。即产品质量愈好,产品责任的风险就愈小,反之亦然;产品种类越多,产品责任的风险就越复杂,反之亦然;产品销售量愈大,产品责任的风险就越广泛,反之亦然。

第三,由于产品是连续不断地生产和销售,因此,产品责任保险的保险期限虽然仍为一年期,但强调续保的连续性和保险的长期性。

第四,强调保险人与被保险人的协作与信息沟通。因为竞争的需要,产品必然要不断被改进并被更新迭代,或者要采用新技术、新工艺、新材料,这一特征决定了产品责任保险人必须随时把握被保险人的产品变化情况,并通过产品的变化来评估风险,作出反应。

第五,为避免因产品事故导致纠纷,保险人在承保产品责任保险时,一般要求被保险人同时投保产品保证保险。

第六,因产品随着商品生产和交换的发展不断扩大着销售范围,产品责任保险的承保区域范围也最为宽大。如公众责任保险一般承保被保险人在固定场所的责任风险,职业责任保险承保的风险责任也必定发生于职业场所,雇主责任保险的区域范围大多规定在雇主的工作场所,但产品责任保险一般确定全国或出口国乃至世界范围为承保区域。

四、产品责任保险与产品保证保险的区别

在一些场合,人们极易将产品责任与产品质量违约责任相混淆,在保险方面,我国保险界亦有将产品责任保险与产品保证保险相提并论的现象。其实,尽管这两者都与产品直接相关,其风险都存在于产品本身且均需要产品的制造者、销售者、修理者等承担相应的法律责任。但作为两类不同性质的保险业务,它们仍然是有根本区别的。①

1. 风险性质不同

产品责任保险承保的是被保险人的侵权行为,且不以被保险人是否与受害人之间订有合同为条件,它以各国的民事法律制度为法律依据;而产品保证保险承保的却只是被保险人的违约行为,并以产品的供应方和产品的消费方签订合同为必要条件,它以经济合同法规制度为法律依据。

2. 处理原则不同

产品责任事故的处理原则,在许多国家均采用严格责任的原则,即只要不是受害人出于故意或自伤所致,便能够从产品的制造者或销售者、修理者等处获得经济赔偿,并受法律保护;而产品质量违约责任则只能采取过错责任的原则进行处理,即产品制造者、销售者、修理者等存在过错是其承担责任的前提条件。可见,严格责任原则与过错责任原则是有很大区别的,其对产品责任保险和产品保证保险的区分也具有重要的直接意义。

3. 责任承担者与受损方的情况不同

从责任承担方的角度看,在产品责任保险中,责任承担者可能是产品的制造者、修理者,也可能是产品的销售者甚至承运者,产品的制造者与产品的销售者对产品责任事故负连带责任,受损方可以任择其一提出赔偿损失的请求,也可以同时向多方提出赔偿请求;在产品保证保险中,责任承担者则仅限于合同当事人中提供不合格产品的一方,受损方只能向合同的对方提出请求。从受损方的角度看,产品责任保险中的受损方可以是产品的直接消费者或用户,也可以是与产品没有任何关系的其他法人或自然人,即只要受到因产品问题造成的财产或人身损害,就有向责任承担者索取经济赔偿的法定权益;而在产品保证保险中,受损方只能是合同当事人中质量违约方的相对方,而不可能是任何其他第三者。

---

① 许飞琼,郑功成.财产保险[M].6版.北京:中国金融出版社,2020:320-321.

4. 承担责任的方式与标准不同

产品责任事故的责任承担方式，通常只能采取赔偿损失的方式，即在产品责任保险中，保险人承担的是经济赔偿责任，这种经济赔偿的标准不受产品本身实际价值的制约；而产品质量违约责任的承担方式却可以是继续履行合同，可以是修理、重做、更换、支付违约金，也可以是赔偿损失，但保险人承担的责任却不会超过产品本身的实际价值。

5. 诉讼的管辖地不同

产品责任保险所承保的是产品责任事故，因产品责任提起诉讼的案件应由被告所在地或侵权行为发生地人民法院管辖；产品保证保险所承保的是产品质量违约风险，构成产品质量违约责任的案件由合同签订地和履行地人民法院管辖。

6. 保险的内容不同

产品责任保险提供的是代替责任方承担因产品责任事故造成的对受害方的经济赔偿责任，它将产品本身的损失除外，从而完全属于责任保险的范畴；产品保证保险提供的是带有信誉担保性质的保险，仅仅承保不合格产品本身的损失，属于保证保险的范畴。

由于产品责任与产品质量违约责任的本质差异，保险人在经营与产品有关的保险业务时，必须严格区分，以免引起责任纠纷。不过，在欧美国家的产品保险市场上，保险人一般同时承保产品责任保险和产品(质量或信誉)保证保险，即上述两项独立的保险业务大多由同一保险人承保，以此达到控制风险和避免纠纷的目的。

第二节 产品责任保险的种类

从国内、国际公司的角度来分，国内保险公司一般将产品责任保险分国内产品责任保险与出口(涉外)产品责任保险两大类，所涉及的条款一般都称为产品责任保险条款；①而国际保险公司通常采用 ISO 产品及完工操作责任保险条款(国内个别保险公司如国泰财产保险有限责任公司也使用)。因本章只涉及产品责任，并不涉及产品完工操作责任，故仅以国内保险公司的一般分类来介绍。

一、国内产品责任保险

国内产品责任保险是指在我国境内，以被保险人产品因存在缺陷，造成使用、消费该产品的人或其他任何人的人身伤害、疾病、死亡或财产损失，依据我国法律应由被保险人承担的经济赔偿责任为保险标的的保险。

(一) 国内产品责任保险的责任范围

国内产品责任保险的责任范围是保险要素的重要组成部分，特别是产品责任保险，其责任范围是否适度，直接关系到投保者的决心和消费者的切身利益，保险人对责任范围需要在保险合同中明确而详尽地确定。

---

① 国内部分外资财险公司如美亚财产保险有限公司、安联财产保险(中国)有限公司等采用的条款称为"商业综合责任保险"(Commercial General Liability,GGL)条款，其责任范围除有些属于公众责任保险的范围外，还包括产品完工操作责任、产品广告侵权责任、惩罚性赔款等。

1. 保险责任

产品责任保险的保险责任，分为以下两项：

第一，在保险期限内，由于保险合同载明的被保险人生产、出售、分配或修理的产品或商品存在缺陷①，造成使用、消费或操作该产品或商品的人或其他任何人的人身伤害、疾病、死亡或财产损失，依法应由被保险人承担的损害赔偿责任，保险人在保险单规定的赔偿限额内予以赔偿。承保这项责任的条件是该产品责任事故须发生在制造、销售场所范围之外的地点。

第二，被保险人为产品责任事故所支付的法律费用及其他经保险人事先同意支付的合理费用，保险人也负责赔偿。产品责任事故发生后，是否由被保险人承担经济赔偿责任以及赔偿数额的高低，原则上应通过诉讼由法院裁定，由此而产生的诉讼费用、抗辩费用、律师费用、取证费用等，保险人可予负责。但是，存在因法律费用很高，保险人为了避免或减少这项支出，往往要求投保人增加一定的保险费或附加投保法律（诉讼）费用保险的情况；（☞知识链接3-3）而对一些索赔金额不大、责任比较明确的案件，则通常与受害人协商解决或通融赔付。此外，有些产品制造者、销售者、修理者为了避免在法院诉讼影响其对外声誉，也愿意和受害人私下协商解决索赔问题，在不损害保险人利益并取得保险人同意的情况下，保险人亦可承担有关费用的补偿。值得指出的是，如果保险人认为庭外协商不妥，仍应坚持以法院判决为其履行赔偿义务的基础。

知识链接 3-3 法律（诉讼）费用保险，是指在保险期间内，被保险人作为被告、原告或仲裁当事人参与保险合同约定类型的民事诉讼、刑事自诉、行政诉讼或仲裁活动而应支付的诉讼费用、执行费用、司法鉴定费用、律师代理费用以及法院文书邮寄送达费用等，保险人按保险合同约定的限额负责赔偿的保险。当然，法律（诉讼）费用保险不仅仅适用于产品责任保险附加，也适用于其他保险产品附加，甚至作为独立保险产品销售。

对于餐厅、旅馆等单位自制、启用的食品、饮料等，一般均作为公众责任保险的附加内容扩展承保，但若被保险人要求作为产品责任保险的附加责任投保，保险人亦可在产品责任保险项下扩展承保。

2. 免责责任

保险人对于下列原因导致的产品责任，一般不予承保。

第一，根据合同或协议应由被保险人承担的其他人的责任。产品责任保险承担的是被保险人的法律赔偿责任，因而对被保险人合同或协议项下规定的责任是不负责任的，除非这种责任已构成法律责任时，保险人才依据法律规定或法院判决予以负责。

第二，根据劳动法或雇佣合同应由被保险人承担的对其雇员及有关人员的损害赔偿责任。这一责任由工伤保险或雇主责任保险承保。

第三，被保险人所有、照管或控制的财产的损失除外不保。这种损失应通过有形财产保险获得保障。

---

① 这里所指的产品或商品，是指经过加工、制作，用于销售的产品，既包括其实际组成部分及部件，也包括其安装指示、包装材料、使用说明书、安全警示和告知。缺陷，则是指产品存在危及人身、他人财产安全的不合理的危险；在产品责任事故发生地所在国家，产品有保障人体健康和人身、财产安全的国家标准、行业标准的，是指不符合该标准。缺陷存在于产品的设计、生产、包装或告知及警示等各环节。

第四，产品或商品仍在制造或销售场所，其所有权尚未转移至用户或消费者手中时的责任事故除外不保。这种责任仍属于公众责任保险的承保范围（特约承保的餐厅、旅馆的食品、饮料例外）。

第五，被保险人故意违法生产、出售或分配的产品或商品造成任何人的人身伤亡或财产损失除外不保。如生产假冒商品、出售变质食品等，保险人均不负赔偿责任。

第六，被保险产品或商品本身的损失及被保险人因收回有缺陷产品造成的费用及损失除外，它属于产品保证保险或产品召回保险的承保范围。

第七，财产损失中的无形数据或软件的损失，特别是由于删除、破坏或改变原始结构造成的数据、软件或计算机程序的损害性改变，包括因此而导致的营业中断损失；因数据、软件或计算机程序的功能、可供使用性、使用范围、可获取性遭到破坏而造成的损失，包括因此而导致的营业中断损失；这些损失保险人均不负赔偿责任。

第八，被保险产品造成的大气、土地及水污染及其他各种污染所引起的责任除外，它属于公众责任保险中的环境污染责任保险承保的范围。

第九，由于战争、类似战争行为、敌对行为、武装冲突、恐怖活动、谋反、政变直接或间接引起的任何后果所致的责任。

第十，由于罢工、暴动、民众骚乱或恶意行为直接或间接引起的任何后果所致的责任。

第十一，由于核裂变、核聚变、核武器、核材料、核辐射及放射性污染所引起的直接或间接的责任。

第十二，罚款、罚金、惩罚性赔款。

第十三，保险合同或有关条款中规定的应由被保险人自行负担的免赔额。

第十四，在港、澳、台地区以及中华人民共和国境外使用产品，发生的损害赔偿和费用，以及同上述地区的法院、仲裁机构提起诉讼或仲裁而产生的赔偿费用，保险人不负责赔偿。

(二) 赔偿限额和保险期限

赔偿限额和保险期限的约定，均是为了明确和限制保险人承担的产品责任风险范围。一般来说，被保险人因产品责任事故对受害人应赔偿的金额大小，由法院判决或双方协商确定，但保险人为了控制风险，不可能承担无限责任，只能在赔偿限额内赔付，超过保险单上赔偿限额的部分只能由被保险人自行承担。如某人购买 A 企业的电动自行车，在使用时因产品缺陷造成触电事故和火灾，法院判决由 A 企业赔偿 30 万元而 A 企业参加产品责任保险时，保险单上约定的是每次事故的赔偿限额为 20 万元。那么，该案由被保险人赔偿受害人 30 万元后，只能从保险人处获得 20 万元的补偿，A 企业须自行承担 10 万元的损害赔偿责任。

产品责任保险的保险期限，通常都是 1 年，但强调按时续保，以保持其连续性。对于使用年限较长的产品或商品，也可投保 3 年期、5 年期的产品责任保险。产品责任的索赔时效期按我国的法律规定为 2 年。

(三) 注意事项

第一，保险人的责任通常以产品在保险期限内发生事故为基础，而不论产品是否在保险期限内生产或销售。如在保险合同生效前几年生产或销售的产品，只要在保险合同有效期内发生事故并导致用户、消费者或其他人的损害，保险人均予负责。反之，即使是保险有效期内生产或销售的产品，如果不是在保险有效期内发生的事故，保险人不予负责。因此，保险人对产品责任的承保务必以充分了解投保者以往产品的质量为条件。

第二，保险期间，被保险人若生产、销售、分配某种新产品或被保险产品的化学成分有所变动，均应在规定时间内及时书面通知保险人，并根据保险人的要求增交保险费。否则，保险人对上述产品所造成的产品责任事故不负责任。

第三，生产、销售、分配的同批产品或商品，由于同样原因造成多人的人身伤害、疾病、死亡或多人的财产损失，应视为一次事故造成的损失，它适用每次事故的赔偿限额。对被保险人在保险期限内对任何一次事故而提出索赔的赔偿金额，一般以保险合同规定的相关赔偿限额为限。多次事故赔偿金额达到保险合同责任的一年累计赔偿限额时，保险责任即行终止。

第四，若在某一保险产品或商品中发现的缺陷表明或预示类似缺陷亦存在于其他保险产品或商品时，被保险人应立即自付费用进行调查并纠正该缺陷，否则，由于类似缺陷造成的一切损失，由被保险人自行承担。

第五，在保险事故发生后，被保险人在处理受害人因保险产品引起的索赔事宜时应尽力抗辩，并采取一切措施防止损失扩大。被保险人或其代表未经保险人同意，不得对索赔方作出任何责任承诺或拒绝、出价、约定、付款或赔偿。而在必要时，保险人有权以被保险人的名义接办对任何诉讼的抗辩或索赔的处理。

第六，产品责任保险构成重复保险时，保险人一般仅负比例责任。

第七，不同的索赔制度有不同的赔偿责任，国际上通行的产品责任保险分为索赔发生制和事故发生制。索赔发生制是在保险有效期之前设一个追溯期，在这个时间段加保险有效期内发生的产品责任，并且在保险有效期内提出索赔，则保险公司会承担相应赔偿责任；事故发生制是在保险有效期内发生的产品责任，在今后的任何时间都可以提出索赔，而保险公司负责承担相应的赔偿责任。一般情况下，以索赔发生制为基础的保险单的赔付率要低于以事故发生制为基础的保险单的赔付率。

二、出口产品责任保险

(一) 概念及意义

出口产品责任保险是指以外资企业、外贸出口企业单位为被保险人，以被保险人所生产、出售的产品或商品在境外承保区域内发生事故，造成使用、消费或操作该产品或商品的人或其他任何人的人身伤害、疾病、死亡或财产损失，依法应由被保险人承担的法律责任为保险标的的保险。

任何产品出口商，只要它的产品出口到其他国家，都将立即受到当地法律系统的监管，无论该系统健全与否。在产品责任采用"严格责任"的法律归责原则条件下，当出口产品在设计、生产、包装等环节存在缺陷或警示不足，并且在用户使用过程中因为上述缺陷造成人身伤亡或财产损失时，不仅产品的生产者，就连产品的批发商、零售商也往往在责难逃，并且法庭判定的产品责任最终赔偿金额也往往巨高无比，给产品的生产者或销售者的生产和财务状况造成极大影响。如果产品是向欧洲各国，美国、澳大利亚、加拿大等国出口，即使出口商的产品设计、生产已极尽完美，产品的说明书和警告用语已通过专家和律师的严格审查，但因这些地区经济发展水平及公民的文化水平相对较高，公民的索赔意识较强，产品出口商仍有可能面临被起诉的风险。据相关数据资料显示,美国1993年至2002年的产品责任保险案均赔款为70万美元,1995年至2005年,美国产品责任险的案均赔款突破了100万美元。其中汽车与汽车配件(如座椅、安全带、轮胎等)的案均赔款则从310万美元提高到了400万美元。① 2005年至2011年,美国产品责任诉讼案件判决赔偿金额之平均数和中位数中,交通类产品的中位数最高,为264.3万美元,其次是工业/建筑产品为200万美元、医药类产品为144万美元、商业类产品为75.61万美元、个人消费产品为25万美元。② 而2013年至2018年,经美陪审团裁决,由产品责任导致的人身伤害赔偿金额平均数远超其他责任保险,且增速更快。例如,2016年,平均赔偿金约700万美元,2018年则攀升至近800万美元。2016年,美国产品责任保险人身伤害赔偿金额的中位数也高达376万美元。③ 又如,前面列举的格力电器在美被罚9 100万美元事件、强生公司产品被诉讼事件,等等。可见,一旦因发生产品责任事故被起诉,对于出口厂商来说,他们将可能面临消费者巨额的索赔以及没完没了的法律诉讼。更严重的是,出口产品的声誉将会受损,海外市场的开拓将会受阻。因此,为了保证能继续向国外市场出口产品,出口商必须为承担赔偿责任做好充分准备——购买出口产品责任保险。事实上,作为中国相当大的商品出口市场,如北美地区和欧盟地区的进口商在与中国客商进行贸易合作时,考虑到产品在市场上潜在的巨大风险,通常会要求出口商在中国投保产品责任保险。而根据国际惯例要求,出口商也必须投保产品责任险,以满足进口商的要求。

值得指出的是,出口产品责任保险因采用的是以事故发生为基础的产品责任险保单,其保险责任期限往往会很长,如20世纪美国的石棉产品案,其保险索赔自20世纪60年代持续至21世纪初(为了维护保险人自身利益,避免受索赔期限过长遭受无止境的索赔,保险人在承保出口产品责任时,一般应尽量增加"以索赔提出为基础条款"的扩展条款)。(☞知识链接3-4)此外,在采用严格责任归责原则的前提下,因各国法律制度不同和消费者的索赔意识不同,在不同的国家或地区,其产品责任险的赔付情况也不同。如从赔付的案件和数量看,赔付额度最高的是美国,其次是西欧国家和日本。在美国,20世纪80年代曾经有200多家保险公司由于出口产品责任保险险种经营不善而倒闭;20世纪90年代末,由于石棉产品而引发的责任索赔案,使全球承保美国产品责任险的保险公司和再保险公司遭到标准普尔等评级公司的普遍降级。④

知识链接3-4 石棉是一种具有高抗张强度、高挠性、耐化学和热侵蚀、电绝缘和具有可纺性的硅酸盐类矿物产品,是重要的防火、绝缘和保温材料。但由于石棉纤维能引起石棉肺、胸膜间皮瘤等疾病,国际癌症研究所(IARC)已将石棉列为"人类癌症物"的物质之一,许多国家选择了全面禁止使用这种危险性物质。据统计,截止到1991年,全美联邦法院及州法院悬而未决的石棉损害案件达11.5万件之多;21世纪后,石棉诉讼仍然持续增长,截止到2002年,全美法院记录在册的因石棉致人损害的案件73万件之多。从20世纪60年代

---

① 周卫东.论发展我国出口产品责任险[J].保险研究,2006(10):24-25.
② 周亮.广东企业出口隐患:产品责任险投保不足[N].南方都市报,2015-04-24.
③ Reprinted with permission of Thomson Reuters,Current Award Trends in Personal Injury,59thedition. AIG解读产品责任险为何如此重要?[N/OL].京报网,https://wap.bjd.com.cn/internet/2021/04/12/68404t275.html.2021-04-12.
④ 周卫东.论发展我国出口产品责任险[J].保险研究,2006(10):24-25.

起,保险公司就为石棉产品带来的危害进行赔偿,1999年至2000年就赔偿了200多亿美元。

参见:许飞琼.责任保险[M].北京:中国金融出版社,2007:45-46;邢宏.大规模侵权救济模式的域外经验与启示:以美国石棉诉讼赔偿案为例[J].科技与法制,2013(2):26-32.

此外,出口产品责任保险也可以由进口商购买,但一般由出口商自身购买优势要明显得多。这是因为:①出口商自己购买可以控制保险方面的费用。如果由进口商购买保险,他们往往会在贸易价格中扣除一定比例的费用作为保险费的支出。对于出口商来说,由于不知道进口商到底花了多少钱购买保险,以此作为理由来压低贸易价格显然是不公平的。②出口商自己购买可以最大限度地保障自己的保险权益。由进口商购买保险,通常只将其本身作为被保险人,他们不会考虑同时将出口商纳入保险计划。这样,一旦发生保险事故,能够得到保险赔偿的将只是进口商,产品出口商或生产商在该保险下将得不到任何补偿。③出口商自己购买保险的优点还在于它可以直接与保险公司进行各方面的业务联系,这样在提出索赔时,由于双方已经建立起良好的联系,沟通上的畅通无疑将有利于理赔的最终顺利解决。

(二) 保障范围及其他

1. 保障范围

出口产品责任保险的保障范围与国内产品责任保险的保障范围大体相当,其区别除了产品事故发生地有境内外之分外,主要是在承保的产品方面有比较严格的要求。由于进口国产品安全标准要求与我国国内不同,在产品责任保险方面主要对下列产品有严格要求:①数码家电产品(热水器、冰箱、空调、厨房用具、移动电源等);②工具类产品(电动及手动工具、汽车用品、机械产品);③玩具(长毛绒玩具、电动玩具等);④家庭用品(化妆品、家具产品、消毒用品等);⑤医疗器械(保健品、药品、隐形眼镜等);⑥食品饮料(农产品、酒、肉制品等);⑦其他工业类或轻工类产品等。此外,对于保险公司而言,产品风险比较大的产品一般不予承保,如保险公司在保险合同上列示的不予承保的保险产品标的清单有:航空器产品(包括制造、设计或者拟用于任何航天器或航空器产品,控制、监控或以任何方式影响航空器或航天器的飞行性能的产品),石棉及含石棉产品等。

2. 保险费、赔偿限额及保险期限

1) 保险费

出口产品责任保险的保险费率的高低主要取决于产品的性质、销售区域和承保区域、年销售额、赔偿限额、免赔额、以往索赔记录、进口国的法律等因素。保险费一般按照出口产品的预计年度销售总额乘以费率,计算每年度的应缴保费,保险期限结束,根据实际销售额进行保费调整,但一般保险公司规定有最低保险费。

2) 赔偿限额

出口产品责任保险的赔偿限额一般分为每次事故赔偿限额和累计赔偿限额。

3) 保险期限

出口产品责任保险的保险期限可长可短,一般为一年。如果多年连续在一家保险公司投保,可获得长达1~5年的追溯期保障。

3. 被保险人的义务

出口产品责任保险对被保险人及其代表的要求除了必须遵循诚信原则及按时足额缴

纳保险费等外，被保险人在保险期间有义务向保险人提供一定期限内所生产、出售的产品或商品总值的数据，并随时接受保险人派员检查被保险人的有关账册或记录并核实有关数据；保险期满后，被保险人必须将保险期间生产、出售的产品或商品的总值书面通知保险人，以作为计算实际保险费的依据，实行多退少补；一旦发生保险合同所承保的任何事故，被保险人或其代表必须立即通知保险人，并在规定的期间内以书面报告形式提供事故发生的经过、原因和损失程度；在预知可能引起诉讼时，应立即以书面形式通知保险人，并在接到法院传票或其他法律文件后，立即将其送交保险人；被保险人申请赔偿时，应向保险人提交有关事故证明书、医疗证明、产品合格证及保险人认为有必要的有效单证材料；等等。

三、产品责任保险常用扩展条款

（一）以索赔提出为基础条款

以索赔提出为基础条款是指在保险合同中列明的追溯期开始后发生的事故引起的人身伤害和财产损失导致的任何索赔，必须在保险合同有效期内以书面形式向被保险人提出第一次索赔，且被保险人在合同生效之日对事故的发生都不知情或不能合理预见的情况下由保险人负责赔偿。换言之，本保险条款仅在下列条件下适用于以下列明的追溯期开始后发生的事故引起的"人身伤害"和"财产损失"：①由于"人身伤害"和"财产损失"引起的任何索赔，必须在本保险合同有效期限内以书面形式向任一被保险人提出索赔；②任何被保险人在本保险合同生效之日对事故的发生都不知情或不能合理预见。其中"任何索赔"是指任一被保险人或承保公司一经收到任何个人或组织寻求损失补偿的书面通知（以先到为准），则该索赔即视作已经提出。当同一个人或任何组织在任何一次事故中因人身伤害或因财产损失而向任何被保险人第一次提出索赔时，即被视作"全部索赔"已经提出。至如"追溯期"，一般只能在保险合同续保的情况下存在，追溯期连续投保连续计算，最长不超过5年；首次投保的业务，在补交以前年度保险费后可给予追溯期，补交的年份最长不超过3年；在最初连续投保的5个年度内，其追溯期均可扩展至补交保险费的最早年度。以索赔提出为基础的产品责任保险条款一般适用于出口产品和诱发索赔事件潜伏期较长的产品。

（二）保费调整条款

因为产品责任保险的保费计算是用预计年销售额乘以费率，因此存在调整保费的情况。根据本条款规定，如果保险合同双方当事人同意，被保险人应在本保险合同终止后一个月内申报当年保险年度内实际销售额。如果实际销售额低于预计销售额，则保险人相应退还保险费，但退还部分不得超过预付保费的50%。

（三）发现期条款

发现期条款又称延长报告期条款，即延长被保险人提出索赔期限的条款。本扩展条款的目的是给予被保险人一定的宽限期。在用以索赔提出为基础的保单时，一旦保单到期或注销，被保险人就会立即丧失有效的索赔机会。在扩展投保这一险种后，即便保单到期或注销，只要被保险人在条款中规定的发现期中提出索赔，这个索赔仍旧有效。值得注意的是，该项条款只可能存在于以索赔提出为基础的保单中，即只可能与以索赔提出为基础条款联用。

（四）增加被保险人条款

一般情况下，产品责任保险的被保险人是产品生产者或供应者。因此，本条款规定，在保险期间内，凡投保人增加被保险人时，需经投保人书面申请和保险公司同意，产品责任保险合同中的被保险人扩展到包括参与被指明保险产品的正常批发商或零售商（可以是个人或机构）。该扩展条款的目的：一是为正常分销或销售产品的销售商提供产品责任保障；二是可以减少销售商购买单独的产品责任保险的负担。扩展附加该条款的前提条件是在保险合同上注明附加的被保险人的名称、经营地址和经营范围，必要时还要提供产品责任保险原被保险人和增加的被保险人的合同文本，以明确相互的责任范围。

四、产品召回保险

（一）概念

产品召回，是指对已投放市场的产品，发现由于投放当时不可预见的设计或制造方面的原因，存在缺陷，不符合有关的法规、标准，有可能导致人身或财产安全及环保问题，厂家回收已投放市场的产品进行改造或处理，以消除事故隐患的过程。世界各国均对在本国境内销售的各种产品的安全性制定了各种安全标准和法律规定，并且对如何处理那些有安全隐患的产品作出了详细规定。其中，缺陷产品召回即是产品安全性管理内容之一。

与产品责任保险保障的是制造商与经销商在消费者因使用其产品而遭受身体伤害或财产损失时应承担的法律责任不同，产品召回保险保障的则是因召回产生的相关费用或损失，它不属于责任保险产品，但与产品责任保险有一定的联系，即产品召回保险所保的是产品因存在缺陷而导致或可能导致消费者或其他人的人身伤害或财产损失所引起的"召回费用"，它属于费用损失保险产品。在国内，产品召回保险一般作为产品责任保险的附加险进行销售，①而在国外，一般是与产品责任保险一起直接捆绑销售。

（二）责任范围

1. 保险责任

产品召回保险，是指在保险合同约定的保险期间，由于被保险人的缺陷产品已知造成或有理由被认为可能造成人身伤害或财产损毁，被保险人首次发布产品召回通知或政府部门首次强制指令被保险人召回该产品（两者以先发生为准；由于同样原因导致的产品召回，包括不同批次产品的召回，视为一次召回），保险人负责赔偿被保险人因召回保险合同列明的追溯期内生产的，并在保险地域范围内提供或销售的缺陷产品所产生的以下合理、必要的产品召回费用：

(1) 在报纸、杂志、电台和电视等媒体上发布产品召回的通告费用。

(2) 将被召回产品自销售者、消费者处运送到指定地点而发生的运输费用。

(3) 因产品召回而雇用正常工作人员以外的人员产生的人工费用。

(4) 因产品召回而发生的正常工作人员的加班费用。

(5) 因产品召回而额外租用仓库或存放地而发生的仓储费用。

(6) 对被召回产品进行修理、销毁或其他合理处置的费用。

(7) 将被召回产品或其替代产品运回销售者、消费者处所发生的运输费用。

(8) 聘请专业顾问进行危机处理的费用。

(9) 与产品召回相关的必要的合理法律费用以及保险合同双方约定的其他费用。

---

① 根据我国《责任保险统计制度（试行）》规定的统计口径："产品召回保险"归为"产品责任保险"类统计。

2. 免责责任

产品召回保险的免责责任主要包括:

(1) 由于达不到说明书所规定的质量标准,被顾客拒绝接受的产品。
(2) 由于违反相关法律法规,被政府禁止在市场上销售的产品。
(3) 因商标、专利、商业机密的侵权行为而召回的产品。
(4) 在无避免人身伤害或财产损失的明确目的情况下召回的产品。
(5) 产品使用寿命终止后召回的产品。
(6) 关联企业之间索赔的产品。(☞知识链接 3-5)

> **知识链接 3-5** 关联企业,是指与被保险人在资金、经营、购销等方面存在直接或者间接的拥有或者控制关系,或者直接或间接地同为第三者所拥有或者控制,或者其他在利益上具有相关联关系的其他企业。

(7) 追溯期之前所生产的产品。
(8) 投保时被保险人或其代表已知或应当知道可能存在缺陷的产品。
(9) 在消除产品缺陷过程中(包括拆卸、修理、更换部件、重新安装),被保险人的正式雇员的工资和费用。
(10) 更换产品所需成本(包括替换产品、部件、材料、包装)以及改进产品所需增加的成本。
(11) 由于召回产品所造成的经济损失(包括经营损失、延误交货损失、产量减少损失、公众形象损失等)。
(12) 缺陷产品污染所造成的责任。
(13) 对产品使用者或其他第三者造成的人身伤害和财产损失。
(14) 进口产品的关税及相关费用。
(15) 罚款、罚金或惩罚性赔偿。
(16) 其他不属于保险责任范围内的损失、费用和责任。

(三) 赔偿处理

被保险人正式发布产品召回通知,为保险人承担保险责任的前提。保险人对产品召回费用每次事故[1]赔偿金额以保险合同约定的责任金额为限,且有累计责任限额的规定。诉讼费用在每次事故责任限额内赔偿,但一般不得超过每次事故责任限额的 10%。如果被保险产品只是其他产品的部件,保险人仅负责赔偿针对该部件的召回费用。在发生保险责任项下的损失后,未经保险人书面同意,被保险人不得对索赔方做出任何责任承诺或拒绝、出价、约定、付款或赔偿;必要时,保险人有权以被保险人的名义进行诉讼抗辩或追偿。此外,保险事故发生时,如存在重复保险的情况,保险人仅承担按比例分摊的赔偿责任。

五、产品延期保修责任保险

产品延期保修责任保险,[2]是指在保险期间内,被保险人生产、销售或承诺承担质量保

---

[1] 每次事故是指针对同一种产品发布的一次或多次召回通知,或针对多种产品的同一种缺陷发布的一次或多次召回通知。
[2] 根据《责任保险统计制度(试行)》规定的统计口径:"产品延期保修保险产品"归为"其他责任保险"类统计,但鉴于该保险与产品责任保险有一定联系,而本教材没有设计"其他责任保险篇",因而在这里一并介绍。

证并于保险单载明的产品(即"被保险产品"),因在延期保修期(☞知识链接3-6)内发生机械或电气故障(☞知识链接3-7),保险人根据保险合同的约定赔偿被保险人修复或重置该产品的费用的保险。

知识链接 3-6 延期保修期,是指在保险合同中约定的自生产商保修期的终止之日起算的约定期限。

知识链接 3-7 机械或电气故障,是指产品某一部件由于除自然磨损、正常退化或疏忽以外的任何原因,不能正常使用,或功能的突然丧失。例如,汽车机械故障是指齿轮、变速箱、传动轴、曲轴、活塞等发生的故障;汽车电气故障是指蓄电池、起动机、发电机、电路短路、灯光不亮等故障。

在国内保险市场,根据不同产品延期保修服务的需要而有不同的保险产品,例如:机动车辆延长保修责任保险(简称机动车延保服务或汽车延保)、电器延长保修责任保险(简称电器延保服务或电器延保)、建筑工程质量保修责任保险(简称建工延保服务或建工延保)等。"延保服务"是一种新型的保险产品,与产品召回保险相同,属于费用类保险。保险公司的"延保服务",提供的是产品延长质量保障期间的维修、置换等服务费用支出补偿,其责任开始期间是在原厂质保期结束以后。因产品不同,延保时间从承保到赔付一般有 1—10 年以上的时间。例如,某保险公司的汽车延保,就是指当汽车购买者的汽车(投保车辆)超出整车厂提供的保修期后,生产商或销售商通过签订契约①方式有偿向汽车购买者提供延长一定时间段或千米数保修的服务而产生的费用由保险公司负责赔偿。如投保车辆在原厂保修期满 2 年 4 万千米后,可延长保修至 3 年 6 万千米、4 年 10 万千米,延长保修的投保车辆在特约维修服务站所产生的维修费用由保险公司承担。

值得指出的是,"延保服务"并非是产品"三包"(包修、包换、包退)的延续,大多是商家为产品消费者推出的增值服务,一般需要签订正式的延保契约,内容涵盖了对产品使用范围、期限、故障的责任界定、承保单位的名称、联系方式等内容。随着国内消费品市场发展的日益成熟,消费理念的理性化转变,产品"延保服务"将逐渐被越来越多的消费者所认可和接受,成为国内产品消费市场与保险市场未来的发展趋势。

第三节 产品责任保险的经营

一、产品责任保险的承保

(一)产品责任风险评估与承保条件的确定

保险人承保产品责任保险前,应当先行对投保人的产品生产与质量管理等有关情况进行调查,据此进行产品责任风险评估研究,以测估该项业务的风险大小,然后确定是否承保。

承保产品责任保险需要重点调查了解的项目包括:产品的名称和型号、产品的性能和用途;产品的销售范围;产品的价格、销售量及销售金额;以往的损失记录及返修率;开始生产该产品的日期,现产品的生产日期或进货日期;产品是独立生产产品还是与其他生产厂

---

① 这里的契约是指商品销售时被保险人与产品购买者签订的提供延长保修期服务的协议。

商合作或组装生产的产品;产品在国内、国际同类产品中的地位;是否对所销产品负责安装、修理或提供售后服务;以往产品责任事故的发生是否引起过法律诉讼;是否已投保该产品的设计、生产和分配的第三者责任保险;是否具备有关的产品质量证明;投保产品的技术指标、性能、生产加工流程、质检标准等是否符合国家有关规定和要求;是否有经国家质检部门鉴定合格、准予生产的证明文件;是否有使用该产品时可能引起的伤害或故意事故的说明书和注意事项的印刷品;是否经常发生产品召回事件及召回的费用状况;等等。

在调查了解上述项目后,应当进一步明确下列承保条件:一是投保产品的技术指标、性能、生产加工流程、质量检测标准等应符合国家有关规定和要求;二是投保产品必须有经国家质检部门鉴定合格、准予生产的证明文件;三是投保产品必须有在使用该产品时可能引起的伤害或意外事件的说明书和注意事件的印刷品;四是明确赔偿限额及承保区域范围,即凡是符合上述承保条件的产品,均可以对其进行承保。对于样品、试销品、展品等的产品责任保险业务,保险人可以扩展承保,但须以投保人提供的承保信息较全面并加批限制条件为前提。

对于下列产品保险人是不得承保的:销售区域为中国境内,未经国家省级以上质检局鉴定并出具质量鉴定证书的产品;销售区域为全球范围,没有产品质量和安全认证的产品;(知识链接 3-8)武器弹药类、焰火类。

知识链接 3-8 在国际市场上,产品安全认证标志有:UL(美国)、CE(欧共体)、BSI(英国)、VDE(德国)、CSA(加拿大)、JIS(日本)、AS(澳大利亚)、SIS(瑞典);产品质量认证标志有:UL(美国)、CSA(加拿大)、VDE(德国)等。

(二) 投保人与被保险人

在通常情况下,投保人在签订保险合同后即成为被保险人,但产品责任保险因产品从制造者手中转到消费者手中要经过多道环节,每个环节上的责任主体都面临产品责任风险,故其被保险人范围可以扩大,即产品制造者、销售者(批发商、零售商等)、修理者、产品进出口商等一切可能对产品责任事故造成的损害负有赔偿责任的法人都可以成为产品责任保险中的投保人或被保险人。

根据具体情况的需要,产品制造者、修理者、销售者等一切可能对产品责任事故造成的损害负有赔偿责任的法人,可以由他们中间的任何一方投保,也可以由他们中间的几方或全体联名投保。保险单上的被保险人,除投保人本身外,经投保人书面申请且保险人同意后,可以将其他有关方作为被保险人(必要时将加收保险费),并规定对各被保险人之间的责任互不追偿。如保险公司在承保出口产品责任保险业务时,出口商作为投保人并在签发保险单后转为被保险人,如果出口商提出要将有关中间商、转口商及零售商作为被保险人,并保证不改变商品内容及其包装、商标的前提下,可以加贴列明上述各方的姓名、地址、名册的批单,在加收保险费后将上述中间商等列为附加的被保险人(即前述"增加被保险人条款")。

在有关各方中,产品制造者依法应负最大的风险责任,除非其他有关方已将产品重新装配、改装、修理、改换包装或使用说明书,并因此而引起产品事故,应由有关方负责外,凡产品原有缺陷引起的问题,最后均将追溯至产品制造者负责。例如,我国出口至 Y 国的药品,Y 国进口商已向本国的保险人投保产品责任保险并将当地的批发商、零售商均列为被保险人,如药品导致了责任事故,受害人可以将一切可能对事故负责的有关各方包括生产该产品的我国制药厂、外贸出口公司和 Y 国进口商、批发商、零售商等作为被告向 Y 国法院起诉。由于引起责任事故的药品是我国制造的原装产品,在进口及批发、零售中未作任何改变,Y 国进口商、批发商、零售商经其律师申辩后解除了自己的责任,只剩下我方制药厂和出口公司为被告,并负最终赔偿责任,如果投保了产品责任保险,这种赔偿责任将在赔偿限额内由保险人承担,但超过限额的部分仍须由制药厂或出口公司自行承担。

(三) 承保方式

保险人承保产品责任保险,通常采用统保方式承保。所谓统保,就是以投保人制造或修理或销售的全部产品均投保为条件,并按照被保险人当年生产、修理或销售业务总额或营业收入总额计算收取保险费。如一家智能扫地机器人厂家要投保产品责任保险,必须将其全部型号的智能扫地机器人投保,而不能由投保人选择投保,以此避免投保人的逆选择。在保险人同意下,投保人才可以按指定的某一种或某一批产品投保,或仅保外销产品或仅保销往某个国家或地区的所有产品。总之,产品责任保险的承保强调统保,虽然统保的程度不同。

实行统保承保方式有以下好处:

第一,保险手续简便。投保人办理一次投保手续即可将全部产品的事故责任风险转嫁给保险人,从而于投保人、保险人均有益处。

第二,可以为降低保险费率创造条件。承保的产品数量愈大,业务量就愈多,风险就愈分散,保险费率才具备不断降低的条件。

第三,可使被保险人得到全面保障。如果允许选择投保,投保的产品可以得到保障,但没有投保的产品却得不到保障,一旦发生产品责任事故,就会累及企业的生产、经营活动的正常进行,因此,投保人要得到全面的保障,应将其全部产品统一投保产品责任保险。

第四,便于考核被保险人的全面情况,防止出现逆选择,有利于督促被保险人提高整个产品质量和技术管理水平。投保人将自己的产品全部投保产品责任保险,则所有产品都处在保险人的关注和监督之下,保险人通过对其产品责任事故的发生频率、损失大小等指标来掌握和考核被保险人的全面情况,并在保险上作出相应的反应。如果投保人选择投保,保险人就只能片面地了解其产品的情况,不利于保险人的风险管理,尤其是易出现逆选择,如投保人仅投保风险较大的产品,或仅投保销往美国的产品,等等,更会造成保险人的经营不稳定和效益低下,因此,选择投保于保险双方均不利。

第五,能扩大保险人的业务来源,促进产品责任保险的深度经营。若投保人选择投保,保险人的承保面再宽也反映不出保险经营的深度,不利于建立雄厚的保险基金。例如,100 家企业中,每家产品价值为 1 亿元,但每家投保产品责任保险的仅占其全部产品的10%,则保险人的承保率虽为 100%,但实际上业务量不大,还有 90% 的潜在业务没有承保。

由此可见,无论从社会角度出发,还是从被保险人、保险人及广大消费者的角度出发,产品责任保险均宜采用统保方式承保。

二、产品责任保险费率的厘订

(一) 费率厘订原则及影响因素

1. 费率厘订的原则

按照保险经营理论与原则,保险费率的高低,取决于保险人所担风险的大小。产品责任保险承保的是各种不同类型的产品,产品的多样化和危险程度的差异性等都要求保险人对不同的产品应制定不同的费率。厘订费率应遵循下列原则:一是以产品危险程度、承保条件及承保方式为依据。二是协商订费,公平合理,平等互利。三是优质优费,先高后低,灵活运用。四是将费率作为杠杆,调节保险人与被保险人的关系,并使之成为督促被保险人加强全面质量管理的工具。

2. 影响费率的因素

一般来说,影响产品责任保险费率的因素有以下六项:

(1) 产品的特点和可能对人体或财产造成损害的风险大小。例如,药品对人体造成损害的风险高于服装,波及面也更广,其使用必须谨慎,因而费率较服装要高。又如,烟花、打火机、电动自行车的危险性大,应比木器家具、乐器等产品的费率高。

(2) 产品数量和产品价格。对于投保数量大、产品价格高的同类产品,因其销售额也高,保险费收入绝对额相应会大,费率就可相对降低,反之亦然。

(3) 承保的地区范围,即承保产品的销售地区范围大小。一方面,承保的地区范围大,风险也大,产品责任保险费率亦高,如世界范围或出口销售的产品就比国内销售的产品责任风险大。另一方面,承保销往产品责任严格的国家或地区,比其他国家或地区风险大,因为这些国家或地区经济发展水平及公民的文化水平相对较高,产品使用者的消费意识与索赔意识强,导致的索赔金额相当高,且实行严格责任制原则,故费率亦高。如出口美国与出口非洲国家乃至英国、日本的产品责任保险在费率上就应有所区别。

(4) 产品制造者的技术水平和质量管理情况。产品制造者的技术水平高,质量管理好,产品检测严,其产品的合格率就高,优良的产品本身就是避免或减少产品责任事故风险的关键,因此,其费率应低些,反之亦然。

(5) 赔偿限额的高低。在产品的其他条件相同的情况下,赔偿限额越高,费率越高,因为高限额意味着承担着高风险,但限额与费率之间并非成比例增长。

(6) 投保产品以往事故(包括召回)记录及赔偿金额。即事故发生率高、赔偿金额大的产品费率高,反之亦然。

综合上述因素,并结合保险人以往经营同类业务的损失赔偿资料和经验,就能厘订出比较合理的保险费率。当然,在产品责任保险的经营实践中,保险人一般事先根据各种类型产品的性能等,将其按照风险大小划分为若干类型,如将各种产品划分为一般风险产品、中等风险产品和特别风险产品等,并以此作为确定各具体投保产品的费率。

在美国,保险人一般按属于美国政府保险管理部门的保险服务部制定的产品责任保险费率规章确定其费率。费率规章根据各保险人经营产品责任保险的业务资料和实际经验,制定各类产品的生产、销售、修理行业等的产品责任保险的费率、最低保险费以及不同限额的计算保险费办法等,并根据保险人的业务经营情况(主要是损失赔付情况)的变化,定期进行修订。然而,由于美国产品责任保险市场的竞争激烈,各保险人实际执行的费率一般均低于保险服务部制定的费率规章的费率,具有较大的灵活性。

在我国,各家保险公司根据自身承保的各种产品的责任风险大小和承保条件制定费率表,并适用于各保险公司本系统的各分支机构,但各分支机构在具体业务经营中,有一定的费率浮动权,即允许各分、支公司根据具体情况出具的保险单费率超过或低于费率表中费率的一定幅度。

(二) 产品危险程度的划分

产品自身的风险是决定产品责任保险费率的首要因素。因此，保险人一般根据各种产品的性能及损失概率进行产品风险等级划分，并作为厘订费率的直接依据。

1) 一般风险产品

一般风险产品是指风险较小，产生的损害后果不严重的各种产品，亦即中等风险产品和特别风险产品以外的一切产品，不一一详列。

2) 中等风险产品

中等风险产品是指有一定的风险，可能造成一定的损害后果的产品。它包括：①农作物产品，如小麦、大米、黄豆、棉花、烟草、蔗糖、蔬菜、瓜果、装饰花卉和菌圃产品等。②活牲畜，如菜牛、猪、山羊、奶牛、家禽、鸡蛋、火鸡、兔子、马及其他带毛动物等。③金属制品，如鼓风炉、钢制品、轧钢机、钢钉、钢管、铝产品、锌产品、铁制品、有色金属产品、铜产品等。④橡胶品，如橡胶、塑料橡胶鞋、橡胶塑料软管、各类塑料品等。⑤制作金属产品，如金属容器、锯条、金属卫生用具、金属门及框架、铸造物、建筑和装饰金属产品、有色金属锻件等。⑥工业机械和设备，如农业机械（含农用无人机）与设备、建筑工程机械与设备、花园拖拉机和锄草机、采矿机械与设备、输送机械和设备、机床及其附件和测量设备、手操作电动工具、食品卫生机械、纺织机械、木器加工机械、造纸机械、印刷机械和设备等。⑦其他，如衣服、木制产品、卫生纸、鞋类、烹调设备、吸尘器、电扇、灯泡、自行车、玩具、体育用品、笔等。

3) 特别风险产品

特别风险产品是指产品责任风险大，且风险特别的产品，其适用费率较高。如原油、天然气、香烟、雪茄、化学产品、轮胎、内胎、石棉产品、小武器、小武器弹药、内燃机、油田机械和设备、电梯、升降梯、工业吊车、空气压缩机、家用洗衣机、X光设备和仪器、运输设备、飞行器及其零部件、药品、烟花、爆竹等。

上述风险等级及范围的划定并不是固定不变的，它们仅仅是一个参照物。在产品责任保险实务经营中，不能将其作为厘订费率的唯一依据或标准，只能供保险人参考使用。同时，保险人划定产品风险等级与产品的技术性、先进性并不成比例，如喷气式飞机比单引擎飞机先进得多，但其"吸入异物"的风险极大。此外，投保人与保险人站在不同的角度亦会对产品的风险划分有分歧，这都属于正常的现象。

(三) 保险费计算及注意事项

产品责任保险实行预收保险费制，即在签订产品责任保险合同时，按投保生产、销售或分配计划的全部产品或商品价值计算收费，待保险期满后再根据被保险人在保险期内的实际生产、销售或分配的产品或商品总值计算实际保险费，对预收保险费实行多退少补，但实收保险费不得低于保险人规定的最低保险费。如某企业投保产品责任保险，预交保险费6 000美元，但保险期内实际销售额较计划指标下降了30%，应退保险费1 800美元，但保险人规定类似业务每笔的最低保险费（保险费起点）为5 000美元，因此，被保险人只能获得1 000美元的退费。

产品责任保险的保险费计算公式如下：

$$应收保险费 = 生产（销售）总值 \times 适用费率$$

在经营中，保险人原则上一次收清预收保险费，再在保险期满时调整，但对于应交保险费较多，被保险人一次交清确有困难者，亦可允许被保险人分期（按季或半年）交付预收保险费。

此外，还应注意下列事项：

第一，保险人有权在保险期内的任何时候，要求被保险人提供一定时期内所生产、销售或分配的产品总值的数据，并有权派员检查被保险人的有关账册或记录，核实上述数据，以保证按规定准确计算保险费。

第二，保险期间，被保险人若生产新产品或改变原有产品的化学成分等事项，不仅应及时通知保险人，而且要加交保险费，其加交保险费方式和原交保险费的方式一致，否则，保险人对该产品所引起的产品责任事故不负赔偿责任。

第三，中途退保或中途注销保险单可以退费。被保险人中途退保时，已保日期按短期费率计收保险费，已交保险费减去按短期费率计算的已保日期保险费的差额皆退回被保险人，保险人也可以在规定时间（如十五天前）书面通知被保险人注销保险单，对于已生效期间的保险费，一般按日平均计算，已交保险费扣除保险单已生效期间的保险费后，差额退回被保险人。

三、产品责任保险的风险管理与赔偿处理

(一) 风险管理

1. 概念

产品责任保险的风险管理，是指保险人采取防范或控制风险发生的措施的总称，它贯穿于保险经营的全过程，是保险人经营产品责任保险业务的必要手段。由于产品从生产到消费涉及千千万万的工商企业和家庭、个人，要经过多道环节，其责任事故造成的损害是不确定的用户、消费者及其他人。努力减少产品责任事故的发生，清除隐患，保证产品能在用户或消费者手中得到安全使用，在保护受害人的权益的同时又不损害保险人的利益，就是保险人对产品责任保险进行风险管理所要达到的目标。

2. 意义

产品责任保险经营过程中强调加强风险管理，有着以下重要意义：

第一，能增强用户或消费者的安全感，使人们放心并安全使用各种产品。消费者权益的保护不仅仅是灾后损害赔偿问题，最根本的应是尽可能避免或减少产品责任事故的发生，因为受害人虽然能从产品制造者、销售者或保险人处获得赔偿，但其精神上的恐惧感和肉体上的伤害及某些间接损失是无法得到补偿的。因此，保险人在承保产品责任保险前要开展风险调查，在承保后要积极开展风险管理，替用户或消费者把好产品质量关，使灾后补偿和灾害事故的预防相结合，必然能有效地控制产品责任事故的发生，从根本上保障消费者的权益。

第二，开展风险管理能督促被保险人安全、优质生产，加强其对用户、消费者及公众的责任心。保险人的风险管理是以减少产品责任事故的次数及减轻损害程度为目标的，以风险调查和改进建议及抽样检测产品质量等为管理手段，无形中为产品从生产到消费的过程中增加了一道监督，而保险人的风险管理建议对被保险人有实际约束力，从而对产品的生产者、销售者施加了提高产品质量、完善销售制度的压力，对被保险人的督促作用比单纯的义务条款约束要有效得多。反过来，被保险人接受保险人的风险管理建议或采取有效措施，能减少产品责任风险，增强信誉，提高竞争力。因此，风险管理的开展有利于被保险人。

第三，开展风险管理有利于保险人自身效益的提高。众所周知，保险费是根据风险大

小及损失概率的高低制定的,从数理上看,保险费的筹集和保险基金的积累应与保险人承担的赔偿责任相适应。因此,如果保险人纯粹从事筹集保险基金和支付赔款的工作,不仅社会效益不佳,其经济上也将无利可图。对此,保险人若加强对保险业务承保前、承保后的风险管理,采取措施避免或控制相关风险,必然在减少产品责任事故的同时,减少赔款支出,并由此赢得经济效益和社会效益。

第四,开展风险管理能减少产品责任诉讼案件,有利于社会秩序的稳定。产品责任事故减少,受害者也随之减少,潜在的不安定因素会在一定范围内得以消除或控制,这是风险管理的宏观效益。

综上可见,风险管理是保险人在业务经营中采取的积极措施,是掌握经营主动权的条件。在产品责任保险中开展风险管理应引起保险人的高度重视并努力付诸行动。

3. 减少产品责任风险的措施

在产品责任保险的实务经营中,保险人可以采取下列措施来达到减少或控制产品责任风险的目的。

第一,督促被保险人严格按照产品的技术质量标准进行生产,并将其作为承担保险责任的先决条件。

第二,要求被保险人的各种产品均须备有明确、详细的使用说明书,对其产品的品质、性能、技术指标、使用程序、注意事项给予充分说明,并明确告诉使用者可能出现的危险及禁忌,以此保障广大用户、消费者安全使用该产品,既可有效地减少产品事故的发生,又可以在一定程度上免除保险人与被保险人的损害赔偿责任。

第三,要求被保险人将保险期内产品变更及销售情况的变化及时通知保险人,以便重新评估风险,调整承保条件,采取相应措施来控制新的风险。

第四,审议被保险人的各种产品广告,保证产品广告内容的真实、可靠,谨防虚假广告及不规范广告,以此避免不必要的纠纷或索赔。

第五,建立产品检验或抽查制度,随时掌握被保险产品的质量变化。保险人可与被保险人联合检验或抽查,也可以委托有关部门或机构进行定期或不定期的产品检验或抽查。

第六,与计量、质检等部门及消费者协会保持经常联系,随时掌握上述部门反馈的产品及产品责任事故信息,并协同开展社会化的产品风险管理。

第七,运用赔偿限额、免赔额及保险费率来促使被保险人加强产品质量管理。

第八,做好产品责任保险的承保、理赔及各种产品责任事故的统计分析工作,逐步积累自己的业务资料,并从中摸索出产品责任风险发生的一般规律,为有的放矢地开展风险管理提供科学依据。

第九,尽可能争取让被保险人投保全部产品的责任风险,以扩充业务量,奠定稳定经营的基础。

第十,充分运用分保手段,将产品责任保险的风险控制在自己承保能力的限度内,以此达到稳定财务并健康发展产品责任保险业务的目的。

(二) 赔偿处理

产品责任保险的赔偿要与其业务承保或续保相适应,即看其是以索赔提出为前提,还是以事故发生为前提。

保险人承担赔偿责任还要具备下列条件:

第一,产品责任事故必须是意外事故或偶然发生的事故,而不是被保险人事先能预料或能以被保险人意志为转移的事故。

第二,产品责任事故必须发生在制造、修理或销售该产品的场所以外的地点,否则,保险人对此不承担任何责任(附加的食品、饮料保险例外)。

第三,产品或商品的所有权必须是已转移至用户或消费者手上,经被保险人同意赊欠或分期付款的产品或商品仍视同所有权转移。

第四,原则上以法院判定的赔偿数额为保险人的补偿依据,保险人在赔偿限额内予以补偿。庭外协商解决的赔偿案件必须事先经保险人同意,否则,保险人可以行使拒赔的权利。

第四节 案例分析

【案例3-1】

陈某驾驶某牌电动三轮车在某县城主干路由东向西行驶时撞到了同方向步行的李某,造成李某受伤后经抢救无效死亡的交通事故。当地公安局交通管理支队事故调查后认定:陈某驾驶电动三轮车未各行其道,且遇情况采取措施不当是造成此次事故的原因,陈某承担该事故的全部责任,且涉嫌交通肇事罪。随后,陈某与死者家属达成赔偿协议,陈某赔偿李某死亡赔偿金等各项费用共53万元。事发后,经当地市公安局交通管理大队委托,省级司法鉴定中心对涉案某牌电动三轮车车辆类型进行鉴定,鉴定书结论为:受检的某牌电动三轮车属机动车范畴。法院经审理判定,涉案电动三轮车经鉴定符合机动车标准属机动车范畴,厂家却将其作为电动车进行销售,在产品警示说明方面存在缺陷,误导了消费者,从而增加了发生事故的可能性。

于是,陈某及死者家属等人将被告某生产厂家起诉到法院,要求被告生产厂商进行合法赔偿。法院结合本案事故后果及死者家属获赔情况,判决电动车生产商赔偿陈某因此而导致的53万元损失并赔偿死者家属5万元。因本案肇事电动车在某保险公司投保了产品责任保险,最终,某保险公司为此付出了相应的保险赔偿金额。

【案例3-2】

某年4月2日,F餐饮店向R保险公司购买了一份食品安全责任保险,每人责任限额30万元(其中:发生死亡给付30万元,伤残与疾病医疗费用每人责任限额5万元,财产损失费用每人责任限额0.5万元,无免赔额限制),累计责任限额100万元,保险费1250元,保险期限一年。在保险期间内的5月3日,W顾客在就餐的一菜品中发现有一根头发,系向F餐饮店提出索赔,F餐饮店立即向R保险公司电话反映现场情况,希望保险公司派人到现场协助解决问题。R保险公司电话告知F餐饮店应先让顾客进行就医检查,保险公司可就产生的医疗费用进行赔偿。电话后R保险公司并没有派人到现场进行事故查勘。因顾客不愿意去医院检查,经双方协商,F餐饮店直接减免W顾客菜品费用138元,并另外补偿W顾客138元。事发当日,F餐饮店就276元向R保险公司申请索赔,R保险公司则于当日出具了拒赔告知函,声称5月3日F餐饮店报案并就投保的食品安全责任保险提出索赔一事,经核实,不属于食品安全责任保险合同中的保险责任,不予赔付。为此,F餐饮店向当地人民法院起诉,请求判令R保险公司赔偿经济损失276元并承担相关诉讼费用。

法院经审理后认为,原告F餐饮店对自己提出的诉讼请求所依据的事实或者反驳对方即被告R保险公司的诉讼请求所依据的事实有责任提供证据加以证明。没有证据或者证据不足以证明当事人被告的事实主张的,由负有举证责任的当事人原告承担不利后果。本案中,F餐饮店向R保险公司主张权利,但未按照R公司出具的"食品安全责任保险合同"中的第二十三条条款规定"造成人身损害的,应提供病历、诊断证明、医疗费等医疗原始单据"而提交相关证据以证实其损失的数额,故对F餐饮店的诉讼请求不予支持,据此驳回原告F餐饮店的诉讼请求。案件受理费150元,减半收取75元,由原告F餐饮店负担。

F餐饮店不服判决,遂向当地中级人民法院提起上诉。

F餐饮店认为:①保险期内发生食品安全事故,被保险人在事发第一时间内向保险公司报案。而保险公司拒绝现场查勘,拒绝联系事故第三者,拒绝核定第三者人身损害,被保险人经与顾客协商后便无奈先行向第三者W顾客赔偿了276元,R保险公司拒绝赔偿被保险人是无法律依据的。②涉案保险合同系格式合同,本案中对第三者的赔偿责任和赔偿事务处理全部由被保险人即餐饮店来处理并承担举证责任,明显加重被保险人责任,违背公平公正法律精神;根据禁止反言原则,保险公司放弃查勘现场的权利,不应在一审诉讼中再次要求被保险人提交证据证明第三者遭受人身损害和财产损失,保险公司若现场查勘可以用一个菜品的价格赔偿结案,但保险公司却故意设置壁垒,强迫被保险人和第三者花大量间接损失来放弃理赔,保险公司的行为不符合契约精神、也不利于社会经济秩序的稳定。

R保险公司辩称:①保险赔付的履行应当符合《保险法》和合同条款的规定,被保险人F餐饮店未遵循上述规定。食品安全责任保险的保险标的是被保险人依法应对第三者承担的经济赔偿责任,被保险人F餐饮店和第三者W顾客未举证证明第三者W顾客受到何种性质、程度的侵权事实,其支付第三者W顾客276元损失是被保险人F餐饮店的擅自行为,非法律判赔金额。依据保险合同的规定,保险人不承担被保险人的损失补偿责任。②法律未规定对于食客就餐时吃出头发的救济途径,因头发属于软质异物,不会对进食者生命健康造成实质影响,亦不会有心理或精神损害。

中级人民法院经审理后认为,本案的争议焦点系R保险公司应否向F餐饮店承担保险赔偿责任。根据涉案保险合同第三条约定,保险人的承保保险标的应为"非因被保险人故意违法行为导致食品安全事故,造成消费者或者其他第三者人身损害或财产损失"。该合同第二十三条约定,"被保险人向保险人请求赔偿时,应提交以下单证材料:(一)保险单正本;(二)保险出险/索赔通知书;(三)造成人身损害的,应提供病历、诊断证明、医疗费等医疗原始单据……"。R保险公司收到被保险人F餐饮店的保险金赔偿请求时,告知其应当提交相应证明材料,但被保险人未提交相应证据证明第三者的健康损害,故保险公司不应承担保险赔偿责任。最终,中级人民法院驳回上诉,维持原判。

分析:本案虽然简单且涉案数额非常小,但法官的评判结论未必正确。

(1) 食品安全责任保险的保险责任范围。所谓食品安全责任保险,一般是指在保险合同有效期内,被保险人(比如食品生产加工工厂或食品商店、餐饮店等)在经营场所内生产、销售食品,或者现场提供与其营业性质相符的食品时,因疏忽或过失致使消费者食物中毒或发生其他食源性疾患,或因食物中掺有异物而造成消费者人身损害或财产损失的,依法应由被保险人承担的经济赔偿责任,保险公司将根据合同约定负责赔偿。根据目前国内责任保险市场实践情况,食品安全责任保险产品承担的保险责任一般包括:①食物中毒或其他食源性疾患,或食物中掺有异物导致的第三者人身伤害、疾病、死亡或财产损失;②由上游原材料缺陷等非被保险人原因导致的食品缺陷、包装材料不合格造成的第三方人身伤害、疾病、死亡或财产损失;③食品被第三方恶意添加有毒有害物质导致的第三方人身伤害、疾病、死亡或财产损失;④法律费用;⑤精神损害赔偿(此项有的公司是通过附加险承保)。除此之外,为了防止事故发生,保险公司还会根据丰富的案件处理经验给予被保险人风险控制建议,进行风险管控培训等,使食品安全责任保险产品的风险保障涵盖事前风险预防、事中风险控制、事后理赔服务等各个方面。

(2) 本案损失的确定。根据案情,本案W顾客在其点的菜品中发现一根头发,而该头发非食物也非食物辅助材料,应为食物中的异物,只是该异物并未直接导致第三者W顾客的人身伤害、疾病或死亡现象的发生,但W顾客花钱购买的有头发的138元菜品不能再食用应属于其财产损失,这是有证可查的。此外,虽然没有鉴定第三者是否存在有精神损害,但吃到的菜品里有头发是使人恶心的事件,"恶心"其实也是一种精神损害。本案中被保险人F餐饮店为此支付了与菜品同价的138元补偿款,其本质意义是对受害的第三者W顾客的一种"精神损失"补偿,这也是公平卖家所遵循的最基本的诚信经营原则。因此,本案中R保险公司以被保险人F餐饮店和第三者W顾客未举证证明第三者W顾客受到何种性质、程度的侵权事实及F餐饮店支付276元赔款是被保险人F餐饮店的擅自行为及认为"法律未规定对于食客就餐时吃出头发的救济途径,因头发属于软质异物,不会对进食者生命健康造成实质影响,亦不会有心理或精神损害。"为由拒赔是不成立的,何况被保险人F餐饮店在事发时进行电话报案,而保险公司却不履行其核赔的职责,事后却举当其权利是违反禁止反言原则的行为。因此,如果本案保险合同包含精神损害补偿,则被保险人赔付的276元损失应该属于食品安全责任保险的补偿范围——财产损失(138元)与精神损失(138元)。

(3) 法律赔偿规定。第一,我国《保险法》第六十五条第一至第三款规定:"保险人对责任保险的被保险人给第三者造成的损害,可以依照法律的规定或者合同的约定,直接向该第三者赔偿保险金。责任保险的被保险人给第三者造成损害,被保险人对第三者应负的赔偿责任确定的,根据被保险人的请求,保险人应当直接向该第三者赔偿保险金。被保险人怠于请求的,第三者有权就其应获赔偿部分直接向保险人请求赔偿保险金。责任保险的被保险人给第三者造成损害,被保险人未向该第三者赔偿的,保险人不得向被保险人赔偿保险金。"该法第六十六条规定:"责任保险的被保险人因给第三者造成损害的保险事故而被提起仲裁或者诉讼的,被保险人支付的仲裁或者诉讼费用以及其他必要的、合理的费用,除合同另有约定外,由保险人承担。"从上面的案情及分析可以看出,本案被保险人对第三者应负的赔偿责任是确定的,R保险公司本应根据被保险人的请求直接向第三者W顾客进行赔偿,可其在事发后没有履行直接赔偿责任,而被保险人在支付了第三者的赔偿金后,R保险公司则应根据法律即合同的规定向被保险人支付赔偿金。此外,因本案事故属于保险责任事故,因此,由本案导致的相关法律费用也应由R保险公司承担。第二,我国《食品安全法》第一百四十八条规定,消费者因不符合食品安全标准的食品受到损害的,可以向经营者要求赔偿损失,也可以向生产者要求赔偿损失。生产不符合食品安全标准的食品或者经营明知是不符合食品安全标准的食品,消费者除要求赔偿损失外,还可以向生产者或者经营者要求支付价款十倍或者损失三倍的赔偿金;增加赔偿的金额不足一千元的,为一千元。

第三章　产品责任保险

本案 W 顾客消费时遇到菜品里有头发这一异物,是属于食品质量问题,本可以按《食品安全法》的规定要求 F 餐饮店赔偿 138 元的菜品损失外,还可以要求 F 餐饮店按 138 元支付价款十倍或者损失三倍的赔偿金赔偿,或增加 1 000 元赔偿金额,但本案最终 F 餐饮店与 W 顾客双方达成协议仅赔偿 138 元菜品损失及一倍的增加赔偿金,这在某种意义上来说,是被保险人 F 餐饮店在保险事故发生后进行了及时的补救而阻止了损失的扩大。而根据我国《保险法》第五十七条规定:"保险事故发生时,被保险人应当尽力采取必要的措施,防止或者减少损失。保险事故发生后,被保险人为防止或者减少保险标的的损失所支付的必要的、合理的费用,由保险人承担;保险人所承担的费用数额在保险标的损失赔偿金额以外另行计算,最高不超过保险金额的数额。"换言之,仅根据保险事故施救费用的法律规定,保险公司也应该进行赔偿。第三,我国《消费者权益保护法》第三十九条规定,消费者和经营者发生消费者权益争议的,可以通过与经营者"协商和解"途径解决;我国的《民法典》也有协商和解的规定。也就是说,法律规定,只有在消费者和经营者协商不一致,向人民法院提起诉讼时,才由人民法院根据实际情况确定赔偿数额。因此,本案 R 保险公司称被保险人 F 餐饮店赔偿给第三者 W 消费者的款项是其擅自行为,而不是法律判赔,这与我国《消费者权益保护法》等法律首先倡导协商和解的途径来解决是不相吻合的。

综上,根据我国的法律规定,本案的 276 元损失及相关诉讼费用,应该由保险公司赔偿。

【案例 3-3】

某生物医药工程公司在某保险公司投保了产品责任保险。某年 3 月,被保险人医药工程公司投保的产品"人工股骨"在植入病人高某体内两年后断裂。现高某要求医药工程公司赔偿医药费、误工费等实际支出,另要求依医药工程公司与保险公司签订的产品责任保险合同得到 10 万元人民币的赔偿,但要求被拒绝。高某便委托其代理人向某区人民法院提起诉讼,法院已经受理了此案。接到出险通知后,保险公司派人参与了诉讼。

不同观点:

本案就保险公司是否赔偿产生了两种不同的观点:

第一种观点认为,医药工程公司对受害者负有民事赔偿责任,另外根据其与保险公司签订的责任保险合同,保险公司也应该对受害者进行赔付。理由是:①被告所生产的产品植入原告体内仅两年就发生断裂,说明该产品存在着缺陷。②产品责任是无过失责任,无论产品制造者有无过错,只要产品给他人造成了损害,产品制造者就应该承担损害赔偿责任。③被告已经与保险公司订立了产品责任保险合同,保险合同的金额是 10 万元。现被保险人生产的产品造成了其要承担消费者的损失赔偿责任,保险公司就应该按合同赔偿 10 万元给被告,再由被告赔偿给本案中的受害人(原告)。

第二种观点认为,我国《民法典》第一千二百零二条规定:"因产品存在缺陷造成他人损害的,生产者应当承担侵权责任。"因此,只有在产品质量不合格的情况下,制造者才应负民事责任。而在本案中,经国家医药管理局制定的医用产品鉴定单位对从高某体内取出的人工股骨进行鉴定分析,结论为该人工股骨符合国家标准和国家医药管理局制定的行业标准,是合格产品,因此被告不应负赔偿责任,保险公司也就不须赔偿。

分析:

(1) 产品是否有缺陷关键在于科学的鉴定。我们知道,保险公司提供的产品责任保险,是指由保险人承保的产品制造者、销售者、维修者等因产品缺陷致使消费者或用户或其他公众财产损失和人身伤害,且依法应由其负责的经济赔偿责任。也就是说,保险公司是否赔偿,首先取决于产品责任即产品有缺陷且造成消费者受损。因此,产品是否存在缺陷是一个重要的评判标志。产品责任保险以产品责任为保险风险,而产品责任又以各国的产品责任法律制度为基础。我国的产品责任法律依据主要是《产品质量法》。根据该法第四十一条第一款规定:"因产品存在缺陷造成人身、缺陷产品以外的其他财产(以下简称他人财产)损害的,生产者应当承担赔偿责任。"所谓缺陷,《产品质量法》第四十六条对其进行了定义:"缺陷是指产品存在危及人身、他人财产安全的不合理的危险,产品有保障人体健康和人身、财产安全的国家标准、行业标准的,是指不符合该标准。"本案中的产品在投入使用前经检验符合行业标准,即从法律上来讲,该产品是没有缺陷的。那么,在现实中是不是只要符合国家或者行业制定的产品质量检验标准,产品就不存在缺陷了呢?应该说,国家或者行业主管部门在制定产品标准的时候,都是有一定科学根据,并根据我国的实际情况的基础上制定的,对消费者利益的保护有着比较充分的考虑。但是,由于任何安全标准的制定都受当时科技水平、生产水平、制订者的认识水平等诸多因素所制约,在安全标准本身并不一定最先进、最合理的情况下,而笼统规定符合这些安全标准的产品即无缺陷,当然有失偏颇。换言之,符合强制性质量标准指标的产品,仍有可能具有安全标准范围以外的不合理危险情况,如果完全以这些强制性指标为唯一标准进行产品缺陷的认定,显然对受害人不公平。然而,我们不能以此为由而怀疑本案的产品是有缺陷的。产品是否有缺陷还有待于有关检测机构进行科学的鉴定。因此,上述两种不同的观点都存在片面性。

(2) 产品缺陷与产品不合格尽管有区别,但本案的产品责任保险直接适用的法律是我国《产品质量法》而不是我国的《民法典》,因此,上述的第二个观点是行不通的。

(3) 我国《产品质量法》第四十四条规定:"因产品存在缺陷造成受害人人身伤害的,侵害人应当赔偿医疗费、治疗期间的护理费、因误工减少的收入等费用;造成残疾的,还应当支付残疾者生活自助具费、生活补助费、残疾赔偿金以及由其扶养的人所必需的生活费等费用;造成受害人死亡的,并应当支付丧葬费、死亡赔偿金以及由死者生前扶养的人所必需的生活费等费用。因产品存在缺陷造成受害人财产损失的,侵害人应当恢复原状或者折价赔偿。受害人因此遭受其他重大损失的,侵害人应当赔偿损失。"对于本案,如果经过法庭调查判决医疗产品有缺陷,则被保险人医药工程公司应该按照该法条赔偿受害者。如果被保险人按照法院判决进行了赔偿,再向保险公司进行索赔,保险公司则应该在保险合同约定的限额内补偿被保险人。

结论:

在本案中,法官经过法庭内外调查并经有关机构检测,得出产品"人工股骨"不存在缺陷的结论,从而判决医药工程公司不承担赔偿责任。因此保险公司也不必赔偿。

【案例 3-4】

某日中午 12 时,李某将开着的手机以"直充"方式充电。两小时后,李某发现手机已自动关机,且装电池处发烫。于是,他便将电池从手机中取出,但只听到"砰"的一声巨响,电池突然爆炸。李某拿电池的右手被炸伤,爆炸弹出的电池碎片同时击伤李某的右脸和右眼,李某右眼因此致残,相关部门鉴定为 7 级伤残。这块发生爆炸的手机电池是李某一月前在一家手机配件店购买的,电池的生产厂家为某市某电子有限公司,但李某在购买时并未索取发票,而其他购买凭证又被他丢失。事后,李某向销售商提出赔偿要求,销售商以李某没有购买电池的发票及其他凭据为由而拒绝赔偿;李某又向电池上标明的生产厂家赔偿,厂家也以李某无中生有、嫁祸于人、无理取闹等为由拒绝赔偿。最后,李某向电池上标示的产品责任保险商索赔,但保险公司以李某非被保险人且厂家无责为由不予受理。李某在向相关各方索赔未果的情况下,只得将销售商、厂家和保险公司一并告上法院,要求法院依法判被告承担医疗费用和精神损害等损失86万元。

对于本案该不该赔的问题,厂家、销售商和保险公司与被害人李某及其律师的观点截然不同:

(1) 厂家、保险公司和销售商认为不应赔偿。厂家认为其所生产的电池产品年年通过质检部门的检查,质量完全合格。自生产该类型电池以来也从未接到过投诉,李某一定是为图便宜而买了假冒伪劣电池。对于假冒伪劣产品,厂家当然不能承担责任。同时认为,即使不是假冒伪劣产品,手机电池在特殊的温度、湿度以及接触不良等的情况下也可能瞬间放电产生大量电流,引发自燃或爆炸,但这只能是李某使用不当所造成的,对其不按产品使用说明书操作导致的损失,厂家也理应不予赔偿。保险公司认为,作为产品责任保险被保险人的厂家没有责任。按保险合同的规定,被保险人无责,保险人不予赔偿,何况假冒伪劣产品致损是属于产品责任保险合同的免责责任。而销售商则完全否认买过这种电池,并称李某损害了其名誉,要李某对其名誉损害进行赔偿。

(2) 受害者李某及其律师认为应该赔偿。李某及其律师认为,手机电池爆炸所带给李某的伤残及精神受损是事实,虽然李某在购买电池时未索取发票及之后又丢失了有关购买凭证,但按举证责任倒置的法律精神,受害者既可以要求销售商赔偿,也可以要求厂家赔偿。此外,虽然李某不是产品责任保险合同的被保险人,但根据《保险法》第六十五条的规定,责任保险人可以直接向受害的第三者赔付保险金。

分析:

(1) 李某有权利要求生产商或销售商进行赔偿。我国《民法典》第一千二百零三条规定:"因产品存在缺陷造成他人损害的,被侵权人可以向产品的生产者请求赔偿,也可以向产品的销售者请求赔偿。产品缺陷由生产者造成的,销售者赔偿后,有权向生产者追偿。因销售者的过错使产品存在缺陷的,生产者赔偿后,有权向销售者追偿。"我国《产品质量法》第四十三条规定:"因产品存在缺陷造成人身、他人财产损害的,受害人可以向产品的生产者要求赔偿,也可以向产品的销售者要求赔偿。属于产品的生产者的责任,产品的销售者赔偿的,产品的销售者有权向产品的生产者追偿。属于产品的销售者的责任,产品的生产者赔偿的,产品的生产者有权向产品的销售者追偿。"我国的《消费者权益保护法》中也有相应的详细规定。这些法律条文表明,产品责任的承担者可以是产品制造者,也可以是产品的销售者,还可以是产品的承运者、保管者,如果是后者,产品的生产者和销售者对产品责任负连带责任,受害人可以任择其一提出赔偿损失的请求,也可同时向多方提出赔偿要求。本案中,手机电池爆炸致李某伤残及精神受损是事实,而这并非李某不按规范操作所致,因此,李某有权利要求生产商或销售商进行赔偿。

(2) 因缺陷产品造成消费者伤害,生产商应当承担赔偿责任。缺陷产品致人损害的侵权责任属于产品责任,产品的生产者、销售者依法应承担法律后果。我国《产品质量法》第四十一条规定:因产品存在缺陷造成人身、缺陷产品以外的其他财产(以下简称他人财产)

损害的,生产者应当承担赔偿责任。生产者能够证明有下列情形之一的,不承担赔偿责任:①未将产品投入流通的;②产品投入流通时,引起损害的缺陷尚不存在的;③将产品投入流通时的科学技术水平尚不能发现缺陷的存在的。即对于产品制造者来说其可提出的免责情形只有上述三种。可见,产品责任引起的赔偿纠纷,适用的是无过错归责原则。当发生与产品质量相关的人身或财产损害时,只要生产者不能证明存在法定的免责情形,就应当承担损害赔偿责任。本案中的生产商虽然主张炸伤李某为假冒伪劣产品,但其拿不出任何证据,故只能认定其产品有缺陷,而因缺陷产品造成消费者伤害的,生产商就应当承担赔偿责任。

(3)销售商承担赔偿责任的理由同生产商一样。因缺陷产品致人损害的责任,是一种特殊的侵权责任,在归责原则上对销售者也适用无过错责任原则。因使用、消费缺陷产品而受到损害的受害人向该产品的销售者主张赔偿,销售者不得以无过错为由主张免责。我国《产品质量法》第四十二条规定:"由于销售者的过错使产品存在缺陷,造成人身、他人财产损害的,销售者应当承担赔偿责任。销售者不能指明缺陷产品的生产者也不能指明缺陷产品的供货者的,销售者应当承担赔偿责任。"我国的《民法典》也作了相同的规定。因消费者未索取发票或无购物凭证,销售商就否认曾出售过致李某损害的手机电池,不符合上述有关销售商赔偿的法律规定。事实上,销售商在出售商品时应同时开具销售发票,这是销售商的义务。本案中李某未得到手机电池的销售发票这本身并不是他的过错,而是由销售商的过失甚至故意所造成的,如果要负举证责任的话,理应由销售商来举证。至于李某将购物凭证丢失,也确有一定的责任,但绝不是主要责任。因此在本案中,李某直接起诉销售商并要求其赔偿完全合法,销售商应当承担与生产商相同的举证责任。

(4)李某向保险公司索赔也符合法律规定。产品责任保险是指因被保险人在约定期限内所生产、出售的产品或商品在承保区域内发生事故,造成使用、消费或操作该产品或商品的人或其他任何人的人身伤害、疾病、死亡或财产损失,依法应由被保险人承担的经济赔偿责任,以及因此而产生的诉讼费用,保险公司在约定的赔偿限额内负责赔偿的一种责任保险。本案电池产品事故如果属于产品责任保险合同规定的保险事故,则产品责任保险人理应按法律或合同的规定进行赔偿。我国《保险法》第六十五条的第一、第二款规定:"保险人对责任保险的被保险人给第三者造成的损害,可以依照法律的规定或者合同的约定,直接向该第三者赔偿保险金。责任保险的被保险人给第三者造成损害,被保险人对第三者应负的赔偿责任确定的,根据被保险人的请求,保险人应当直接向该第三者赔偿保险金。被保险人怠于请求的,第三者有权就其应获赔偿部分直接向保险人请求赔偿保险金。"由此可见,本案中李某直接向保险公司索赔是合法的,但必须有一个前提,即只有在法院判决生产商赔偿,且生产商的赔偿又符合产品责任保险合同规定的由保险人承担的保险责任时,保险人才可依据《保险法》的规定进行赔偿。

结论:

一是由于事后生产商无法进行举证,根据我国《民法典》《产品质量法》《消费者权益保护法》等有关规定,只能推定存在质量问题的电池系某市某电子有限公司生产。

二是因销售商不能举证手机电池非其销售,又反对接受法院就其是否销售手机电池当庭采用的测谎试验,故认定证明电池不是其销售的证据不足,销售商也有承担赔偿责任的义务。

三是鉴于原告李某的损失,以方便、合理赔偿受害者为原则,并根据《民法典》《消费者

第三章 产品责任保险

权益保护法》及《最高人民法院关于审理人身损害赔偿案件适用法律若干问题的解释》的有关规定,判决被告生产商某电子有限公司对原告受害人李某因遭受人身损害而发生的各项就医治疗费用和精神损害进行赔偿,赔偿总额为58.7万元,其中,精神抚慰金3万元。至于原告李某多提出的赔偿额,因其不能提供有效证据,法院不予支持。

四是原告李某对保险公司的诉讼请求因符合《保险法》第六十五条的规定,法院对其直接向保险人求偿的行为予以支持。但若原告方已获得了生产商或销售商的损害补偿,则其不得再向保险人行使索赔权。如果是生产厂商赔偿原告,因本案事故产品仅仅属于质量问题而不是假冒伪劣产品,即本案产品责任事故属于保险事故,保险公司应在保险合同规定的赔偿限额内对生产厂商进行损失补偿。至于生产商与销售商之间可能因电池产品质量而产生的有关问题不在本案审理的范围,产销双方可以另行选择方法解决。

启迪:

一是目前在我国因产品或商品质量问题而引发的损害赔偿纠纷仍无法杜绝,为有效控制诉讼风险,不论是生产者、销售者还是消费者均应对所涉及的产品或商品做好证据保全,一旦发现问题,均须通过产品或商品质量鉴定来明确赔偿责任。

二是为防止发生类似本案手机爆炸所造成的损害,消费者在购买电池时一定要仔细查看电池的外观,谨慎购买包装粗糙、印刷不清晰的产品;绝不购买无商标、无厂名、无厂址、无充放电电压和电池电量指标及电池使用警示语的产品。为安全起见,在购买前还可以先了解一下各正品厂家的防伪措施,在购买时注意通过防伪查询进行辨别,并一定要索取商品的合格证及销售发票。当发现电池充电后使用时间严重不足、正常使用中电池过热、电池外形鼓胀破裂等现象时,应立即停止使用,避免造成人身、财产损害。

三是国家应尽快修订有关产品生产、销售、使用或消费的法律,坚决杜绝和防止各种生产或销售假冒伪劣产品的行为,以及销售商品不主动开具发票的行为,以切实保护合格产品的生产商、销售商以及广大消费者的权益,减少有关政府部门为处理类似本案的产品责任事故而增加的成本支出。

四是产品责任保险具有积极的社会意义,既有利于生产者、销售者、修理者转嫁其不确定的产品责任风险,又能让受害人及时获得赔偿,维护广大产品消费者的合法利益;同时,对贯彻我国《产品质量法》《民法典》《消费者权益保护法》等法律关于保护消费者合法权益的规定具有深刻影响,法律的严肃性也必然会得到更加全面的维护。

【案例3-5】

美国产品责任保险简案:

1. 某年某日,美国某州的一栋两层房子发生火灾,该火灾事故除导致房屋里部分财物受损外,房主也在此次火灾事故中丧生。经医生检查鉴定,死者死于吸入过多浓烟而引起的一氧化碳中毒。事后,当地市及州的消防部门均出具了火灾的起因报告:均以现场被烧最严重的地方摆放了中国生产的微波炉而认定此次火灾事故是由中国生产的微波炉引发。事故发生后,保险机构也请了第三方火灾鉴定专家进行事故鉴定,但火灾鉴定专家调查发现,根据对导线残留的熔化痕迹进行鉴定,发现不存在微波炉短路熔痕,即留在插座里面的插头并非此型号微波炉的插头。为此,可以判断微波炉在发生火灾时不处于通电状态。换言之,中国生产的此型号微波炉当时不可能会引发火灾。保险机构将火灾鉴定专家调查得到的证据提交给当地消防部门后,当地消防部门更正了之前做出的此次火灾是由中国生产的微波炉引发的结论。因此,该案件产品承保人(也即生产厂商)成功拒赔。

2. 某日,一名生活在美国某州的S妇女指控其所居住的公寓管理方及烟雾探测器公司需对其丈夫的死亡负责,并将两者告上法庭。起因是:在本事故发生前,原告已经发现安装在所住公寓里的烟雾探测器不能正常工作(有大量浓烟时烟感器不发出报警声音),公寓管理方虽然联系供应商为其安装了新的烟雾探测器,但新安装的探测器仍然无法正常工作,以致其丈夫因当时烟雾探测器并没有发出任何报警信号而死于一场火灾。事故发生后,该州政府火灾调查员确定火灾是由于烹饪时没人看管而意外引发的。但S妇女在诉讼中声称因烟雾探测器存在设计或者制造缺陷,在火灾发生时,烟雾探测器没有发出任何报警信号。此外,该生产商存在错误描述该烟雾探测器报警系统的真实作用,误导了消费者,让消费者以为该烟雾探测器报警系统可以防止该类火灾惨剧的发生。最后,法院判烟雾探测器生产商赔偿死者家属S妇女500万美元,而烟雾探测器产品责任保险公司为此付出了相应保险赔偿金。

3. 某年,美国某食品公司向中国某食品包装袋制造商购入了一批包装袋,用于包装其饼干产品,然后将成品分销至某大型超市进行销售。然而,该食品公司却在2周后发现部分饼干已经变质无法食用,而这些饼干产品原本的保质期应该是6个月。所幸食品公司及时召回该批次饼干产品,并未造成消费者的身体伤害或更严重的后果。经调查后发现,其变质原因是食品包装袋的透氧性有缺陷,未达到本批次饼干包装所要求的标准,致使氧气侵入食品,大大缩短了饼干的保质期限。食品公司于是以食品包装袋质量缺陷为由向中国制造商进行索偿,索偿金额为10万美元。经中国某食品包装袋制造商方面调查,是由于其员工疏忽,在制造一批包装袋时采用了错误样板,以致造成该批包装袋质量不达标。因该批包装袋向中国某保险公司投保了出口产品责任保险,最后,该保险公司代中国某食品包装袋制造商向美某食品公司进行了赔偿。

4. 13岁的格林萧乘坐其邻居驾驶的一辆福特平托牌汽车回家,汽车在高速公路上突然减速,与后随的汽车相撞,油箱爆炸起火,致使驾车妇女当场死亡;格林萧烧伤面积达90%,虽幸免于难,但失去了鼻子、左耳和大部分左手,成了终身残废。事故发生后,格林萧作为原告起诉该车制造商——福特汽车制造公司。本案诉诸法律后,原告律师指出,该起事故是汽车设计错误所致,即这种装在后座下部的油箱,距离加速器只有8厘米多一点,只要中等强度的碰撞便能引起爆炸起火。之后,原告方又提供了这样一个事实:在第一批平托牌汽车投放市场之前,福特汽车公司的两名工程师曾明确提出过要在油箱内安装防震的保护装置,每辆车需11美元,但福特汽车公司认为不加装置在经济上合算,因为按生产的1 100万辆小汽车和50万辆卡车计算,需增加成本1.375亿美元;相反,假若180辆平托牌汽车车主死亡,另加180个严重烧伤,2 100辆汽车被烧毁,索赔额(按当时一般索赔额)可能只需要5 000万美元。因此,福特汽车公司拒绝采用加装保护器的建议。法院在认定事实后,陪审团将惩罚性损失赔偿定为1.25亿美元,其中1亿美元是福特汽车公司因未加装安全装置而省下来的费用,另外的2 500万美元是真正的罚款,后来又将该项罚款减为350万美元,总计达1.035亿美元。福特汽车公司对此不服,并提出上诉,但终审维护了上述判决,即该公司必须承担1.035亿美元的法律赔偿责任,这笔赔款显然要由承保其产品责任保险的承保人来分担。

复习思考题

一、名词解释
产品责任保险;产品保证保险;出口产品责任保险;产品召回保险;发现期条款;增加被保险人条款

二、选择题
1. 产品责任是产品在使用过程中因其缺陷而造成用户或消费者或公众的人身伤亡或财产损失时应负的民事损害赔偿责任。这里,承担赔偿责任的主体可以是( )。
   A. 雇主　　　　　B. 销售商　　　　　C. 承运人　　　　　D. 制造商
2. 在某年5月20日,甲某所在单位购买一部价值7 800元的电视机奖励甲某。甲某按说明书的要求使用不到3个月,于8月10日突然发生爆炸损坏,并使该消费者家庭财产受损,损失价值2万元。电视机生产厂家曾向W保险公司投保了产品质量保险和产品责任保险,产品责任保险的赔偿限额是1万元,保险期限是由爆炸事故发生当年1月1日至同年12月31日止。根据此案例,回答下列问题:
   (1) 电视机爆炸造成的损失,甲某可以向( )索赔。
      A. W保险公司　　　B. 电视机销售商　　C. 电视机生产商　　D. 甲某所在单位
   (2) 该案中W保险公司应承担的产品质量保险的赔偿责任是( )。
      A. 电视机损失7 800元　　　　B. 家财损失2万元
      C. 无责任　　　　　　　　　　D. 1万元
   (3) 该案中W保险公司应承担的产品责任保险的赔偿责任是( )。
      A. 电视机损失7 800元　　　　B. 家财损失2万元
      C. 无责任　　　　　　　　　　D. 1万元
3. 某厂家为建立其生产的燃气热水器的质量信心,转移其因产品质量问题给用户带来的更换或修理方面损失的风险。他可以投保( )。
   A. 产品责任保险　　B. 合同保证保险　　C. 产品质量保证保险　　D. 公众责任保险
4. 以期内发生制为索赔方式时,产品责任保险的责任期限的含义之一是指( )。
   A. 保险责任事故与索赔均须在保险期限内发生
   B. 产品责任事故须发生在保险期限内,但索赔可以在保险期限终了后一段时间才提出
   C. 产品责任事故必须发生在保险期限之前,索赔也必须在保险期限内提出
   D. 产品责任事故可以不在保险期限内发生,但被保险人必须在保险期限内提出索赔
5. D是一家生产燃气炉具的厂商,若其生产销售的炉具因质量问题造成用户或他人的伤亡和财产损失,D将按照有关法律承担损失赔偿责任。为了转移这类风险,他应该投保( )。
   A. 产品责任保险　　B. 公众责任保险　　C. 合同保证保险　　D. 产品质量保证保险
6. 产品责任保险中的免责责任包括( )。
   A. 被保险产品本身的损失　　　　　B. 被保险产品致人伤害的损失
   C. 被保险人控制的产品的损失　　　D. 所有权未转移至消费者手中的责任损失
7. 合同当事人因提供的产品质量不合格时依法应承担的产品本身损失的经济赔偿责任转移给保险人,此险种称为( )。
   A. 产品责任保险　　B. 合同责任保险　　C. 产品保证保险　　D. 产品运输责任保险
8. 以承保由于被保险产品存在缺陷而导致或可能导致消费者人身伤害或财产损失所引起的费用的保险称为( )。
   A. 产品责任保险　　B. 产品召回保险　　C. 产品保证保险　　D. 产品合同保险
9. 下列产品保险人不能承保的是( )。
   A. 销售区域为中国境内,已经国家省级以上质检局鉴定并出具质量鉴定证书的产品
   B. 销售区域为全球范围,没有产品质量和安全认证的产品
   C. 武器弹药类产品

D. ISO9001 认证机电产品
10. 下列损失责任,保险人可以承担赔偿的是( )。
A. 被保险人事先能预料到的产品责任事故造成的损失
B. 产品责任事故发生在制造场所以外地点的损失
C. 产品的所有权属于生产商而不是消费者时发生的产品事故损失
D. 法院已经判定的产品责任事故赔偿额

三、问答题

1. 生产厂家为什么要购买产品责任保险?为什么出口产品要实行强制责任保险?
2. 产品责任保险的特点有哪些?
3. 产品责任保险与产品保证保险有哪些区别?
4. 什么是产品召回保险?保险公司应该如何销售该险种?
5. 产品责任保险费率厘定的影响因素有哪些?
6. 保险公司如何进行产品责任保险的风险管理?

四、案例分析

1. 有一位70岁老人在使用充电式颈椎按摩器时,因连续两次采用加强模式按摩而导致大脑损伤。该按摩器说明书里有相关警告与提示词以提醒使用者小心使用,只是字体很小,使用者并没有阅览。于是,受害者家属根据无过失责任对该颈椎按摩器的制造商提起了诉讼。

问:产品警示说明字体小而导致使用者不方便阅读的情况下造成了人身损害时,承保了该产品责任保险的保险公司是否应该赔偿?为什么?

2. 国内一家OEM企业(即"代工生产"企业)为一个外国品牌贴牌生产爽身粉,然后出口到美国市场。消费者在使用过程中,发现瓶子变黄,就此起诉进口商,进口商又起诉OEM厂家。最后裁定的结果是,国内该OEM厂家没有按委托方的要求生产,需赔偿100万美元给进口商,以弥补回收产品费用和利润损失。

问:如果该OEM企业投保了出口产品责任保险,保险公司是否按合同规定对被保险人进行补偿?为什么?

3. 某年除夕之夜,当12点的钟声敲过,毕某便迫不及待地拿出年前购买的爆竹"大礼炮"点燃,谁知礼炮放上天空后并没出现什么景观,只是火光闪过后一声爆炸,毕某一只眼球被炸伤,全家人急忙把他送到医院抢救。住院期间,毕某为治眼睛花去2万余元,后经法医鉴定其眼球摘除后构成五级伤残,而毕某伤后需要换残疾用具的费用也非常昂贵。事后,毕某找到销售爆竹的日杂商店,要求赔偿。但该商店老板称,自己经销的礼炮是合格品,销售手续也合法,且礼炮不是商店生产的,要赔偿应该找厂家。于是毕某在家人陪同下找到礼炮厂家,谁知,厂家也推托说,损害结果发生是因害者在燃放大礼炮时操作不当造成,不是产品缺陷所致,厂家也不能赔。毕某无奈,一纸诉状将礼炮厂和日杂商店一并告上法院,请求赔偿自己的损失。

问:(1) 根据法律,法院会判决受害者胜诉吗?为什么?
(2) 如果法院判受害者胜诉,销售商和生产厂家都应该承担责任吗?其承担什么责任?如何承担?
(3) 如果生产厂家投保了产品责任保险,在法院判生产厂家赔偿的情况下,保险公司负责赔偿吗?为什么?

4. 2018年10月,违法违规生产狂犬病疫苗的长春长生公司被国家药品监督管理局和吉林省食品药品监督管理局依法处罚没款91亿元后倒闭,为做好赔偿工作,国家药监局、国家卫生健康委、银保监会、吉林省人民政府会同有关部门制定了《长春长生公司狂犬病问题疫苗赔偿实施方案》,该方案显示,因预防接种长春长生公司狂犬病问题疫苗造成一般残疾的,一次性赔偿20万元/人;造成重度残疾或瘫痪的,一次性赔偿50万元/人;导致死亡的,一次性赔偿65万元/人。① 请结合产品责任保险相关理论评价此事件。

---

① 关于发布长春长生公司狂犬病问题疫苗赔偿实施方案的公告[N/OL].中华人民共和国国家卫生健康委员会网站: http://www.nhc.gov.cn/cms-search/xxgk/getManuscriptXxgk.htm? id = 4ce7db37eb4a9e89f31514442 bc865,2018-10-16;赵文君,刘慧.违法违规生产狂犬病疫苗长春长生公司被处罚没款91亿元[N].生活报,2018-10-17;长春长生宣告破产[N].人民日报,2019-11-07.

第四章 雇主责任保险

> **学习目标**
>
> 学习本章时,学生应了解雇主责任保险的产生与发展状况、法律依据,熟练掌握雇主责任保险的责任范围、承保与理赔等具体实务内容,全面比较、分析雇主责任保险与工伤保险的异同,熟悉境外雇主责任保险的特点。

第一节 雇主责任保险概述

思政园地

一、雇主责任及其保险的法律依据

(一)雇主责任

雇主责任是指雇员受雇于雇主期间,雇员遭受损害或致人损害时雇主应承担的法律责任。一般而言,雇主所承担的对雇员的责任,包括雇主自身的故意行为、过失行为乃至无过失行为所致的雇员人身伤害赔偿责任,但保险人所承担的责任风险并非与此相一致,即均将被保险人的故意行为列为责任免除,而主要承保被保险人的过失行为所致的损害赔偿,或者将无过失风险一起纳入保险责任范围。构成雇主责任的前提条件是雇主与雇员之间存在着直接的雇佣合同关系,即只有雇主才有解雇该雇员的权利,雇员有义务听从雇主的管理从事业务工作,这种权利与义务关系均通过书面形式的雇佣或劳动合同来进行规范。①

目前,包括我国在内的许多国家规定雇主应当对雇员承担无过失责任,即只要雇员在工作中受到的伤害不是其自己故意行为所导致的,雇主就必须承担起对雇员的经济赔偿责任。因此,雇主责任相对于其他民事责任而言是较为重大的,雇主责任保险所承保的责任范围亦超出了过失责任的范围。

(二)雇主责任保险的法律依据

严格地说,雇主责任保险的法律依据应该是专门的雇主责任法,但由于各国法律制度的差异和立法完备的程度不同,其法律依据亦有区别。②

---

① 许飞琼.责任保险[M].北京:中国金融出版社,2007:268.
② 许飞琼.责任保险[M].北京:中国金融出版社,2007:268.

责任保险与案例分析

第一,在立法完备的西方发达国家,民法、劳工法、雇主责任法同时并存,民法作为雇主责任保险的法律基础,劳工法是社会保险性质的劳工保险的法律依据,雇主责任法则是雇主责任保险的直接法律依据。例如,英国政府于1880年制定的《雇主责任法》,1969年制定的《雇主责任保险法》,美国于1908年制定的《联邦雇主责任法》等,均是雇主责任保险的法律依据。

第二,在只有劳工法,没有雇主责任法的国家或地区,雇主责任保险的法律依据就是劳工法及雇主与雇员之间的雇佣合同,其劳工法是综合性的。在这种法律制度下,又分为两种情形:一是日本式的强制劳工责任保险与雇主自愿责任保险同时并存,前者是基本保障,后者是补充或超额保障;二是中国香港式的劳工责任保险与雇主责任保险合并经营,同受其劳工赔偿法规范的制度。

第三,在没有劳工法和雇主责任法的国家和地区,以民法作为法律基础,以雇主与雇员之间的雇佣合同作为法律依据。在这种法律制度下,保险人承担的实质上是一种合同责任,该项责任虽为法律所承认并保护,但仍未上升至法律责任。由于雇佣合同的条文不一定很完整、规范化,加之雇员伤害赔偿标准可能有较大差异,保险人在经营雇主责任保险时,还应以雇主责任保险合同的规定及法院或有关当局的规定来处理或裁定或判决各种雇主责任索赔案件。如我国,没有雇主责任法,保险公司在经营雇主责任保险时,参照《中华人民共和国劳动合同法》与《工伤保险条例》,但一般均以规范化的雇佣(或劳动)合同为承保基础,按保险双方约定的保险合同承担责任。

二、雇主责任保险的产生与发展

雇主责任保险,是以被保险人即雇主的雇员在受雇期间从事业务时因遭受意外导致伤、残、死亡或患有与职业有关的职业性疾病而依法或根据雇佣合同应由被保险人承担的经济赔偿责任为承保风险的一种责任保险。①

早在19世纪,雇主责任保险就在欧美国家中产生。1880年,英国颁布的《雇主责任法》规定,雇主经营业务中因过错致使雇员受到伤害时须负法律赔偿责任,当年即有专门的雇主责任保险公司成立。1886年,英国在美国开设雇主责任保险分公司。1897年,英国颁布了《不列颠雇工赔偿法》,明确了雇主无过失责任赔偿原则,代表着雇主责任制的开始,其有自保与商业保险两种投保方式。1969年颁发、1972年开始实施的《雇主责任保险法》除了少数机构(如政府机构、国有企业、国家医疗机构等)外,绝大多数雇主必须为其雇员购买雇主责任保险,雇员范围包括正式员工、临时员工和学徒。随后英国在1974年与1975年分别出台了《雇主责任保险法修正条例》与《雇主责任条例》,通过法律规定雇主责任保险由商业保险公司经营,强制雇主投保。② 1889年,美国继英国之后也创办了承保雇主责任保险业务的公司。1908至1910年,由大企业家和保守工会领导人组成的全国市民联盟开始了工伤赔偿法提案的起草工作。1908年,在罗斯福总统强烈要求下,联邦议会批准了《联邦雇主责任法》,该法成为美国第一部劳工赔偿法,对雇主的赔偿责任进行了明确规定。1935年,美国联邦政府颁布了《联邦社会保障法》,与各州劳工补偿法一起成为雇主责任保险的法律

---

① 许飞琼.责任保险[M].北京.中国金融出版社,2007:263.
② 刘培.国外工伤保险与雇主责任保险发展经验及其借鉴[J].合作经济与科技,2017(3):186-188.

依据。此后,雇主责任保险在英国、美国等西方国家获得了较快发展。例如,美国2001年私人保险市场上雇主责任保险(含劳工赔偿保险)的保费收入就达260亿美元,是美国最大的商业财产责任保险市场,是仅次于私人汽车保险市场和屋主保险的第三大保险市场。①

在许多国家,雇主责任保险是一种普遍性的保险业务,也是一种强制实施的保险业务。也有一些国家将类似业务纳入社会保险范围,即以工伤社会保险取代雇主责任保险。在日本、美国及许多发展中国家,则是工伤社会保险与雇主责任保险并存(中国目前也属于此种模式)。在实行雇主责任保险制度的国家中,又有三种不同的类型:一是完全属于商业型保险,自由买卖雇主责任保险,如印度、阿根廷、斯里兰卡和缅甸等国;二是对于某些危险性行业,雇主必须向商业保险公司购买雇主责任保险,如马来西亚、乌拉圭、哥斯达黎加等国;三是所有雇主被要求强制购买雇主责任保险,如美国、澳大利亚、芬兰和新加坡等国。工伤社会保险负责基本的保障,雇主责任保险负责超额的保障。不论采用何种方式经营,都表明了雇主承担着一定的民事责任风险,在没有工伤社会保险或工伤社会保险不足的条件下,均需要保险公司开办雇主责任保险业务。

在我国,依照国家《工伤保险条例》的规定,凡是境内的企业、事业单位、社会团体、民办非企业单位、基金会、律师事务所、会计师事务所等组织和有雇工的个体工商户都应当参加工伤保险,为本单位全部职工或者雇工缴纳工伤保险费。我国的工伤保险是强制保险,它属于社会保险性质,是政府、用人单位为劳动者提供的福利保障。

新中国成立后的商业雇主责任保险,最早是1980年恢复国内保险业务后,为满足在华外资企业的需要,原中国人民保险公司(简称人保公司)开办的涉外雇主责任保险。随后,陕西渭南地区人保公司分公司于1989年率先试办了国内雇主责任保险,承保私营企业主及国营、集体单位的雇员、合同制工人、临时工及其他在岗工作人员因从事业务活动受到伤害依法或雇佣(劳动)合同应由被保险人负责的经济赔偿责任;同年10月,人保公司与中国个体劳动者协会联合颁发通知,要求从1990年2月起在全国范围内开办个体工商户雇主责任保险,随后制定了具体实施措施。② 在保险市场主体日益增多的20世纪90年代,许多财产保险公司开设了雇主责任保险,但该业务因整个责任保险业务在我国不景气而所占份额相当低。进入21世纪后,因煤炭等高风险行业的责任事故频繁发生,政府开始对雇主责任保险有所重视。如2004年,中国保监会确定9个省市试点煤炭雇主责任保险;2006年9月,国家安全监管总局、中国保监会又下发了《关于大力推进安全生产领域责任保险健全安全生产保障体系的意见》的通知,决定在采掘业、建筑业等高危行业强制推行雇主责任保险、商业补充工伤责任保险的试点,待取得经验后再逐步在其他高危行业、公众聚集场所等领域推广。2007年开始,山东、江苏、河南、天津、广东、辽宁、山西等省市先后开始实施雇主责任保险。但2008年开始,一些省市如湖南、湖北、上海等则将雇主责任保险纳入"安全生产责任保险"之中。2014年,我国的《安全生产法》第四十八条规定:"生产经营单位必须依法参加工伤保险,为从业人员缴纳保险费。国家鼓励生产经营单位投保安全生产责任保险。"自此,雇主责任保险、安全生产责任保险、③工伤保险在我国的生产经营单位中协同发展。

---

① 韩超.论雇主责任保险[J].天水行政学院学报,2014(2):66-69.
② 郑功成.责任保险理论与经营实务[M].北京:中国金融出版社,1991:147.
③ 参见本书第二章第二节"公众责任保险种类"中的"综合公众责任保险"产品介绍。

三、加强雇主责任保险制度建设的必要性

尽管我国目前正在加强工伤社会保险制度的建设,截止到 2022 年 12 月,全国工伤保险参保人数达 2.9 亿人①,但我国的工伤保险保障的范围还相当窄,即使加上包含有雇主责任风险的安全生产责任保险参保人数,近 7.5 亿劳动者中也只有不到 40%的人得到了制度的保障,而更多的劳动者至今还被排除在该制度之外。因此,加强雇主责任保险制度建设很有必要。

第一,我国毕竟是一个生产力水平还并不发达的国家,政府或企业的有限财力决定了工伤保险的补偿标准在相当长时期会处在较低水平,虽然含有雇主责任风险转嫁的安全生产责任保险在高危行业实施强制,但还有相当多的企事业单位没有或无力建立雇主责任风险补偿制度(如数以十万计的乡镇企业、事业单位)。这一事实表明,开办商业性的雇主责任保险作为工伤保险的补充很有必要,它能适应我国社会经济发展的不平衡性(如广东与青海、沿海与内地、东部与西部就差别很大),调动生产经营企业保障职工权益的积极性。

第二,随着我国侵权法律中的无过失责任的适用范围以及法律赔偿额度的逐渐加大,雇主所承担的民事赔偿责任风险也将越来越大。如早在 2004 年年底,包括山西在内的我国一些煤炭产区将煤矿事故遇难人员的赔偿金额从最低几千元提高到每个遇难者不得低于 20 万元人民币的补偿,这一规定后又由国家安全监督管理局统一为全国范围内的煤矿企业职工死亡赔偿最低额;②而根据我国现行《工伤保险条例》《最高人民法院关于审理人身损害赔偿案件适用法律若干问题的解释》的规定,依法应当参加工伤保险统筹的用人单位的劳动者,因工伤事故遭受人身损害,一次性工亡补助金标准为上一年度全国城镇居民人均可支配收入的 20 倍;(☞知识链接 4-1)其他未参加工伤保险统筹的用人单位,其残疾赔偿金根据受害人丧失劳动能力程度或者伤残等级,按照受诉法院所在地上一年度城镇居民人均可支配收入标准,自定残之日起按 20 年计算。(☞知识链接 4-2)可见,赔偿额度的增加,在受害者及其家属的正当权益得到保障的同时,也迫使雇主加强风险防范意识。当雇主承受不起越来越大的职业伤害赔偿风险时,其必然需要一份责任保险为其减轻负担。因此,雇主责任保险对于减轻并分散雇主的职业伤害赔偿风险负担是很有必要的。

知识链接 4-1 根据国家统计局 2023 年 2 月 28 日公布的《中华人民共和国 2022 年国民经济和社会发展统计公报》显示,全年全国居民人均可支配收入 36 883 元,比上年增长 5.0%,扣除价格因素,实际增长 2.9%。全国居民人均可支配收入中位数 31 370 元,增长 4.7%。按常住地分,城镇居民人均可支配收入 49 283 元,比上年增长 3.9%,扣除价格因素,实际增长 1.9%。城镇居民人均可支配收入中位数 45 123 元,增长 3.7%。农村居民人均可支配收入 20 133 元,比上年增长 6.3%,扣除价格因素,实际增长 4.2%。农村居民人均可支配收入中位数 17 734 元,增长 4.9%。

参见:中华人民共和国 2022 年国民经济和社会发展统计公报 http://www.stats.gov.cn/sj/zxfb/202302/t20230228_1919011.html.

---

① 邱玥.全国基本养老保险参保人数达 10.5 亿人[N].光明日报,2023-01-26:01 版.
② 王焰坤.我国尝试用高额赔偿保障矿工生命安全[N].四川工人日报,2005-03-24;田琳.5 000 元+500 斤粮食=1 个矿工的生命?[N].中国青年报,2006-06-06.

知识链接 4-2 据北京市统计局、国家统计局北京调查总队公布的数据显示，2022 年，北京全市居民人均可支配收入 77 415 元，比上年增长 3.2%。其中：城镇居民人均可支配收入 84 023 元，增长 3.1%；农村居民人均可支配收入 34 754 元，增长 4.4%。(参见：北京市统计局、国家统计局北京调查总队.2022 年北京经济保持增长质量提升[N/OL]. http://tjj.beijing.gov.cn/bwtt/31461/202301/t20230119_2905464.html,2023-01-19.)。再据国家统计局湖南调查总队发布 2022 年湖南省民生调查情况显示，2022 年，湖南全省居民人均可支配收入 34 036 元，比上年增长 6.4%。其中：城镇居民人均可支配收入 47 301 元，比上年增长 5.4%；农村居民人均可支配收入 19 546 元，增长 6.8%。(参见：刘顺国.2022 年湖南省民生调查情况发布词[N/OL]. 湖南国调信息网,国家统计局湖南调查总队. http://hnzd.stats.gov.cn/dcsj/sjfb/hns/zxfb/202301/t20230119_216891.html,2023-01-19.)

第三，在我国，对各地突发事件的应急处理和善后处理基本上都是由政府来出面解决的，原因在于我国缺乏良好的安全事故处理制度。国外经验证明，随着社会经济的进一步发展，雇主责任保险是职业伤害风险事故处理的一种重要方式，完全能成为政府履行社会管理职能的重要辅助手段之一，它能减轻政府财政负担，提高政府处理责任事故风险的行政效率。

第四，我国经济结构属于多元化，各类私营企业、合作企业、股份企业、租赁企业等在整个经济结构中所占比重很大，在这些单位工作的劳动者，尤其是农民工基本上享受不到国家工伤保险的保障，保障这些劳动者的权益已成亟待解决的现实社会问题。而开办并发展雇主责任保险对于保障这部分劳动者的正当权益、安定社会秩序以及促进私营、个体经济的健康发展有着深远意义。

第五，对外开放是我国的一项长期基本国策，经济技术的国际间合作不断扩大的趋势日趋明朗。与此相适应，来华投资的外商和我国海外投资及出国劳工也随之增加，外资企业、合资企业、外国驻华各种机构的雇佣人员以及我国的出国劳工，已经构成了一个庞大的中国雇员队伍，如果不开办雇主责任保险，不仅不利于我国参与国际间的经济技术交流与合作，也不利于吸引外商来华投资经营及维护我方劳工的正当权益。

第六，随着人们对生活质量的追求，母婴服务、养老服务、家庭服务等需求日渐增大，我国家政行业从业人员数量规模逐年稳步增长。据统计，2020 年我国家政服务人员数量为 3 504 万人，同比增长 7.1%，比 2015 年则增长了 50.64%。① 但我国家政从业者的风险保障却几近空白，因家政人员受雇期间遇到意外伤害而导致的经济纠纷屡见不鲜。如果开办家政人员雇主责任保险，对落实国家新就业形态劳动者劳动保障政策、提升职业保障水平、维护家政从业者的合法权益均具有积极意义。

由此可见，在我国加强雇主责任保险制度建设是必要且迫切的任务，国家应在《民法典》《保险法》的基础上尽快制定相应的雇主责任法律或法规，为保险公司发展雇主责任保险创造条件，保险公司也应努力开拓这一业务，为建立我国的职业伤害风险保障制度作出贡献。可以肯定，商业雇主责任保险在我国市场潜力大，它必定在我国的经济改革与发展

---

① 艾媒咨询.2021 中国家政服务行业发展剖析及行业投资机遇分析报告[R/OL]. https://report.iimedia.cn/repo27-0/39334.html?acPlatCode=shmh&acFrom=79017;中国家政服务从业人员已达 3 000 万人，约 90%人员来自农村地区——做好家政兴农大文章[N].人民日报海外版,2021-10-21.

中发挥重要作用。

四、雇主责任保险与工伤保险的关系

(一) 两者的共性

雇主责任保险是保险公司对被保险人(雇主)的雇员在受雇期间从事与职业有关的工作时因遭意外导致伤、残、死亡或患有职业性疾病而依法或根据雇佣合同应由被保险人承担的经济赔偿责任进行承保的一种商业保险。工伤保险则是对雇员因工受伤、致残而暂时和永久丧失劳动能力或死亡时,由国家和社会对雇员本人或其供养亲属提供基本生活保障的一种社会保险制度。在我国,两者的共同特性主要表现在以下几方面:

一是两者都属社会化保障机制。两者均由用人单位或雇主广泛参与,所有用人单位或雇主共同缴费形成保险基金,当雇员因工伤事故而遭受伤害时,即从保险基金中获得补偿,其体现的均是"一人为众、众为一人"的社会互济原则,是汇集社会力量并由专门机构经办的超越单位的开放型社会化保障。

二是两者均由雇主承担全部缴费义务。两者承保的均是职业伤害风险,是生产经营成本的特殊组成部分,因此,雇员个人无需承担缴费义务。

三是费率厘定的风险基础与方式相同。两者均以不同行业、不同岗位的职业伤害风险作为确定费率的依据与基础,并据此确定行业差别费率及行业内的岗位费率档次。只不过工伤保险费率由国家社会保险机构为主制定后在全国范围统一施行,而雇主责任保险费率通常是在保险监管部门批准的基准费率基础上由各保险公司适当调整浮动。例如,我国目前各行业工伤风险类别对应的全国工伤保险行业基准费率为:一类至八类分别控制在该行业用人单位职工工资总额的 0.2%、0.4%、0.6%、0.7%、0.8%、1.1%、1.3%、1.5%左右(表 4-2);然后可通过费率浮动的办法确定每个行业内的费率档次,如一类行业分为三个档次,即在基准费率的基础上,可向上浮动至 120%、150%;二类至八类行业分为五个档次,即在基准费率的基础上,可分别向上浮动至 120%、150%或向下浮动至 80%、50%。而保险公司的雇主责任保险产品则根据各自保障的风险不同而有不同的费率标准。

四是两者的保险范围基本相同。雇主责任保险与工伤保险保障的都是雇员在工作时间和工作场所内,因工作原因受到事故伤害或患职业病的风险,因工外出并因工作原因受到伤害或发生事故下落不明的,或在上下班途中受到机动车事故伤害及法律规定应认定为工伤的其他情形亦属于保险保障范围。只是,对于雇主应付索赔人的法律诉讼费用及其他相关费用,商业雇主责任保险也可以承保。

(二) 两者的差异

作为两种不同的职业伤害补偿制度,雇主责任保险与工伤保险在实践中又存在着明显的差异,并按照各自的运行规范运行。

1. 性质不同

雇主责任保险是以被保险人即雇主的雇员在受雇期间从事业务时因遭受意外导致伤、残、死亡或患有与职业有关的职业性疾病而依法或根据雇佣合同应由被保险人承担的经济赔偿责任为承保风险的一种商业责任保险。而工伤保险是指雇员在工作中或在规定的特殊情况下,遭受意外伤害或患职业病导致暂时或永久丧失劳动能力以及死亡时,雇员或其

遗属从国家和社会获得物质帮助的一种社会保险制度。

2. 法律依据不同

在我国，雇主责任保险依据的是我国《保险法》与雇主责任保险合同，它作为一种商业性业务，其直接目的是为投资者赚取尽可能丰厚的利润回报，承担的是雇主的民事损害赔偿责任或法律赔偿责任，直接保障的是雇主的私人或雇主单位利益，只是一种普通的市场交易行为，体现的仅仅是保险公司与投保人（雇主）的双向合同关系。而工伤保险依据的是我国《社会保险法》《劳动法》《劳动合同法》《工伤保险条例》《安全生产法》和《劳动争议调解仲裁法》等，其目的在于解除劳动者的职业伤害后顾之忧，确保遭受职业伤害的劳动者获得基本医疗救治与基本生活保障（含其家属），同时促进安全生产和加强职业伤害预防，它维护的是保险范围内全体劳动者的公共利益，是国家对劳动者承担的社会责任，也是劳动者应享有的基本权利，是不以营利为目的的公共政策与社会保障，体现的是国家、企事业单位与劳动者个人的关系。

3. 实施方式不同

雇主责任保险作为商业保险市场上的一项业务，只能建立在自愿成交、合同规范的基础之上，合法的保险公司才是这一业务的经办主体，各主体需要通过参与竞争才可能赢得业务。而工伤保险由法律、法规规范，借助政府行政权力强制实施，任何单位或个人均无权违背法定义务，不得调整保险内容，如我国《工伤保险条例》中规定国务院社会保险行政部门负责全国的工伤保险工作，地方各级人民政府社会保险行政部门负责本行政区域内的工伤保险工作；社会保险经办机构则具体承办工伤保险事务。

4. 保障对象不同

工伤保险因强制实施，其对象包括与用人单位存在劳动关系或事实劳动关系的各种用工形式、各种用工期限的各类劳动者。他们构成了工伤保险中的权利主体，而各类企业、有雇工的个体工商户则构成了工伤保险制度中的义务主体，它们都必须履行为其各类员工参加工伤保险并承担缴费的义务。而雇主责任保险的对象则是用人单位或雇主，保障的客体则是与投保人存在雇佣关系的劳动者，当然，经过保险人与投保人协商也可以扩展业务对象，如家庭雇工时亦可以将雇员的工作风险通过购买雇主责任保险（保险市场上有的保险公司把这种家庭雇工责任保险称为家政责任保险）转移给保险公司，这是目前工伤保险所不能涵盖的。

5. 保险费来源与保障待遇不同

工伤保险的社会保险性质，决定了其保险费事实上由国家和用人单位共同负担，用人单位依法定标准缴纳，国家则承担着免税与补亏之责；而雇主责任保险作为营利性经营活动，强调等价交换，保险费全由投保人承担，保险费率的高低由风险决定，同时包含了保险公司的利润。在待遇方面，工伤保险的待遇是依照职业伤害的等级实行全国统一的标准，包括短期待遇和长期待遇，不仅有一次性经济补偿，更重要的是对伤残、死亡者及其家属的全面保障，包括医疗期的工资、工伤医疗费、伤残待遇、死亡员工的丧葬、直系亲属的抚恤及供养；在医疗期，除免费医疗外，还有护理津贴、职业康复、伤残重建、生活辅助器具、伤残人员的转业培训与就业，以及工伤预防等补偿后的社会服务。而雇主责任保险采取的是一次性支付待遇，保险公司不承担后续义务，员工伤残后的长期生活难以得到保证，赔付时还要基于雇主责任制原则，即证明工伤的责任在雇主一方，保险公司才能负责赔偿。

6. 归责原则不同

工伤保险对职业伤害事件均按严格责任或"无过失补偿"原则处理,即劳动者在生产工作过程中遭遇工伤,无论事故责任是否属于本人、用人单位或雇主或是相关第三者,无论雇主有无过错,均可依法定标准享受工伤保险待遇,待遇给付与责任追究分开,并不因事故责任追究与归属而影响待遇给付时间及额度(本人犯罪或故意行为除外);而雇主责任保险强调以雇主的过错为赔偿条件,对于故意行为或重大过失行为或无过失行为所致的雇员伤害,保险公司一般不承担赔偿责任。

可见,工伤保险与雇主责任保险既有共性又有很多差别,两者均可以为雇主或用人单位分散职业伤害风险,并最终为劳动者提供相应的工伤保障,从而是可以互为补充、共同发展的社会化职业伤害保障机制。

(三) 两者的协同

雇主责任保险与工伤保险都是工业化国家普遍建立的职业伤害保障机制,其客观功效相似,但性质差异较大。在工伤保险制度健全的国家,雇主责任保险的发展空间有限,反之亦然。在许多国家,雇主责任保险与工伤保险不仅是可以替代的关系,也是可以并存及互补的关系。这一方面是由于工伤保险不可以包保一切雇主责任风险;另一方面则是工伤保险的保障责任是不可选择的基本风险保障,一旦超过了工伤保险额度的合法索赔,还是要由雇主担责,这类风险只能通过商业性质的雇主责任保险来解决。在工伤保险欠发达的国家,雇主责任保险还往往会成为强制性业务。也就是说,在工伤保险基金中不补偿或补偿额度低的项目,雇主责任保险可以承保或特别约定给予承保。如工伤保险诊疗项目目录、工伤保险药品目录、工伤保险住院服务标准之外的费用,以及雇员住院治疗工伤的伙食补助费、转外地治疗的交通食宿费、停工留薪期内的工资福利及陪护费、伤残等级为五级和六级且难以安排工作的工伤雇员伤残津贴、用人单位欠缴工伤保险费期间工伤雇员的工伤保险待遇等费用是工伤保险基金不予补偿而由雇主或用人单位自己承担的部分,对于这部分费用便可以在雇主责任保险合同项下进行承保与理赔。我国的职业伤害风险随着工业化进程的加快而持续扩张,但雇主责任保险发展却不成熟,工伤保险制度亦已实施,但至今覆盖面还比较小,因此,有必要推进雇主责任保险与工伤保险的协调发展。换言之,我国既需要一个健全的工伤保险制度,也需要有发达的雇主责任保险市场。而两者的协调发展,将使我国的职业伤害保障制度更为健全与合理;两种机制的互补,将使解决职业伤害的社会成本更为合理,同时使职业伤害风险的处理机制更为高效。只有这样,才能有效地发挥出它们的整体功效。①

五、雇主责任保险与人身意外伤害保险的区别

尽管雇主责任保险与人身意外伤害保险均是对人的身体与生命的保险,但两者之间又存在着根本的区别。②

1. 保险性质不同

雇主责任保险承担的是雇主的民事损害赔偿责任或法律赔偿责任,是一种无形的利益

---

① 许飞琼.雇主责任保险与工伤保险的协调发展[J].社会保障制度.2005(7).
② 郑功成,许飞琼.财产保险[M].6版.北京:中国金融出版社,2020:323-324.

标的,它属于责任保险范畴;而人身意外伤害保险承保的却是自然人的身体与生命,是一种有形的实体标的,它一般属于普通人身保险的范畴。

2. **保险责任不同**

雇主责任保险仅仅负责赔偿雇员在执行任务时或在工作场所内遭受到的意外伤害;而人身意外伤害保险则对被保险人不论其是否工作时间或工作场所所受到的伤害均予负责。雇主责任保险还负责雇员的职业病,而人身意外伤害保险却不承担此项责任。

3. **承保条件不同**

雇主责任保险需要以民法和雇主责任法或雇佣(劳动)合同为承保的客观依据;而人身意外伤害保险只要是自然人均可以自由投保。

4. **保障效果不同**

雇主责任保险的被保险人是雇主,但客观上又直接保障了雇员的权益,且大多采取强制承保的方式实施,从而被公认为具有社会保障性质;而人身意外伤害保险则只是保障被保险人自己的利益,完全采取自愿投保的方式,是保险人与被保险人之间的等价交换行为,从而只能成为社会保障的补充。

5. **计费与赔偿的依据不同**

雇主责任保险计算保险费与赔款的依据,是雇员的月工资额,即每一个雇员的月工资收入是计算雇主为其应缴保险费和其应得赔偿金额的基础;而人身意外伤害保险却以保险双方事先商定的保险金额作为计算保险费和给付保险金的依据。

6. **目的不同**

雇主责任保险是为缓和劳资纠纷、保障雇员的利益而产生并发展起来的,其客观上还起到保障雇主权益的作用,因此许多国家立法强制实施雇主责任保险。意外伤害保险是为应对被保险人不幸因意外事故引致身故或残疾的风险而产生和发展起来的,其为被保险人及其家庭提供切实的经济保障。

由于人的身体和生命是没有客观价值标准的,因此,即使上述保险同时存在,雇员所获得的赔偿金(医药费用除外)也不使用比例赔款的方式。例如,张某参加了人身意外伤害保险,保险金额为50万元;张某所在的单位参加了雇主责任保险,其中张某的赔偿限额标准是60个月的工资收入,约60万元。张某在工作场所因意外事故丧生,则其家属依据民法的原则和雇佣或劳动合同可以向雇主索取经济赔偿,承保雇主责任保险的保险人应当代其支付受害人家属赔偿金约60万元;同时,张某的家属可以依据张某生前与保险人签订的人身意外伤害保险合同,索取50万元的人身意外保险金,两者可以兼得。雇主或保险人均不能以其家属获得了双份赔偿金而拒付或分摊赔偿金。

综上,雇主责任保险与人身意外伤害保险两者之间的区别如表4-1所示。

表4-1 雇主责任保险与人身意外伤害保险的区别

保险种类	雇主责任保险	人身意外伤害保险
业务性质	责任保险	人身保险
实施方式	自愿(有强制)	自愿
投保人	雇主	雇主或雇员个人

(续表)

保险种类	雇主责任保险	人身意外伤害保险
被保险人	雇主	雇员
被保障雇员名单	不需要，但要告知总人数	需要（计名）
承保主体	商业保险公司	商业保险公司
保险标的	雇主的法律赔偿责任	雇员的身体或生命
保险责任	工伤事故、视同工伤类型和职业病	意外事故
保险时间	受雇工作期间（含上下班期间）	24小时
赔偿金给付对象	被保险人（先赔付给雇主，再由雇主赔付给受伤害的员工或其家属）	被保险人或受益人
保险金额	以实际工资总额为基础	保险合同双方约定
保险费计收与赔偿依据	以雇员的工资收入或赔偿限额计收保险费并确定赔偿标准	保险合同双方约定保险赔偿限额作为计收和给付保险金的依据
适用法律/条款	《保险法》/保险合同条款	《保险法》/保险合同条款
伤残鉴定/标准	劳动能力鉴定委员会	司法鉴定机构/人身保险行业标准
职业病	赔偿	无
医疗费	无限额（但保险合同整体约定有限额）、有免赔	有限额、一般有免赔
误工费	赔偿	无
法律费用	赔偿	无

第二节　雇主责任保险的合同内容

一、保险责任

一般来说，保险人对被保险人（雇主）承担的责任，就是被保险人（雇主）根据民法或雇主责任法或雇佣合同应承担的责任。然而，雇主是根据法律或雇佣合同对雇员负责，保险人则根据雇主责任保险合同对雇主负责，两者虽有联系，也有区别。例如，雇主责任保险合同中的责任并非承担雇主对雇员的一切法律赔偿责任，而是在以法律赔偿责任为前提的条件下规定若干限制条件。又如，赔偿标准，不仅承担雇主对雇员的赔偿金，往往还可负责有关费用，但又要受赔偿限额的限制。因此，雇主责任保险的保险责任必须是保险合同中规定的范围。

根据雇主责任保险的惯常做法，保险人一般承担下述四项责任：

第一，被保险人所雇佣的员工在保险单列明的地点于保险有效期内，从事与其职业有关的工作时（即受雇过程中，包括上下班路途中和因工外出期间）遭受意外而致伤、残、死亡或者发生事故下落不明,被保险人根据法律或雇佣合同应承担的经济赔偿责任。被保险人所雇佣的员工,是指其一切直接雇佣的年满十六周岁的劳动者及其他按国家规定和法定途径审批的劳动者,包括短期工、临时工、季节工、学徒工和长期固定工。雇佣关系,是指雇主与雇员双方之间存在着直接的权利和义务关系,且有雇佣合同为依据;雇主本人、未在本单位工作的雇主的直系亲属、已办离退休手续的职工及在投保当时已患重症的患者不纳入保险承保对象范围。保险单上列明的地点,是指员工在被保险人处工作的场所,也包括因工外出期间的工作场所。遭受意外,是指突然的、不可预料的意外事故。凡与被保险人无雇佣关系或从事与其相应职业无关的工作活动或不在上班时间所遭受的意外伤害,保险人不予负责。上述内容实质上是保险人对自己代替被保险人(雇主)承担法律赔偿责任的限制条件,以此达到控制风险的目的。

第二,因患有与工作或所从事职业有关的、为政府有关部门明文规定的法定职业病而致雇员人身伤残、死亡的经济赔偿责任。(☞知识链接4-3)职业病之外的其他疾病一般除外不保,但在工作时间和工作岗位,突发疾病死亡或者在48小时之内经抢救无效死亡,由雇主承担的经济赔偿责任,保险人在保险合同约定的赔偿金额内予以赔偿。

知识链接4-3 职业病,是指符合国家现行的职业病分类和目录的疾病。职业病的确定,需要满足4个条件:一是劳动者必须与用人单位存在事实雇佣关系,且用人单位必须是合法的用人单位(包括个体经济组织);二是必须是在从事职业活动的过程中产生的;三是必须是因接触粉尘、放射性物质和其他有毒、有害因素引起的;四是必须是国家公布的《职业病分类和目录》所列的疾病,且符合国家职业病诊断标准。职业病虽非事故,但其致病原因却是因为从事一定的劳动而遭受的特殊疾病,它同样会给劳动者造成身心损害的严重后果。因此,职业病亦应当纳入雇主责任保险补偿的范围。最早把职业病纳入职业伤害补偿范围的是1906年英国的《职业补偿法修正案》,它将6种职业病列入可赔偿的范围之内。法国在1919年、德国在1925年也开始把职业病列入赔偿范围。1964年国际劳工组织《职业伤害赔偿公约》(第121号)把15种疾病列入职业病范围,到1980年被国际劳工组织列为职业病的疾病已经达到29种。现代世界各国的职业伤害保障制度中,都把职业病包括在内。在我国,现行的职业病分类和目录是中国卫生和计划生育委员会(现为国家卫生健康委员会)、人力资源社会保障部、安全监管总局、全国总工会4部门于2013年12月23日联合印发的《职业病分类和目录》,该《职业病分类和目录》将职业病分为职业性尘肺病及其他呼吸系统疾病、职业性皮肤病、职业性眼病、职业性耳鼻喉口腔疾病、职业性化学中毒、物理因素所致职业病、职业性放射性疾病、职业性传染病、职业性肿瘤、其他职业病10类132种。

第三,被保险人依法应承担的雇员的医药费。该项医药费的支出以雇员遭受前述两项事故而致伤残为条件,对于非前述两项事故所致的雇员医药费,保险人仍不负责。对于医药费,不同的公司有不同规定。而根据中国保险行业协会雇主责任保险示范条款规定,医疗费用具体项目包括如下四类:①挂号费、治疗费、手术费、检查费、医药费。②住院期间的床位费、陪护费、伙食费、取暖费、空调费。③就(转)诊交通费、急救车费。④安装假肢、假牙、假眼和残疾用具费用。对上述费用,保险人在保险合同约定的每人医疗费用责任限额内据实赔偿。上述医疗费用的发生,除紧急抢救外,雇员均应在二级以上(含)或保险人认可的医疗机构就诊。此外,被保险人承担的诊疗项目、药品使用、住院服务及辅助器具配置费用,保险人均按照国家工伤保险待遇规定的标准,在依据上述费用项目的基础上,扣除每次事故每人医疗费用免赔额后进行赔偿。

第四,应支出的法律费用,包括抗辩费用、律师费用、取证费用以及经法院判决应由被保险人代雇员支付的诉讼费用。但该项费用必须是用于处理保险责任范围内的索赔纠纷或诉讼案件,且是合理的诉诸法律而支出的额外费用。

此外,对于被保险人的雇员在抢险救灾等维护国家利益、公共利益活动中受到伤害,或原在军队服役,因战、因公负伤致残,已取得革命伤残军人证,到用人单位后旧伤复发等所导致的损失,以及法律、行政法规规定应当认定为工伤的其他情形所造成的应由被保险人承担经济补偿的损失,也予以承担赔偿责任。

当然,各保险人在具体经营中,还可以对上述责任范围根据具体情况进行修订、调整或扩展,并同时剔除各项责任免除。

二、责任免除

除了对保险责任规定的限制条件,保险人在雇主责任保险中还要规定若干责任免除,以进一步明确被保险人的风险转嫁范围和保险人承担责任的风险范围。雇主责任保险的常规责任免除,一般有如下几项:

第一,战争、敌对行动、军事行为、武装冲突、罢工、暴动、民众骚乱、恐怖活动、核辐射、核爆炸、核污染及其他放射性污染、地震及其次生灾害等引起雇员的人身伤害,保险人不负责任。

第二,被保险人的故意或重大过失行为。保险人对于此项责任免除的认定要经过充分调查研究后才能下结论,即保险人不要轻易以此拒赔,以免引起纠纷。

第三,被保险人对其承包人的雇员所负的经济赔偿责任。前已述及,雇主责任的构成以雇主与雇员之间有直接雇佣合同关系为条件,而承包人的雇员与承包人是直接雇佣关系,应由承包人直接对其负责,即由承包人投保雇主责任保险来获得保障。因为承包人的雇员与承包人的雇主是间接的雇佣关系,故而除外。但是,在某些承包合同中,明确规定项目所有人对其承包人的雇员负责,因而项目所有人对承包人的雇员实际上有一种合同责任,尽管是间接的雇佣关系,保险人亦可加批承保。

第四,被保险人在合同项下应承担的责任以及因合同而未能从合同对方获得应该获得的赔偿,保险人不负责任(少数合同责任经保险双方特别约定例外)。

第五,被保险人的雇员自身的故意行为和违法行为造成的伤害,如雇员自加伤害、自杀、犯罪行为、酗酒及无照驾驶各种机动车辆所致的伤残或死亡。因为雇主责任保险项下被雇人员是最终的受益人,故保险人对雇员自己的故意或违法行为所致的伤害在任何情况下均不负责任。

第六,在工作时间和工作岗位,被保险人的雇员在投保时由于疾病、传染病、分娩、流产以及由此而施行内、外科治疗手术所致的伤残、死亡所发生的费用及医药费(在工作时间和工作岗位,突发疾病死亡或者在48小时之内经抢救无效死亡的约定的不在此限)。因为正常疾病或正常手术及其导致的伤残、死亡及医药费均与被雇人员从事的职业无关,故而除外不保。但被保险人若要求扩展这一责任时,保险人亦可承保,并出具批单,加收保险费。

第七,下列损失、费用和责任,保险人也不负责赔偿:①行政行为或司法行为导致的损失;②精神损害赔偿;③被保险人的间接损失;④被保险人的工作人员因保险合同列明情形之外原因发生的医疗费用;⑤罚款、罚金及惩罚性赔款;⑥超出雇员所在地工伤保险诊疗项目目录、工伤保险药品目录、工伤保险住院服务标准的医疗费用;⑦工伤保险已经支付的医疗费用;⑧保险合同中载明的免赔额。

三、保险责任期限及其他事项

雇主责任保险的责任期限,通常为1年,期满续保。但若雇主限于某些特殊的雇佣合同期限的需要,也可按该雇佣合同的期限投保不足1年或1年以上的雇主责任保险。如果保险责任期限为2年或2年以上,保险费应每年计收,以保证财务核算与保险人所承担的年度风险责任相适应。

在保险责任期限内,被保险人应加强对业务的安全管理,并采取合理的预防措施,防止伤害事故发生,否则,保险人可视情况而拒赔或减少赔付金额以示对被保险人不尽义务的惩罚。另外,被保险人也可以随时申请退保(法定强制雇主责任保险例外),并按规定获得部分退费。

值得指出的是,我国对外承包工程、派出劳工或在当地雇佣人员的单位(承包人或驻外机构)增长很快,而丰富的劳动力资源及海外经济技术输出规模的扩大使出国劳工队伍迅速壮大。按国际习惯做法,投保雇主责任保险时,因国内外法律制度的差异,我国保险公司在力争承保的情况下在保险责任与赔偿规定方面实行内外有别的做法,即对国内雇主责任保险与涉外雇主责任保险一般均有承保条件不同的保险方案,对国内输出劳工与雇佣的外国劳工是有区别的。

四、雇主责任保险的扩展责任

1. 附加第三者责任保险

附加第三者责任保险承保被保险人(雇主)因其疏忽或过失行为导致除雇员以外的他人人身伤害或财产损失的法律赔偿责任。该项责任实质上是公众责任保险的范畴,雇主可以投保公众责任保险来转嫁风险,但若被保险人要求在雇主责任保险项下加保,保险人可采用公众责任保险的方法予以扩展加保,并另行收取保险费。

2. 附加雇员第三者责任保险

在国外,雇员第三者责任保险因其与雇主责任有密切关系,保险人大多将其作为雇主责任保险的扩展责任予以承保,也有的保险人单独设计保险方案承保该项风险。

附加雇员第三者责任保险,承保被保险人的雇员在保险期间内从事保险合同载明的被保险人业务时,因意外或疏忽,造成第三者人身伤亡或财产损失,依法应由被保险人承担的经济赔偿责任,保险人按照本附加险合同约定,在保险合同载明的本附加险责任限额内负责赔偿。如雇员在工作中造成他人伤害并由此导致的医疗费、误工工资、赔偿金或抚恤金等,根据法律或雇佣合同应由雇主承担赔偿责任,雇主面临的这种由雇员带来的责任风险,就有借保险转嫁的必要。保险人可以将其作为雇主责任保险的扩展责任予以加保,并另行计算收取保险费,但有赔偿限额的规定。一般来说,保险人有两方面的规定:一是以对每次事故人身伤亡的赔偿金额与每次事故财产损失的赔偿金额之和不超过保险合同载明的第三者责任每次事故责任限额;二是在保险期间内,保险人对第三者责任的累计赔偿金额不超过保险合同载明的第三者责任累计责任限额。

附加雇员第三者责任保险险种对于下列责任,保险人一般不负责赔偿:①被保险人的雇员因驾驶各种机动车辆造成第三者人身伤亡或财产损失所引起的赔偿责任;②被保险人的雇员因从事医师、律师、会计师、建筑师、美容师等其他专门职业造成第三者人身伤亡或财产损失所引起的赔偿责任。

3. 附加医药费保险

附加医药费保险,是保险人应被保险人的要求扩展承保被保险人的雇员在保险期限内因患疾病等所需的医疗费用的保险,它实质上属于人身保险或医疗保险的范畴。

雇员医药费用的发生,不论是否遭受意外伤害,也不论是否与职业有关,凡是因疾病包括正常疾病、传染病、分娩、流产等而支付的治疗费、医药费、手术费、住院费等,均可以通过附加医药费保险来获得保障。

在实务经营中,保险人应采用人身保险或医疗保险的经营方式,并对每个雇员规定累计赔偿限额,根据个人的具体情况适用单独的保险费率。被保险人索赔时应提供医院或保险人指定医院出具的收据等有关单证。凡医药费附加保险条款中未规定的事项,均适用于雇主责任保险合同中的条款,包括责任免除在内。

值得指出的是,该项附加责任一般不包括雇员的出国诊所费用,即其承保地域范围仅限于国内医院或诊疗所(无合格营业执照的医疗机构及私人诊所除外)。如果被保险人就其雇员出国诊治也要求保险人扩展承保,则还必须在此基础上再行加具批单,加收保险费。同时还要考虑或规定下列条件:第一,了解被保险人的雇员是否有宿疾,以往治病情况;第二,所去国家的医药费用的大概情况;第三,规定只能在国外公立医院诊疗;第四,只能在累计赔偿限额内赔偿。因此,附加医药费保险和附加出国医药费保险虽然意义相同,但在保险中却是两项不同层次的附加险,在经营中应严格区分,审慎确定。

4. 附加疾病引起人身伤亡的保险

由疾病引起被保险人的雇员的人身伤亡,本不在雇主责任之列,也不在雇主责任保险范围。但某些雇主为了扩大保障范围,以此作为福利来吸引雇员工作,亦可能要求保险人加保。如果保险人同意扩展承保,就对被保险人的雇员在保险有效期内因疾病而致的人身伤亡负赔偿责任,但对牙科病和精神病引起的雇员伤亡,一般仍列为责任免除。

保险人在扩展承保雇员疾病引起人身伤亡的保险时,应调查了解被保险人的雇员的健康状况、有否职业性疾病、当地医疗设施、医疗技术水平等因素,并在此基础上评估风险,厘订合理的附加费率,计算增收的保险费。

5. 附加公务员出国责任保险

附加公务员出国责任保险是保险人专门承保雇主(被保险人)的工作人员在公务出国期间因意外事故导致伤残或死亡,依照我国法律应由雇主(被保险人)承担经济赔偿责任的保险。该附加险必须在投保雇主责任保险的基础上,经保险合同双方特别约定,且投保人已支付相应附加保险费才有效。当保险事故发生时,保险人在责任限额内负责赔偿。但被保险人支付的境外(包括中国香港、澳门及台湾地区)医疗费用,保险人不承担赔偿责任。

6. 附加战争等危险的保险

战争、罢工、暴动、骚乱等均是责任保险的常规责任免除,但在雇主责任保险中,此类风险中的部分风险责任,保险人亦可作为附加责任予以扩展承保。

在实务经营中,若被保险人要求加保雇员因战争、类似战争行为、恐怖、造反、罢工、暴乱、民众骚乱原因而遭受的人身伤害,保险人应在保险单上列明,并规定限制条件。一般来说,附加上述风险责任的限制条件有如下几条:第一,被保险人及其雇员不能是上述事件的制造者或参与者;第二,除保险单列明的上述事件之外的原因所致的雇员人身伤害除外;第三,保险人有权提前24小时通知被保险人取消该项附加责任。

承保上述风险责任时,保险人应在了解被保险人的业务性质、公共关系、所在地治安情况以及经营管理措施、劳资关系等情况的基础上进行风险评估,决定承保后按规定增收保险费。对于扩展本项责任之外的其他条件,均适用于雇主责任保险合同中的规定。

7. 附加核子辐射责任保险

附加核子辐射责任保险主要是承保雇主(被保险人)的雇员从事核工业生产、研究、应用工作过程中,由于突然发生的核泄漏事件受到伤害,或由于核辐射而患有职业病,被依法认定为工伤,并依照我国的法律应由雇主(被保险人)承担经济赔偿责任的保险。该附加险必须在投保雇主责任保险的前提下,经保险合同双方特别约定,且投保人已支付相应附加保险费才有效。当保险事故发生时,保险人按照本附加险合同约定,在责任限额内负责赔偿。

第三节 雇主责任保险的经营

一、雇主责任保险的承保

(一) 风险调查评估

对于雇主责任保险的承保,保险公司应根据自身的资金实力、技术水平、人员素质等条件对承保风险进行风险评估,通过对现有的雇主责任风险的历史资料、国外同行业所掌握的同类资料等进行综合预测评估分析,判断雇主责任风险的大小。对不能承保的责任风险坚决不承保,对超出承受能力的业务通过再保险方式转移风险,以保持公司的财务稳定。具体而言,即保险人在承保雇主责任保险时,应向投保人及有关方了解其详细的业务情况,并力争派员赴现场查勘,做好调查或查勘记录,以便对所承保业务的风险进行科学评估。一般来说,保险人应调查了解下列主要事项:

(1) 被保险人的业务性质,即属于哪类行业?主要从事何种业务生产经营?有无影响雇员安全生产或健康的特别危险存在?

雇主责任保险承保的风险是被保险人的雇员在工作过程中所遭受的意外伤害或患职业病风险,而被保险人所处的行业特性决定了其雇员的工作环境和工作性质的危险程度。因此,了解被保险人所在的行业风险是首要任务。表4-2是我国工伤保险部门按照国家质量监督检验检疫总局和国家标准化管理委员会联合发布的《国民经济行业分类》(GB/T 4754—2017)确定的对不同行业的工伤风险程度,由低到高,依次将参保单位划分为一类至八类,可供雇主责任保险承保人参考。

表4-2 工伤保险行业风险分类及基准费率表

行业类别	行业名称	基准费率
一	软件和信息技术服务业,货币金融服务,资本市场服务,保险业,其他金融业,科技推广和应用服务业,社会工作,广播、电视、电影和影视录音制作业,中国共产党机关,国家机构,人民政协、民主党派,社会保障,群众团体、社会团体和其他成员组织,基层群众自治组织,国际组织	0.2%
二	批发业,零售业,仓储业,邮政业,住宿业,餐饮业,电信、广播电视和卫星传输服务,互联网和相关服务,房地产业,租赁业,商务服务业,研究和试验发展,专业技术服务业,居民服务业,其他服务业,教育,卫生,新闻和出版业,文化艺术业,土地管理业	0.4%
三	农副食品加工业,食品制造业,酒、饮料和精制茶制造业,烟草制品业,纺织业,木材加工和木、竹、藤、棕、草制品业,文教、工美、体育和娱乐用品制造业,计算机、通信和其他电子设备制造业,仪器仪表制造业,其他制造业,水的生产和供应业,机动车、电子产品和日用产品修理业,水利管理业,生态保护和环境治理业,公共设施管理业,娱乐业	0.6%
四	农业,畜牧业,农、林、牧、渔服务业,纺织服装、服饰业,皮革、毛皮、羽毛及其制品和制鞋业,印刷和记录媒介复制业,医药制造业,化学纤维制造业,橡胶和塑料制品业,金属制品业,通用设备制造业,专用设备制造业,汽车制造业,铁路、船舶、航空航天和其他运输设备制造业,电气机械和器材制造业,废弃资源综合利用业,金属制品、机械和设备修理业,电力、热力生产和供应业,燃气生产和供应业,铁路运输业,航空运输业,管道运输业,体育	0.7%
五	林业,开采辅助活动,家具制造业,造纸和纸制品业,建筑安装业,建筑装饰和其他建筑业,道路运输业,水上运输业,装卸搬运和运输代理业	0.8%
六	渔业,化学原料和化学制品制造业,非金属矿物制品业,黑色金属冶炼和压延加工业,有色金属冶炼和压延加工业,房屋建筑业,土木工程建筑业	1.1%
七	石油和天然气开采业,其他采矿业,石油加工、炼焦和核燃料加工业	1.3%
八	煤炭开采和洗选业,黑色金属矿采选业,有色金属矿采选业,非金属矿采选业	1.5%

(2) 保险地点所处的地理环境及周围情况,如地形条件、地理位置、周围环境等。

(3) 雇员工作场所的房屋建筑物等级或结构,是室内作业还是露天或野外作业?是否存在有损于雇员健康的污染?

(4) 雇员的人数、结构、性别、年龄及健康状况。

(5) 雇员的工种划分及其技术熟练程度,是否经过岗前培训?

(6) 保险地点的安全设施及应急抢救措施或手段如何?

(7) 被保险人有无医务室及专职医护人员?有无合同医院或附近有无医疗点?医疗技术及设施如何?

(8) 被保险人的管理人员结构及水平如何?有无专门的安全或应急管理机构(或人员)?

(9) 雇员工资收入如何?被保险人有无对雇员发放工资及其他报酬的合乎规定的完整的账册或记录?

(10) 劳资关系如何?

(11) 被保险人有几方？各方之间的关系如何？

(12) 被保险人以往的事故记录、损害情况如何？雇员及其家属索赔情况如何？

(13) 有关法律或雇佣合同中对雇员伤残、死亡及职业病等规定的赔偿原则及限额高低。

(14) 有无参加工伤保险？

(15) 被保险人有无扩展责任的要求？与扩展责任相应的风险如何？

（二）承保时需要明确的问题

风险评估是保险人承保业务的基础工作，保险条件的确定还需要保险人与投保人进一步协商，并在雇主责任保险合同中明示。雇主责任保险在合同签订时需要明确的问题，主要有以下几项：

第一，被保险人的全称及地址。如有多个被保险人，各自的名称及地址均须明确列出。

第二，投保雇员的人数、工种、月工资收入、年工资额。

第三，保险人承担责任的地域范围限制，即保险事故须发生在保险合同中规定的承保区域范围，保险人才予负责。对此，保险人一般规定为被保险人的工作场所（投保单位范围内），如"××工厂""××商场"等，对于外勤雇员，应要求特别约定，另行确定有关承保条件。

第四，赔偿限额，即保险人承担的雇员伤残、死亡赔偿标准（最高限额）分别为雇员的多少个月工资须予明确规定。

第五，投保人要求扩展哪些责任？保险人选用哪些附加险条款或设计新的保险方案，其承保条件与保险费率等如何拟定？

第六，确定保险责任期限。

明确了上述内容，保险人可以签发雇主责任保险单，并加贴有关扩展责任的条款或批单，雇主责任保险关系即告建立。鉴于雇主责任保险在承保后经常会有变动，如裁减或解雇或增加雇员、撤换管理人员、增减雇员工资、更新机器设备甚至变换股东等，保险人在承保时只能根据投保人的投保申请书预收保险费，待保险期满时再根据其实际人数及实际支付的工资总额进行调整，实行多退少补。同时，保险人在承保后还应经常派人前往被保险人处查核雇员名单并督促被保险人加强安全管理，发现问题及时提出改进建议，以避免或减少事故发生。

总之，承保是雇主责任保险经营实务的首要环节，保险人应在风险调查并合理评估风险的基础上确定承保条件，设计保险方案，做到审慎承保。

二、雇主责任保险的保费计算与赔偿限额

（一）保险费率

雇主责任保险采用预收保险费制，保险费可按赔偿限额与一定的基本费率来确定，也可按不同工种雇员的适用费率乘以该类雇员年度工资总额计算得出。无论哪种方式，原则上规定在签发保险单时一次收清。

雇主责任保险的费率一般在基本费率的基础上按照不同行业和不同工种的雇员分别调整订定。有的同一行业基本上适用一个费率系数；有些工作性质比较复杂、工种较多的行业,还须规定每一工种雇员的适用费率系数。行业费率根据行业风险大小来确定(表4-2)。例如,A公司制定的基本费率分伤亡、医疗费用与法律费用三种,其基本费率、医疗费用赔偿限额调整系数及免赔额调整系数分别如表4-3、表4-4和表4-5所示;而其不同行业的费率通过一定的系数来进行调整,如一类至八类行业风险调整系数分别为0.8、1.0、1.2、2.0、2.5、3.5、4.5、6.5,等等。

表 4-3 A 公司雇主责任保险主险年度基本费率表

赔偿限额(万元)	费率
每人伤亡责任(2~50)	0.2%~1.4%
医疗费用责任(每人伤亡责任限额的40%~60%)	1%
法律费用责任(每人伤亡责任限额的20%~50%)×人数	0.25%

表 4-4 A 公司每人医疗费用赔偿限额调整系数表

每人医疗费用赔偿限额(万元)	调整系数
1~3(含3,下同)	0.9~1.1
3~5	0.7~0.9
5~10	0.6~0.7
10~20	0.6

表 4-5 A 公司免赔额调整系数(仅适用医疗费用责任)

每人每次事故免赔额(元)	调整系数
100	1.1~1.2
300	0.9~1.0
500	0.8~0.9

注:若同时设定10%或以上的免赔率,则免赔额调整系数可以降低0.1。

厘订雇主责任保险费率的另一个依据就是赔偿限额,即看保险人代雇主承担其对雇员伤残、死亡事件的总赔偿限额高低或多少个月工资额的赔偿责任。在同一工种条件下,限额越高,费率越高,但不一定成比例增长,如表4-3、表4-4的伤亡赔偿限额和医疗费用赔偿限额的规定。再如表4-6所示的B保险公司的雇主责任保险费率就是按多少个月工资额的赔偿限额来制定的。

对于被保险人要求扩展的附加责任保险,有的可以将该风险责任在雇主责任保险基本费率的基础上按一定比例增加费率,并统一计算保险费;有的将其按风险大小确定单独的费率,另行计算,收取保险费。

(二)保险费的计算

如前所述,保险费可按赔偿限额的等级来确定,也可按若干个月的工资总额来确定。

表 4-6 B公司雇主责任保险费率表

类别号	人员分类	雇主责任保险费率				
		死亡36个月工资，伤残48个月工资	死亡48个月工资，伤残60个月工资	死亡60个月工资，伤残72个月工资	死亡72个月工资，伤残84个月工资	死亡84个月工资，伤残96个月工资
1	室内工作在职人员,如职员、内勤服务员、打字员、传达员、保育员等	1.2%	1.5%	1.8%	2.1%	2.4%
2	轻体力劳动人员,如清洁工、司机、电梯司机、外勤、通讯员、洗衣工、炊事员、花匠等	1.6%	2.0%	2.4%	2.8%	3.2%
3	无特别危险的劳动人员,如地毯包装工艺、手工艺、木工、电影制片、电子、纺织、食品、汽车修理等	2.0%	2.5%	3.0%	3.5%	4.0%
4	相当危险的劳动人员,如建筑、石油、钻井、钢铁、安装工程等	2.4%	3.0%	3.6%	4.2%	4.8%
5	较大危险的劳动人员,如水泥厂、锯木、造船、油漆、塑料、化工、橡胶、起重操作、桥梁等	2.8%	3.5%	4.2%	4.9%	5.6%
6	特别危险的劳动人员,如建筑、石油、钻井、钢铁、安装工程等	3.2%	4.0%	4.8%	5.6%	6.4%
7	高空、深水、勘探作业等	3.6%	4.5%	5.4%	6.3%	7.2%

1. 按赔偿限额的等级确定

按赔偿限额的等级确定,保险费的计算公式如下：

$$\text{每人保险费} = \text{每人死亡赔偿限额} \times \text{基本费率} \times \text{行业类型系数} + \text{每人医疗费用赔偿限额} \times \text{基本费率} \times \text{行业类型系数}$$

雇主或投保人应缴纳的总保险费如下：

$$\text{总保险费} = \text{每人保险费之和}$$

2. 按工资总额来确定

按工资总额来确定,保险费的计算公式如下：

$$\text{应收保费} = A\text{工种}(\text{年工资总额} \times \text{费率}) + B\text{工种}(\text{年工资总额} \times \text{费率}) + \cdots\cdots$$

如用符号表示,则上述公式如下：

$$\sum x_i f_i = x_1 f_1 + x_2 f_2 + \cdots + x_n f_n$$

其中,$\sum x_i f_i$ 代表各工种应收保险费之和,x 代表年工资总额,f 代表该工种适用费率,i 代表工种。年工资总额(x)等于该工种人数乘以月平均工资收入乘以12。

如果有扩展责任,还应另行计算,一并相加,即为该笔保险业务的全额保险费收入。

(三) 赔偿限额

赔偿限额是雇主责任保险人承担赔偿责任的最高限额,它以雇员的工资收入为依据,由保险双方当事人在签订保险合同时确定并写入保险合同。雇主责任保险赔偿限额的特点在于保险单上仅规定一个数额标准或若干个月工资收入为限。如果投保人按照保险公司事先设计的限额等级来选择投保,在保险期内发生责任事故时,保险公司以不超过投保人所选择的最高责任限额为赔偿责任。如果是按照若干月的工资总额为限,具体的赔付金额还需通过计算每个雇员的月均工资收入及伤害程度才能获得。其计算公式如下:

$$赔偿限额 = 雇员月均工资收入 \times 规定月数$$

确定以若干月的工资总额作为赔偿限额时,应考虑下述因素:①每个雇员的工种及月工资数。②死亡赔偿限额,应为每个雇员若干个月的工资额之和。具体多少个月的工资额为宜,保险人可规定若干档次(如72个月,60个月,48个月等)由被保险人选择,也可以依据有关法律、法规及雇佣合同规定或保险双方协商确定。一般而言,死亡赔偿限额应低于永久性伤残的赔偿限额。③伤残赔偿限额,确定方式同死亡赔偿限额,但要考虑其养老或伤残扶养的生活保障,其最高限额应超过死亡赔偿限额。④按公式计算出每个雇员单独的赔偿限额,作为赔偿的标准或直接依据。

在业务经营中,保险人还应注意下列问题:

第一,死亡赔偿限额与永久伤残赔偿限额不能同时兼得。对于死亡雇员,保险人只能赔付其规定的个人死亡赔偿限额,如48个月的工资额,只赔付相当于该雇员48个月工资额的赔偿金,此外不再承担任何责任,对于永久伤残的雇员,保险人在规定最高赔偿限额的同时,还要按雇员受伤残的程度来确定不同标准的具体赔付金额,即按一定百分比赔付。如表4-7中的A公司将受伤害的雇员分为一级至十级共十个等级;一级伤残即永久丧失工作能力者可获得伤残最高赔偿限额全额赔付,二级至十级伤残则分别按80%～1%的比例赔付。

表4-7　A公司雇主责任保险合同伤亡赔偿比例表

项目	伤害程度	保险合同约定每人伤亡责任限额的百分比
(一)	死亡	100%
(二)	永久丧失工作能力或一级伤残	100%
(三)	二级伤残	80%
(四)	三级伤残	65%
(五)	四级伤残	55%
(六)	五级伤残	45%
(七)	六级伤残	25%
(八)	七级伤残	15%
(九)	八级伤残	10%
(十)	九级伤残	4%
(十一)	十级伤残	1%

第二,月工资标准。雇员的月工资收入可能是经常上下波动的,对此,保险人一般规定以雇员在事故发生之日或经过医生证明发生疾病之日前的 12 个月的平均工资收入为准;如不足 12 个月的,可按雇员实际月数平均计算。也有的保险人按事故发生当月雇员所收工资数目为准。

第三,每一雇员均适用自己的赔偿限额。例如,某企业雇员王某和李某,王某月均工资为 7 500 元,李某月均工资为 7 000 元,假定保险人规定的死亡赔偿限额和一级伤残赔偿限额分别为 48 个月和 60 个月,则各自的赔偿限额不同,如表 4-8 所示。

表 4-8 赔偿限额计算表

单位:元

保险人	月均工资	死亡赔偿限额	伤残赔偿限额
王某	7 500	7 500×48=360 000	7 500×60=450 000
李某	7 000	7 000×48=336 000	7 000×60=420 000

第四,如果以若干个月的工资为赔偿限额,但同时又规定每次事故总的赔偿限额,则理赔时以不超过每次事故总的赔偿限额为限。如上面提到的王某和李某的例子,如果保险公司同时规定死亡赔偿限额为 48 个月工资,但每人每次事故赔偿限额为 40 万元,一级伤残赔偿限额为 60 个月的工资,但每人每次事故赔偿限额为 40 万元,则王某和李某的死亡赔偿限额没有超过 40 万元,可按实际计算的数额赔偿;而伤残赔偿限额王某、李某以工资计算分别为 45 万元、42 万元,均超过 40 万元的限额规定,两人均只能按照 40 万元支付。

第五,保险事故发生后,如有其他相同保障的保险(如工伤保险)存在,在不违反法规或合同的前提下,保险人应尽量先由其他补偿方式如工伤保险先行赔偿,且保险人仅承担差额责任部分。此外,根据有无工伤保险,其雇主责任保险费率应有相应的调整系数,一般有工伤保险的费率调整系数要低,约定先由工伤保险进行赔付的,其费率调整系数比不约定的会更低。

(四)赔偿依据和重复保险分摊

保险事故发生后,被保险人应及时通知保险人,保险人在核实责任并决定赔偿时,应以被保险人提供的有关雇员伤害治疗及鉴定的医院证明和保险单证等为依据,按规定条件进行赔付。遇特殊情况时,被保险人还应按保险人的要求提供必要的其他单证。对雇员伤亡的赔付,以保险单所载明的赔偿限额(如规定月数×月均工资收入)全额或按百分比赔付,对于医药费用、法律费用及暂时丧失工作能力超过保险单规定的赔偿限额时,均在限额内据实赔偿。

若雇主责任保险构成重复保险,即同一雇主向两家或两家以上的保险人投保雇员的雇主责任保险时,保险人一般仅承担比例责任,在不超过赔偿限额的条件下按自己承保金额占全体保险人总承保金额的比例计算赔偿金额。如果重复保险的索赔仅涉及一个雇员,就以该雇员的赔偿限额作为保险人承担责任的赔偿限额参与分摊,如果重复保险涉及若干人,应以该若干人的赔偿限额之和作为保险人承担责任的赔偿限额参与分摊。这种方式同样适用于确定所有保险单项下赔偿限额之和的赔款比例分摊计算。

重复保险比例分摊公式如下:

$$应付赔款 = \frac{本保险单项下相应的赔偿限额}{全部保险单项下赔偿限额之和} \times 索赔金额$$

三、雇主责任保险的索赔

(一) 索赔程序与争议处理

被保险人将保险事故及时通知保险人是其应尽之义务,但被保险人对保险人的正式索赔却以雇员对被保险人的索赔为前提条件。这是因为保险人是代替被保险人承担赔偿责任,其最终受益者是被保险人的雇员,最终赔偿者是保险人,虽然受害雇员无权直接向保险人索赔,但实质上雇主责任保险的赔偿与雇员的权益直接相关。因此,雇主责任保险的索赔程序应该是受害雇员或其家属向雇主(被保险人)索赔在先,雇主(被保险人)向保险人索赔在后。在前一个索赔中,被保险人不能作任何承诺或拒绝,在后一个索赔中,被保险人有义务提供各种单证及有关资料(一般包括保险单正本,索赔申请,工作人员名单,有关事故证明书,就诊病历,检查报告,用药清单,支付凭证,损失清单,社会保险行政部门出具的工伤认定证明,劳动能力鉴定委员会出具的劳动能力鉴定证明或保险人认可的医疗机构出具的残疾程度证明,公安部门或保险人认可的医疗机构出具的死亡证明、有关的法律文书如裁定书、裁决书、判决书等或和解协议,以及保险人合理要求的有效的、作为请求赔偿依据的其他证明材料等),并在征得保险人的同意下处理受害雇员的索赔或协助保险人直接处理受害雇员的索赔。

雇主责任保险的索赔时效期为两年(合同另有规定者例外),被保险人应自事故发生之日起在两年内向保险人提出正式索赔,并提供全套索赔单证。如果超过两年未能做到有效索赔,则视同自动放弃索赔权益。值得指出的是,索赔时效期虽为两年,被保险人事故通知保险人的义务不能因此而免除,仍需按约及时履行。但对诉诸法律的索赔,只要初次诉诸法律行为发生在规定的两年时效内,对今后(即超过两年)法院的判决,保险人仍予负责。

受害雇员对被保险人(雇主)的索赔若发生争议,必须按雇主责任保险合同中规定的司法管辖权进行诉讼处理。如果涉及国外的雇主或雇员,除非保险单上约定了世界范围的司法管辖权条款,否则,保险人不承认外国法院的判决。如果保险事故是第三者造成的,同样适用于权益转让原则,被保险人在保险人赔偿受害雇员后须将向第三者(责任方)追偿的权利转让给保险人,并尽力协助保险人进行代位追偿,这是控制被保险人额外获益和维护保险人权益的必要措施。

(二) 赔偿标准及注意事项

经过合法的索赔程序,保险人在责任审核的基础上,以赔偿限额为依据,根据受伤害雇员的实际情况计算赔付金额。

第一,雇员的身体伤害,主要根据肢体残缺程度按赔偿标准额度计算赔付金额。其他伤残如耳聋、脑震荡、骨折等无明显外伤的雇员伤害赔偿,需按医院证明另行约定。如A公司的伤残赔偿,在保险合同约定的每人伤残责任限额内按照表4-7的伤残级别比例据实赔偿。因伤残所发生的医疗费用,保险人在保险合同约定的项目(如挂号费、治疗费、手术费、检查费、医药费、住院期间的床位费、陪护费等)及每人医疗费用责任限额内扣除每次事故每人医疗费用免赔额后据实赔偿。

第二,职业病的赔偿标准及额度另行规定。

第三,附加险的赔偿标准均按保险合同的规定办理。如附加医药费保险,不论一次或多次赔偿,其每人累计赔偿金额以不超过保险单上附加医药费保险的赔偿限额为限,在限额内按医院证明及有关单证进行赔款计算;再如附加第三者责任保险的赔偿,应分别以保险单规定的人身伤亡和财产损失的赔偿限额为限,按造成第三者损害的实际赔偿责任赔付。

如果有多项赔偿责任,保险人应根据各项赔偿限额或赔偿额度统一计算,支付赔款。

值得注意的是,在保险有效期内,不论发生一次或多次赔偿,保险人赔偿累计均以不超过保险单上规定的赔偿限额为限。

第四节　境外雇主责任保险

一、概况

雇主责任保险在工业化国家和地区均很发达,部分发展中国家也颇有市场,其原因在于这些国家或地区商品经济发达,私有制经济占主导地位,社会各界的保险意识强,加之工人阶级的斗争。但是,由于法律制度的不同,各国雇主责任保险的具体实施方式、赔偿标准等均有差异。有的国家将雇主责任分为严格责任和过失责任,前者作为劳工保险的对象受劳工法规范,是带有社会保障性质的基本保障,后者作为雇主责任保险的对象受雇主责任法规范,如英国、美国等,有的国家由政府机构办理强制的劳工保险,商业保险公司办理补充的、自愿的雇主责任保险,前者强制实施,后者则是雇主的赔偿责任超过劳工保险部分的保障,如日本等,有的国家或地区将劳工保险与雇主责任保险合并,统一强制实施,如中国香港等。

在工业化国家,雇主责任保险的共同特点是,均有健全的法律制度作为承保基础;雇主责任保险带有强制性,普及程度高,业务量很大。

二、英国的雇主责任保险

1880年,英国成立了世界上第一家专门的雇主责任保险公司,开创了欧美雇主责任保险市场。目前,雇主责任保险是英国责任保险人的主要业务来源之一。

英国的雇主责任保险的发展依赖于它的雇主责任法律制度的成熟。1846年《肯贝尔勋爵法》作为第一部限制英国普通法有关雇主雇员关系的法律文件,赋予了因工伤死亡的雇员家属起诉雇主的权利。[①] 1880年,英国颁发了具有里程碑意义的《雇主责任法》并首次修改了《工厂法》,在这些法律中,逐渐加重了雇主维护机器安全的义务和给雇员造成伤害的赔偿责任。1897年英国颁布了《劳工补偿法》,该法规定,即使受害的雇员及其同伴和第三者对事故损害互有过失,而雇主无过失,雇主应对雇员在受雇期间的伤害负赔偿责任。1906年,英国的《职业补偿法修正案》是全球最早把职业病纳入职业伤害补偿范围的法律。

---

① 所罗门·许布纳等.财产和责任保险[M].陈欣,等译.北京:中国人民大学出版社,2002:434.

1945年,《法律改革(互有过失)法》的颁布使举证责任倒置进一步确定,雇主的责任风险随之扩大。1948年《法律修改(人身伤害)法》、1954年《矿井和采石场法》、1961年《建筑(总则)条例》的颁布及《工厂法》的修订、1963年《办公室、商店和铁路建筑物法》的颁布等,使英国的各个行业、各个环节雇主责任的确定都有了法律依据。1969年《雇主责任保险法》、1971年《雇主责任保险条例》及《豁免条例》、1974年《劳动健康和安全法》及《雇主责任保险修正条例》等系列法律、条例的颁布实施,既严格确定了雇主无过失责任,又以这种严格赔偿责任形式辅之以建立强制的责任保险制度,使雇员的损失完全由雇主来承担。而1975年《性别歧视法》的规定,又显示了雇主对雇员精神损害承担赔偿责任的法律意义。该法规定,如果雇主的歧视引起雇员受到感情伤害,雇员有权要求雇主赔偿。为了激励雇主进行风险分散或转移,英国1975年的《财政法》还规定,如果雇主想获得政府的免税证书,必须有一张授权保险人签订的有效保险单,保障雇主对雇员的人身伤害或疾病的责任保险,且保险金额不得少于25万英镑。①

可以说,英国的雇主责任保险是随着法律的变化而发展与成熟的,而其最显著的特征就是强制性。如1969年《雇主责任保险法》规定,每个在大不列颠的雇主对其雇员在大不列颠境内因受雇或在受雇期间得病或遭受人身伤害承担责任,并向授权保险人投保该责任险,获得一张或几张指定的保险单。除非其他法律另有规定,在大不列颠境外得病或遭受人身伤害不属于此责任范围。至于投保金额、保险凭证的签发和展示、投保人的义务、责任范围、赔偿限额等则在1971年、1974年《雇主责任保险条例》及其修正条例中均有比较详尽的规定。如1971年《雇主责任保险条例》规定,雇主对一次事故引起一个或多个雇员提出索赔的赔偿限额为200万英镑。值得指出的是,英国保险市场上对雇主责任保险单项下一般不限制赔偿额,即保险单提供无限额赔偿。换言之,保险市场雇主责任保险单提供的保险保障高于法律要求的最低保障。如在20世纪90年代,英国法律要求雇主责任保险的最低限额为500万英镑,但实际操作中,绝大多数企业选择1 000万至5 000万英镑的保险责任限额。② 雇主如果没有购买雇主责任保险,最高可被处以2 500英镑的罚款。如果雇主不按照规定展示保险证书,或者他们拒绝按照健康与安全主管部门(HSE)监察员的要求提供保险证书,HSE最高可对该雇主处以1 000英镑的罚款。此外,法律还规定,只要雇员在大不列颠受雇的时间连续两周以上,雇主就必须为这样的非长期居住大不列颠的雇员购买雇主责任保险。③ 正因为如此,英国雇主责任保险的投保率早在20世纪90年代就达90%,而没有投保雇主责任险的企业绝大多数是雇员人数在10个以下的小企业,大、中型企业的雇主责任险投保率接近100%;按照保费收入统计,雇主责任保险在英国整个责任保险中的地位最为重要,约占1/3的市场份额。④

在具体业务经营过程中,所有行业的雇主只要缴纳了保险费,保险人均为其提供雇主责任保险。英国标准的雇主责任保险费率在考虑包括法律规定的变化、社会索赔意识的提高和金融市场整体运行情况外,主要是根据国内雇主经营单位的风险情况来制定。此外,

---

① 科林·史密斯.责任保险[M].陈彩芬,译.北京:中国金融出版社,1991:88-89.
② 科林·史密斯.责任保险[M].陈彩芬,译.北京:中国金融出版社,1991:279.
③ 科林·史密斯.责任保险[M].陈彩芬,译.北京:中国金融出版社,1991:275.
④ 英国责任保险市场考察报告[R/OL].金融界网站,http://www.jrj.com.2007-05-09.

针对具体的被保险企业,保险公司还会考察它所雇佣的员工规模、过往赔付情况和健康及安全管理体系的运行状况。由于雇主责任保险是法定的,即使非保险人责任,保险人也不能依据保险单条件轻易拒绝赔偿,保险人必须代表雇主处理索赔,但在向雇员赔偿后,保险人有权利向雇主追偿。如果被保险人欠交保险费,保险人也不能拒绝赔偿,但有权向法院提出诉讼,要求被保险人——雇主支付保险费。另外,法律不允许保险人在雇主责任保险单项下强加免赔额,也不允许被保险人为了少交保险费而提出免赔额的要求,因此,英国的雇主责任保险单几乎是没有免赔额条款的。① 值得一提的是,虽然英国雇主责任强制保险只适用于国内雇主,但保险人可以扩展承保海外业务,只是如果发生索赔事件,必须在英国国内提出,即任何索赔必须以英国法律为基础,用英国的损害赔偿标准处理。无论是国内还是海外业务,保险单的索赔时效以雇员知道受职业伤害之日起三年内有效。如果雇员的疾病是逐渐发作的(如尘肺病、癌或聋哑病),在发病期间可能有几个保险人,通常保险人可根据保险单按比例支付赔款。②

此外,对于雇主的间接责任或合同责任,投保人也可以通过附加险进行保险转移,如:①为了雇员的利益,被保险人开设并经营的小卖部、俱乐部、体育、社交和福利机构导致的人身伤害;②急救、消防和救护服务导致的人身伤害;③被保险人的雇员经被保险人同意,为董事、合伙人或被保险人的其他雇员干私活等导致的人身伤害;④因被保险人和(或)他的分包合同人施工或施工期间导致雇员患病或遭受人身伤害;⑤因歧视行为等导致雇员感情伤害;⑥被保险人的董事、合伙人或雇员对保单保障的有关索赔出庭作证支付的报酬;⑦对被保险人的董事、经理、秘书或雇员因违反了有关法律受到检控时的辩护费和其他费用;等等。被保险人均可通过保险人的雇主责任保险扩大承保而得到充分的保险保障。③

三、美国的雇主责任保险

(一) 美国雇主的法律风险

在劳工赔偿法颁布之前,美国各州均实行普通法下的雇主责任法,雇主因过失或疏忽造成雇员伤害应承担赔偿责任。1908年美国国会根据时任总统罗斯福的建议颁布了第一部员工赔偿法——《联邦雇主责任法》。随后,马萨诸塞州、蒙大拿州、纽约州等均颁布了相关法律,但因这些州的法律被宣布违宪而被迫取消。④ 直到1911年,威斯康星州仿效德国的立法正式颁布了劳工赔偿法,美国的劳工赔偿法才发挥作用。到1920年,全美除八个州外的其他州纷纷通过了劳工赔偿法;而到1949年,美国所有的州都颁布了劳工赔偿法。⑤ 除了根据各州法律制定的劳工赔偿法以外,根据联邦司法制度的规定,联邦政府有责任并且有司法权力对与水上的"商务及航行"相关的工伤事故进行处理。因此,美联邦政府还单独颁布了"商务及航行"方面的法律,例如,1920年的《商船法》(也称为琼斯法案)规定,受雇于美国船舰的船员可以享受和铁路部门职员同样的补偿(1908年《联邦雇主责任法》规定,铁路部门的职员可以对由铁路部门的疏忽引起的受伤和死亡事件提起诉讼);1927年通过

---

① 科林·史密斯.责任保险[M].陈彩芬,译.北京:中国金融出版社,1991:291.
② 科林·史密斯.责任保险[M].陈彩芬,译.北京:中国金融出版社,1991:286.
③ 科林·史密斯.责任保险[M].陈彩芬,译.北京:中国金融出版社,1991:283、287、292、295.
④ 所罗门·许布纳.财产和责任保险[M].北京:中国人民大学出版社,2002:435.
⑤ 段昆.当代美国保险[M].上海:复旦大学出版社,2001:103.

并在1984年被修改的《码头工人工伤赔偿法》规定,当海运职员因工作原因受伤或死亡时,可以向雇主索取抚恤费及医疗赔偿;1940年通过的《防御基地法》规定,美国以外的军事基地的雇主可以享受码头工人工伤赔偿法案的待遇;等等。

除少数几个州以外,美国绝大部分州的法律都规定劳工赔偿是强制性的,雇主无论有无过失,凡工作中的雇员受到伤害,雇主必须赔偿。因此,雇主面临着非常大的职业伤害赔偿责任风险,雇主必须寻找途径转移这种风险。根据劳工赔偿法规定,雇主可以从下列四种方式中选择一种进行风险转移①:①向商业保险公司投保劳工保险或雇主责任保险;②通过州立劳工赔偿基金或私营保险公司购买保险;③从垄断的州基金或联邦代理机构购买劳工保险;④自保。在上述四种方式中,大约2/3的职业伤害风险保障是由商业保险公司承保的。②

据统计,1992年至2018年,美国共计发生了149 548例致命性职业伤害事故;而非致命性工伤和职业疾病2017年、2018年仅私营企业雇主共报告均达280万例。③ 其中,在21世纪初,美国每年每日平均产生9 000个劳工残疾、16个劳工死于工伤、137个劳工死于与工作相关的疾病。职业伤害和有关疾病使雇主每年的花费达到1 710亿美元。④ 由于职业伤害风险事故带来后果的严重性,美国劳工保险或雇主责任保险是一种完全强制性的保险。美劳工部每年要求州市各级政府在发放或更新企业经营执照、检查薪资税时,审查雇主是否按规定为雇员购买了劳工保险或雇主责任保险,雇主则通过保险公司出具的保险证书来证明自己购买了保险。如果雇主没有或不购买劳工保险或雇主责任保险,会受到500美元至2 500美元或监禁一年的惩罚,如果五年内再犯,罚金将增至7 500美元。⑤

(二)美国雇主责任保险的基本内容

美劳工保险或雇主责任保险单中的雇员包括固定工、临时工、家庭成员、志愿工作者、每周为雇主工作40小时的家庭雇工、公司官员、年薪超过1 200美元的农场工等。保险责任内容主要包括:工伤和职业病的医疗费用、因工伤引起的工资收入损失、永久性残障引起的工资收入损失、因工死亡的丧葬费用和雇主的法律费用等。根据劳工赔偿法有关保险条例的规定,保险公司一般不过问过错责任问题,只要证明该雇员是在工作期间因工负伤、死亡或伤残,便按照上述保险内容的相应项目进行赔偿。雇员获得保险公司的赔偿后,一般也不能再到法院起诉雇主,除非该伤残是由雇主的故意行为所造成的。当然,劳工保险或雇主责任保险单中也列有责任免除,包括:①被保险人的合同责任及工艺质量的担保责任;②被保险人违法雇用员工而产生的惩罚性赔偿及违法雇用的员工所遭受的身体伤害;③被保险人故意造成的身体伤害;④社会保障法律项下的任何责任;⑤发生在美国及其托管地或加拿大以外的身体伤害,但在美国或加拿大工作临时出差雇员的身体伤害不在此列;⑥由于强迫、批评、降级、评级、惩戒、羞辱、歧视或类似行为所造成的损害;⑦从事属于海岸和港口劳赔偿法或任何其他联邦劳工赔偿法或职业病法管辖的劳工的身体伤害以及对

---

① 段昆.当代美国保险[M].上海:复旦大学出版社,2001:105.
② 所罗门·许布纳.财产和责任保险[M].陈欣,等译.北京:中国人民大学出版社,2002:452.
③ 张晓蕾.1992—2018年美国职业事故伤亡统计分析[J].现代职业安全.2021(03):71-75.
④ 劳工工伤保障:纽约劳工保险介绍[N].美国侨报.http://www.chuguo.cn,2006-11-22.
⑤ 劳工工伤保障:纽约劳工保险介绍[N].美国侨报.http://www.chuguo.cn,2006-11-22.

任何船舶船长或船员的伤害;⑧从事属于联邦雇主责任法或其他涉及雇主责任的联邦法律所管辖的雇员的身体伤害;⑨违反任何州法或联邦法律的罚款;⑩违反农业季节劳工保护法或类似法律的损害赔偿。在上述责任免除中,有些责任可以通过劳工保险或雇主责任保险扩展承保,如通过海岸和港口劳工赔偿附加险可扩展承保包括海岸和港口劳工赔偿法规定的赔偿福利。

美国的劳工保险或雇主责任保险销售商非常多,仅纽约州就有800多家保险公司出售劳工保险或雇主责任保险。但劳工保险或雇主责任保险的保险费一般不是由保险公司来制定,而是由美国劳工部保险标准局根据行业的特点来决定某行业雇主必须支付的标准,因此,相同行业的雇主支付的保险费率相同。雇主所支付的保费计算是采用其发放的工资额乘以保费标准率。劳工部保险标准局制定保险费率时主要考虑两个因素:雇员工作的危险程度和公司的索赔历史。如公司官员和建筑工的保险系数有很大不同,危险程度越高,保费也越高;索赔过的公司和未索赔过的公司保费不同,索赔过的公司保费高。雇主所缴纳的劳工保险或雇主责任保险的保费从每人每年几百元到几千元不等。保险费的支付采用年初预付式,即一般在雇主第一次买保险时,保险经纪人根据雇主所提供的发放工资情况(人数、工作性质)估计每年缴纳的保险费,雇主先支付20%~50%的保险费,年底再付尾款。当保险年度到期时,保险公司要审计雇主工资发放的实际情况是否与预计的相同,如预计少于实际,保险公司要求雇主补付保险费。每个保险公司每年都会对投保的雇主进行审计。

由于劳工保险或雇主责任保险的强制性与执行的严密性,该保险已发展成美国商业保险中最庞大的责任保险产品之一。

四、日本的雇主责任保险

(一)日本雇主责任保险的构成

日本的雇主责任保险,实际上由两部分构成:一是政府举办的雇主责任保险,它以日本《劳工基准法》(1947年颁发,1976年、2008年先后修订)、《工伤补偿保险法》为依据,按严格责任原则强制投保和经营;二是商业保险机构开办的雇主责任保险,它承保雇主依据民法或雇佣合同对雇员应负的超过政府强制雇主责任保险赔偿标准的那一部分赔偿责任。政府举办的雇主责任保险又分为两类,一类是在工作时间内引起的伤亡、疾病等事故时的赔偿;另一类是因上班途中引起的伤亡、疾病等事故时的赔偿。因此,就职业伤害风险事故所进行的保险给付也分为"业务灾害保险"和"通勤灾害保险"。这两类给付都包含六项内容,即疗养的补偿给付、停职期间的补偿给付、伤残的补偿给付、对遗族的补偿给付、对死亡者的丧葬费补偿给付和伤病补偿养老金。上述给付项目的标准由《劳工基准法》确定,保险费用则由政府依据《工伤保险费征收法》来向相关的企业主进行征收。

(二)日本雇主责任保险的特点

日本雇主责任保险具体有如下特点:①强制与自愿相结合,即雇主依劳工法承担的对雇员的赔偿责任强制投保,雇主依民法与雇佣合同承担的超过劳工法规定赔偿标准的部分自愿投保,如雇主不投保,一旦发生雇主责任事故,其超过劳工法赔偿标准的部分只能由雇主自行承担。②基本保障与超额保障相结合。劳工法规定的赔偿标准是有限责任,只是法定的雇主对雇员基本权益的保障;但因雇主的过错行为造成雇员的损害赔偿责任,往往依民法或雇佣合同的原则由法院判决,常常超过劳工法规定的标准,超额部分需要超额保障,才能全面维护雇员的权益。③政府举办的强制性雇主责任保险,目的在于提供服务而不是营利,带有社会保障性质,而保险公司开办的雇主责任保险则是商业保险业务,保险人必须考虑自身经济效益,并依据雇主责任保险合同中的赔偿限额履行赔偿义务。④强制性雇主责任保险按严格责任原则办理,即无论雇主有无过错,只要雇员在受雇期间受到意外伤害,雇主均须依法赔偿,而保险人开办的雇主责任保险,强调以雇主的过错为赔偿条件,对于故意行为或无过失行为所致的雇员伤害,保险人一般不承担责任。由此可见,强制性雇主责任保险与自愿的雇主责任保险是层次不同的保险,它们属于同一体系,都是雇主转嫁责任风险和保障雇员权益的保险措施。①

(三)日本雇主责任保险的赔偿标准

根据日本《劳工基准法》规定,日本强制性的雇主责任保险赔偿标准如下:

(1)雇员死亡时,按死亡雇员60天平均工资支付丧葬费用,再按1 000天平均工资支付其家属抚恤金。

(2)雇员永久性伤残时,根据受伤残雇员丧失劳动能力的程度按雇员50~1 340天的日平均工资之和支付伤残赔偿金。

(3)非永久性伤残时,根据雇员停工期间日平均工资的60%支付停工补助金。

(4)医疗费用,按实际支出赔偿。如治疗满三年未愈需继续治疗时,延长期最多可支付雇员1 200天的日平均工资。

商业保险机构开办的雇主责任保险,承担的是雇主超过上述赔偿标准的赔偿责任,它同时还受保险单上赔偿限额的限制。

五、中国香港的雇主责任保险

(一)香港雇主责任保险制度的内容

中国香港的雇主责任保险,又叫雇主责任暨劳工赔偿保险,它是根据中国香港《雇员补偿条例》开办的。其实质是劳工责任保险与雇主责任保险合并经营,同受其劳工赔偿法规范的制度。根据香港《雇员补偿条例》(香港法例第282章)规定,所有雇主必须为其雇员投购工伤补偿保险,以承担其在《雇员补偿条例》及普通法方面的法律责任。由于法律强制实施,中国香港的雇主责任保险覆盖全面、业务量大,在香港保险市场上占有相当大的比例。

中国香港雇主责任保险或劳工赔偿制度的内容具体包括如下几项:

(1)立法规范。中国香港不仅制定并多次修订了《雇员补偿条例》,且颁布和修订完善了《职业安全及健康条例》《雇用条例》《肺尘埃沉着病(补偿)条例》等多个与劳工权益有关的法律与法规,这些法律与法规为中国香港地区职业伤害风险保障制度的建立与实施提供了具体的依据。

(2)全面强制实施。一方面,即任何雇主都必须履行其对雇员应当承担的职业伤害赔

---

① 许飞琼.责任保险[M].北京:中国金融出版社,2007:287.

偿责任，而获得雇主的赔偿也是遭遇职业伤害风险事故的劳工的法定权利。无论这些劳工是固定工还是临时工，凡是适用于所有根据雇佣合约或学徒训练合约受雇的雇员，包括家务助理、农业雇员、在中国香港注册船只上工作的海员以及在该等船只上从事其他工作的雇员，都有权利获得雇主的赔偿。这种雇主赔偿责任的强制性不仅体现在劳工法律或法规中，更有政府劳工管理部门的监督管理和劳资审裁处（隶属司法机构）的管理。另一方面，为了更加全面地为雇员提供职业伤害风险保障，避免雇主因破产或财务不良等原因导致无法补偿遭遇工伤事故雇员的现象，根据中国香港《雇员补偿条例》的规定，任何雇主均须为其全体雇员投保雇主责任保险，以每宗事故计算的投保金额，雇员数目在200人以下者，最低投保金额不少于港币1亿元；超过200人，最低投保金额不少于港币2亿元，并为此承担全部费用。如果不履行投保义务，最高可判处雇主第六级罚款（即港币10万元）及监禁2年。严厉的法令要求和严格管理，是中国香港雇主责任保险高投保率和广覆盖面的最基础保证。

（3）适用于严格责任原则。即凡雇员在受雇期间因从事职业工作受到的任何伤害，只要不是雇员自己的故意行为所致，雇主均须按照雇员补偿条例的规定，对雇员及其家属履行法定的经济赔偿义务。严格责任原则的确立，相对于一些国家或地区在职业伤害风险保障中所适用的过错责任原则，显然对劳工的职业伤害风险保障权益提供了更加全面的保障；而对雇主而言，则意味着责任的加重，因为即使雇主没有过错，只要不是雇员自己的故意行为所致的职业伤害，雇主也须承担经济补偿责任，由于自然原因或其他非雇主、雇员责任导致的工伤，也被归入雇主应负法定赔偿责任的范畴。这些赔偿责任都通过专门的雇主责任保险来实施。在香港，目前有50多家保险公司可承保雇主责任保险。以中国香港某保险公司提供的海外家佣综合保险产品为例，含有雇主责任保障（1亿港元）、人身意外保障（20万港元）、住院及手术费用赔偿（2.5万港元）、送返原居地费用（2.5万港元）、门诊医疗保障（2 700港元）、临时佣工津贴（4 000港元）、牙医费用保障（1 500港元）及转换家佣保障（3 000港元）等。一般基本的家佣保险产品年缴保费285港元、300港元、380港元、477港元、680港元不等。

（4）以每一雇员在职业伤害风险事故中受伤害程度的轻重及该雇员受伤害前的工资收入作为确定雇主承担工伤责任的依据。职业伤害风险事件导致雇员死亡或永久完全残废，需要全额赔偿，其余的则根据雇员受伤害的程度按照不同额度进行补偿。

（5）雇主责任保险保障的待遇包括遗属保险金、工伤补助金、医疗补助等。其中，遗属保险金按照死者年龄，支付相当于死者生前36个月到84个月工资收入不等的赔偿金给需要抚养的家属，有最低标准限制；无遗属的则支付丧葬费。伤残保险金给予永远完全残废者，根据雇员的年龄一次性支付相当于雇员48个月到96个月工资的伤残赔偿金，此外还一次性或定期支付经常护理补贴。工伤补助则是面向因工负伤而又未致永远完全或部分残废的雇员的一种收入保障待遇，一般相当于工伤前工资的2/3，支付期最长可达24个月。对于受工伤的雇员还有专门的医疗补助等待遇，用于受伤雇员的医疗检查、治疗和辅助器具等。对于永久部分丧失工作能力的赔偿，根据永久完全丧失工作能力赔偿额的法定比率进行计算，如自肩膀以下断一手的赔偿金额为永久完全丧失工作能力赔偿标准额度的60%，一目失明赔30%，等等；对于因职业病导致的工伤赔偿问题，则比照表4-8处理。

表 4-8　对雇员因工伤致死或永久完丧失工作能力的赔偿标准

年龄	永远性残废	死亡
40 岁以下	96 个月工资	84 个月工资
40～45 岁以下	72 个月工资	60 个月工资
56 岁以上	48 个月工资	36 个月工资

（6）在管理方面，以香港《雇员补偿条例》为法律依据，由中国香港特区政府中的劳工处负责统一管理并履行监督之责。雇员受伤或死亡后，由雇员或其代理人通知雇主或劳工处，法律规定雇主必须向劳工处或警署报告发生的意外伤亡事故，然后经过调查及身体检查程序后进入赔偿处理程序。此外，香港还设有劳资审裁处，该机构属于司法机构，以快捷廉宜、不拘形式的方法，仲裁雇主与雇员之间各类不属于小额薪酬索偿仲裁处专责审裁范围的纠纷，其中包括雇员工伤赔偿请求等。

由上可见，香港地区的雇主责任保险实质上就是工伤保险，但在实施中不是由政府机构具体承办，而是由有关商业保险公司依法承担具体的业务经办任务，是政府强制推行、保险公司受托承办的一种社会保障业务。

（二）中国香港雇主责任保险的特点

由于中国香港地区的雇主责任制有别于其他国家或地区的雇主责任保险制度，因此，有必要专门对其特色进行介绍和评价。①

第一，中国香港雇主责任保险的业务性质属于商业保险业务。与中国香港保险市场上其他财产保险、责任保险、人寿保险及意外伤害保险业务一样，中国香港雇主责任保险是按照等价交换、自愿成交的原则开展的商业保险业务。当然，雇主责任保险作为香港保险市场上的业务来源之一，又是以有关劳工法律或法规为基础的，从而是通过商业保险业务来实现劳工工伤权益保障。

第二，雇主责任保险的经办机构是中国香港注册的商业性财产与责任保险公司。一般而言，政府对承办雇主责任保险业务的保险机构并无特别限制，只要符合香港地区的保险业管理条例即可，但政府也不指定任何保险公司为特定的承办人，而是由雇主去选择。保险公司在承办这种业务的过程中扩充积累保险基金，实现自己的利润目标。

第三，雇主责任保险的实施方式是对雇主具有强制性，而对保险公司没有强制性。一方面，雇主必须依法向符合条件的保险公司投保雇主责任保险，若违反这种规定则会受到法律制裁；另一方面，对于保险公司而言却没有强制性，即财产与责任保险公司可以参与这种特定保险业务的竞争，通过市场竞争来实现各公司对这一特定保险市场的分割。因此，雇主责任保险对于雇主是法定强制行为，对保险机构则属于市场竞争行为。

第四，雇主责任保险的责任范围是由雇主责任保险条款来规定的，它与香港《雇员补偿条例》所规定的保障范围存在着一定的区别。如《香港雇员补偿条例》规定除雇员自己的故意行为导致的伤害雇主可以不负责任外，其他工作中受到的伤害均须由雇主承担经济补偿责任。以中国香港某保险公司的雇主责任保险条款为例，其规定的责任免除包括：①战争，类似战争行为，叛乱、罢工、暴乱或由于核子辐射所致的被雇人员伤残或死亡；②被雇人员

---

① 许飞琼.责任保险[M].北京：中国金融出版社，2007：290-292.

由于疾病、传染病、分娩、流产以及因这些疾病而施行内外科治疗手术所致的伤残或死亡;③由于被雇人员自加伤害、自杀、犯罪行为、酗酒及无照驾驶各种机动车辆所致的伤残或死亡;④被保险人的故意行为;⑤被保险人对其承包商雇佣的员工的责任;⑥发生于投保地区以外的因工伤亡。在上述责任免除中,除①性质特殊,②③通常不属于工伤保障范畴外,④⑤⑥条无疑应当属于雇主责任范围,由④⑤⑥条原因导致的雇员伤害无疑应当由雇主负法定的经济赔偿责任。可见,雇主责任保险中由保险公司承担的责任范围要小于《雇员补偿条例》规定由雇主承担的责任范围,这些无法从保险公司得到赔偿的责任事件只能由雇主自己承担。因此,雇主责任保险亦不可能解决工伤保障的全部问题。在这方面,应当从两个层次来理解:一是雇主与雇员之间的工伤补偿,完全依据《雇员补偿条例》执行;二是雇主与保险公司之间的赔偿关系,完全依据雇主责任保险合同的规定执行。当工伤事故属于雇主责任保险责任范围时由保险公司给予补偿;当工伤事故超出了雇主责任保险范围时,则仍然要由雇主自己来承担。因此,不能简单地将雇主责任保险的责任或赔偿等同于雇主责任或雇主对工伤雇员的补偿。

第五,雇主责任保险的赔偿标准,一般参照《雇员补偿条例》的规定标准,实行赔偿限额制,并按死亡、伤残等分类处理。如前述中国香港一般基本的家佣雇主责任保险,家佣在受聘期间因工作导致的任何损伤及意外均能得到赔偿,但每宗事故的最高赔偿金额为1亿港元;佣工在休息日因意外导致死亡、永久性残废或双目失明,全年最高赔偿金额为20万港元。

应当承认,雇主责任保险对于实施中国香港地区的雇员补偿条例及相关法律与法规、实现劳工工伤保障的权益起到了很好的作用,保险公司的参与也减轻了政府的事务性负担,市场机制的引入亦提高了工伤保障制度的效率。但也应当看到,雇主责任保险并非全面地保障了法律规定的劳工工伤保障利益,即责任免除的规定对保险公司实现自己的效益是完全必要的,但对劳工的保障仍然是不全面的,它还需要雇主直接承担起相应的责任。

第五节 案例分析

【案例4-1】

某年6月,某物业公司向某保险公司投保雇主责任保险,保险公司根据雇主责任保险【×××2版】条款出具了保险单。该保单约定:本保险每次事故每人责任限额55万元。其中,死亡、伤残50万元,医疗费用5万元。第二年1月6日,物业公司的工作人员马某,在工作地点内死亡;同年2月10日,医院出具《居民死亡医学证明(推断)书》,马某死亡原因为呼吸心搏骤停。第三年6月,当地人社局出具《认定工伤决定书》。第四年2月,物业公司与马某的亲属签订了《工亡赔偿协议》,并于同日通过银行转账75万元给马某的亲属,后者出具了收条。随后,物业公司根据当地人社局出具的马某《认定工伤决定书》及与马某亲属签订的《工亡赔偿协议》并转账凭证等材料向保险公司索赔,但遭到保险公司拒绝。保险公司拒赔的理由是:马某的死亡原因系心脏病急性发作导致心源性猝死,根据保单及条款约定,不属于保险赔付责任。于是,物业公司向当地人民法院起诉,请求法院依法判该保险公司支付被保险人保险理赔款50万元并承担案件诉讼费用。

法院经调查审理后认为:

(1) 原告物业公司作为被保险人与被告保险公司签订的雇主责任险合同系双方真实意思表示，合法有效，均应按照合同约定履行相应的义务。

(2) 雇主责任保险属于商业保险，工伤保险属于社会保险。雇主责任保险承保的是因雇主未能尽其法定义务，即因为过失或疏忽而产生的经济赔偿责任；工伤保险虽然也承保雇员遭受人身伤亡或疾病时的雇主赔偿责任，但不考虑雇主有无过失，负责雇主对雇员在受雇期间任何时间、任何地点遭受的人身伤亡和疾病的赔偿责任。本案中马某死亡系因自身疾病导致，在工伤保险制度中被纳入工伤保险的赔付范围，但纳入工伤保险赔付范围的项目并不一定等同于雇主责任保险赔付的范围。

(3)【×××2版】雇主责任保险条款第三条规定："在保险期间内，被保险人所聘用员工在受雇过程中（包括上下班途中）从事被保险人的业务工作而遭受意外伤害或罹患国家规定的职业性疾病所致伤残或死亡，依照中华人民共和国法律应由被保险人承担的经济赔偿责任，保险人依照本合同约定负赔偿责任。"死者马某系因自身疾病导致的死亡，即符合自身冠状动脉粥样硬化性心脏病急性发作导致心源性猝死，虽然经当地人社局认定符合（视同）工伤，但是马某不是因工作遭受意外伤害或患职业病死亡。因此，本案性质不符合保险合同约定的遭受意外伤害或罹患国家规定的职业性疾病的保险责任，保险公司拒赔正确。

最后，法院驳回了物业公司的诉讼请求，案件受理费也由物业公司承担。物业公司最终也接受了法院的判决结论。

【案例4-2】

某煤矿与工人签订了劳务（雇佣）合同，其中规定如果工人在采矿中发生意外事故致死时，由矿方给付丧葬费、抚恤金50万元。考虑到工人意外伤害的风险客观存在，矿方与保险方签订了雇主责任保险合同，以工人在受雇期间的意外伤害赔偿为保险责任，每人保险限额为50万元，投保人与被保险人均为矿方。在保险有效期内，因发生瓦斯爆炸而致5名工人窒息死亡，其家属纷纷向矿方和保险公司提出索赔。

不同的观点：

第一种观点认为，保险公司应该赔付。理由是：保险人承保的是工人的意外伤害，现在工人因意外事故致死，符合保险条款中的保险责任规定，保险方应按合同约定赔付其家属。

第二种观点认为，死者家属可以获得双份赔偿。理由是：自然人的生命无价，死者家属既可以依据保险合同向保险方索取全额意外伤害保险金，也可以依据劳务合同或工伤保险条例向矿方索取法律赔偿金。前者因为工人的意外伤害系保险责任事故，后者则有我国的《工伤保险条例》《民法典》等作为法律依据。

第三种观点认为，保险方与矿方分担赔付责任。理由是：一方面，矿方虽转嫁了风险却不应因有了商业保险而逃脱赔偿责任，否则，会助长矿方无视安全管理、损害工人权益的行为，这也是法律所不允许的；另一方面，既然矿方要承担责任，而劳务合同又规定赔偿限额为50万元，矿方可以在保险方赔偿后按该限额补足其差额，以维护工人的合法权益。

分析：

本案其实是一起混淆了相关概念的雇主责任保险案，应按雇主责任保险的经营原则和有关法规处理。

(1) 雇主责任保险与人身意外伤害保险的主要区别。雇主责任保险与人身意外伤害保险都是对人的身体与生命的保险,但两者之间存在着根本的区别。首先,雇主责任险的保险标的是雇主法律赔偿责任,而人身意外伤害保险的保险标的是被保险人的生命或身体。其次,雇主责任保险的投保人和被保险人都是雇主,而人身意外伤害险的投保人和被保险人既可是同一主体,也可以是两个不同的主体。如本案某煤矿,如果购买雇主责任保险,则矿方即雇主既是投保人,也是被保险人;但矿方如果购买的是意外伤害保险,矿方是投保人,而工人即雇员则是被保险人。再次,雇主责任保险的直接索赔人是雇主,在发生保险合同约定的保险事故时,雇主应当承担的法律赔偿责任可由保险人代为承担;而人身意外伤害保险的直接索赔人为发生伤亡意外的包括雇员或雇员的家属,保险人向雇员或其家属赔付意外伤害保险金后,不能免除雇主的法律赔偿责任。本案矿方购买的保险是雇主责任保险,不是意外伤害保险,不同意见中的第一种观点混淆了两者的本质,而第二种观点也将本保险当做意外伤害保险来看待。

(2) 工伤保险与雇主责任保险的区别。工伤保险是国家为保护职工利益而创设的一种社会保障制度。工伤保险待遇是在劳动者为社会尽了劳动义务发生工伤以后发放的,它的保障水平是根据整个社会的经济发展水平和各方面的承受能力由政府单方面确定的。在支付工伤保险待遇时,要考虑劳动者基本的生活需要,还要考虑劳动者过去劳动贡献的大小。工伤保险是一种基本的保险,一般仅保障劳动者及其家属的基本生活需要,要高于社会贫困线,低于劳动期间的工资标准。而雇主责任保险是保险公司为转移雇主风险而开发的一种商业性保险产品,雇主责任险的保险金额是由保险人和投保人双方约定的,投保人按规定缴纳保险金,当发生保险事故时,保险人按合同规定的金额支付保险金。所以雇主责任险所提供的保障水平是依保险人与投保人或被保险人签订的保险合同和投保人缴纳的保险费的多少而定的。工伤保险作为一种社会保险是国家强制实行的,无论企业是否投保了雇主责任险,企业都必须参加工伤保险。正因为企业参加工伤保险是法定的义务,因此其是否购买雇主责任险这类的商业保险,要根据自身的情况有选择地参加,以求得企业与员工的利益最大化。

(3) 法律相关规定。我国《保险法》第六十五条第一款、第二款规定:"保险人对责任保险的被保险人给第三者造成的损害,可以依照法律的规定或者合同的约定,直接向该第三者赔偿保险金。责任保险的被保险人给第三者造成损害,被保险人对第三者应负的赔偿责任确定的,根据被保险人的请求,保险人应当直接向该第三者赔偿保险金。被保险人怠于请求的,第三者有权就其应获赔偿部分直接向保险人请求赔偿保险金。"因此,虽然雇主责任保险涉及的第三方即雇员或工人不需向保险方尽交保险费等义务,但根据《保险法》上述规定,被保险人怠于请求的,保险方在受害的第三方请求赔偿下可以直接向其赔偿保险金。本案矿方购买的是雇主责任保险,矿方可以要求保险公司进行雇主责任保险金的赔付,但前提条件是,矿方承担的法律赔偿责任要在保险合同赔付限额之内或相等,超过合同赔偿限额的法律责任,只能由雇主矿方来承担。至于参加的工伤保险与购买的雇主责任保险,两者是否可以按比例分担或赔付有先后顺序,或两者都可以同时领取,我国目前的法律没有具体规定。

(4) 雇主责任保险以受害人对被保险人的有效索赔作为赔偿的先决条件。由于雇主责任保险关系仅存在于保险方与雇主之间,且以雇主应承担的民事损害赔偿责任为依据,如果雇主没有民事上的赔偿责任和损失后果,保险方也没有赔偿责任;如果雇主即被保险人不提出有效索赔,保险方也不会对无关的第三者即受害人承担赔偿责任。因此,处理雇主责任保险赔案,应以受害人对被保险人的有效索赔作为先决条件,即被保险人受到受害人的索赔,且法律认定被保险人应承担对受害人的损害赔偿责任。本案中,被保险人即雇主矿方与工人签订的劳务合同受法律保护,工人的死亡因意外伤害所致,受害者的家属纷纷索赔,据此可以认定受害方对被保险人的索赔是有效的,被保险人可转交保险人处理或先赔偿受害方再从保险方获得补偿。

(5) 本案中的受害方不能获得两份赔偿金。理由在于:自然人虽在法律上被允许在伤残、死亡后可以兼取多份赔偿金,但必须是依法享有的索赔权益才行。本案中,受害方只与雇佣方签订劳务合同,并未与保险方签订保险合同,从而只能依法享有向雇主即矿方索赔的权益,而不可能向保险方行使索赔权益,除非矿方怠于向保险公司请求赔付。因此,受害者家属只能凭劳务合同向矿方索取50万元的赔偿金。当然,如果工伤保险赔偿额度高于雇主责任保险金,则厂方还应在雇主责任保险金赔偿之外对受害者家属进行差额的补足。此外,如果受害人中有人单独与保险方签订了人身保险合同且在事故发生时仍在保险期内,其家属(受益人)也可以向保险方索取死亡保险金,但这份赔款与雇主责任无关,本案中并不存在这种现象。可见,受害方只能享有一种索赔权益即向矿方索赔的权益,而矿方已将这种风险转嫁给了保险方,最终要由保险方来承担赔偿责任。所以,本案中的第二种观点也是错误的,但第三种观点有其合理性。

结论:

按照雇主责任保险原则,本案中保险人以劳务合同为依据,承保矿方的雇主责任风险,且依法签订了雇主责任保险合同,应认定是合法的;同时,雇员因瓦斯爆炸事故而致死,属发生在雇佣期内的意外伤害,按劳务合同的规定,雇主即矿方对此负有损害赔偿责任,雇主因此要支付给受害工人家属50万元赔偿金,其损失风险又已转嫁给保险公司,故应由保险方给予补偿。

启迪:

(1) 熟悉有关法律、法规是对案件准确定性的关键。无论是投保人或被保险人,还是保险人均应该熟悉我国的有关法律法规,如工伤保险所依据的《劳动法》《劳动合同法》与《工伤保险条例》,雇主责任保险所依据的《保险法》与雇主责任保险合同等。因为法律法规既是正确判断劳动者工伤索赔权益的依据,又是判断雇主或保险人是否承担或由谁来承担赔偿责任的依据。

(2) 正确区分雇主责任与合同责任。雇主责任与合同责任是两个不同的概念。就前者而言,雇主承担的责任必须按照我国的《工伤保险条例》来定,如若雇员发生了工伤事故,雇主不仅要一次性地补偿受害者,而且要对伤残、死亡者及其家属提供全面保障。而合同责任(如劳动合同、保险合同)是当事人双方约定有关责任,如约定了赔偿额,当事故发生要进行补偿时,只能按照约定的赔偿限额来赔偿。在本案中,因煤矿与雇员签订了包括伤亡赔偿额度的劳动合同,所以在矿工发生工伤事故后,根据劳动合同只能获得50万元的补偿。同样,因雇主责任保险合同的赔偿限额也只有50万元,因而被保险人只能获得保险公司每人50万元的赔偿。

【案例4-3】

某年1月18日,A公司为110名公司雇员在T保险公司购买了雇主责任保险。根据保险合同约定,雇主责任每人赔偿限额50万元,其中医疗赔偿责任每人限额5万元,每人每次事故医疗赔偿责任绝对免赔额为100元或实际发生医疗费用20%,两者以高者为准。合同签订后,A公司向T保险公司支付了全部保险费。

在保险期间内,A公司雇员王某在上班途中发生车祸受伤,交警认定肇事的第三方承担事故的全部责任,王某无责任。肇事的第三方所投保的保险公司对王某进行了包括医疗费、残疾赔偿金、误工费、护理费、交通费、精神损害抚慰金、车损等损失在内的补偿共计301 471元。王某因交通事故受伤经当地人社部门认定属于工伤,又经当地劳动能力鉴定委员会鉴定伤残等级为六级。王某所在A公司,根据《工伤保险条例》及相关规定,向王某支付解除劳动合同经济补偿,包括一次性伤残补助金、一次性工伤医疗补助金、一次性伤残就业补助金、停工留薪期工资、押金共计56万元,上述费用均不含医疗费。待上述相关补偿履行完毕后,A公司按照雇主责任保险合同向T保险公司提出保险理赔申请,但T保险公司以A公司并未支付王某医疗费、且伤残等级经T保险公司委托的司法鉴定所鉴定是七级而非劳动能力鉴定委员会鉴定的六级为由,拒绝赔付保险金。为此,A公司将T保险公司告上了法庭,请求法院判决保险公司按合同规定支付保险赔偿金50万元。

在法庭上,T保险公司辩称:①原告A公司仅就医疗赔偿责任投保了雇主责任保险,每人限额为5万元,免赔额为每人每次事故绝对免赔额为100元或实际发生医疗费用20%,两者以高者为准。而原告A公司与雇员王某解除劳动合同仲裁申请书显示,原告A公司并未赔偿其雇员王某医疗费用,因此,原告A公司的保险理赔请求不属于双方签订的雇主责任保险合同的保障范围。②原告A公司主张赔付伤残赔偿金,根据雇主责任保险合同的规定,伤残赔偿金不属于医疗费用赔偿责任,因A公司并未投保此项责任。③经本保险公司申请,某司法鉴定所出具鉴定意见书认为:根据《人体损伤致残程度分级》,王某伤情符合七级伤残,而不是六级。即使进行保险赔偿,也只能根据雇主责任保险条款第二十七条第二款B项的规定,伤残赔偿金按照保险条款所附的赔偿比例表中七级伤残赔偿比例15%,而不是六级25%伤残赔偿比例,更不是按永久丧失工作能力或一级伤残的100%进行赔付。何况本案所涉及保险并非伤残赔偿保险而是医疗费用赔偿保险。

分析:

法庭经调查审理后认为,双方当事人对雇主责任保险合同承保范围的约定理解存在歧义是该案争议产生的根本原因。在进一步调查了解后作出如下分析:

(1)原告A公司与被告T保险公司签订的雇主责任保险合同合法有效。原告A公司作为被保险人,在保险事故发生后,有权向被告T保险公司索赔。原告A公司与被告T保险公司之间签订的雇主责任保险合同中约定雇主责任每人赔偿限额50万元,其中医疗赔偿责任每人限额5万元;雇主责任险风险评估表部分约定意外医疗费用5万元,加盖有原告A公司合同专用章。为此原告A公司认为雇主责任保险合同承保的内容包含但不限于医疗赔偿限额,赔偿限额共计50万元,并无不妥。

(2)根据保险合同疑义利益解释原则,应作出有利于非合同条款起草方的解释。根据我国《民法典》第四百九十八条规定:"对格式条款的理解发生争议的,应当按照通常理解予以解释。对格式条款有两种以上解释的,应当作出不利于提供格式条款一方的解释。格式条款和非格式条款不一致的,应当采用非格式条款。"本案保险合同属于格式合同,保险条款是保险人事先印制好的,订立合同时,投保人只能对这些条款作接受或拒绝的表示,没有商量的余地。为了避免保险人利用其有利的地位损害投保人、被保险人或受益人的利益,当遇到保险合同条款含义不清时,应作不利于保险人而有利于被保险人或受益人的解释。这一解释原则亦为我国《保险法》第三十条所确认:"采用保险人提供的格式条款订立的保险合同,保险人与投保人、被保险人或者受益人对合同条款有争议的,应当按照通常理解予以解释。对合同条款有两种以上解释的,人民法院或者仲裁机构应当作出有利于被保险人和受益人的解释。"被告T保险公司认为本案雇主责任保险合同承保内容仅限于医疗赔偿限额5万元并非本案保险合同之意。事实上,目前我国责任保险市场上也没有仅限于医疗赔偿限额的主险雇主责任保险合同,而只有附加险合同。而本案只有主险雇主责任保险合同、而没有签订也不可能签订没有主险而仅限于医疗赔偿限额的独立附加险合同。

(3) 劳动能力鉴定和人体损伤程度鉴定属于不同性质的鉴定,工伤者伤残等级应以劳动能力鉴定为依据。我国《工伤保险条例》第二十二条规定,劳动能力鉴定是指劳动功能障碍程度和生活自理障碍程度的等级鉴定。劳动功能障碍分为十个伤残等级,最重的为一级,最轻的为十级。生活自理障碍分为三个等级:生活完全不能自理、生活大部分不能自理和生活部分不能自理。根据该条,劳动能力鉴定主要目的是确认被鉴定人的劳动功能障碍程度和生活自理障碍程度。劳动功能障碍一级至四级的为全部丧失劳动能力,五级至六级的为大部分丧失劳动能力,七级至十级的为部分丧失劳动能力。而人体损伤程度鉴定目的是人体受到损伤后,确定相应的伤残等级。《人体损伤致残程度分级》(2017年),其适用于人身损害致残程度等级鉴定,但工伤除外。本案中王某虽因交通事故受伤,但其受伤已被依法认定为工伤,原告A公司依照《工伤保险条例》承担相应法律责任。换言之,本案因工受伤员工王某应是依《工伤保险条例》确定的"相应工伤保险待遇"为享受的保障底线,为此,具体确定原告A公司的赔偿责任时,则以劳动能力鉴定委员会六级伤残结论为依据,因《人体损伤致残程度分级》不适用于工伤。

综上,本案应依照原被告双方签订的雇主责任保险合同的约定进行赔偿。本案中原告A公司依照《工伤保险条例》赔付王某一次性伤残补助金、一次性工伤医疗补助金、一次性伤残就业补助金、停工留薪期工资、押金共计56万元后向被告T保险公司索赔雇主责任险50万元,实际主张的是伤残赔偿金损失补偿,而非医疗费由支付补偿,被告T保险公司应按雇主责任保险合同的相关约定进行理赔。因王某伤情劳动功能障碍六级,根据雇主责任保险条款第二十七条(二)伤残赔偿金B项约定及雇主责任保险条款释义部分《工伤与职业病伤残赔偿比例表》约定,六级伤残赔偿比例为25%,即被告T保险公司应承担的雇主责任保险赔偿金额为保额50万元的25%,计12.5万元。

结论:

最后,法院根据我国《保险法》《劳动合同法》《工伤保险条例》及《民法典》等相关规定,判T保险公司在雇主责任保险合同范围内赔偿A公司12.5万元,诉讼费由T保险公司承担。判决后,原被告均无异议。

【案例4-4】

在依《工伤保险条例》为本单位所有职工购买了工伤保险后,W公司又向R保险公司购买了雇主责任保险,每人每次责任限额为10万元。在保险期间内,W公司职工孟某因工受伤,W公司为此向孟某支付医疗费7.2万元、去外地治疗的交通费和食宿费1.45万元。其后,W公司向R保险公司索赔,要求R保险公司赔偿其支付给职工孟某的医疗费和交通住宿费共8.65万元。R保险公司则主张W公司应先向工伤社会保险部门索赔。双方因此发生争议，于是W公司将R保险公司诉至法院，要求R保险公司根据雇主责任保险条款规定承担赔偿责任。

针对这起保险金在社会保险与商业保险两种不同的职业伤害风险事故赔偿制度之间由谁先赔偿的索赔案件，存在如下四种不同的意见：

第一种意见认为，同时购买工伤保险与雇主责任保险，实质上是重复保险。根据《保险法》中关于重复保险分摊原则的规定，本案应由社会保险机构的工伤保险基金与保险公司的雇主责任保险实行比例分摊赔偿。事实上，保险公司销售的雇主责任保险条款中也体现了类似重复保险的规定。如本案中的雇主责任保险条款规定："在发生本保险单项下的索赔时，若另有其他保障相同的保险存在，不论该保险赔偿与否，保险人对医疗费、工伤津贴、诉讼费用仅负比例赔偿责任。"W公司参加的工伤保险，属存在为其所有职工"其他保障相同的保险"，而"保障相同的保险"即属于重复保险。因此，应由工伤保险基金与R保险公司的雇主责任保险按比例分摊赔偿责任。

第二种意见认为，目前我国法律未对同时存在工伤保险和雇主责任保险时如何赔付作出明确规定，故须依法理解决这一问题。工伤保险是社会保险，是一国社会保障体系的一部分，因减少赔付而剩余的基金归社会所有；雇主责任保险属商业保险，因减少赔付而剩余的基金归保险公司所有。因此，在同时存在工伤保险与雇主责任保险的情况下，应从保护社会公共利益角度出发，由雇主责任保险先行赔付，不足部分再由工伤保险赔付。

第三种意见与第二种意见截然相反，认为在工伤保险与雇主责任保险并存时，应优先考虑私主体的利益，由工伤保险进行赔付，不足部分再由保险公司根据雇主责任保险进行赔付。我国的机动车辆第三者责任保险法律强制的"交强险"先于商业第三者责任保险赔付就是遵循这样的一个原则。

第四种意见认为，应根据《工伤保险条例》和雇主责任保险条款的规定，由工伤社会保险部门和保险公司分别承担各自的赔偿责任。

分析：

(1) 重复保险是商业财产保险中的概念，它是指投保人对同一保险标的、同一保险利益、同一保险(风险)事故、在同一时期内分别向两个或两个以上的保险人订立保险合同的保险。为了防止被保险人获得额外利益，《保险法》第五十六条第一至第三款规定："重复保险的投保人应当将重复保险的有关情况通知各保险人。重复保险的各保险人赔偿保险金的总和不得超过保险价值。除合同另有约定外，各保险人按照其保险金额与保险金额总和的比例承担赔偿保险金的责任。重复保险的投保人可以就保险金额总和超过保险价值的部分，请求各保险人按比例返还保险费。"工伤保险是社会保险中的概念，其与雇主责任保险是两种性质截然不同的职业伤害补偿制度，无论是法律依据、保障对象、实施方式、保险费率、保险范围，还是保险责任、理赔原则、保障水平等各个方面都与雇主责任保险存在差异，因此，其与雇主责任保险并存并不构成重复保险。至于保险公司销售的雇主责任保险条款中"保障相同的保险"的提法，其实质也并不是指重复保险。这是因为：一方面对于重复保险，雇主责任保险条款中有类似如《保险法》第五十六条的规定，同样的内容没有必要在同一个条款中规定两次，如果出现类似语言，那也是在内涵不同的情况下才提出的；另一方面，"保障相同的保险"仅仅是指保障项目名称相同，但名称相同并不代表保障的性质、水平等相同。比如工伤事故产生的医疗费用，工伤保险中并不是按100%支付，但工伤保中没有支付而剩余的金额,雇主责任保险或许可以补偿。此外,工伤保险中还有一部分是工伤保险基金中不支付而由雇主或用人单位自己承担的部分,对于雇主自己承担的这一部分,保险公司的雇主责任保险项下可能予以保险保障。因此,对于把购买了工伤保险的同时,又购买雇主责任保险的行为看成是重复保险的第一种意见来说,是完全错误的。同时,对于第二种意见,上述工伤保险与雇主责任保险属于性质不同的两种职业伤害补偿制度的阐述理由也足以说明不存在工伤保险与雇主责任保险哪个先赔的问题。

(2) 一般来说,法律体系包括公法与私法两大部类。公法主要是指关于国家或国家与个人之间权利义务关系的法律部门的总和。公法调整公共利益或调整国家与个人的利益关系,涉及的主体为国家机关。公法以行政法和刑法为核心,其典型特征是以国家为本位并强行干预。私法主要是指关于个体与个体之间权利义务关系的法律部门的总和。私法调整私人利益,涉及的主体为私人(包含自然人和法人)。私法以民法和商法为核心,其根本特征在于自行调节。工伤保险属于社会保险,是国家强制实施的职业伤害风险保障制度,它依托《工伤保险条例》来实施。《工伤保险条例》是以社会利益为本位的法规,调整的是社会经济生活中的市场主体与社会之间的关系,它是用以调整非平等权利的以"管理与被管理"或"监控与被监控"为特征的社会关系的法律。换言之,《工伤保险条例》是国家运用公权力对私法实行强制矫正的保障,在强大的雇主和处于弱势的雇员之间实现利益的平衡,而不仅仅是调整国家与个人的利益关系。因此,《工伤保险条例》兼有公法和私法的双重属性。即用公法形式来调整劳动雇佣关系,其目的就是保护劳动者个人利益,维护整个社会和谐。有鉴于《工伤保险条例》与《保险法》的目的均有保护私人利益的属性,前述第三种意见因存在片面理解也属于错误的观点。

(3) 工伤保险与雇主责任保险是两种性质不同但目的基本归于一致的职业伤害补偿制度,在业务上或在职业伤害补偿方面两者可以互为补充。在工伤保险基金中不补偿或补偿额度低的项目,雇主责任保险可以承保或特别约定给予承保。如工伤保险诊疗项目目录、工伤保险药品目录、工伤保险住院服务标准之外的费用,以及生活不能自理的工伤职工在停工留薪期需要护理的费用是工伤保险基金不予补偿而由雇主或用人单位自己承担的部分。对于这部分费用便可以在雇主责任保险合同项下进行承保与理赔。即使两种补偿制度有相同补偿项目部分,受害雇员也是可以同时主张工伤保险基金补偿和雇主责任保险补偿的,只是在保证受害人获得完全赔偿且不以获得额外利益补偿的原则下,受害人最终获得的赔偿或者补偿,均不得超过其实际遭受的损害。正因为如此,实践中,无论是保险公司还是社保经办机构,在受害雇员或雇主申请损害赔偿时,往往要求受害人提供医疗费和其他费用的原始发票,仅凭复印件不予赔偿。

(4) 我国雇主责任险与工伤保险竞合的法律规定。虽然《最高人民法院关于审理人身损害赔偿案件适用法律若干问题的解释》第三条第一款规定:"依法应当参加工伤保险统筹的用人单位的劳动者,因工伤事故遭受人身损害,劳动者或者其近亲属向人民法院起诉请求用人单位承担民事赔偿责任的,告知其按《工伤保险条例》的规定处理。"即属于工伤保险覆盖范围的,不能再享有民事赔偿请求权,但并没有像《最高人民法院关于审理道路交通事故损害赔偿案件适用法律若干问题的解释》(法释〔2020〕17号)第十三条那样规定,同时投保"交强险"和"商业三者险"的机动车发生交通事故造成损害,当事人同时起诉侵权人和保险公司的,先由承保交强险的保险公司在责任限额范围内予以赔偿,不足部分再由承保商业三者险的保险公司根据保险合同予以赔偿。而根据我国《安全生产法》第五十六条第二款规定,因生产安全事故受到损害的从业人员,除依法享有工伤保险外,依照有关民事法律尚有获得赔偿的权利的,有权提出赔偿要求。《中华人民共和国职业病防治法》(简称《职业病防治法》)第五十八条规定,职业病病人除依法享有工伤保险外,依照有关民事法律,尚有获得赔偿的权利的,有权向用人单位提出赔偿要求。安全事故的受害劳动者和职业病病人在享有工伤待遇的同时,还享有向用人单位主张民事赔偿的权利。也就是说,我国现行《安全生产法》和《职业病防治法》不但没有规定赔偿的先后顺序,相反,规定了受害的劳动者和职业病病人可以同时获得工伤保险与商业保险两种赔偿的权利。事实上,我国《社会保险法》第三十八条、第三十九条及《工伤保险条例》中对劳动者的工伤保险待遇,由工伤保险基金支付的费用及由用人单位支付的部分作了翔实的规定。(☞知识链接4-4)根据该两项法律、法规的规定,雇员发生工伤事故,在工伤伤残等级确定后,应由工伤保险基金支付及用人单位支付的部分就已明确,即用人单位应向雇员承担赔偿的民事责任范围即确定。工伤保险基金支付的部分是否已赔付亦不影响用人单位应承担的民事赔偿责任的履行。届时,承保了雇主责任险的保险公司就应当按照保险合同的约定赔付保险金。因此,根据受害人利益补偿最大化原则,只要不超过受害人实际遭受的损害,哪种方式能使受害人利益补偿最大化、最简单方便,就应该采用哪种方式。当然,如果两种制度没有交叉赔偿项目,那么,在能分清分别属于工伤保险基金项目补偿和雇主责任保险保障范围的情况下,理所当然地分别由工伤保险基金和保险公司的雇主责任保险来承担各自的赔偿责任。由此可见,前述的第四种观点也存在片面性。

知识链接4-4 我国《社会保险法》第三十八条规定:"因工伤发生的下列费用,按照国家规定从工伤保险基金中支付:(一)治疗工伤的医疗费用和康复费用;(二)住院伙食补助费;(三)到统筹地区以外就医的交通食宿费;(四)安装配置伤残辅助器具所需费用;(五)生活不能自理的,经劳动能力鉴定委员会确认的生活护理费;(六)一次性伤残补助金和一至四级伤残职工按月领取的伤残津贴;(七)终止或者解除劳动合同时,应当享受的一次性医疗补助金;(八)因工死亡的,其遗属领取的丧葬补助金、供养亲属抚恤金和因工死亡补助金;(九)劳动能力鉴定费。"第三十九条规定:"因工伤发生的下列费用,按照国家规定由用人单位支付:(一)治疗工伤期间的工资福利;(二)五级、六级伤残职工按月领取的伤残津贴(三)终止或者解除劳动合同时,应当享受的一次性伤残就业补助金。"

结论:

综上所述,在工伤保险和雇主责任保险并存的情况下,既不存在按"比例分摊赔偿"的问题,也不存在哪个先行赔偿的问题。而是从受害人获得完全保障或最大利益保障以及索赔简单便利的情况出发,或者说,从投保人或被保险人自己选择以最小的成本获得最大的利益补偿方式出发来选择补偿方式才是最佳的。如本案,如果投保人W公司认为从R保险公司索赔能获得最大效益而成本又最低,则选择R保险公司索赔就是最佳方法,而保险公司没有理由拒绝理赔。

启迪:

本案其实是一个比较简单的案子,但在实践过程中类似的情况并不少见。从这个案例中,有如下启迪与建议。

一是法律的缺位易留下后患。本案如果有法律对是由工伤保险先行赔偿还是由雇主责任保险先行赔偿进行明文规定,就不会出现这样的诉讼纠纷。因此,建议立法部门尽快对两者的理赔顺序问题进行法律规范,以避免类似的事情发生。

二是保险合同是商务合同,合同双方当事人在行使合同赋予的权利的同时,必须毫无条件地履行义务。本案中投保人(被保险人)履行了合同规定的义务,当保险事故发生时,其有权利要求保险公司进行赔偿,保险公司则应该在合同约定的范围内完全履行自己的赔偿义务,而不能借有工伤保险而推卸或延缓或减少自己应该理赔的责任。而且,法律至今没有规定既买了工伤保险又买了雇主责任保险的雇主或用人单位应先行向工伤保险索赔。

三是投保人在购买保险产品时,一定要了解自身的风险及其转嫁情况,如果仅仅是损失补偿性质的工伤事故方面的风险已通过工伤保险转嫁,就不要再购买商业的雇主责任保险,以避免出现法律保障不到位的情况下,社会保险与商业保险两边踢皮球的现象而加大自身索赔的难度与成本,而且还能为自身节省购买保险的费用。如果一定要在工伤保险之外购买雇主责任保险,则应将工伤保险不能保障的范围之外的风险进行科学地转嫁,即以投保补充工伤保险的雇主责任保险为宜。

【案例 4-5】

某年,美国的一名打桩工在其雇主的起重船上工作时被撞成重伤,该工人以船员和港口工人的身份对雇主的疏忽和船只的不适航起诉。雇主的责任保险人 A 公司处理了索赔案,并支付给打柱工一笔数目不小的保险金。事后,A 保险公司又向雇主的公众责任保险人 B 公司提出分摊损失,B 保险公司以其保险单对"被保险人的任何雇员在雇佣期间发生人身伤亡不负责任"的规定为由,拒绝分摊损失。A 保险公司遂向美国联邦上诉法院提起诉讼。

对本案的不同看法:

(1)被告 B 保险公司认为,其与雇主的保险关系是以保险合同为依据建立起来的,保险合同上的规定是其履行权利和义务的依据。既然保险合同中已将"雇员在雇佣期间发生人身伤亡"列为免责责任,其也就没有分摊雇员人身伤害损失的责任和义务。

(2)原告 A 保险公司则强调被告 B 保险公司保险合同中的免责责任不适用本案,因为雇员对雇主起诉时,是把雇主作为船东而不是作为雇主,在侵权法中这两者是有区别的,因此,被告 B 保险公司应当分担损失。

分析:

上诉法院受理本案后,认为两家保险公司发生争论时,保险合同条款应被视为成文的,该案雇员的人身伤害已无可争议,又是在雇佣间发生的人身伤害,它完全属于被告 B 保险公司保险合同中免责责任范围,因此,原告 A 保险公司起诉的理由不成立,被告 B 保险公司没有分摊损失的责任。

结论及启迪:

法院对本案依法作出如下判决:原告 A 保险公司的索赔理由是诡辩,被告 B 保险公司拒绝分摊损失合法;由原告 A 保险公司承担双重的诉讼费用和律师费用,以示对其无意义的上诉的惩罚。

本案表明,保险合同上的条款是处理保险赔案或索赔纠纷的直接依据,除非该条款违背了法律原则规定,否则就应视为成文法;同时,雇员无论以何种身份起诉雇主,只要存在雇佣合同关系并在受雇期间受到伤害,雇主责任就不能免除,雇主责任保险人也要依其出立的保险合同承担着当然的损失补偿义务。

复习思考题

一、名词解释
雇主责任;雇主责任保险;意外伤害保险;雇主责任法;工伤保险

二、选择题

1. W 企业与员工签订了雇佣合同,其中规定,如果员工在外地出差过程中发生意外事故致死时,由 W 企业给付丧葬费、抚恤金 10 万元。考虑到员工外地出差意外伤害风险的客观存在,W 企业与保险公司签订了保险合同,以员工在受雇期间外地出差发生的意外伤害赔偿为保险责任,每人保险赔偿限额为 10 万元,投保人与被保险人均为 W 企业。在保险有效期内,因发生了相关疫情而致外地出差的员工李某因感染而死亡。事后,死者李某的家属向 W 企业和保险公司提出了索赔。请根据案情,回答下列问题:

(1) 本案的性质属于( )。
   A. 场所责任保险　B. 雇主责任保险　C. 公众责任保险　D. 意外伤害保险

(2) 保险合同关系存在于( )。
   A. 雇主与雇员之间　　　　　　B. 雇主与保险人之间
   C. 保险人与雇员之间　　　　　D. 保险人与雇员家属之间

(3) 受害人家属对被保险人的索赔( )。
   A. 完全有效　　B. 完全无效　　C. 50%有效　　D. 20%有效

(4) 受害人家属向保险人索赔( )。
   A. 完全可以　　B. 完全不可以　　C. 50%可以　　D. 20%可以

(5) 受害人家属最终可以获得的保险赔偿额为( )万元。
   A. 20　　B. 10　　C. 5　　D. 0

2. 雇主责任保险合同的被保障人是( )。
   A. 与雇员有雇佣关系的雇主　　　B. 与保险人有保险关系的被保险人
   C. 与保险人有保险关系的雇主　　D. 与雇主有雇佣关系的雇员

3. 雇主责任保险的费率厘定在参考赔偿限额时,其主要依据应是( )。
   A. 工种与行业风险　　　　　　B. 雇主与雇员的风险
   C. 场所与产品风险　　　　　　D. 保险人与被保险人的风险

4. 在我国,雇主责任保险的法律依据主要有( )。
   A.《消费者权益保护法》　　　　B.《社会保险法》
   C.《工伤保险条例》　　　　　　D.《保险法》

5. 在我国,雇主责任保险的索赔时效期为( )。
   A. 1 年　　　　　　　　　　　B. 2 年
   C. 半年　　　　　　　　　　　D. 没有时间规定

6. 赔偿限额是雇主责任保险人承担赔偿责任的最高限额,它的确定依据是( )。
   A. 雇员的工资收入　　　　　　B. 雇主的销售收入
   C. 雇员的医疗费用总支出　　　D. 雇主的总利润

7. 雇主责任保险的保费采用( )。

A. 一次交费制   B. 预收保险费制   C. 以支定收制   D. 实收实支制

8. 1880年,世界上第一家专门的雇主责任保险公司成立于( )。

A. 美国   B. 英国   C. 日本   D. 德国

9. 美国历史上颁布的第一部员工赔偿法律是( )。

A.《琼斯法案》   B.《联邦雇主责任法》

C.《码头工人工伤赔偿法》   D.《劳工补偿法》

10. 由日本政府举办的雇主责任保险的法律依据主要是( )。

A.《雇主责任法》   B.《劳工标准法》

C.《工伤补偿保险法》   D.《民法》

三、问答题

1. 如何区分雇主责任保险、工伤保险与意外伤害保险?
2. 雇主责任保险的法律依据有哪些?
3. 雇主责任保险的责任范围如何划分?
4. 如何防范雇主责任保险的经营风险?
5. 境外雇主责任保险的模式有哪些?
6. 日本雇主责任保险的特点有哪些?
7. 中国香港保险人经营的雇主责任保险有哪些地方值得内地保险公司借鉴?

四、案例分析

1. 已按国家《工伤保险条例》的规定为其所有职工投保了工伤保险的某水电站建设工程的分包商水电某局又向某保险公司投保了雇主责任保险,赔偿限额为死亡(每人)10万元、永久性伤残(每人)10万元,并且附加了人身意外伤害保险,每人的保险金额为5万元。在保险期限内,该局的临时工施某在工地导流洞出口进行抽水作业时不幸触电,经抢救无效死亡。固定职工张某驾驶水泥罐车在导流洞进口处因车辆倾覆坠入江中不幸死亡。被保险人就两人的死亡,分别向保险人在雇主责任保险项下索赔丧葬费、死亡补偿金、被抚养人生活费10万元,在人身意外险项下申请给付5万元。

问:保险公司应该如何理赔?

2. 某年5月12日上午,某公司68米高的烟囱施工工程已经完工,36名民工被叫去拆烟囱的脚手架。由于前一日下雨,造成脚手架地锚滑脱,致使脚手架从距离地面10米处突然折断,正在脚手架上作业的工人摔向地面,当场造成20余人死亡、受伤。

问:(1)该公司是否要承担责任?为什么?

(2)该公司能否将类似风险向保险公司转移?假如能够向保险公司转移,问购买的应是什么类型的险种?保险公司如何赔偿?

3. 张某工伤被医治后,获得了其所在单位A公司投保的雇主责任保险理赔,但其向A公司申请工伤保险待遇时,却被拒绝,理由是公司已为其投保了雇主责任保险,应免除其工伤保险责任,并且张某的损失已从保险公司得到了弥补。

问:A公司拒绝张某工伤保险理赔的理由成立吗?为什么?

第五章

职业责任保险

> **学习目标**
>
> 学习本章时,学生应重点掌握职业责任保险的概念,理解职业责任、职业责任风险与职业责任保险三者之间的内在联系,了解职业责任保险的责任范围,熟悉职业责任保险的经营过程及主要险种。

第一节 职业责任保险概述

思政园地

一、职业责任与职业责任风险

(一)职业责任的界定

从广义的角度来看,职业责任(☞知识链接5-1)是指从事一定职业的人们对社会或他人所必须承担的职责和义务,包括职业团体的责任和从业者的责任两个方面。职业责任是由社会分工决定的,是职业活动的中心,也是构成特定职业的基础,职业责任往往通过行政的甚至法律形式加以确定和维护。不同的职业有不同的职业责任。职业团体或职业人员没有尽到自己的职责,其主要的承担形式有吊销营业执照或纪律处分、行政责任、民事责任和刑事责任等几种。例如,某保险经纪公司存在虚假注册的情况被依法吊销营业执照;某注册会计师及会计师事务所因工作疏忽、过失或违约给第三人造成财产损失应给予的经济赔偿责任等。从狭义的角度来看,职业责任是指当事人或职业团体因提供职业服务中的疏忽或过失行为而对遭受人身伤害或财产损失的受害方进行赔偿的责任。[①] 例如,上述的注册会计师及会计师事务所的职业责任即属于狭义上的职业责任。又如,律师因执行业务时的作为或不作为,违反其业务上应尽的责任和义务,而使他人遭受损害,依法所负的赔偿责任,即为狭义上的职业责任。根据责任保险承担的是致害人民事损害赔偿责任的特点,本书所指职业责任保险中职业责任的概念更适合于从狭义的角度去理解,即本书的职业责任是由具有从事职业行为所必须的资格、能力,并由职业技术人员的行业组织维持一定的业务水准的执业人员所导致的民事法律责任,如医生在手术过程中,因注意力不集中导致手

---

① 国际咨询工程师联合会,中国工程咨询协会.职业责任保险入门[M].北京:中国计划出版社,2001:3.

术失败,发生医疗事故,医院所承担的病人的经济损害赔偿责任;建筑设计师由于设计错误,使承建方发生重大责任事故造成损失而应该承担的责任。

知识链接5-1 职业责任,在民法或者侵权责任法领域,往往被称为专家责任,即具备专业知识或者专门技能,依法取得国家认可的专业资格和执业证书,向公众提供专业服务的专业人士在执业过程中,因故意或过失造成委托人或第三人损害时,依法应当承担的责任。专家,是指具有专业知识或技能,得到执业许可证或资格证书,并向公众提供专门服务的人,如律师、医生、注册会计师、建筑师、公证人等。

参见:张新宝.侵权责任法原理[M].北京:中国人民大学出版社,2005:219.

按照承担责任的性质划分,职业责任可以分为违约责任(合同责任)与侵权责任。违约责任包含直接责任和间接责任。直接责任是指合同一方违反规定的义务造成另一方损害时应承担的赔偿责任;间接责任是指合同一方违反合同的规定使另一方造成他人(第三者)损害时所应承担的赔偿责任。职业责任中的侵权责任是指职业技术人员因疏忽或过失违反了职业所赋予的法定义务,使得职业技术消费者或公众遭受了损害,基于此而产生的责任。

(二) 职业责任风险

职业责任风险可从广义和狭义两方面来理解。广义上的职业责任风险是指所有职业人员从事自身的工作过程中给他人造成了人身或财产方面的损害依法应该承担的民事法律责任风险。凡是职业人员均存在职业责任风险,只是不同的职业人员所面临的责任风险的大小不同罢了。狭义上的职业责任风险,是指从事各种专业技术工作的人员因疏忽或过失所引起工作上的失误导致的损害赔偿责任风险,即专业技术人员因承担职业责任所面临损失的不确定性,它既是职业责任保险的承保对象,也是职业责任保险存在和发展的基础。① 本书中提到的职业责任风险或职业责任保险所承保的职业责任风险均是指狭义上的概念。

职业责任风险的特点表现为以下几个方面:

(1) 客观性。职业责任风险的发生是不以人的意志为转移的、是不可避免的。这是因为:①人们在从事各种专业技术工作的时候,由于受到自身知识、技术或经验的局限,难免会犯错误,尤其在科技日新月异、知识爆炸的时代,工作中更有可能出现失误,如设计师在绘图时可能出现细微偏差,监理工程师在工程施工质量控制时因自身专业技术知识不过硬而在工程质量监督过程中出现失误等。②各种专业技术人员工作中所使用的设备或者产品存在缺陷,加大了技术人员主观上犯错的可能性,如某些药品过敏性明显,对特殊人群的身体会造成伤害,医生在治疗过程中由于没有注意到这些药品的特性,容易出现失误。

(2) 复杂性。职业责任风险属于技术性较强的工作导致的责任事故。随着科学技术的飞速发展,社会分工的日益深化,各种职业的专业性和技术性不断得到加强,工种之间的不可替代性越发明显,这使得职业责任风险的种类繁多,可控性较差。

(3) 趋大性。随着社会的发展,职业责任风险有增大的趋势。这是因为:①法制的逐

---

① 许飞琼.责任保险[M].北京:中国金融出版社,2007:299.

渐完善为受害人进行职业责任的诉讼提供法律依据。如我国的《民法典》《医师法》《律师法》《注册会计师法》《教师法》《企业破产法》《公司法》等多部法律,为受害人受到相关职业人因职业造成的损害提供了赔偿的法律依据。②法官处理职业责任索赔案件遵循"深衣袋"规则①的现象比较普遍。法庭越来越倾向于对遭受损害的受害人或受害人家属持同情态度,并使法律规定适应为那些向职业人员索赔损害赔偿金的当事方提供经济利益。②③民事损害赔偿责任及国民经济的发展,使得职业责任的损害赔偿额度提高,职业责任风险增大。例如,2021年11月12日,广州市中级人民法院对康美药业造假案作出一审判决,要求康美药业赔偿证券投资者24.59亿元。除康美药业原董事长马某等直接责任人员需要承担全部连带赔偿责任外,时任公司董监高的13名相关人员,也要按过错程度承担连带赔偿责任。尤为引人关注的是,涉及康美药业造假案的5名离任或在任独立董事,也要承担连带责任,合计赔偿金额最高约为3.69亿元,而5名独立董事的年薪仅在10万元左右。③

从以上分析可以看出,职业责任风险的客观性、复杂性及趋大性等特点决定了企业或单位自身采用风险回避或者风险控制的方法处理职业责任风险往往难以奏效;对职业责任风险采用自留的做法也只适用于资本雄厚的大型企业,不具备通用性;而通过职业责任保险的方法,利用大数法则,能够实现跨时期、跨区域有效分散被保险人职业风险的目的。也就是说,职业责任保险才是处理职业责任风险最适用的方法,各种职业技术工作单位通过投保职业责任保险,能够转嫁自身职业责任风险,有效地抵御因职业责任诉讼所引起的财务风险。

二、职业责任保险的概念

职业责任保险(又称职业赔偿保险或业务过失责任保险),是指承保各种专业技术人员因在从事职业技术工作时的疏忽或过失造成合同对方或他人的人身伤害或财产损失的经济赔偿责任的保险。④ 其中,专业技术人员是指依照国家人才法律法规,经过国家人力资源和社会保障部门全国统考合格,并注册备案、颁发注册执业证书或取得相应资质证书,在企业或事业单位从事专业技术工作的技术人员及具有前述执业或资质证书并从事专业技术管理工作的人员。一般而言,职业责任保险是由提供各种专业技术服务的单位(如医院、建筑设计院、律师事务所、注册会计师事务所、美容院等)投保的团体业务,个体专业技术人员的职业责任保险通常由专门的个人责任保险来承保。⑤

三、我国开办职业责任保险的意义

随着我国公众对专业人员履行职责的期望值升高,消费者的自我保护意识也不断增强,法律环境的进一步完善也给消费者依法保护自身权益提供了强有力的保障,使得职业

---

① "深衣袋"规则指的是应由最有能力承受经济责任的一方对损失或损害予以赔偿,而不过多地考虑被告人的过失问题。(参见:国际咨询工程师联合会,中国工程咨询协会.职业责任保险入门[M].北京:中国计划出版社,2001:2.)
② 国际咨询工程师联合会,中国工程咨询协会.职业责任保险入门[M].北京:中国计划出版社,2001:2.
③ 刘彦昌.记者观察:独董被判天价赔偿,不冤![N].中国银行保险报,2021-11-22.
④ 樊启荣.责任保险与索赔理赔[M].北京:人民法院出版社,2002:277.
⑤ 许飞琼,郑功成.财产保险[M].6版.北京:中国金融出版社,2020:326.

责任引起的投诉和纠纷近年来呈快速上升势头,许多专门职业的从业人员如医生、会计师、律师、董事、设计师、家政服务人员等也因此而面临越来越大的职业责任风险,而这些职业责任风险通过保险来转移,其意义是十分重大的。

第一,有利于提高专门职业人员及其单位抵御风险的能力,促进该职业的稳健发展。各职业人员或该职业部门所面临的风险均是系统内专门风险,这些风险能否在系统内进行分散,往往受职业部门的规模、经济实力、风险强度、职业人员的责任心等许多因素的影响。对于规模小、风险强度大、经济实力弱、执业质量差的职业部门及其职业人员而言,其所承担和规避风险的能力有限,时常面临巨大的索赔危机,如注册会计师事务所、律师事务所、美容院等的风险就非常巨大。如果实施职业责任保险,则可以做到互助互保,共担风险,这样,就大大提高了职业部门或个人抵御职业责任风险的能力,有力地推动该职业的稳健发展。

第二,有利于相关法律、法规条例的贯彻实施。例如,《民法典》《律师法》《医师法》《注册会计师法》《企业破产法》《保险代理人管理规定》《医疗事故处理条例》《医疗纠纷预防和处理条例》等有关职业人员的民事损害赔偿责任法律、法规条例对于相关职业人员普遍采取有限责任形式。它以几十万元甚至几万元人民币为限承担经济责任,却从事着百万元、千万元乃至上亿元资产的无限责任事务,显然权力与责任不匹配。无限责任的存在会使诸如律师事务所等职业机构和职业人员的责任风险加大,也正因为巨大责任风险发生的可能性,我国的《注册会计师法》《保险代理人管理规定》等法律、法规明确规定其相关部门应办理职业责任保险。因此,只有实行职业责任保险,才使得法律规定得以落实。

第三,有利于提高职业人员或职业机构的公信力。例如,当会计师事务所违反注册会计师执业规范体系的要求,导致出具的报告失实,并给委托人(知识链接 5-2)、其他利害关系人造成损失而无力赔偿时,其社会公信力必然受到严重影响,但如果通过注册会计师执业责任保险,将其承担的经济赔偿责任转嫁给保险人,由专门经营责任风险的保险人来履行注册会计师所不能履行的赔偿义务,则有利于保护和提高注册会计师及其事务所的公信力。注册会计师职业是这样,其他职业部门也是如此,均存在着职业人员和职业机构的信誉、名誉等公众良好形象的树立问题,而职业责任保险,则能很好地发挥这方面的作用。

知识链接 5-2 委托人,是指与职业责任保险的被保险人签订相关委托业务合同的另一方,本章同。

第四,有利于保护受害人的合法权益。无论是什么职业责任事故,受害方的索赔权益均会受致害方经济实力的制约,一个效益不佳的设计院不可能承担起赔偿建筑单位巨额财产损失的责任,一个亏损的医院也无力补偿受伤害的病员的赔偿。因此,虽然法律保障受害方的索赔权利,但受害方正当权益的真正实现还需要有经济保障和风险分散措施,而职业责任保险则扮演了这一重要角色。

第五,有利于责任保险市场的快速发展。发展职业责任保险一方面对合理规避职业责任风险、保障当事人权益具有重要的意义,另一方面也完善和丰富了国内的责任保险市场和责任保险产品,并加速国内责任保险市场与国际责任保险市场的接轨。

第二节　职业责任保险的责任范围

一、职业责任保险的保险责任

由于社会分工的不断细化,不同工种的职业责任风险存在很大差异。职业责任保险作为一类责任保险业务,不可能像公众责任保险那样有统一的或综合的保险条款与保单格式,也不可能规定统一的保险责任范围,它需要根据不同种类的职业责任设计专门的保险条款,并确定有差异的保险责任范围。但通常,各种职业责任保险的保险责任范围又有某些共同之处,概括如下:

(1) 在保险合同载明的保险期间或追溯期内(☞知识链接 5-3),被保险人或其法律上应负责的其他人在中华人民共和国境内(不包括港、澳、台地区),提供与其职业相关的专业技术服务时,因疏忽或过失行为给受害人造成了经济损失,并由受害人首次在保险期间内向被保险人提出索赔申请,依法应由被保险人承担的经济赔偿责任。其中:①"被保险人或其法律上应负责的其他人"是指保险合同负责的被保险人的职业责任风险,不仅包括被保险人自己,还包括被保险人的前任、被保险人的雇员及从事该业务雇员的前任的疏忽或过失行为所导致的职业责任。②"提供与其职业相关的专业技术服务"表明保险人保障的被保险人的责任风险必须与其职业有着紧密关系,而不负责与该职业无关所导致的其他赔偿责任,如 A 律师事务所购买了律师职业责任保险,其雇员 B 还是一名保险代理人,B 利用业余时间从事保险代理业务时,因过失未能履行代理合同约定的义务给被代理人造成了损失,B 因此所承担的赔偿责任,不能得到律师职业责任保险人的赔偿。③"疏忽或过失行为"可以理解为被保险人作为专业技术人员,因疏忽大意而未能按照职业要求的谨慎性标准行事,给受害人造成经济损失的行为。通常,职业责任保险人将被保险人有无"过失"的行为作为理赔的一个要件,被保险人因无过失行为所承担的经济损害赔偿责任一般不属于保险责任范围。当然,被保险人可以与保险人经过特别约定,承保无过失行为所致的职业责任风险,如某保险公司推出的医疗责任保险"附加意外医疗责任保险"险种即可承保无过失行为所致的职业责任风险。④强调"受害人'首次'向被保险人提出索赔申请"是为了防止被保险人在保险追溯期内遭到索赔,从而购买保险要求保险人支付赔款的道德风险,即对于起保日以前已经向被保险人提出索赔的,保险人不予负责。

知识链接 5-3　追溯期,是指保险期间开始前的与保险期间相连续的一段时期,在这段时期内发生事故,受害人在保险期间内首次向被保险人提出索赔,保险人按保险合同的约定承担赔偿责任。如果这种事故发生在追溯期之前,保险人不承担赔偿责任。对于追溯期的规定,不同的险种或不同的保险公司有不同。但大多规定在续保时,如果投保人投保该职业责任保险已有一年,第二年续保时追溯期为一年;如果投保人投保该职业责任保险已有两年或两年以上,追溯期一般为两年。

(2) 事先经保险人书面同意的诉讼费用。职业责任保险中,除协商解决外,诉讼行为是否存在不以保险人的意志为转移。因此,只要诉讼客观存在,保险人就有可能涉及诉讼费用。诉讼费用是指为辩护或调查索赔所发生的诉讼费、律师费、专家鉴定费及为提供诉讼保全而支付的担保费用等合理支出。诉讼费用一般包括两个部分：被保险人自己支出的诉讼费用及应付索赔人的诉讼费用。其中，被保险人自己支出的诉讼费用是指被保险人直接和受害人在法院进行诉讼或抗辩而支出的合理费用。应付索赔人的诉讼费用是指受害人诉诸法律向被保险人索赔，根据法院判决或裁决应由被保险人偿还索赔人而支出的费用。

(3) 保险责任事故发生时，被保险人为控制或减少损失所支付的必要的、合理的费用。职业责任保险中不存在"施救费用"这一表达方式，保险人的责任除了"经济赔偿""诉讼费用"外，就是"其他费用"。职业责任保险中的"其他费用"是指被保险人为控制或减少损失所支付的必要的、合理的费用，如咨询费、调查费、追偿费等。该费用的合理性取决于保险事故发生时的具体情况、费用金额的大小及所能挽回的损失；必要性主要体现在如果不支付这些费用会造成更大的保险损失。

通常，对于每次保险事故，"经济赔偿""诉讼费用""其他费用"的赔偿金额合计不得超过保险合同明细表中列明的每次事故赔偿限额；对每次事故承担的"诉讼费用"赔偿金额不得超过保险合同明细表中列明的每次事故诉讼费用赔偿限额。在保险期间内，"经济赔偿""诉讼费用""其他费用"的总赔偿金额不得超过保险合同明细表中列明的累计赔偿限额，"诉讼费用"赔偿金额不得超过保险合同明细表中列明的诉讼费用累计赔偿限额。

二、职业责任保险的免责责任

职业责任保险的一般免责责任可以概括为以下八项：

(1) 因证据文件、账册、报表等资料的损毁、灭失、盗窃、抢劫、丢失所引起的任何索赔。此项，经过保险合同当事人双方特别约定也可以扩展承保，但须加收保险费。如会计师事务所的企业财务报表损毁或被盗造成委托单位的损失，可以通过扩展承保，由保险人负责。

(2) 投保人、被保险人及其代表的重大过失、故意、恶意、欺诈行为和违法犯罪行为所致的任何索赔。如医生利用药物谋杀他人，被保险人借机报复或打击合同对方或其他人等明知故犯行为均为现行法律所不允许，保险人自然不予负责。

(3) 精神损害赔偿责任。目前，我国《最高人民法院关于审理人身损害赔偿案件适用法律若干问题的解释》及《最高人民法院关于确定民事侵权精神损害赔偿责任若干问题的解释》对于精神损害赔偿有了较为明确的规定，但由于精神损害是无形的，用经济手段将其量化的难度较大，法院对受害方的精神损害赔偿额度多凭主观理解，弹性较大。因此，精神损害赔偿责任的风险较大，多数保险公司将精神损害赔偿责任列为免责责任。

(4) 核辐射、核爆炸、核污染及其他放射性污染；大气污染、土地污染、水污染及其他各种污染引起的索赔。对于因上述污染而提出损害赔偿金的索赔，不仅与之相关的人员面临巨大的风险，而且用于处理和清除污染物的费用惊人，污染造成的危害期限漫长，因此，保险人不能承保此类风险。

(5) 被保险人被指控有对他人诽谤或恶意中伤行为而引起的任何索赔。例如，律师诽谤其原告或被告而导致的索赔；又如，记者利用媒体诽谤或中伤他人等，均属于违背社会公德及有关法律的行为，保险人不能负责。

(6) 职业责任保险事故造成的间接损失或费用（保险人书面同意的法律诉讼费用及被保险人为控制或减少保险责任事故的损失所支付的必要的、合理的费用除外）。例如，建筑设计师提供有缺陷的图纸给建筑单位，使建筑单位不能如期施工或使用或生产而导致的利润损失,保险人不予负责。

(7) 被保险人与他人签订协议所约定的责任,但依照法律规定应由被保险人承担的不在此列。被保险人根据协议所承担的责任是合同责任,对于因合同规定,而超出被保险人本应承担的职业责任的合同责任,保险人不予负责。

(8) 因被保险人隐瞒或欺诈行为而引起的任何索赔。例如,某会计师事务所在审计一家公司的年度财务会计报表时,发现该公司利用会计手段虚增利润的问题,但出于自身利益的考虑,对该单位出具无保留意见的审计报告,造成公众据此作出错误的投资决断所造成的经济损失而向该会计师事务所提出索赔。这种情形本身是被保险人违背诚信原则所造成,保险人自然不予理赔。

第三节　职业责任保险的经营

一、职业责任保险的承保方式

(一) 以索赔为基础的承保方式

以索赔为基础的承保方式,又称期内索赔式,是指保险人仅对在保险期内受害人向被保险人提出的有效索赔负赔偿责任,而不论该索赔案的事故是否发生在保险有效期内。[①] 由于从职业责任事故产生到受害方提出索赔,往往可能间隔一个相当长的时期,如医生的不当治疗造成的后遗症,工程设计错误在施工后或竣工验收或交付使用后才能发现等。保险人在经营职业责任保险业务时,通常采用以索赔为基础的承保方式。对于保险人来说,这种承保方式的优点在于容易确定保险的赔付责任,可使保险人能够确切地把握保险合同下应支付的赔款,即使赔款数额在当年不能准确确定,至少可以使保险人了解全部索赔的情况,对自己应承担的风险责任或可能支付的赔款数额作出较切合实际的估计;缺点是使保险时间前置了,增大了保险人的赔付风险。为了控制保险人承担的风险责任无限地前置,各国保险人在经营实践中,又通常规定一个责任追溯日期作为限制性条款,保险人仅对于追溯期以后保险期满前发生的职业责任事故且在保险有效期内提出索赔的法律赔偿责任负责。

例如,某会计师事务所投保了注册会计师职业责任保险,该保险采用了期内索赔式的方式承保。保险期间是从 2023 年 1 月 1 日至同年 12 月 31 日,追溯起始日期为 2021 年 1 月 1 日。则只有在 2021 年 1 月 1 日以后该会计师事务所因疏忽或过失酿成的职业责任事故并在 2023 年内提出的索赔,保险人才予负责。2021 年 1 月 1 日以前发生的责任事故,即使在 2023 年内提出索赔,也是不能获得保险赔偿的;2021 年 1 月 1 日以后发生的责任保险事故但未在 2023 年内提出索赔,保险人也不承担赔偿责任。

(二) 以事故发生为基础的承保方式

以事故发生为基础的承保方式,又称期内发生式。该承保方式是保险人仅对在保险有

---

① 许飞琼,郑功成.财产保险[M].6 版.北京:中国金融出版社,2020:326.

效期内发生的职业责任事故引起的索赔负责,而不论受害方是否在保险有效期内提出索赔。它的优点在于,保险人支付的赔款与其保险期内实际承担的风险责任相适应;缺点是保险人在保险合同项下承担的赔偿责任不仅要经过很长时间才能确定,而且因为货币贬值等因素,受害方最终索赔的金额可能远远超过职业责任事故发生当时的水平或标准。在这种情况下,保险人通常规定赔偿责任限额,同时明确一个后延截至日期。①

例如,某律师事务所投保了律师职业责任保险,保险有效期从2023年1月1日至同年12月31日,采用期内发生式的承保方式。则只要责任保险事故是在2023年内发生的,无论受害人是否在2023年内提出索赔,保险人均在赔偿限额内给予赔偿,直到履行全部赔付义务或至保险合同上规定的后延截至日期为止。

由于以事故发生为基础的承保方式要经过较长的时期才能真正结束保险责任,故又称为"长尾巴责任保险",其应用不如以索赔为基础的职业责任保险承保方式广泛。因此,保险人一般采用以索赔为基础的承保方式,若被保险人有要求,保险人可在确定保险责任后延截至日期的条件下采用以事故发生为基础的承保方式。

二、职业责任保险的费率厘定

(一)影响因素

保险费率的厘定,是职业责任保险经营中十分复杂并且非常重要的问题。只有科学地厘定保险费率,才能使保险公司实际赔偿的额度偏离精算所预期额度的程度趋近于零,才能使建立起来的保险基金足以支付职业责任保险事故所带来的索赔,才能保证保险公司正常的盈利空间。虽然各种职业的特点和面临的职业责任风险不尽相同,但是从总体上讲,下列因素通常对职业责任保险费率的厘定具有重要的影响:①职业种类,即被保险人及其雇员所从事的专业技术工作。②工作场所,是指被保险人及其雇员从事专业技术工作所在区域,如会计师事务所所在地、医院所在地区。③工作单位的性质,包括被保险人工作单位所有制的性质(国营、民营、集体、股份、个体单位之分)、行业性质(例如,同是设计师职业,一般说来,建筑行业工程设计师的风险比电气工程设计师的风险要大)及其营利与非营利性质。④业务数量,是指被保险人每年提供专业技术服务的业务数量、服务对象的多寡及业务总收入。⑤被保险人职业责任事故的历史统计资料及索赔处理情况。⑥被保险人从业人员数量、技术水平、管理水平、业务素质、相关设备技术性能及状况。⑦赔偿限额、免赔额及其他承保条件。

(二)保险费的计算方法

职业责任保险的保险费计算一般依据以下两个因素,即投保人或被保险人的业务总收入和投保人或被保险人选择的赔偿限额,其计算公式如下:

$$基本保费 = 固定保费 + 年业务收入总额 \times 费率 + 调整额$$

其中:年业务收入总额是指本承保年度实际业务收入额,承保时该金额参考承保前12个月的业务收入额预期确定,本承保年度结束后,再根据实际业务收入额调整保费,多退少补;调整额是保险公司综合考虑费率厘定影响因素后得出的。

---

① 许飞琼,郑功成.财产保险[M].6版.北京:中国金融出版社,2020:326-327.

例如，A 会计师事务所于 2023 年 1 月 1 日向 B 保险公司投保了追溯期为 1 年的累计赔偿限额为 500 万元的注册会计师职业责任保险。2023 年全年 A 会计师事务所的总收入为 5 000 万元，固定保费为 82 800 元，费率为 1.07%，因 B 保险公司 2022 年已向 A 会计师事务所支付了 150 万元的赔款，2023 年遂向 A 会计师事务所加收保费 10 000 元，假定不考虑其他因素，则 A 会计师事务所 2023 年支付的基本保费如下：

$$基本保费 = 固定保费 + 年业务收入总额 \times 费率 + 调整额$$
$$= 82\,800 + 50\,000\,000 \times 1.07\% + 10\,000$$
$$= 627\,800(元)$$

三、职业责任保险的赔偿处理

职业责任事故导致的索赔发生后，保险人应该根据保险合同进行审查，并严格依照职业责任保险的赔偿程序迅速处理赔案。一般而言，职业责任保险的赔偿处理主要包括如下三个环节。

（一）事故调查

被保险人在接到职业责任事故受害人的索赔请求或知道可能引起索赔的信息时，应及时通知保险公司，并按保险公司的要求提供索赔文件或材料。这里的索赔文件或材料主要是指保险合同正本、索赔申请、损失清单、证明事故责任人与被保险人存在雇佣关系的证明材料、事故责任人的执业资格证书、事故原因证明或裁决书、与委托人签订的书面委托合同的正本以及其他必要的有效单证材料。收到被保险人的索赔申请后，保险公司的理赔部门开始着手进行事故调查。一是立案调查，即保险公司根据被保险人提供的理赔申请材料进行审核，确定材料是否齐全、是否需要补交材料或保险公司确定是否受理的过程。在立案环节中，保险公司的立案人对被保险人提交的证明材料不齐全、不清晰的，会当即告诉被保险人补交相关材料；对材料齐全、清晰的，即时告知被保险人处理案件大致所需要的时间，并告知保险金的领取方法。二是核实事故，即保险公司通过对有关证据的收集，核实保险事故以及材料的真实性的过程。调查过程不仅需要相关部门及机关的配合，也要求被保险人配合进行调研，并提供附加材料和证据。如果被保险人在报案时有隐瞒责任事故发生的原因、未经保险公司同意而向受害人承诺赔偿等情况，都会给索赔工作的顺利进行带来障碍。

（二）保险责任的确定

保险人经过事故调查后，应及时作出核定，对属于保险责任的，保险人应在与被保险人达成有关赔偿协议后通过合同约定赔偿日内履行赔偿义务。一般来说，保险人承担的赔偿责任是赔偿金和法律费用两项。在赔偿金方面，有些保险人只规定了一个在保险期限内累计的赔偿限额，而没有规定每次事故的赔偿限额；还有些保险人则采用每次索赔或每次事故赔偿限额而不规定累计限额；另外一些保险人同时规定了每次事故的赔偿限额及累计限额。在法律诉讼费用方面，保险人通常规定法律费用是在赔偿限额之外另行计算赔付的，如果被保险人的最终赔偿金额超过了保险赔偿限额，则保险人只能按照比例分担法律费用，且以双方协议的法律费用限额为限。法律费用的计算公式如下：

$$应支付的法律费用 = \mathrm{Min}\left\{实际支付的法律费用 \times \frac{保险赔偿限额}{被保险人最终赔偿金额}, 法律费用限额\right\}$$

例如，某设计院投保以事故发生为基础的设计师责任保险，保险合同注明每次赔偿限额为500万元，每次法律费用限额为30 000元。在保险期限内，一项在建工程倒塌，承包此工程的建筑单位向该设计院提出索赔，理由是设计图纸有错误。经法院判决，该设计院应赔偿建筑单位损失1 000万元，法律费用10 000元由设计院承担。

按照赔偿限额的规定，保险人支付保险赔偿金500万元，余下的500万元应由被保险人（设计院）自行承担。法律费用的计算如下：

$$应赔法律费用 = \text{Min}\left\{10\,000 \times \frac{5\,000\,000}{10\,000\,000},\ 30\,000\right\} = 5\,000(元)$$

在该案中，保险人共计应赔付被保险人职业责任损失5 005 000元。

当然，除了上述两个主要环节以外，不同保险公司对于某一具体类型职业责任保险的赔偿处理有其特殊的要求。例如，某保险公司的公司董事及高级职员责任保险条款的规定（"在保险期限内，若被保险人受雇公司被其他公司全面收购、兼并或取得被保险人受雇公司直接或间接控股50%，或享有50%以上的表决权，本保险合同仍会继续生效至保险合同载明的截止日期为止。但在此情况下，本公司仅对被保险人在该兼并、收购或股权转移生效日之前的过失行为承担赔偿责任"）就属于职业责任保险赔偿处理的特殊要求。

（三）赔付

根据相关证据认定客观事实、确定保险责任、精确计算赔付金额、作出理赔结论后，保险公司的理赔案件签批人对以上各环节工作再进行复核、审批，然后，保险公司即可通知被保险人或受害人携带相关身份证明及关系证明，前来办理领款手续。

总之，保险公司处理理赔案件必须做到客观、公正，在以事实为依据，以合同、法律为准绳的前提下，最大限度地维护广大保险客户的应得利益。

四、职业责任保险的风险管理

职业责任保险的风险管理可以认为是事前预防责任事故的发生和控制保险人承担的责任风险的各种措施，其风险管理的对象不是指各种职业责任风险，而是保险公司实际赔偿的额度偏离精算所预期额度的程度。显然，如果实际赔偿额度小于预期额度，意味着保险产品定价偏高，对保险人发展职业责任保险会造成负面影响；如果实际赔偿额度大于预期额度，意味着保险人在售价低于成本的情况下经营，长此以往会侵蚀保险公司的利润，严重影响其偿付能力。由此可见，为了加强职业责任保险的风险管理，有必要对风险管理的对象进行分析。

（一）风险分析

职业责任保险的风险有外部风险与内部风险之分。

1. 外部风险

外部风险主要是指因信息不对称，保险公司实际赔付的额度往往高于预先估计的赔偿额度，从而给保险公司造成损失的不确定性。其中，信息不对称可以表现为以下两种具体形式：

（1）逆向选择。在社会化大生产的背景下，专业分工程度的不断深化使得各种专业技术工作的专业知识和技术发展迅速。从某种程度上讲，保险人所掌握的关于被保险人的信息都是不充分的,被保险人永远比保险人更了解自身的职业责任风险。而保险人只能按照被保险人所面临职业责任风险的平均水平进行精算定价。显然,对于低风险的消费者来说,保险产品价格偏高,他们会倾向于选择其他方法来处理职业责任风险,整个职业责任保险市场必将充斥着大量高风险的消费者。由此可见,逆向选择导致了高风险消费者将低风险消费者赶出保险市场的现象。这一现象不断持续的结果只能是那些职业责任风险大的单位或个人才愿意投保,保险公司将无利可图。

(2) 道德风险。职业责任保险的道德风险是指被保险人、各种专业技术工作单位或者其他有关人员不诚实、不正直、不负责任的行为或企图给保险人带来的损失。一方面,专业技术工作单位中人员的素质千差万别,尤其在机构庞大、人员臃肿的单位里,承担某项工作的责任难以划清,这无形中为某些低素质的技术员工故意或疏忽犯错创造了条件。尽管保险公司通常对于被保险人或相关专业技术人员因故意行为造成的损失不予赔偿,但鉴别被保险人或相关专业技术人员是否故意的工作比较困难。另一方面,单位在购买职业责任保险前后,相关专业技术人员的心理可能会产生微妙的变化,对工作的认真态度可能会有所降低,这给保险公司防灾防损的工作造成了困难,客观上增大了职业责任事故发生的概率。

2. 内部风险

内部风险主要源于保险公司内部业务管理水平的欠缺。由于我国职业责任保险相对于其他责任保险(公众责任险、雇主责任险、产品责任险、第三者责任险)起步晚,发展落后,加之互联网、人工智能、物联网、大数据、云计算等新兴技术得到广泛运用,又催生了新的职业,保险人关于职业责任风险所积累的统计资料相当匮乏,对职业责任保险风险的评估、保费的测定尚缺乏必要的认识。同时,职业责任保险对从业人员的素质要求较高,往往需要大量既精通某种专业技术工作,又具备一定保险理论知识和实践经验的复合型人才,而我国开办职业责任保险的时间较短,人员的业务水平无法满足职业责任保险的客观需要。在保险业务流程中,职业责任保险的产品设计、承保和理赔中存在着较大的内部风险。

(1) 产品设计。职业责任保险属于广义的财产保险范畴,其费率厘定的工作需要专门的非寿险精算师运用大数法则、概率论等大量相关知识完成。目前,我国具有寿险精算师国际资格认证的人员尚不能满足寿险公司的需要,非寿险精算师更是凤毛麟角。在这种状况下,职业责任保险费率厘定的准确性存在着差距。

(2) 承保。在我国,职业责任保险一般采用期内索赔式进行承保。这意味着投保人如果在追溯期后发生责任事故,在保险期内提出索赔,保险人就应履行赔偿责任。为减小因保险期限前发生责任保险事故而赔付的概率,保险人在承保时须认真调查投保人的资信状况。

(3) 理赔。被保险人向保险人报案后,保险人须经过审核、调查、协商等程序后才能决定是否赔付保险金。在这个过程中,保险公司需要与被保险单位、受害单位、政府相关部门等多个机构进行沟通,理赔过程十分复杂。

(二) 风险管理的内容

职业责任保险风险管理的内容主要从保险人直接参与和间接参与两个方面来表现。

1. 保险人直接参与风险管理

防病胜于治疗,是众所周知的道理,这一道理同样适用于保险业。在职业责任保险方面,保险人直接参与风险管理的措施应该包括以下内容:①宣传各种职业责任方面的法律、法规,使被保险人及各种专业技术工作人员明白自己在违反职业责任时带来的法律责任。②做好风险调查,摸清被保险人职业风险发生的一般规律,对有关缺陷或疏漏提出合理的、及时的改进意见,有效地减少职业责任事故的发生。③协助有关专业技术的研究和职业责任赔偿制度的研究,参与社会化的职业风险管理。④提供专项防灾防损经费,或者直接组织防灾防损救助队伍,以抢救受灾财产或受害者。⑤印发各种专业技术知识的小册子,如看病须知、办案注意事项等,以减轻职业责任风险。上述行为的目的,在于防止或减少职业责任风险。从传统意义上看,它们似乎超出了保险的范围,但从社会效益的角度看,保险人直接参与风险管理能够减少社会财富的损失和公众的生命、健康危险,有利于社会秩序的稳定和个人人身权利及财产权利的维护;对被保险人而言,职业责任事故的减少,有助于维护和提高被保险人的信誉并减少纠纷,其益处是不言而喻的;同时,保险人风险管理的直接结果将是赔款的减少、信誉的提高和业务量的增加。因此,职业责任保险人直接参与风险管理是非常必要的。

2. 保险人间接参与风险管理

保险人间接参与风险管理是指在经营保险业务时通过费率等杠杆督促被保险人进行风险管理,它贯穿于保险人的整个经营活动中,一般包括下列内容:①通过保险条款将职业责任事故的防护、施救等作为被保险人的义务。如许多保险公司在注册会计师职业责任保险的条款中规定,在保险期间内,被保险执业人员发生变动,被保险事务所应在三个月之内将执业人员变动的名单提供给保险公司。被保险执业人员的执业资格由国家法定部门认定。②确定被保险人自负额即免赔额,免赔额以内的损害赔偿责任由被保险人承担,保险人不负责任。因为免赔额的规定使得被保险人能够了解到自身必须负担任何一次职业责任事故损失的一部分,所以被保险人必然会尽量减少职业责任事故的发生。③合理确定责任限额,对超过限额的职业损害赔偿责任不予负责,须由被保险人自负,从而会促使被保险人为防止职业责任事故损失的扩大而采取积极的防范措施。④灵活确定保险费率,实行"奖优惩劣"的制度,将被保险人的安全管理技术及水平、防灾措施及设备等作为厘定费率的因素,对于职业责任事故多的投保人,适用高费率,反之亦然。

此外,职业责任保险人对有关业务还可以采用再保险的手段来分散风险,稳定经营。

第四节　职业责任保险的种类

职业责任保险按照被保险人所从事的职业类别,可以划分为医疗责任保险、建筑工程设计责任保险、律师责任保险、注册会计师责任保险、董事责任保险等业务种类。鉴于篇幅限制,本节主要对责任保险市场上销售比较成熟的险种进行简要介绍。

一、医疗责任保险

(一)医疗责任保险的概念

从理论上讲,医疗责任保险是以医疗机构的医务人员在诊疗护理活动中,因执业过失造成患者人身损害的经济赔偿责任为承保标的的保险。此处的医疗机构是指依照我国《医

疗机构管理条例》的规定取得《医疗机构执业许可证》的机构。(☞知识链接5-4)

知识链接5-4 医疗机构按其主要功能可以分为以下几类：一是以诊治一般疾病为主要工作的医疗单位，如普通医院、中医院、卫生院、门诊部、诊所、医务室等；二是以诊治专科疾病为主要业务的医疗单位，如口腔医院、眼科医院、肿瘤医院、妇产医院、精神病医院等；三是以预防疾病为主体的医疗单位，如妇幼保健站、职业病防治所、结核病防治所等；四是以康复疗养为重点的医疗单位，如理疗疗养院（所）等；五是急救中心及其他医疗机构，如红十字急救中心、120急救中心、专科急救中心、美容医院等。

从实务上讲，医疗责任保险是指在保险期间或追溯期及承保区域范围内，被保险人在从事与其资格相符的诊疗护理工作中，因过失发生医疗事故造成依法应由被保险人承担的经济赔偿责任，并由被保险人在保险有效期限内首次提出索赔申请的，保险人负责赔偿的保险。定义中的医疗事故是指医疗机构及其医务人员在医疗活动中，违反医疗卫生管理法律、行政法规、部门规章和诊疗护理规范、常规，过失造成患者人身损害的事故。

此外，在理解医疗责任保险概念的时候，还应注意以下三点：

第一，医疗责任保险有广义和狭义之分。广义的医疗责任保险包括对执业医生提供的医疗失职保险和对医院提供的医疗失职保险。在国外，基于专家责任的定义，医疗责任属于专家责任，医务人员因其所有的专家属性成为医疗意外的赔偿主体。因此，国外的医疗责任保险主要是针对执业医生提供的医疗失职保险，也称为医师责任保险。在我国，理论界和实务界所指医疗责任保险均是其狭义的概念，即只包括对医疗机构提供的医疗失职保险。

第二，应明确医疗责任保险相关的法律主体及适用的归责原则。一般情况下（指的是法律没有明文规定受害人对保险公司的直接请求权）(☞知识链接5-5)，在医疗责任保险中，法律关系仅有两种：一是受害人与医疗机构的侵权法律关系；二是医疗机构与保险公司之间基于保险合同的债权债务法律关系。(☞知识链接5-6)

第三，医疗责任保险赔偿条件包括：①责任主体必须是经过国家有关部门考核、批准或承认，取得相应资格的各级各类卫生技术人员或从事医疗管理和后勤服务的工作人员。那些没有取得行医资格许可证的医护人员或被吊销执业许可或被取消执业资格的医疗机构的医护人员致人损害的事件，不能认定为医疗事故。②医疗事故的主观过错表现为行为人在诊疗护理中的过失。医护人员不具有过失的，不构成保险概念中的医疗事故责任。③医疗过失必须发生在医疗护理活动中。④医疗过失行为必须符合《医疗事故处理条例》中的医疗事故的概念。(☞知识链接5-7)⑤危害行为与损害后果之间必须有一定的因果关系。在多因一果的情况下，要分析医疗人员的过失行为对损害的后果产生了多少作用，作用的主次与责任的大小成正比。

知识链接5-5 我国《保险法》第六十五条第一款、第二款规定："保险人对责任保险的被保险人给第三者造成的损害，可以依照法律的规定或者合同的约定，直接向该第三者赔偿保险金。责任保险的被保险人给第三者造成损害，被保险人对第三者应负的赔偿责任确定的，根据被保险人的请求，保险人应当直接向该第三者赔偿保险金。被保险人怠于请求的，第三者有权就其应获赔偿部分直接向保险人请求赔偿保险金。"

知识链接 5-6 我国《民法典》第一千二百一十八条:"患者在诊疗活动中受到损害,医疗机构或者其医务人员有过错的,由医疗机构承担赔偿责任。"即确定了医疗损害责任归责原则和责任承担主体。

知识链接 5-7 根据我国现行《医疗事故处理条例》第二条、第四条规定,医疗事故是指医疗机构及其医务人员在医疗活动中,违反医疗卫生管理法律、行政法规、部门规章和诊疗护理规范、常规,过失造成患者人身损害的事故。根据对患者人身造成的损害程度,医疗事故分为四级:一级医疗事故,即造成患者死亡、重度残疾的;二级医疗事故,即造成患者中度残疾、器官组织损伤导致严重功能障碍的;三级医疗事故,即造成患者轻度残疾、器官组织损伤导致一般功能障碍的;四级医疗事故,即造成患者明显人身损害的其他后果的。

(二) 医疗责任保险的保障范围

1. 保险责任

医疗责任保险的保险责任主要包括以下各项:

(1) 在保险期间或追溯期及承保区域范围内,被保险人的投保医务人员在诊疗护理活动中,因执业过失造成患者人身损害,在保险期限内,由患者或其近亲属首次向被保险人提出索赔申请,依法应由被保险人承担民事赔偿责任。

(2) 保险责任范围内的事故发生后,事先经保险人书面同意的法律费用,包括事故鉴定费、查勘费、取证费、仲裁或诉讼费、案件受理费、律师费等。

此外,经过特别约定,医疗责任保险还可扩展下列责任:

(1) 医疗意外责任,包括在诊疗护理过程中由于病情或患者体质特殊而发生的难以预料或在预料之中但难以防范的不良后果;按照正常的技术规范操作,仍然发生难以避免的并发症或者治疗意外;应用现有医学科学技术,仍然发生无法预料或难以防范的不良后果;在危急情况下为抢救危重患者生命而采取的紧急措施所造成的不良后果。

(2) 被保险人所提供并已转归他人所有的药物及外科、牙科的供应品或器械造成人们的伤害。

(3) 由于被保险人提供或未能提供的治疗或护理而使人们受到伤害,不仅指患者受到的伤害,也包括其他人受到的伤害。例如,在对精神病患者进行治疗时,由于对病人缺乏足够的监护,虽然病人自己并未受到伤害,却使他人受到伤害时,保险人也予负责。

在进行上述项目赔偿时,保险人对每位患者的赔偿金额以患者或其近亲属与被保险人及保险人协商确定的金额或经法院、仲裁机构或卫生行政部门依法判决、裁决、裁定或调解的应由被保险人偿付的金额为准,但不得超过保险合同明细表中列明的医疗责任每人赔偿限额。对法律费用的每次索赔赔偿金额以实际发生的费用金额为准,但不得超过保险合同明细表中列明的法律费用每次索赔赔偿限额。在保险合同有效期限内,保险人对被保险人多次索赔的法律费用累计赔偿金额不得超过保险合同明细表中列明的法律费用累计赔偿限额。

值得指出的是,对于精神损害赔偿有的保险公司已将其纳入了保险保障范围,有的则是属于医疗责任保险的附加条款。

2. 免责责任

医疗责任保险的免责责任除了一般责任保险单列明的诸如被保险人的故意行为、战

争、核反应、自然灾害等外,主要包括以下各项:

（1）未经国家有关部门认定合格的医务人员进行的诊疗护理工作。

（2）不以治疗为目的的诊疗护理活动造成患者的人身损害。

（3）被保险人或其医务人员从事未经国家有关部门许可的诊疗护理工作。

（4）被保险人或其医务人员被吊销执业许可或被取消执业资格以及受停业、停职处分后仍继续进行诊疗护理工作。

（5）被保险人的医务人员在酒醉或药剂麻醉状态下进行诊疗护理工作。

（6）被保险人或其医务人员使用伪劣药品、医疗器械或被感染的血液制品,及使用未经国家有关部门批准使用的药品、消毒药剂和医疗器械,但经国家有关部门批准进行临床实验所使用的药品、消毒药剂、医疗器械不在此限。

（7）被保险人或其医务人员在正当的诊断、治疗范围外使用麻醉药品、医疗用毒性药品、精神药品和放射性药品。

（8）被保险人及其医务人员对患者在诊疗护理期间的人身损害无过失,但由于发生医疗意外造成患者人身损害而承担的民事赔偿责任(可通过医疗责任保险附加条款"医疗意外责任保险"扩展该责任,承保医务人员的无过失行为)。

（9）被保险人与患者或其近亲属签订的协议所特别约定的责任,但不包括没有该协议被保险人仍应承担的民事赔偿责任。

（10）自被保险人的医务人员终止在被保险人的营业处所内工作之日起,所发生的任何损失、费用和责任。

（三）医疗责任保险的费率厘定

保险费率一般是由纯费率和附加费率两部分构成。在医疗责任保险中,纯费率应以医疗机构一定时期内的营业收入与用于医疗事故赔偿数额之比即医疗事故损失率为依据确定;附加费率是根据保险公司为组织医疗责任保险所耗费的管理费、代理人的手续费等各种费用来确定的。因此,费率厘定主要是医疗责任保险纯费率的厘定。

在厘定保险费率时,保险人应着重考虑对损失率有影响的下列因素:①医疗机构是否以营利为目的。②投保医疗机构的规模大小。③医疗机构的种类。其主要指综合性医院、中医院、专科医院等的区分,它们之间风险有较大差别。④医疗机构的门诊病人数量。⑤医院的平均病床数量。⑥医疗机构所在地区及服务范围。⑦医务人员的技术水平和责任心。⑧投保医疗机构的管理水平。⑨赔偿限额及其他条件。⑩以往医疗事故次数、原因及处理情况。

医疗机构在计收保费时,通常以医疗机构种类和医务人员岗位为依据。其计算公式如下:

$$保险费 = 医疗机构种类保险费 + \sum 某一医务人员人数 \times 该岗位人均保险费$$

（四）医疗责任保险的风险评估

对投保人(或投保对象,承保后为被保险人)的风险进行调查与评估是保险人决定是否承保医疗责任保险必要的重要环节。在进行风险调查与评估过程中,除了要调查投保对象的性质、业务范围、医务人员的技术结构以及根据《医院管理评价指南》调查了解医院的管理水平等基本情况外,更应重点调查投保对象历年医疗事故发生的种类、次数、轻重程度,以及医疗纠纷发生的频率与处理结果等项目。在调查评估时,常用的指标有医疗事故发生率、医疗事故损失率和医疗差错率等,其计算结果可以比较客观地衡量投保对象风险的大小。

1. 医疗事故发生率

医疗事故发生率、医疗事故损失率和医疗差错率是投保人转嫁风险的依据,也是保险人承保医疗责任保险业务与厘定该业务费率的重要依据。

医疗事故发生率,是指一年内每千人就医者中发生医疗事故的比率,它既可以以一定地区或省乃至全国为计算单位,也可以以特定(任何)医院为计算单位。若以地区为计算单位,可测算出该地区的医疗职业责任风险大小;若以医院为计算单位,则可测算出该医院的医疗职业责任风险的大小。其计算公式如下:

$$医疗事故发生率 = \frac{事故发生次数}{就医千人次} \times 1\,000‰$$

2. 医疗事故损失率

医疗事故损失率,是医疗事故发生率的价值表现形态,是指医院每年因医疗事故所支出的赔偿金额与医院同期的实际业务收入的(千分之)比率。其计算公式如下:

$$医疗事故损失率 = \frac{医疗事故赔偿总额}{全年实际业务收入} \times 1\,000‰$$

例如,某医院于某年收治患者 100 万人次,业务收入为 2.6 亿元。同期发生一级医疗事故 2 次,赔偿病人家属 220 000 元,三级医疗事故 5 次,赔偿病人 53 000 元。试计算其医疗事故发生率和损失率。

医疗事故发生率 = 7 ÷ 1 000(千人次) × 1 000‰ = 0.007‰

医疗事故损失率 = [(220 000 + 53 000) ÷ 260 000 000] × 1 000‰ = 1.05‰

3. 医疗差错率

医疗差错率是指医疗差错次数与医疗总次数的比率。其计算公式如下:

$$医疗差错率 = \frac{医疗差错次数}{医疗总次数} \times 100\%$$

值得指出的是,我国目前使用《国家三级公立医院绩效考核操作手册(2022 版)》作为医院评审评估医疗质量的指标,①保险公司可以用其作为医疗责任保险风险评估参照,以更好地把握投保人的医疗责任风险,控制自身的业务经营风险。

二、建设工程设计责任保险

(一)建设工程设计责任风险分析

建设工程设计责任风险是指工程设计单位因设计过错造成事故导致他人的人身伤害或财产损失风险。从建设工程设计的法律特征来分析,建设工程设计师所承担的责任风险是一种特殊侵权责任。(☞知识链接 5-8)在我国,《民法典》《安全生产法》《中华人民共和国建筑法》(后简称《建筑法》)《建设工程质量管理条例》《建设工程勘察设计管理条例》《建

---

① 国家卫生健康委办公厅关于印发国家三级公立医院绩效考核操作手册(2022 版)的通知[N/OL]. http://www.nhc.gov.cn/yzygj/ylyxjg/202204/d61b7201a56643d1a876e103340e5897.shtml, 2022-04-02.

筑工程施工质量验收统一标准》和《房屋市政工程生产安全重大事故隐患判定标准（2022版）》等法律法规及管理标准中，对建设工程设计责任都有凡因设计造成的工程质量损失由设计单位全额赔付的规定。例如，我国《建筑法》第七十三条规定："建筑设计单位不按照建筑工程质量、安全标准进行设计的，责令改正，处以罚款；造成工程质量事故的，责令停业整顿，降低资质等级或者吊销资质证书，没收违法所得，并处罚款；造成损失的，承担赔偿责任；构成犯罪的，依法追究刑事责任。"该法第八十条规定："在建筑物的合理使用寿命内，因建筑工程质量不合格受到损害的，有权向责任者要求赔偿。"从建设工程设计的技术特征来分析，建设工程设计责任风险是一种专家责任风险，即由从事工程设计的建筑工程师因设计疏忽或过失造成建筑工程事故发生而引起的一种职业赔偿责任风险。正因为如此，建设工程设计责任在国外又被称为建筑工程师职业责任。

知识链接 5-8 特殊侵权责任，是指行为人违反法律的特别规定致人损害而应承担的民事责任。如我国《民法典》中有关职务侵权责任、产品侵权责任、环境污染侵权责任等均属于特殊侵权责任。

（二）建设工程设计责任风险的特点

建设工程设计责任是指建设工程设计人员因工作上的疏忽或过失，造成建设工程本身的物质损失或第三者人身伤亡或财产损失所依法承担的赔偿责任。可见，建设工程设计的责任属于建设工程设计的民事责任的一部分。现阶段，由于新型建筑材料和建筑技术的应用，使建筑、工程（包括勘察、设计、施工）技术面临着越来越大的风险，它既可能对合同对方造成损害，也可能损害没有合同关系的其他人或法人的利益。归纳起来，建设工程设计的责任风险的特点主要表现为：

（1）客观性。建设工程设计必须符合国家技术上的标准和规范，特别是国家强制性的规范如抗震、消防，一旦规范执行上出现偏差或疏忽，就会造成事故的隐患，或者引发直接事故。由于建设工程设计的工作属于创造性的劳动，失误在所难免。因此，从技术角度上看，建设工程设计的风险是不可避免、客观存在的。

（2）复杂性。一方面，建筑工程质量好坏与勘察、设计、施工、监理、材料设备生产供应等环节均有密切关系，因此，建筑工程事故的发生一般不是一个环节的因素所导致，而是多环节或多种因素相互作用的结果；另一方面，新技术、新材料、新工艺的广泛使用极大地提高了建筑工程设计的水平，但也孕育了新的风险。此外，不同性质的设计单位所面临的管理体制风险也是造成建设工程设计责任风险复杂的原因之一。

（三）我国建设工程设计责任保险制度建设

建设工程项目特别是大中型建设工程项目，由于其投资大、工期长，在勘察、设计、施工建设过程中不可预见的因素较多，一旦发生责任事故，将造成巨大经济损失甚至人员伤亡，建设工程设计单位面临着很大的职业风险。例如，投资4.26亿元的浙江宁波招宝山大桥，1998年9月24日发生主梁体断裂事故，就是因设计施工经验不足造成的一起技术质量事故。①上海轨道交通4号线工程，在地处30多米的地下深层采用冻结加固暗挖法施工旁通

---

① 投资4亿多的在建宁波大桥梁体断裂[N/OL]. https://news.sina.com.cn/richtalk/news/society/9902/020505.html,1999-02-05.

道工程时,于 2003 年 7 月 1 日发生坍塌事故,造成 1.5 亿元的重大经济损失就与设计有关。① 又如,2019 年 11 月 26 日,云南省临沧市凤庆县在建云凤高速公路安石隧道发生涌水突泥事故,共造成 12 人死亡、10 人受伤,直接经济损失 2 525.01 万元;2020 年 3 月 7 日,福建省泉州市的欣佳酒店所在建筑物发生坍塌事故,造成 29 人死亡、42 人受伤,直接经济损失 5 794 万元;2022 年"4·29"造成 54 人死亡的湖南长沙居民自建房倒塌事故等均与设计有关系。② 可见,为规避风险,提高管理水平,开展建设工程责任保险工作是十分必要的。建设工程设计责任保险对控制设计风险,保障建设单位的投资安全、减少投资风险,增强工程设计单位的抗风险能力,提高工程设计质量,均具有重要的保障作用。在国际上,投保建设工程设计保险是一种惯例。

在我国,1999 年建设部下发了《关于同意北京市、上海市、深圳市开展工程设计保险试点工作的通知》,正式启动工程设计保险试点工作;2003 年,建设部发布《关于积极推进工程设计责任保险工作的指导意见》,要求"实际、积极、稳妥地推进此项工作,力争于 2004 年年底前,在全国范围内建立工程设计责任保险制度"。此文件发布后,各省市自治区均跟进发布了相应的指导意见和实施办法,北京、上海、河北、贵州、深圳、宁波、哈尔滨 7 个省市开展了工程设计责任保险试点。2005 年,建设部会同保监会印发《关于推进建设工程质量保险工作的意见》后,各地陆续出台相关政策实施工程设计责任保险制度建设,如《广东省建设厅关于开展建设工程勘察设计责任保险工作的通知》、陕西《关于积极推行建设工程勘察设计责任保险制度的通知》等,更多省市则将工程设计责任保险包含在工程质量保险或工程保险之中。为了进一步完善市场风险防范机制,加快建立由政府倡导、按市场模式运行的工程保险、担保制度,保障企业稳定运营,支持工程勘察设计领域的保险产品创新,积极运用保险机制分担工程勘察设计企业和人员的从业风险,引导工程担保制度发展,为工程勘察设计企业增强服务能力、提升企业实力提供支撑,2013—2014 年,国家住建部连续出台《关于进一步促进工程勘察设计行业改革与发展若干意见》《关于推进建筑业发展和改革的若干意见》,重申"推行工程设计责任保险制度"。2017 年,住建部印发《关于开展工程质量安全提升行动试点工作的通知》,选取上海、江苏、浙江等 9 个地区开展包含设计在内的、具有综合性质的工程质量保险试点;2019 年,国务院办公厅转发住建部《关于完善质量保障体系提升建筑工程品质的指导意见》,明确了建筑工程质量保险工作目标和路径,通过鼓励有条件的地区开展试点等方式探索形成可复制、可推广的经验,推动包含设计责任保险在内的工程保险相关政策措施出台。为此,各地有步骤地全面启动了工程设计责任保险制度的创新性建设,如 2020 年山东省住建厅发布了《关于推行房屋建筑和市政工程勘察设计责任保险制度的指导意见》、2021 年广东中山市发布《关于开展房屋建筑和市政基础设施工程勘察设计责任保险工作的通知》等。目前,全国范围内基本上建立了工程设计责任保险制度。

---

① 工程质量管理的一次机制创新:建设部工程质量安全监督与行业发展司副司长徐波在工程质量保险试点城市座谈会上的讲话[J].中国建设报,2004-07-08;中国建设部:"关于上海轨道交通 4 号线'7·1'重大工程事故的通报",建质〔2003〕197 号,2003-10-16.

② 应急部公布一批建筑施工领域生产安全事故典型案例[N/OL].中国日报网,https://cn.chinadaily.com.cn/a/202012/21/WS5fe02e55a3101e7ce973660e.html,2020-12-21;长沙望城"429"自建房倒塌事故 9 人已被刑拘[N/OL].腾讯新闻,https://new.qq.com/rain/a/20220501A0796E00.html,2022-05-01.

（四）建设工程设计责任保险的概念与种类

1. 概念

建设工程设计责任保险承保的是建设工程设计单位对于工程设计人员因工作上的疏忽或过失造成建设工程本身的物质损失、第三者人身伤亡或财产损失所应承担的经济损害赔偿责任。在理解建设工程设计责任保险概念的时候，应注意以下几个问题：

（1）建设工程设计单位必须具备以下两个条件：一是经国家建设行政主管部门批准（应取得设计资质证书和年检合格的设计单位）；二是经工商行政部门注册登记，依法成立。

（2）建设工程设计责任保险只承保工程设计人员因工作上的疏忽或过失所引起的损害赔偿责任，工程设计人员的故意行为导致的赔偿责任不属于保险保障的范围。

（3）建设工程设计的职业责任既包含合同责任，又包含侵权责任。也就是说，保险人不仅对因工程设计人员的错误给建设工程本身的物质损失给予补偿，而且保障了由此造成的第三者人身伤亡或财产损失的经济损害赔偿责任。

2. 种类

国际上通行的建设工程设计责任保险的种类有两类[①]：设计单位职业责任保险（简称为年保）和单项工程设计保险。前者是设计单位根据需要按周期（一般按年度）购买一定额度的保险；后者则针对投资大的或重要的工程，包括因采用新工艺而缺少必要建设经验的工程项目。在我国，建设工程设计责任保险的年保（又称综合年度保险）是指工程设计单位以全年设计项目为投保标的，根据其每年承担的设计项目所遇风险和出险概率选择年累计赔偿限额，保险期限为一年。单项工程投保则是指以工程设计的单个项目为投保标的，并以项目预算金额为赔偿限额。单项工程投保的保险期限一般为三年。

（五）建设工程设计责任保险的保障范围

1. 保险责任

建设工程设计责任保险的保险责任一般包括如下四项：

（1）投保建设工程设计责任保险的建设工程设计单位，在中华人民共和国境内（港、澳、台地区除外）完成设计的建设工程，由于设计的疏忽或过失而引发的工程质量事故，造成建设工程本身的物质损失，或者第三者人身伤亡或财产损失，依法应由该建设工程设计单位承担的经济损害赔偿责任。

（2）事先经保险公司书面同意的保险责任事故的鉴定费用。

（3）事先经过保险人书面同意，为解决赔偿纠纷而由仲裁机构或人民法院收取的仲裁费用或诉讼费用以及聘请律师等费用。

（4）发生责任保险事故后，建设工程设计单位为减少或缩小对委托人的经济损害赔偿责任所支付的必要的、合理的费用。

2. 保险责任承担的条件

对于保险人来说，在承担上述保险责任时是有一定的条件的，这些条件一般包括：

（1）时间条件。保险事故是在保险合同列明的追溯期或保险期限内发生的。

（2）地域条件。保险事故必须是发生在中华人民共和国境内完成设计的建设工程，但

---

① 张勇.浅议建筑设计责任保险及其"特别约定"[J].建筑设计管理,2003(1).

港、澳、台地区除外。

(3) 主体条件。投保的工程设计单位应同时具备以下三个条件：①从事土木工程、建筑工程、线路管道和设备安装工程的工程设计；②依法成立并经工商行政管理部门注册登记；③经国家建设行政主管部门批准取得相应资质证书。

(4) 主观与客观方面条件。赔偿的损失必须是由于设计的疏忽或过失而引发的工程质量事故造成的损失。

(5) 索赔条件。建设工程设计责任保险采取期内索赔制，即指保险公司仅对在保险期限内受害人或委托人（建设单位）向被保险人提出的有效索赔负赔偿责任，而不论导致该索赔的原因或隐患是否在保险期限内。

(6) 赔偿期限条件。不管因被保险人的过错使受害人或委托人遭受经济损失的责任事故是发生在保险期限内，还是发生在追溯期内，受害人或委托人必须是在保险期限内首次向被保险人提出索赔，而被保险人也必须是在此期限内向保险人提出索赔，保险人才负责赔偿。超过提出赔偿期限以后，工程设计单位向保险公司提出赔偿请求的权利丧失，保险公司对赔偿请求不再受理。根据我国现行《保险法》第二十六条的规定，工程设计单位对保险公司请求赔偿权利，自其知道或者应当知道保险事故发生之日起二年不行使则消失。

3. 免责责任

保险人对于下列原因导致的建设工程设计赔偿责任，一般不予承保。

(1) 委托人提供的账册、文件或其他资料的损毁、灭失、盗窃、抢劫、丢失。

(2) 他人冒用被保险人或与被保险人签订劳动合同的人员的名义设计的工程。

(3) 被保险人将工程设计任务转让、委托给其他单位或个人完成的。

(4) 被保险人的注册人员超越国家规定的执业范围执行业务。

(5) 被保险人未按国家规定的建设程序进行工程设计的，但不包括国家有关建设行政主管部门特许的重点建设项目。

(6) 委托人提供的工程测量图、地质勘察等资料存在的错误。

(7) 由于设计错误引起的停产、减产等间接经济损失。

(8) 因被保险人延误交付设计文件所致的任何后果损失。

(9) 被保险人在保险合同明细表中列明的追溯期起始日之前执行工程设计业务所致的赔偿责任。

(10) 未与被保险人签订劳动合同的人员签名出具的施工图纸引起的任何索赔。

(11) 被保险人或其雇员的人身伤亡及其所有或管理的财产的损失。

(12) 被保险人对委托人的精神损害。

(13) 罚款、罚金、惩罚性赔款或违约金。

(14) 因勘察而引起的任何索赔。

此外，下列原因导致的损失或赔偿责任，保险人也不予承担：

(1) 故意行为。被保险人及其代表的故意行为造成的损失、费用和责任，保险人不负责赔偿。

(2) 战争、敌对行为、恐怖、军事行为、武装冲突、罢工、骚乱、暴动、盗窃、抢劫等行为造成的损失、费用和责任，保险人不负责赔偿。

(3) 政府有关当局的行政或执法行为造成的损失、费用和责任，保险人不负责赔偿。

(4) 核反应、核子辐射和放射性污染造成的损失、费用和责任,保险人不负责赔偿。

(5) 超过国家建筑设计防范等级标准的地震、雷击、暴雨、洪水等自然灾害造成的损失、费用和责任,保险人不负责赔偿。

(6) 超过国家建筑设计防范等级标准的火灾、爆炸造成的损失、费用和责任,保险人不负责赔偿。

(7) 其他不属于保险责任范围的损失、费用和责任,保险人不负责赔偿。

(六) 建设工程设计责任保险实务

1. 风险调查与评估

在建设工程设计责任保险的风险调查中,保险人应注意了解以下信息:①调查被保险人投保前有无承办重大建设工程设计任务,有无因设计质量低劣引起返工或因设计错误而造成的工程重大质量事故。②被保险人所雇用的设计人员的个人履历、技术水平、个人素质及职业道德等情况。③被保险人的规模、资信情况、营运及盈利能力。④是否有被职业索赔的经历,是否投保过建设工程设计责任保险,未投保的原因,曾经投保过的保险公司、责任限额、保险费用及理赔情况等。⑤是否曾有前任被解职,解职的原因是否因为疏忽、过错、诈骗或其他恶意行为。⑥内部质量控制管理系统的有效程度等。保险人通过风险调查,了解投保人的风险大小、种类等状况,以便在承保时通过保险费率和免赔率的确定控制自身的经营风险。

2. 保险费的计收

建设工程设计责任保险实行预收保险费制。根据被保险人上年业务收入等情况确定其可选择的累计赔偿限额和免赔额范围。同时,该保险根据工程设计单位的资质等情况确定基本费率,再根据增加赔偿限额后的加费和提高免赔款后的减费等因素确定最终适用的费率,从而计算出预收保费。在保险合同到期后的一个月内,保险人应根据被保险人提供的在保险有效期内实际业务收入的有关账册内容,计算调整预收保险费,多退少补。

保险费的计算公式如下:

$$\text{保险费} = \frac{\text{被保险人预计}}{\text{当年业务收入}} \times \frac{\text{适用的}}{\text{基本费率}} \times \frac{\text{增加赔偿限额}}{\text{后的加费倍数}} \times \left(1 - \frac{\text{提高免赔额}}{\text{后的减费比例}}\right)$$

3. 损失的核定

建设工程设计责任保险不同于一般的职业责任保险,一旦发生事故,涉及的赔偿范围很大,包括建筑物结构本身的物质损失、第三者人身伤亡及其他财产损失、诉讼费用及其他必要合理的费用。因此,正确核定损失对保险人尤为重要。

(1) 建设工程本身损失及第三者财产损失的核定。对于经过法院或政府有关部门依法裁决的事故,其损失金额以依法裁定的金额为准,但不得超出保单中规定的每次索赔赔偿限额,保险期内发生多次事故的,其累计赔偿限额不得超过保单中规定的累计赔偿限额;对于保险人与被保险人协商定损的事故,应聘请有资格的建筑设计单位进行计算,以确定修复费用,并根据财产损失清单列明的财产损失数量与实物对照,以查明报损是否准确。

(2) 第三者人身伤亡的损失核定。对于死亡事故,根据被保险人提供的公安或医疗机构出具的死亡证明,每个死亡者的赔偿金额为保单中列明的每人赔偿限额,一次事故造成多人死亡不得超过每次索赔赔偿限额,保险期内发生多次事故造成多人死亡,累计赔偿金额不得超过累计赔偿限额;对于伤残事故,保险人应根据被保险人提供的县级以上(含县级)劳动能力鉴定委员会提供的劳动能力鉴定书、医疗机构出具的医疗证明、医疗费用单据、残疾等级证明等资料,确定赔偿金额。

(3) 诉讼费用及其他必要合理的费用的核定。对于诉讼费用的审核应注意如下事项:诉讼费用赔偿的前提是诉讼费用的支出必须事先获得保险人的书面认可;诉讼费用的收取必须符合国家有关标准;保险人对被保险人诉讼费用的赔偿与被保险人经济赔偿责任的赔偿额之和不能超过保单约定的赔偿限额。对于必要合理的费用的核定应注意以下事项:以发生保险事故为前提;以减小或缩小经济赔偿责任为目的;以保险事故发生时支出的费用为界限;以费用支出是必要、合理为标准;保险人对此项费用的赔偿不得超过保单约定的赔偿限额。

4. 赔偿处理程序

建设工程设计责任保险事故发生后,其理赔的程序一般包括六个步骤:

(1) 出险通知。责任事故发生后,工程设计单位在主观上能够办得到和客观条件允许的情况下,迅速通过通知书、数据电文(包括电子信息、电子通信、电子数据、电子记录、电子文件等)等有形的方式将事故原因、事故经过、估算的损失程度及金额、已采取的施救措施等简要地通知保险公司。

(2) 查勘现场。保险人接到通知后迅速查勘出险地点、调查出险时间、查明出险原因。在调查核实事故发生的原因时,要以县级以上建设行政主管部门按照国家有关建设工程质量事故调查处理的规定作出鉴定结果为依据。

(3) 提出索赔要求。投保人或被保险人自工程设计单位知道或应当知道保险事故发生之日起二年内,提供包括保险合同正本、建设工程设计合同、设计文件正本、发图单,工程设计人员与被保险人签订的劳动合同、索赔报告、事故证明或鉴定书(县级以上建设行政主管部门出具)、损失清单、裁决书,投保人、被保险人所能提供的与确认保险事故的性质、原因、损失程度等有关的其他证明和资料向保险人提出索赔。

(4) 确定责任。保险人在受理索赔请求后对保险合同是否有效、是否是保险标的出险、事故是否由所承保的风险引起等事项进行审核,以判断事故是否属于保险责任事故。

(5) 核定损失及费用。判断事故属于保险责任事故后对事故造成的损失进行审核。如审核建设工程本身的物质损失、第三者人身伤亡及财产损失、施救费用、诉讼费用等。

(6) 履行赔偿。履行赔偿的方式一般有两种:第一种,对已明确确定了赔偿金额,又没有未了事项的,保险人在与双方当事人达成有关赔偿协议后应于 10 日内履行赔偿义务。第二种,对已明确属于保险责任范围,但在 60 日内对赔偿的数额不能确定的,保险人一般应根据已有证明和资料可以确定的最低数额先予以支付,待保险人最终确定赔偿数额后,再支付相应的差额。

三、律师责任保险

(一) 律师责任保险的概念

律师责任保险是指以律师在自己的能力范围内在职业服务中发生的一切疏忽行为、错误或遗漏过失行为,包括一切侮辱、诽谤,以及赔偿被保险人在工作中发生的对第三者的经济损害赔偿责任为保险标的的保险。

理解律师责任保险的概念应注意以下几个问题：①律师责任保险中的被保险人是指律师事务所。这是因为律师事务所是律师的执业机构、是律师的责任主体，律师只是律师责任的行为主体。在我国，律师不能独立以个人名义参加执业活动，而只能加入其执业机构律师事务所，以该律师事务所的名义对外进行执业活动。虽然直接加害人为律师，但是赔偿主体应为该律师所在律师事务所。②律师责任保险应遵从"过失责任原则"，即责任事故中，只有当致害人对受害人或委托人的伤害负有过失责任时才承担法律规定的经济赔偿义务。否则，即使受害人或委托人受到伤害，另一方也无须承担经济赔偿责任。③律师不承担委托人诉讼败诉或案件处理结果失利的责任。④律师事务所承担赔偿责任不应依据当事人与律师事务所之间是否存在法律合同关系，只要律师存在侵害的客观事实，并且损害结果与损害行为之间具有因果关系，律师事务所就应当承担赔偿责任。⑤执业律师与具有律师资格的律师是两个不同的概念，如我国《律师法》第二条规定，律师是指依法取得律师执业证书，接受委托或者指定，为当事人提供法律服务的执业人员。该法第五条规定，取得律师资格是获得执业证书的前提条件之一。

(二) 律师责任保险的保障范围

1. 保险责任

律师责任保险承保的责任主要包括以下两方面：

(1) 被保险人的注册执业律师在中国境内(港、澳、台地区除外)以执业律师身份代表被保险人为委托人办理约定的诉讼或非诉讼律师业务时，在列明的追溯期开始后，由于过失行为，违反《律师法》或律师委托合同的约定，致使委托人遭受经济损失，依法应由被保险人承担的经济赔偿责任。

(2) 被保险人事先经保险公司书面同意支付的诉讼费用及其他必要、合理的费用。

2. 免责责任

保险人一般对下列行为或原因造成的委托人经济损失不予赔偿：

(1) 被保险人的非在册执业律师办理的委托业务。

(2) 被保险人无有效律师执业证书，或未取得法律、法规规定的应持有的其他资格证书办理业务的。

(3) 被保险人或其在册执业律师超越委托人授权范围的行为所导致委托人的损失。

(4) 未经被保险人同意，被保险人的在册执业律师私自接受委托或在其他律师事务所执业。

(5) 被保险人或其在册执业律师与对方当事人或对方律师恶意串通，损害当事人利益的。

(6) 被保险人或其在册执业律师被指控对委托人诽谤，经法院判决指控成立的。

(7) 委托人提供的有关证据文件、账册、报表等其他资料的损毁、灭失或盗窃抢夺，但经特别约定加保的不在此限。

(8) 被保险人在保险合同中列明的追溯日期之前发生的疏忽或过失行为。

(9) 不适用中华人民共和国法律的委托业务。

(10) 注册执业律师非职业行为或故意行为。

(11) 以骗取保险赔偿金为目的的行为。

（12）在保险期限开始前已离开被保险人的注册执业律师办理的委托业务。

（13）注册执业律师加入被保险律师事务所之前办理的委托业务。

（14）任何被保险人在保险合同生效之前已经知道或可以合理预见的责任事故。

除了上述责任保险人不予赔偿外，下列因素导致的律师责任，保险人也不予以赔偿：

（1）战争、敌对行为、军事行为、恐怖、武装冲突、罢工、骚乱、暴乱、盗窃、抢劫等行为。

（2）政府有关当局的没收、征用或其他国家法律及政策。

（3）火灾、爆炸等意外事故及各类自然灾害。

（4）由于核武器、核裂变、核聚变或辐射污染而直接或间接引起的索赔或所致的责任。

（三）律师责任保险实务

1. 风险调查与评估

在律师责任保险的投保调查中，保险人应重点了解如下信息：①调查被保险人承保前有无接办重大法律事务，如诉讼、顾问、调解或咨询业务，尤其是对有无重大败诉案件要了解清楚。②被保险人的办公地点、合伙人的姓名及合作年限。③投保律师事务所的营运及盈利能力状况，事务所的规模、业务类型、资信情况及业务复杂度。④执业律师的数量、业务素质、职业道德情况。⑤有无被职业索赔的经历，是否投保过律师责任保险，未投保的原因，曾经投保过的承保公司、责任限额、保险费用、保险期限、理赔情况。⑥要求特约附加的保险保障等。

2. 赔偿限额及保险费的计收

律师责任保险的费率根据责任限额的高低而划分。律师责任保险责任限额分为每次赔偿限额、累计赔偿限额两部分，由被保险人根据业务经营等因素所可能导致的律师责任风险大小以及其他因素与保险人协商确定，或者由被保险人根据费率表中与各类业务相对应的责任限额档次选择费率，确定投保。保险费的计收一般根据被保险人的业务收入来确定，其计算公式如下：

$$保险费 = 被保险人预计当年业务收入 \times 费率$$

公式中，被保险人预计当年业务收入也可以替换为被保险人上年实际业务收入。在保险合同到期后的一个月内，保险人应根据被保险人提供的保险合同有效期内实际业务收入的有关账册金额，计算调整预收的保费，多退少补。

例如，某律师协会预计其所属合法职业的全部律师事务所当年营业收入为4亿元，投保累计赔偿限额为6亿元，每次事故赔偿限额600万元，每个律师累计赔偿限额1 500万元，保险期限为1年，经查律师执业责任保险费率表，上述投保的累计赔偿限额，适用年费率为0.5%，故该律师协会年交保险费如下：

$$保险费 = 被保险人预计当年业务收入 \times 费率 = 400\,000\,000 \times 0.5\% = 2\,000\,000(元)$$

3. 律师执业责任保险保单的基本项目

为了保障律师执业责任保险合同的正常履行，使律师事务所能够自觉地维护律师执业保险的合法权益，根据我国《保险法》的规定，律师执业责任保险保单的基本项目主要包括如下几项：

（1）保单号：×××。

(2) 险种：律师执业责任险。

(3) 投保人：××律师协会(事务所)。

(4) 投保人地址：×市×区×街××号。

(5) 被保险人：×律师协会所属的合法职业的全部律师事务所(或×律师事务所全体执业律师)。

(6) 保险期限：×年×月×日至×年×月×日(保险期限为1年)。

(7) 赔偿限额：每次事故赔偿限额：×××万人民币。

(8) 累计赔偿限额：×亿人民币。

(9) 每个律师累计赔偿限额：×××万人民币。

(10) 年保费：××万人民币。

(11) 免赔额：每次事故绝对免赔为每次事故损失金额的×%，但不超过××万人民币。

(12) 追溯期：保险起期往前×年。

4．索赔注意事项

与建设工程设计责任保险相同，律师责任保险也采取期内索赔制，即无论责任事故是发生在保险期内，还是发生在追溯期内，委托人必须在保险期内首次向被保险人提出索赔，而被保险人也必须在此期限内向保险人提出索赔。当被保险人收到委托人就责任纠纷提出诉讼或仲裁申请书后，被保险人应立即通知保险公司。在诉讼或仲裁过程中，未经保险公司同意，被保险人不得作出任何关于赔偿的调解承诺，否则保险公司不予赔偿；被保险人的赔偿责任一旦经法院生效判决书、调解书或仲裁庭裁决书、调解书依法确认，被保险人应在下一个工作日内通知保险公司，并在15天内，或保险公司以书面形式同意之宽限期限内，将书面的索赔报告送达保险公司。被保险人索赔时，应向保险公司提供承办律师的律师执业证、承办律师与被保险人的聘用合同或有关文件、委托代理合同或聘请法律顾问合同、索赔人的保险合同正本、索赔申请书和损失清单、生效的司法文书(含法院判决书、调解书、裁决书等)和其他法律文书等单证。

四、注册会计师责任保险

(一) 注册会计师责任保险的概念

注册会计师责任保险是指以注册会计师在执行审计业务或者其他相关业务过程中，因疏忽或过失行为造成委托人或其他经济利害关系人直接经济损失而依法应负担的民事损害赔偿责任为保险标的的保险。

在理解注册会计师责任保险概念的时候，应注意以下几个问题：①注册会计师职业责任保险合同中的被保险人是指依法设立的会计师事务所。在这里，被保险人是法人的概念，单个的注册会计师不能成为被保险人。②利害关系人指的是按照法律法规的规定有权使用注册会计师审计报告的投资人、债权人。这里的法律规定在我国主要是指《注册会计师法》《公司法》《中华人民共和国证券法》(以下简称《证券法》)及《中华人民共和国刑法》(以下简称《刑法》)等。③注册会计师职业责任保险在我国通常采用期内索赔式，即保险人仅对在保险期内受害人向被保险人提出的有效索赔负赔偿责任，而不论该索赔案的事故是否发生在保险有效期内。这样的规定主要是基于被保险人承办国内注册会计师审计业务的时间与委托人及其利害关系人提出索赔的时间不一致的考虑。④现阶段,我国许多保险公司的注册会计师职业责任保险条款通常将承保的范围限定于审计服务,但根据注册会计师的风险转移需要,可以特别约定将保障范围拓展到验资、会计咨询等相关领域。此外,会计师事务所既可以对全部业务投保,也可以根据自身需要选择部分业务投保。

(二) 注册会计师责任保险的保障范围

1. 保险责任

综合国内众多保险公司的注册会计师责任保险条款,可概括出该险种的保险责任主要包括如下两方面:

(1) 在保险合同列明的保险期间或追溯期内,因被保险人的注册会计师在中华人民共和国境内承办保险合同约定的业务而出具的报告不实,造成委托人或其他利害关系人的经济损失,由委托人或其他利害关系人在保险期间内首次向被保险人提出赔偿请求,依法应由被保险人承担的民事赔偿责任,保险人根据保险合同的约定负责赔偿。

(2) 发生保险事故时,被保险人事先经保险人书面同意所支付的有关诉讼费用及其他必要的、合理的费用。

对于上面的保险责任,可以理解为:一是保险的会计师事务所出具的报告是在保险合同期间内或者合同约定的追溯期内;二是事务所出具的报告不实,并因这种不实给委托人或其他合法使用会计报告的人造成了损失;三是事务所对这种损失依法应承担赔偿责任;四是围绕上述赔偿责任,会计师事务所产生的法律费用也属于保障的范围之内。

2. 免责责任

在承担前述赔偿责任的同时,保险人一般在注册会计师责任保险合同中规定了如下的免责责任:

(1) 投保人、被保险人及其代表或其受雇人员的故意行为或非职业行为。

(2) 委托人提供的账册、报表、文件或其他资料的损毁、灭失、盗窃、抢劫、丢失。

(3) 被保险人被指控对委托人的诽谤或泄露委托人的商业秘密,经法院判决指控成立的。

(4) 未经被保险人同意,被保险人的注册会计师私自接受委托业务或在其他会计师事务所执行业务。

(5) 被保险人从事的非审计业务。

(6) 被保险人或其注册会计师对外担保所承担的连带责任。

(7) 他人冒用被保险人的注册会计师的名义执行业务。

(8) 被保险人对于委托人的身体伤害及有形财产的毁损或灭失。

(9) 被保险人应当承担的合同责任,但无合同存在时仍然应由被保险人承担的经济赔偿责任不在此限。

(10) 被保险人在保险合同中列明的追溯期起始日之前执行业务所致的赔偿责任。

(11) 政府行为引起的一切损失。

(12) 一切罚没款。

(13) 精神损害赔偿。

(14) 间接损失。

(15) 其他不属于保险合同责任范围内的损失、费用和责任,保险人不负责赔偿。

(三) 注册会计师责任保险实务

1. 风险调查与评估

保险人对风险的评估主要目的是制定合理的保险费率和免赔额,以最大限度地解决道德风险和逆向选择问题。在风险调查中,保险人应主要了解以下信息:①投保会计师事务所的财务状况、规模、业务类型、资信状况、执业人员的数量、技术水平、个人素质等。②是否有被职业索赔的经历,是否投保注册会计师职业责任保险,未投保的原因,曾经投保过的承保公司、投保限额、保险费用、保险期限、出险及理赔情况等。③是否曾有前任被解职,解职的原因是否因为疏忽、过错行为还是因为诈骗等恶意行为。④有无承担过重大审计业务。⑤被保险人在投保前有无接办重大法律事务,如诉讼、顾问、调解等,尤其是要调查是否有重大败诉案件。⑥要求附加的保险保障。

2. 免赔额的确定与保险费的计收

注册会计师责任保险的免赔额是针对每次索赔而言——同一赔案、同一件事实、同一次言论造成的多个索赔仍然属于每次索赔,只设一个免赔额。免赔额的高低由保险人事先根据被保险人的风险状况和要求来设置。一般来说,免赔额越高,保险费用会相应地减少。

注册会计师责任保险的保费计算有两种方法:

一是以会计师事务所的业务量为计收依据,即其计算公式如下:

$$保险费 = 业务量 \times 费率$$

二是以拥有的注册会计师的人数为计收依据,即其计算公式如下:

$$保险费 = 人均保费 \times 注册会计师人数$$

绝大多数保险公司均采用以拥有的注册会计师的人数为计收依据,因而没有相应的费率规定,只是规定了基本赔偿限额下的基本保费及增加赔偿限额后的基本保费倍数。

例如,某会计师事务所有注册会计师10名,投保时确定累计赔偿限额为1 200万元,每次索赔赔偿限额为600万元,人均保险费为3 000元,则该事务所应交的年保险费如下:

$$保险费 = 3\,000(元/人) \times 10(人) \times 2(倍数) = 60\,000(元)$$

3. 理赔程序

对于注册会计师责任保险事故的索赔,保险公司的一般工作程序如下:

第一步,受理报案。当注册会计师、注册会计师的受益人或者注册会计师所在的事务所在事故发生的第一时间通知保险公司后,保险人一接到出险通知,应先编号立案,然后派员对事故进行查勘,做原始记录。

第二步,审查单证,审核责任。一是先确定保险合同是否有效,有无已经解除或失效的情况,若曾经失效的,在出险之时是否已自动复效。二是审核被保险人或受益人提供的索赔单证是否齐全、真实;审查被保险人或受益人是否具有保险权益;审核投保人或被保险人有无违反告知义务或通知义务的行为。三是审核出险时间是否在保险有效期内;审核委托人与被保险人建立委托关系的时间、委托人发现遭受损失的时间、委托人认定致害属于被保险人责任的时间、被保险人及办理该委托业务的注册会计师取得执业证书的时间等;审核委托人向被保险人首次索赔的确切时间。四是审核出险地点是否处于所约定承保的地区之内。五是审核出险事故是否属于保险合同承保的保险事故,是否由其造成保险标的的损失。六是审核被保险人是否违反了保险合同约定的保证条款。七是审核赔案中是否存在第三者应当承担的赔偿责任,索赔的被保险人是否向第三人行使了索赔权或向第三责任者实施了索赔手续,是否从第三责任人处获取了赔偿。如果经审核后,认定要赔付的,继续做理赔工作。反之,则向被保险人或受益人告知拒赔,说清拒赔的理由,并记入拒赔案件登记簿。

第三步,损失调查。在损失检验和审核各项单证的基础上进一步调查,包括赴现场实地调查和函电了解,或向专家、有关部门复证。

第四步,核算损失程度。根据被保险人所提供的索赔文件或证物核算损失的数额,以决定赔偿的数额。

第五步,给付赔款。经被保险人同意保险公司的理算结果后,被保险人即可领款。

第六步,行使代位追偿权。当损失原因属第三者责任时,保险人赔偿后,可取得被保险人向第三者请求赔偿的权利,代位(代被保险人)向第三者追偿。

五、董事责任保险

(一) 董事责任保险的概念

董事责任保险,又称公司董事及高级职员责任保险,是指以董事、监事等高级管理者(后简称董监高)向公司或第三者(股东、债权人等)承担民事赔偿责任为保险标的的一种保险。即当董监高任职期间因被指控工作疏忽或行为不当(其中不包括恶意、违背忠诚义务、信息披露中故意的虚假或误导性陈述、违犯成文法的行为)而承担赔偿义务时,由保险人在保险合同约定限额内支付保险金的保险。

(二) 董事责任保险的起源与发展

董事责任保险的产生,缘于公司法、证券法等法律对公司董监高履行职务所应承担的义务和责任的规定。在西方国家,董事责任保险之所以产生并发展,是因为健全的民事责任制度下,公司经营者承担的不确定性责任加大,其责任之大足以使市场出现分散这些责任风险的需求,其不确定性又使得市场上有人愿意通过集合与分散这些责任风险以获得利益。例如,1933 年、1934 年美国分别发布《证券法案》与《证券交易法案》后,美国上市公司董监高承担的法律风险显著增加。为了降低董监高履行职责时可能产生的法律风险,减少民事赔偿责任制度给正常经营活动所造成的压力,1934 年世界上第一张董事责任保险保单产生了,该保险单是由英国劳合社保险人为一家美国公司所签订。但在 20 世纪 60 年代证券法扩展其适用范围之前,还很少有企业购买这项保险。在 20 世纪 80 年代早期,董事责任保险开始推广,美国保险公司在再保险的支持下开始大举进入董事和经理人员责任保险市场并结束了劳合社保险人的垄断;同时,对于公司董事会的诉讼案件也开始增多,如从 1974 年到 1984 年,诉讼的频率显著地增加了一倍。在 20 世纪 80 年代中期,董事责任保险开始在美国快速增加。① 此后,全球大多数国家的法律和监管机构对董监高的法律责任逐渐明确。随着企业经营风险的不断提高,董监高个人责任的赔偿和处罚金额也大幅攀升,

---

① 许飞琼.责任保险[M].北京:中国金融出版社,2007:356.

从而使得董事责任保险快速成长为国际主流保险产品,该险种在西方国家得到了迅速的发展。据统计,在 21 世纪初,96%的美国公司和 90%的欧洲公司都购买了董事责任保险,即使是在中国香港地区,董事责任保险的购买率也达到了 60%至 70%。① 目前,在比较成熟的资本市场,董事责任保险几乎是上市公司的标配。

在我国内地,2002 年 1 月 7 日,中国证券监督管理委员会和原国家经济贸易委员会联合颁布的《上市公司治理准则》第三十九条规定:"中国境内的上市公司经股东大会批准,可以为董事购买责任保险。"(☞知识链接 5-9)半个月后,国内第一个"公司董事及高级职员责任保险"由中国平安保险股份有限公司与美国丘博保险集团合作推出,深圳万科企业股份有限公司董事长成为该险种的首位被保险人。该保单意味着若深圳万科的董事及高级职员在行使其职责时发生了错误、疏忽行为,并导致 500 万元以内的经济赔偿时,保险公司将为深圳万科买单。② 近几年来,随着《公司法》《证券法》的多次修订出台,强化了上市公司信息披露义务,董监高的违法成本显著提高;(☞知识链接 5-10)同时在瑞幸咖啡事件(☞知识链接 5-11)、康美药业事件(☞知识链接 5-12)等司法案例的多重因素推动下,证券上市公司投保董事责任保险的比例不断上升。例如,2002 年至 2019 年,我国投保董事责任保险的 A 股上市公司总共不到 400 家,2020 年单年新增投保公司达 170 家,2021 年新增投保公司达到 249 家,增长趋势明显。③ 可见,由于法律风险的加大,我国的董事责任必须借助于保险来进行转嫁,相信董事责任保险将在我国职业责任保险中占有重要席位。

知识链接 5-9 为进一步规范上市公司运作,提升上市公司治理水平,保护投资者合法权益,促进我国资本市场稳定健康发展,2018 年中国证监会修订了《上市公司治理准则》,修订后的《上市公司治理准则》第二十四条规定:"经股东大会批准,上市公司可以为董事购买责任保险。责任保险范围由合同约定,但董事因违反法律法规和公司章程规定而导致的责任除外。"

知识链接 5-10 我国《公司法》第一百四十九条规定:"董事、监事、高管人员的损害赔偿责任董事、监事、高级管理人员执行公司职务时违反法律、行政法规或者公司章程的规定,给公司造成损失的,应当承担赔偿责任。"该法第一百五十二条规定:"股东权益受损的诉讼董事、高级管理人员违反法律、行政法规或者公司章程的规定,损害股东利益的,股东可以向人民法院提起诉讼。"我国《证券法》第一百九十七条规定:"信息披露义务人未按照本法规定报送有关报告或者履行信息披露义务的,责令改正,给予警告,并处以五十万元以上五百万元以下的罚款;对直接负责的主管人员和其他直接责任人员给予警告,并处以二十万元以上二百万元以下的罚款。发行人的控股股东、实际控制人组织、指使从事上述违法行为,或者隐瞒相关事项导致发生上述情形的,处以五十万元以上五百万元以下的罚款;对直接负责的主管人员和其他直接责任人员,处以二十万元以上二百万元以下的罚款。信息披露义务人报送的报告或者披露的信息有虚假记载、误导性陈述或者重大遗漏的,责令改正,

---

① 黄蕾.监管环境日趋严格,董事责任险方兴未艾[N].国际金融报,2006-08-09.
② 张炜.董事责任险:一个好的开始[N].中国经济时报,2002-06-06.
③ 罗葛妹.半年新增 268 家,超去年全年! 今年 A 股董责险投保率或突破 20%[N].国际金融报,https://www.ifnews.com/news.html? aid=378499,2022-07-12.

给予警告,并处以一百万元以上一千万元以下的罚款;对直接负责的主管人员和其他直接责任人员给予警告,并处以五十万元以上五百万元以下的罚款。发行人的控股股东、实际控制人组织、指使从事上述违法行为,或者隐瞒相关事项导致发生上述情形的,处以一百万元以上一千万元以下的罚款;对直接负责的主管人员和其他直接责任人员,处以五十万元以上五百万元以下的罚款。"

知识链接 5-11 瑞幸咖啡事件,是指 2020 年 4 月瑞幸咖啡因财务造假 22 亿元而引发的集体诉讼事件。2020 年 6 月底,瑞幸咖啡宣布退市备案,并在纳斯达克停牌。2020 年 12 月,瑞幸咖啡发布声明称,已与美国证券交易委员会就部分前员工涉嫌财务造假事件达成和解。2021 年 9 月,瑞幸咖啡宣布与美国集体诉讼的原告代表签署 1.875 亿美元(约合人民币 12 亿元)的和解意向书。

参见:敖银雪.瑞幸咖啡完成债务重组结束破产保护!曾陷财务造假风波停牌[N].南方都市报,2022-04-12.

知识链接 5-12 康美药业事件,是指康美药业财务造假事件。2021 年 11 月 12 日,广州市中级法院对康美药业证券集体诉讼案作出一审判决:康美药业承担证券投资者 24.59 亿元的赔偿责任;公司实际控制人马兴田夫妇及邱锡伟等 6 名直接责任人员,因组织、策划、实施财务造假,属故意行为,承担 100% 的连带赔偿责任;另外 13 名高管按过错程度分别承担 5%、10%、20% 的连带赔偿责任。

参见:康美药业五位独董及签字会计师皆承担上亿元连带赔偿责任![N/OL].腾讯新闻,https://new.qq.com/omn/20211114/20211114A09OYC00.html.

(三)董事责任保险的保障范围

在我国,各保险公司的董事责任保险的保障范围大同小异,具体包括如下部分:

1. 保障对象

董事责任保险的保障对象即被保险人一般为投保公司及其董事与高级管理人员个人。其中"投保公司"也即被保险公司,一般是指保险合同所指的投保人及在不当行为发生日前,在公司组织结构图或类似文件中详细载明并经投保人或其子公司认可的子公司、分部、部门、区域性机构、生产群体或其他的公司内部单位。"董事与高级管理人员"是指任何被合法指派或选任为被保险公司(即投保人)董事、监事或高级管理人员的自然人,或担任针对被保险公司雇员利益成立的年金、退休金或福利金基金受托人的自然人。保险合同的承保范围一般是自动适用于在保险期间首日后成为董事或高级管理人员的自然人。此外,被保险人还包括被保险公司的雇员,但仅以雇员履行管理或监督职责时的不当行为引起的赔偿请求为限;仅就雇佣行为赔偿请求而言,被保险人包括被保险公司过去、现在或未来的雇员。

2. 保险责任

董事责任保险的保险责任包括以下几项:

(1)董事及高级职员责任。即被保险董事及高级职员(即被保险人)在执行职务过程中,由于单独或共同的过错行为导致第三者遭受经济损失,依法应由被保险董事及高级职员承担的赔偿责任,保险公司按保险合同的约定负责赔偿。但保险公司承担上述赔偿责任时,以被保险董事及高级职员引起索赔的过错行为发生于保险合同约定的溯及日后,并且第三者在保险期限内首次向被保险董事及高级职员提出索赔为限。

(2) 公司赔偿责任。即被保险董事及高级职员在执行职务过程中,由于单独或共同的过错行为导致第三者遭受经济损失,且被保险公司(即投保人)依法应对其过错行为承担赔偿责任,保险公司按保险合同的约定,在被保险董事及高级职员所受损失范围内对被保险公司负责赔偿。但保险公司承担上述赔偿责任时,以被保险董事及高级职员引起索赔的过错行为发生于保险合同约定的溯及日后,并且第三者在保险期限内首次向被保险董事及高级职员提出索赔为限。

(3) 被保险董事及高级职员配偶的赔偿责任。被保险董事及高级职员因上述过错行为被提及索赔时,其配偶如因配偶身份被连带提及索赔或被执行财产,保险公司对其配偶的损失视同被保险董事及高级职员的损失,按保险合同规定负责赔偿。但因被保险董事及高级职员的配偶本人的过错行为所致的赔偿责任,则不在保险合同保障范围内。

(4) 法律费用。在发生保险责任范围内的事故后,被保险董事及高级职员因被提起诉讼发生的经保险公司事先书面同意的诉讼费用,保险公司在保险合同约定的范围内负责赔偿,但该诉讼费用包含在保险合同载明的赔偿限额内,不另外计算。经被保险董事及高级职员申请,保险公司在认为必要时,对已书面同意的诉讼费用可先行垫付。

(5) 连带责任。若被保险董事及高级职员死亡、失去完全民事行为能力、破产、财务困难时,第三者对其继承人或法定代理人提出索赔,索赔原因是被保险董事及高级职员在执行职务过程中的过错引起的,保险公司将该索赔视同第三者对被保险董事及高级职员个人的索赔,适用于前面第一条。

3. 扩展责任

扩展责任一般通过扩展责任条款来体现。扩展责任条款又叫特别约定责任条款,是指在基本责任条款的基础上,应投保人的要求,除承保基本条款的各项保险责任外,还将进一步增加新的保险责任,扩大对被保险人的保障范围。董事责任保险的扩展责任条款主要包括:

(1) 新子公司自动承保条款。即指在前述董事责任保险合同承保范围外扩展至该合同起始日后投保人收购或创建的子公司,但该子公司须符合扩展责任条款的相关条件,比如需根据风险情况对可自动承保的新子公司的资产规模设置收购限额;且该新子公司无证券在美国的交易所交易等。

(2) 外派董监高人员扩展条款。即该条款可将外派至无证券在美国交易所交易的公司及外派至非营利组织的董监高人员拓展为被保险人。

(3) 退休董监高人员扩展条款。即指在不续保,没有被其他董事责任保险的保险合同所取代,且在没有行使发现期(☞知识链接5-13)的情况下,本扩展条款在不续保之日后10年内扩展承保退休董监高人员(指在保险期间内自愿终止其在被保险公司中所担任职务的被保险人,但不包括被解除职务者)遭受的赔偿请求或调查损失。

知识链接 5-13 发现期,一般是指董事责任保险合同的扩展条款,即当董事责任保险合同的保险期届满,投保公司不再续保,且没有其他保险替代,则其可以购买"发现期"扩展条款。该扩展条款规定,在保单有效期内实施的不当行为,在"发现期"内被索赔或是被调查的,保险公司依然承担责任。比如有保险公司规定,董事责任保险合同的保险期到期时,若投保人拒绝续保,投保人有权支付相当于全额年保险费百分之五十的附加保险费,以获得自保险期间到期日起十二个月的发现期;若是保险公司拒绝续保,投保人有权支付相当于全额年保险费百分之二十五的附加保险费,以获得保险期间到期日起十二个月的发现期等。

(4) 其他扩展条款。如紧急抗辩费用及法律代理费用扩展条款、保释金费用扩展条款、引渡程序扩展条款、职业卫生与安全扩展条款、起诉费用扩展条款、名誉保护费用扩展条款等。

4. 免责责任

董事责任保险及扩展条款的免责责任有如下七个方面:

(1) 由被保险公司(即投保人)、被保险董事及高级职员(即被保险人)或其法定继承人、代理人、继任人或受让人等对其他被保险董事或高级职员提起的索赔不属保险责任,但以下情况不在此限:由被保险公司股东以被保险公司的名义在满足下列条件的前提下提起的索赔:该股东未担任或未委派董事或高级职员,且该股东的索赔行为未受任何被保险董事或高级职员的请求、利诱或与其合作,且公司的赔偿责任,以该股东直接因被保险董事或高级职员的过错行为受到的实际损失为限;被保险董事及高级职员遭到诽谤、歧视、性骚扰、不公正解聘时以雇员身份提出的索赔。

(2) 被保险董事及高级职员以受托人、管理人的身份在管理或经营退休金、年金、分红、职工福利基金或其他职工福利项目时违反职责或合同义务的行为引起的索赔。

(3) 被保险公司外派到其他公司的董事或被保险董事在被保险公司以外的公司兼任董事因过错行为引起的索赔(拓展条款除外)。

(4) 保险公司对被保险董事或高级职员因下列行为被提起的索赔也不负责赔偿:不诚实、欺诈、犯罪、恶意或故意行为;被保险董事或高级职员因获知其他交易者无法得知的内幕消息而买卖被保险公司的证券获得不当得利的行为;为获取利益而对政治团体、政府或军方官员、客户、债权人或债务人或其代表、利益关系人支付款项、佣金、赠与、贿赂的行为;保证或对外担保。

(5) 保险公司对下列损失引起的索赔不负责赔偿:直接或间接造成任何人的疾病、伤残、死亡、精神伤害,或任何有形财产的损失,包括财产不能使用的损失或任何间接损失;因任何实际的或推定的渗水或污染;或任何自愿的、奉命的清理污染的行为导致的损失;或违反任何污染防治的法律而被提起的诉讼或强制执行;核辐射、核污染、核反应或其他同位素、废弃物的污染;任何罚款或惩罚性赔偿。

(6) 保险公司对下列各项不负责赔偿:在保单生效日前被保险董事或高级职员已知悉或应知悉的第三者索赔,或已被威胁或暗示提出的索赔;保单生效日前,已发生且被保险董事或高级职员已知悉的过错;对于可以在以往保险合同下提出索赔,属于以往保险合同保险责任范围,因为索赔金额超过原保险合同赔偿限额而未获赔偿的部分。

(7) 保险公司对任何第三者针对被保险公司提出的索赔不负赔偿责任。

六、其他职业责任保险

社会分工的发展和进步,使职业划分越来越细,越来越复杂,相应的职业责任保险险种也越来越丰富。如除了传统的医疗责任保险、建设工程设计责任保险、律师责任保险、注册会计师责任保险、董事责任保险等外,职业责任保险市场上出现了如保险中介人(代理人、经纪人、公估人)责任保险、工程造价咨询职业责任保险、美容师职业责任保险、电脑职业责任保险、传媒职业责任保险、资产评估师职业责任保险、管理人责任保险、公证职业责任保险、国际货运代理责任保险、注册建筑师责任保险、诉讼财产保全责任保险、健身教练责任保险、家政服务人员责任保险等许多新险种。而在国外,尤其是美国,职业责任保险种类可以说是五花八门,如保险公司专门为美国中央情报局(CIA)探员们推出的诉讼险就是一款公务员职业责任保险。(☞知识链接 5-14)由于篇幅限制,这里就不再进行单独介绍。

知识链接 5-14 诉讼保险是指投保人通过购买确定险种(诉讼险),以使得在自己与他人发生民事诉讼时,由保险公司通过理赔方式向投保人支付诉讼费用的保险。世界各国普遍规定对民事诉讼采用收费制,包括案件受理费、律师费,另外还有鉴定费、证人费、差旅费等其他诉讼费用,对当事人而言,这些费用是一种沉重的经济负担。而诉讼保险,可以使当事人通过投保的方式将自身诉讼费用的负担风险转嫁给保险公司,从而降低和减少诉讼给当事人带来的诉讼风险,在此基础上获得行使诉权和接近正义的保障。CIA,是美国中央情报局的缩写,CIA 向局内员工提供私人保险公司承保的诉讼险,其目的主要是为 CIA 人员在侦讯囚犯时发生违法行为而事后遭到控告或起诉时,转移民事损害赔偿责任风险。早在 1990 年代初期,CIA 就为高层管理人提供这类诉讼险,并负担一半的保险费。2001年"9·11"事件后,CIA 显然预料到在全球反恐战的大环境下,诉讼事件只会有增无减,在通过美国国会的授权后,开始承担所有反恐探员的全部保费,并鼓励他们尽量加保,以求自保。这个保险项目是由位于弗吉尼亚州阿灵顿(Arlington,VA)的一家由退休联邦调查局人员所开设的莱特保险公司(Wright and Co.)提供,每年保险费约 300 美金,可以支付高达 20 万美元的诉讼费用,以及 100 万美元的民事赔偿判决。

参见:虐囚—CIA 探员忙"买保险"[N/OL].新浪网,https://news.sina.com.cn/o/2006-09-21/143810075715s.shtml,2006-09-21.

总之,随着职业的细分、法制环境的不断改善,各种高风险职业的专业人士对于转嫁自身执业风险的需要越来越强烈。为了满足市场需求,各保险公司除了加强前面所介绍或提及的职业责任保险险种的经营外,还纷纷推出越来越多的新兴职业责任保险险种。

第五节 案 例 分 析

【案例 5-1】

S 医院连续三年向 R 保险公司购买了医疗责任保险,年均保险金额 500 万元。在续保后的某年 3 月 1 日,患者谢某因病到 S 医院就诊,病理切片诊断为肠癌,患者又到另一医院检查确诊,得知是 S 医院将病理切片标本弄错。针对 S 医院的过错,患者谢某找 S 医院索赔,经当地医疗纠纷调解委员会组织调解,双方于同年 4 月 20 日达成调解协议书,S 医院赔偿患者谢某 1.5 万元。后 S 医院向 R 保险公司索赔遭拒赔。保险公司拒赔理由是：S 医院将检测报告弄错,造成患者谢某心理受到伤害而进行的精神损害赔偿不属于医疗过错赔偿,从而不属于保险责任赔偿范围。鉴于此,S 医院向法院起诉了 R 保险公司,请求法院判 R 保险公司进行赔偿。

法院经调查审理后认为：

(1) 本案系责任保险合同纠纷,原告在被告处购买了医疗责任保险,并缴纳了保险费,被告收取了原告交纳的保险费并出具了保险单,双方已形成保险合同关系。

(2) 双方保险合同特别约定:"发生保险事故后,保险人的赔偿金额以按照下列方式之一确定的被保险人的经济赔偿责任为依据:①在医疗纠纷调解委员会主持调解下,被告保险人与患者达成的调解协议;②人民法院的判决、调解或仲裁机构裁决;③卫生行政部门的调解;④保险人认可的其他方式。"同时保险合同约定,"被保险人及医疗人员在从事与其资格相符的诊疗活动中,发生下列情形,患者或其亲属或其代理人在保险期限内或发生期间内首次向被保险人提出人身损害赔偿请求,依据中华人民共和国法律,应由被保险人承担的经济赔偿责任,保险人按照保险合同约定负债赔偿"。

(3) 原告的医疗纠纷按照合同约定在医疗纠纷调解委员会主持下达成了调解协议,被告应当在赔偿限额内承担保险责任。现被告未按保险合同约定支付保险金,属违约行为。

因此,法院判决被告 R 保险公司于判决生效后 5 日内付给原告 S 医院保险金 1.5 万元并承担本次诉讼费用。最后,R 保险公司履行了这次判决。

【案例 5-2】

W 健身馆开张后不久向 Y 保险公司购买了场所责任保险。在保险期间内的某日晚上 7 点,小王在 W 健身馆健身训练时,被 Z 教练展示教学示范时摔伤,经医院半年的治疗后最终鉴定为 8 级伤残。小王在医院治疗与恢复期间共发生医疗费用 9.5 万元、残疾费 16 万元,以及误工费、交通费等损失 6.2 万余元。W 健身馆认为小王受伤是其与 Z 教练之间的事,与健身馆没有什么关系,而 Z 教练认为是小王健身时自己没有完全领会示范动作而致伤。在三方就赔偿问题协商未果的情况下,小王将 W 健身馆、Z 教练及 Y 保险公司作为共同被告起诉至法院,要求法院判被告方赔偿医疗费、误工费、残疾赔偿金等共计 31.7 万余元并承担相关法律费用。

分析：

本案主要是涉及责任的认定问题。

(1) Z 教练依法应该承担赔偿责任。健身教练不仅负有指导健身的义务,还需要保障健身者的安全。健身教练要做的第一件事,不是指导动作,而是保护自己的客户。通常情况下,健身教练应充分掌握客户的身体健康状况,有无受过伤,是否适宜该健身器材或健身动作,指导过程中是否能充分理解教练的口令并及时修正动作等。若教练未指挥得当,导致健身者受伤,教练应承担赔偿责任。我国《民法典》第一千一百六十五条规定,行为人因过错侵害他人民事权益造成损害的,应当承担侵权责任。本案小王是在 W 健身馆健身训练时,被 Z 教练展示教学示范时摔伤,经过调查取证,责任完全在于教练,因此,Z 教练依法应该承担赔偿责任。

(2) Z教练所承担的赔偿责任应由W健身馆承担。健身馆经营者作为公共场所的直接管理人对健身人员负有一定的安全保证义务。我国《民法典》第一千一百九十八条第一款规定:"宾馆、商场、银行、车站、机场、体育场馆、娱乐场所等经营场所、公共场所的经营者、管理者或者群众性活动的组织者,未尽到安全保障义务,造成他人损害的,应当承担侵权责任。"我国《消费者权益保护法》第十八条也规定:"经营者应当保证其提供的商品或者服务符合保障人身、财产安全的要求。……宾馆、商场、餐馆、银行、机场、车站、港口、影剧院等经营场所的经营者,应当对消费者尽到安全保障义务。"由上述法律规定可知,健身场所经营者应当保证其提供的商品或者服务,符合保障人身、财产安全的要求,对消费者应尽到安全保障义务。W健身馆作为公共场所管理人,应对健身房内的包括教练教学等各种健身活动进行有效管理,Z教练在教学时导致健身者人身受到伤害,系健身馆未尽到安全保障义务的体现。健身教练无论与健身馆经营者形成的是劳动关系或者劳务关系,对外是代表健身馆履行教练职务,健身馆应当作为责任主体进行赔偿。我国《民法典》第一千一百九十一条第一款就规定:"用人单位的工作人员因执行工作任务造成他人损害的,由用人单位承担侵权责任。"

(3) Y保险公司在场所责任保险合同下不承担赔偿责任。虽然本案原告小王与Y保险公司之间不存在契约关系,但根据我国《保险法》第六十五条第一款、第二款:"保险人对责任保险的被保险人给第三者造成的损害,可以依照法律的规定或者合同的约定,直接向该第三者赔偿保险金。责任保险的被保险人给第三者造成损害,被保险人对第三者应负的赔偿责任确定的,根据被保险人的请求,保险人应当直接向该第三者赔偿保险金。被保险人怠于请求的,第三者有权就其应获赔偿部分直接向保险人请求赔偿保险金。"的规定,其可以在致害方W健身馆不予赔付或怠于请求保险赔付的情况下,要求保险公司直接进行保险赔付。但问题是本案W健身馆购买的是健身馆场所责任保险而非健身教练职业责任保险。对于场所责任保险,保险人只承保固定场所(包括健身场所及其室内设备、装置等)因存在结构上的缺陷或管理不善,或被保险人在被保险场所内进行生产经营活动时因疏忽发生意外事故,造成他人人身伤亡或财产损失的经济赔偿责任。而被保险人或其雇员从事专门职业所发生的赔偿责任是场所责任保险的免责责任,因其属于职业责任保险范围。因此,本案Y保险公司可以在场所责任保险合同项下拒绝赔偿。

结论:

法院鉴于上述分析,判被告W健身馆就原告小王受伤事件产生的医疗费、误工费、护理费、营养费、律师费等损失承担全部赔偿责任,Z健身教练不承担赔偿责任(W健身馆是否就小王的赔偿向Z健身教练进行追偿是W健身馆与Z健身教练之间的事,与本案无关);Y保险公司在场所责任保险项下不承担赔付责任。

启迪:

(1) 对于涉及劳动关系或劳务关系过程中致人伤害,乃至死亡的健康权、生命权纠纷案件中,正确认定当事人的责任,合理分配各方当事人之间的安全保障义务是体现公平正义的重要准则。只有做到正确认定当事人的责任,才能保证纠纷案件处理的准确性、保障当事人的合法权益。用人单位的工作人员在执行职务时造成他人损害,用人单位依法需要承担侵权责任,这是法律公平正义的体现,其目的在于由财产能力更为充足的用人单位直接承担责任更有利于保障相对人合法权益,也能够促使用人单位严格、谨慎约束工作人员,尽到监督责任,减少损害发生。

(2) 随着国民健康意识的不断增强,健身逐渐成为一种日常的生活方式。健身机构聘用教练指导健身者是为了让健身消费者得到更加专业、有针对性服务的同时,也提升健身机构自身的经营影响力。但凡是职业人员均存在职业责任风险,健身教练也一样,甚至风险更高。如我国的《民法典》第一千一百九十八条、《消费者权益保护法》第十八条等就有专门严格责任的归责规定。为此,健身机构除了通过保险规避场所责任风险外,就教练等技术性专业人员的职业风险也最好通过职业责任保险的方式进行规避。如本案如果有健身教练(职业)责任保险,则W健身馆对小王的损失赔偿就可以由保险公司来承担了。

【案例 5-3】

某医院向保险公司投保了医疗责任保险,保险合同规定每起事故赔偿限额为 10 万元。在保险期内,该医院接受孕妇李某做胎儿性别鉴定,结论是"胎儿性别为女性";结果孕妇生产时却发现生下的是男孩,孕妇遂以医院医疗责任事故为由向法院起诉,要求院方赔偿损失。

不同观点:

(1) 受害方认为,医院断男为女是严重的失职,应承担一切后果。因为该孕妇患有"杜氏进行性肌营养不良症"家族遗传疾病,生女为阴性带菌不发病,生男为阳性带菌必发病。患者一般在 3~5 岁开始发病,最早表现出进行性腿部肌无力(爬楼梯困难),导致不便行走。12 岁时失去行走能力,常年与轮椅为伴,20~30 岁因呼吸衰竭而死亡。针对该病,医学界尚无有效疗法。李某在此前已怀二胎均因性别检验为男性而终止妊娠,此次却因相信该医院的检验结论而生下男孩,全家人为之痛苦异常,院方对此应承担损害赔偿责任。

(2) 医院认为,李某接受检验时可能怀的是双胎,另一胎为女性,已被男性胎儿吸收,故导致诊断出错,因此,不承认是医疗责任事故,而只承认是一般的医疗差错,如果不是接受检验者有特殊的家族病,并无实际损害。因此,在保险人的协助下拒绝承担赔偿责任。

法院判决:

法院经过法庭调查,并对李某之子进行复查,认定李某生男是事实,而医院检验为生女也有书面证明为凭据,因此,医院应负损害赔偿责任。判决医院赔偿李某的损失 10.5 万元,诉讼费用 2 600 元由被告承担。

结论:

由于医院承担的是法院判决的法律责任,且属检验人员失职行为所造成,符合医疗责任保险赔偿规定,故保险方应在保险限额内履行补偿被保险人损失的义务,同时按比例分担法律诉讼费用。

医院赔偿金为 105 000 元,法律诉讼费用 2 600 元;

保险方赔偿金为 100 000 元(限额);

分担法律费用为 (100 000÷105 000)×2 600 = 2 476.19(元);

故保险方实际赔偿金额为 102 476.19 元。

【案例 5-4】

某年 2 月 14 日，向保险公司投保有建筑设计师责任保险的 A 建筑设计院（以下简称 A 院）中标 W 建筑公司（以下简称 W 公司）以总造价 5 100 万元承揽施工的某养老院工程项目的施工设计。之后，W 公司与 A 院签订了"委托施工设计合同"。该合同约定：施工设计图可以变更，但该设计图必须得到第三方某设计审查机构的认可。施工设计图完成后，W 公司依设计图进行施工。在施工过程中，因设计图纸中 2 楼至 4 楼楼板板角处均未配置放射筋，采用分离式配筋时亦未采取相应的措施预防负筋被施工踩弯，导致对施工图进行了多次变更，增加工程项目成本 110 万元。W 公司根据有关工程造价指标对 A 院提供的施工图纸进行了造价估算，发现其工程总造价竟高达 7 000 万元，如此继续按照施工图纸进行施工，W 公司将会损失 1 900 万元，因此要求 A 院提供其他符合工程总价的图纸，并对已增加的 110 万元工程项目成本予以赔偿。A 院认为，双方在最初达成的合同中只有初步设计的施工图的规定，至于工程造价评估指标并未规定，因此 W 公司所依据的工程造价指标并不具有权威性。同时，合同中还规定双方均可对图纸进行变更。A 院还认为，实际工程的价款高于工程总价款属于正常的调整幅度范围，因此，A 院拒绝提供新的设计图纸以及赔偿其损失，并要求 W 公司支付其设计施工图的报酬。为此，W 公司将 A 院及其承保人告上了法院，请求法院判决 A 院提供其他符合工程总价的图纸，并与承保人共同对超出合同总价款 110 万元的损失予以赔偿。

不同观点：

第一种观点认为，原告 W 公司因施工设计图设计不合理而受到的实际损失，A 院理应赔偿。而该赔偿是 A 院因过错导致，属于保险赔偿责任，因此，保险公司可在合同约定的限额内代为赔偿。此外，A 院所提供的施工设计图不符合原告 W 公司的要求，基于诚实信用原则，A 院应提供符合要求的施工设计图。

第二种观点认为，W 公司与 A 院双方在合同中明确规定对施工设计图都有变更的权利，因此，双方对导致建筑工程造价高于合同约定都负有一定的责任，应根据双方过错的大小来承担责任。同时，合同规定施工设计图必须征得第三方某设计审查机构的认可，但该设计审查机构未尽注意义务、疏于检查也是导致纠纷产生的一个因素。因此，W 公司、A 院及某设计审查机构三方应根据各自过错大小分担责任。至于被告保险公司，本案不应承担赔偿责任。因建筑设计师责任保险承保的是工程设计人员因工作上的疏忽或过失造成建设工程质量事故而导致的损失，而本案损失并不是工程质量事故导致。

分析：

本案争议的焦点是：原被告双方对施工设计图变更导致工程价款超额的责任分担问题。

（1）施工图纸设计应遵循科学、合理、真实、准确的设计原则。我国《建筑法》第五十六条规定："建筑工程的勘察、设计单位必须对其勘察、设计的质量负责。勘察、设计文件应当符合有关法律、行政法规的规定和建筑工程质量、安全标准、建筑工程勘察、设计技术规范以及合同的约定。设计文件选用的建筑材料、建筑构配件和设备，应当注明其规格、型号、性能等技术指标，其质量要求必须符合国家规定的标准。"同时，我国《建设工程勘察设计管理条例》（以下简称《条例》）第二十六条规定："编制建设工程勘察文件，应当真实、准确，满足建设工程规划、选址、设计、岩土治理和施工的需要。编制方案设计文件，应当满足编制初步设计文件和控制概算的需要。编制初步设计文件，应当满足编制施工招标文件、主要设备材料订货和编制施工图设计文件的需要。编制施工图设计文件，应当满足设备材料采购、非标准设备制作和施工的需要，并注明建设工程合理使用年限。"该《条例》第六条也规定："国家鼓励在建设工程勘察、设计活动中采用先进技术、先进工艺、先进设备、新型材料和现代管理方法。"也就是说，作为设计单位，其编制施工设计文件，应遵循科学、合理、真实、准确的设计原则，满足编制初步设计文件和控制概算。根据建筑设计、施工领域的常识和惯例，放射筋常设置在挑檐板转角、外墙阳角、大跨度板的角部等处，这类地方容易产生应力集中，超出所配钢筋或混凝土的抗拉能力，所以宜加设放射筋。本案工程板跨相对较大，在此情况下为确保板角处的混凝土不开裂，A院作为专业设计机构在设计时应考虑设置放射筋；楼板采用分离式配筋本身不违反强制性规定，但由于采用分离式配筋时极易发生负筋被施工人员踩弯的情形，对于此类常见质量通病，为确保建筑物的质量安全，A院在设计时应有所预见，采取一定的预防措施。可本案中，设计图纸中涉案项目2楼至4楼楼板板角处均未配置放射筋，采用分离式配筋时亦未采取相应的预防负筋被施工踩弯的措施。很显然，A院提供的设计图纸没有真正坚守科学、合理、真实、准确的设计原则，以致本案施工项目设计图纸被再三修改变更，总造价也由最初的5 100万元增加到5 210万元。对此，A院应承担过错责任。

（2）施工设计图修改变更必须严格按照国家有关建设程序及管理规定进行。施工设计图修改变更，是指建筑工程在建设过程中对审查合格后的施工图设计文件的修改。一般来说，施工设计文件经批准后，不得任意修改变更。如果必须修改变更的，需经有关部门批准。前述《条例》第二十八条规定："建设单位、施工单位、监理单位不得修改建设工程勘察、设计文件；确需修改建设工程勘察、设计文件的，应当由原建设工程勘察、设计单位修改。经原建设工程勘察、设计单位书面同意，建设单位也可以委托其他具有相应资质的建设工程勘察、设计单位修改。修改单位对修改的勘察、设计文件承担相应责任。"我国《房屋建筑和市政基础设施工程施工图设计文件审查管理办法》（以下简称《办法》）第十四条也规定："任何单位或者个人不得擅自修改审查合格的施工图；确需修改的，凡涉及本办法第十一条规定内容的，建设单位应当将修改后的施工图送原审查机构审查。"（知识链接5-15）本案中，A院和W公司对施工图进行了多次变更，既没有将变更后的设计图重新报原审查机构审查，也没有按双方签订的委托施工设计合同规定，由第三方某设计审查机构认可。很明显，A院修改变更施工设计图的行为违反了上述《条例》与《办法》的规定。而W公司也没有根据《条例》第二十八条、《办法》第十四条及《建筑法》第五十六条的规定，坚持先勘察、后设计、再施工的原则。因此，A院与W公司均应对修改的设计文件承担相应责任。

知识链接 5-15 《房屋建筑和市政基础设施工程施工图设计文件审查管理办法》第十一条规定："审查机构应当对施工图审查下列内容：（一）是否符合工程建设强制性标准；（二）地基基础和主体结构的安全性；（三）消防安全性；（四）人防工程（不含人防指挥工程）防护安全性；（五）是否符合民用建筑节能强制性标准，对执行绿色建筑标准的项目，还应当审查是否符合绿色建筑标准；（六）勘察设计企业和注册执业人员以及相关人员是否按规定在施工图上加盖相应的图章和签字；(七)法律、法规、规章规定必须审查的其他内容。"

(3)"委托施工设计合同"应明确约定合同双方权利义务的内容。我国《民法典》第七百九十四条规定："勘察、设计合同的内容一般包括提交有关基础资料和概预算等文件的期限、质量要求、费用以及其他协作条件等条款。"同时，该法第九百一十九条、第九百二十二条规定："委托合同是委托人和受托人约定，由受托人处理委托人事务的合同。""受托人应当按照委托人的指示处理委托事务。需要变更委托人指示的，应当经委托人同意；因情况紧急，难以和委托人取得联系的，受托人应当妥善处理委托事务，但是事后应当将该情况及时报告委托人。"施工设计合同是建设工程合同的一种，是委托人与受托的设计人为完成一定的设计任务，明确相互权利义务的协议。一方面，在施工设计合同中，委托人在施工图设计前应向设计人提供满足施工图设计要求的勘察资料、施工条件以及相应有关设备的技术资料等。如果因委托人变更计划，提供的资料不准确，或者未按照期限提供必需的设计工作条件而造成设计的返工、停工或者修改设计，委托人应当按照设计人实际消耗的工作量增付费用。同时，委托人对于设计人所提供的设计图不得随意更改或停止。如果委托人任意更改或停止，造成工程质量不合格、工程价款超额以及其他人身、财产损害的，则应承担责任。另一方面，设计人应根据委托人所提供的设计文件、资料等，按照合同约定，提供符合要求的设计图。如果设计图质量不符合要求或未按照期限提交设计图而拖延工期，造成委托人损失的，设计人应当继续完善设计，减收或免收设计费并赔偿损失。如果因设计图不合格而致使建设工程在合理使用期限内造成人身和财产损害的，设计人则应承担损害赔偿责任。现实中，施工图的修改变更是项目施工过程中常碰到的现象，其变更包含设计单位对原设计存在的缺陷所作的修改变更，建设、施工等单位为适应项目需要和现场条件变化提出的设计变更。施工图的修改变更的目的主要是满足工程质量和使用安全及提高投资效益的要求。但是，由于设计的修改变更，导致工程在材料、工艺、功能、构造、尺寸、技术、指标、工程数量及施工方法等方面相应改变，势必会对质量、进度及投资费用产生重要影响。此外，在一般情况下，工程造价评估指标究竟应采用哪种标准，应由合同双方协商一致；而设计人修改变更施工图时应将可能导致工程造价变动的情况如实向委托方报告，并经其同意。本案中，一是W公司与A院所签订的"委托施工设计合同"是真实有效的，在合同内容中双方强调施工图可以变更，可合同对工程造价评估指标并未作出相关规定，致使双方对工程造价评估指标理解不统一。如果因约定不明造成损失的，委托人和设计人应根据其过错的大小承担各自的责任。二是A院因其过错而多次修改图纸致使工程造价增加110万元，且并未向W公司报告施工图修改后的工程款，以致W公司受损，A院违反了上述《民法典》的规定。根据《民法典》第八百条、第九百二十九条："勘察、设计的质量不符合要求或者未按照期限提交勘察、设计文件拖延工期，造成发包人损失的，勘察人、设计人应当继续完善勘察、设计，减收或者免收勘察、设计费并赔偿损失。""有偿的委托合同，因受托人的过错造成委托人损失的，委托人可以请求赔偿损失。无偿的委托合同，因受托人的故意或者重大过失造成委托人损失的，委托人可以请求赔偿损失。受托人超越权限造成委托人损失的，应当赔偿损失。"因此，从双方签订的合同角度，A院应承担赔偿W公司的损失责任。

(4)建设工程设计责任保险的保险责任。建设工程设计责任保险承保的是建设工程设计单位对于工程设计人员因工作上的疏忽或过失造成建设工程本身的物质损失、第三者人身伤亡或财产损失所应承担的经济损害赔偿责任。在我国保险市场,目前建设工程设计责任保险合同中的保险责任一般包括以下四个方面:一是由于勘察、设计的疏忽或过失而引发的工程质量事故造成的建设工程本身的物质损失;二是由于勘察、设计的疏忽或过失而引发的工程质量事故造成的第三者人身伤亡或财产损失;三是事先经保险机构书面同意的诉讼费用;四是发生保险责任事故后,勘察设计单位为缩小或减少对建设单位的经济赔偿责任所支付的必要的合理费用。从上述四方面保险责任的表达看,建设工程设计责任保险强调工程质量事故的发生,而本案中,由于A院的过错导致W公司增加施工成本110万元并非工程本身的质量事故,即似乎非上述建设工程设计责任保险合同中的保险责任,这样的话,前述第一种观点中,A院赔偿责任由保险公司代为补偿的观点就不成立,而第二种观点成立。但是,本案施工设计图存在缺陷是事实,如果不进行修改变更而继续按原图施工,完工后的项目定会存在质量隐患,而到时再进行保险赔付,则不仅仅是得不偿失的问题了。现A院变更后的施工设计图给委托人W公司造成的110万元损失是客观的,且属于设计人员的设计错误导致,应视同为工程本身的质量事故,属于保险责任范围。因此,保险公司应依照建设工程设计责任保险合同给予赔偿。

法院判决:

法院经调查采证分析后认为:

(1) A院提出变更设计图而新增加的110万元施工成本属于可预见的调整范围的抗辩理由是不能成立的,该笔超出合同的总价款是A院设计过程中违反了相应的注意义务,设计不当而导致,因此,该损失应由A院来承担。此外,从事建设工程设计活动,一方面应当坚持先勘察、后设计、再施工的原则;另一方面,建设工程设计单位必须依法进行建设工程勘察、设计,严格执行工程建设强制性标准,并对建设工程勘察、设计的质量负责。设计单位编制的方案设计文件,应当满足编制初步设计文件和控制概算的需要。因此,A院应在有限时间内重新提供符合工程总价的施工图纸。

(2) 对于多次变更后的施工设计图,没有报第三方某设计审查机构进行审查评审并非第三方某设计审查机构的过错,而是W公司与A院违规的结果,尤其是作为施工建设方W公司应承担主要责任。因施工设计文件变更必须根据工程项目实际,对技术可行性、经济合理性进行充分论证,依法遵守"先批准,后变更;先变更,后实施"的程序,W公司应当将修改后的施工图送原审查机构审查。

(3) 由于A院施工设计上的过失而引发本案工程项目增加的110万元费用,实质上就是造成建设工程本身的物质损失,应属于保险合同中的工程质量事故。而本事故发生在保险期限内,且委托人W公司向被保险人A院提出了索赔。因此,保险公司应依据保险合同的约定代被保险人A院承担赔偿责任。

结论:

最后,法院根据《民法典》《建筑法》《建设工程勘察设计管理条例》《保险法》等相关规定,以及原被告之间在本案中的过错大小,判被告A院承担工程项目增加造价110万元的80%计88万元损失,并在有限时间内重新提供符合工程总价的施工图纸;判原告W公司承担110万元损失的20%的责任。本案所产生的法律费用5 100元,由被告A院承担。在判决生效后,保险公司按保险合同的约定代A院赔偿了W公司79.71万元,剩余8.8万元则由A院赔付W公司。

复习思考题

一、名词解释
职业责任；职业责任风险；职业责任保险；医疗责任保险；律师责任保险；注册会计师责任保险；董事责任保险

二、选择题
1. 职业责任保险合同的保险人承担的赔偿责任包括赔偿金额和（　　）。
   A. 人员抢救费用　　B. 财产施救费用　　C. 法律诉讼费用　　D. 行政复议费用
2. 某会计师事务所在某保险公司连续投保了注册会计师职业责任保险，该保险采用了期内索赔式的方式承保。保险期间是从2023年1月1日至同年12月31日，追溯起始日期为2021年1月1日。则该事务所在（　　）发生保险事故，肯定得不到保险公司的赔偿。
   A. 2023年1月1日至2023年12月31日　　B. 2021年1月1日至2021年12月31日
   C. 2022年6月1日至2022年6月1日　　D. 2020年6月1日至2020年12月31日
3. 影响职业责任保险费率厘定的因素有（　　）。
   A. 被保险人每年提供专业技术服务的业务数量及业务总收入
   B. 赔偿限额、免赔额及其他承保条件
   C. 被保险人职业责任事故的历史统计资料及索赔处理情况
   D. 被保险人及其雇员所从事的专业技术工作
4. 职业责任保险是以各类专业技术工作的单位或个人可能因工作上的失误导致的损害赔偿责任为承保风险的责任保险。下列人员中可以投保职业责任保险的有（　　）。
   A. 合伙制会计师　　　　　　　　　　B. 董事长及高级管理人员
   C. 建筑设计师　　　　　　　　　　　D. 个体医生
5. 职业责任保险的一般免责责任包括（　　）。
   A. 报表资料被盗窃所引起的索赔
   B. 从事该职业雇员的前任的过失行为所导致的职业责任
   C. 精神损害赔偿责任
   D. 对他人诽谤而引起的索赔
6. 律师责任保险的保险责任包括（　　）。
   A. 火灾导致的损失
   B. 律师办理委托业务时因过失导致被保险人的损失
   C. 律师在非执业时间内造成委托人的损害
   D. 律师的故意行为导致委托人的损失
7. 下列事件导致的赔偿责任，职业责任保险一般除外不保的是（　　）。
   A. 报表被盗窃复印　　　　　　　　　B. 被保险人的雇员故意泄漏材料
   C. 被保险人对他人进行毁谤　　　　　D. 被保险人的雇员殴打消费者
8. 建设工程设计责任保险的保险责任包括（　　）。
   A. 建设工程本身的物质损失　　　　　B. 第三者人身伤亡或财产损失
   C. 保险责任事故的鉴定费用　　　　　D. 诉讼费
9. 某医院向甲保险公司投保了医疗责任保险，保险合同规定每起事故赔偿限额为50万元。在保险期限内，该医院在为一妇女做阑尾切除时错将该妇女的子宫一并切除。事故发生后，受害人便以医院医疗责任事故为由向法院起诉，要求医院赔偿200万元。法院受理后，判决医院赔偿受害人120万元，诉讼费用4 000元由被告承担。请分析此案例，并回答下列问题：
   （1）本案涉及（　　）。
   A. 个人责任保险　　B. 职业责任保险　　C. 雇主责任保险　　D. 公众责任保险
   （2）根据我国《保险法》的规定，甲保险公司（　　）。
   A. 不可以向受害人赔付保险金　　　　B. 可以向受害人赔付保险金
   C. 可不赔偿诉讼费用　　　　　　　　D. 必须赔偿诉讼费用
   （3）保险公司应付的赔偿金额为（　　）万元。
   A. 120　　　　B. 120.4　　　　C. 50　　　　D. 50.40　　　　E. 200
10. 某会计师事务所投保以索赔发生为基础的责任保险，保险合同注明每次赔偿限额为100万元，每次法律费用限额为5 000元。在保险期限内，一上市公司以审计意见不恰当，造成股价波动，给公司带来损失为由向该会计师事务所提出索赔。经法院判决,该事务所应赔偿建筑单位损失150万元,法律费用9 000元由事务所承担。根据案情,回答下列问题:
(1) 本案的保险类型属于(　　)。
  A. 场所责任保险　　B. 雇主责任保险　　C. 职业责任保险　　D. 个人责任保险
(2) 本案的保险合同关系存在于(　　)。
  A. 事务所与上市公司之间　　　　　　B. 事务所与保险人之间
  C. 上市公司与保险人之间　　　　　　D. 股市投资人与保险人之间
(3) 会计师事务所自负的法律费用为(　　)元。
  A. 4 000　　　　B. 5 000　　　　C. 9 000　　　　D. 6 000
(4) 保险人最终的保险赔偿额为(　　)万元。
  A. 100.4　　　　B. 100.5　　　　C. 90.6　　　　D. 90.3

三、问答题
1. 试简述职业责任、职业责任风险与职业责任保险三者之间的内在联系。
2. 建设工程设计职业责任有哪些风险?
3. 什么是律师责任?律师责任风险如何通过保险转嫁?
4. 注册会计师责任风险的表现形式有哪些?
5. 保险公司如何防范职业责任保险的经营风险?

四、案例分析
1. 某市居民陈某于某年4月15日,经区新华择业市场介绍,雇请"赵某"做保姆。4月18日,"赵某"趁陈某一家人外出之机,洗劫了其家中价值5万多元的贵重物品。"赵某"同时将陈家年仅1岁的幼子抱离家中,放于择业市场后离开,给陈家造成恐慌。精神上受到极大伤害的陈某一纸诉状递到法庭,请求判令介绍惯偷保姆的择业市场承担赔偿财产损失59 640元责任,精神损失10万元。
  问:(1) 中介人新华择业市场是否要承担责任?为什么?
    (2) 中介人新华择业市场能否将类似风险向保险公司转移?假如能够向保险公司转移,应购买什么类型的险种?保险公司如何赔偿?

2. 刘某因患痔疮到医院就诊,术前检查一切正常。刘某于第二天上午接受手术治疗,注射麻药后,刘某反映有痛感,麻醉师又追加麻药。术中,手术医生发现刘某伤口出血并变成褐色,且其口唇紫色、双眼球上翻。医护人员立即投入抢救,但刘某呼吸心搏骤停。经紧急抢救,刘某心跳恢复,但一直处于植物人状态。事发后半年,刘某一直在该院住院接受治疗,虽经专家、教授多次会诊,刘某病情一直未见好转。刘某的丈夫以"院方手术失误,致使刘某变成深度昏迷的植物人,院方负有不可推卸的责任"为由,将该医院告上法庭,要求医院承担医疗费、护理费、精神损失费等共计146万余元。
  问:(1) 医院在购买了医疗责任保险的情况下,如果法院判院赔偿,保险公司是否赔偿?为什么?
    (2) 如果进行保险赔偿,保险公司应该怎样理赔?

3. 在保险公司投保了职业责任保险的某律师事务所在代理一起债权债务纠纷案时,与当事人签订《委托代理协议书》,后因律师事务所搬迁地址发生变化未能及时与当事人相互取得联系,使得委托事项过了诉讼时效,给委托人造成60余万元经济损失,法院判该律师事务所赔付。该律师事务所在应诉过程中辩称:该所律师已经为当事人写好起诉书,只待当事人签字后到法院去起诉,但由于当事人一直未在起诉书上签字,而律师又未能与当事人取得联系,故无法到法院立案。
  问:法院判该律师事务所的60余万元赔偿额,保险公司是否应该赔偿?为什么?

4. 某年,小李与某理财公司签订了协议书,双方约定,理财公司帮助小李理财,如果小李的年收益达到投资额的20%以上,理财公司将提取收益的5%,否则,理财公司将退还咨询费并承担损失的5%。小李如约交纳了5 000元咨询费,理财公司也依约为其进行理财。一年期满,小李委托理财公司理财,不但没有盈利,反而亏损3万元。
  问:(1) 小李能否要求理财公司退还咨询费并追偿损失?
    (2) 理财公司的失职属于职业责任风险吗?如果理财公司想转嫁此类风险,保险公司如何承保此类风险?
    (3) 假如理财公司购买了职业责任保险,保险公司对本案进行赔偿吗?为什么?

5. 某年初,某停车公司以"因某律师事务所律师朱某的过失,致使所涉案件超过诉讼时效"为由起诉朱某及该律师事务所。当地法院判决该律师事务所赔偿停车公司17.5万元损失。于是,投保了律师责任险的该律师事务所马上向保险公司申请理赔。经过一番核赔后,保险公司认为,朱某在未经律师事务所同意下私自接受该停车公司案件代理业务,属于律师责任险中的免赔范围,故表示不能给予任何赔偿。
  问:朱某私接案件的行为属于免赔责任吗?为什么?

第六章

第三者责任保险

> **学习目标**
>
> 学习本章时,学生应重点掌握第三者概念的界定、第三者责任保险的构成、特点以及实务中第三者责任保险的运行方式;同时熟悉并掌握机动车第三者责任保险、船舶第三者责任保险、飞机第三者责任保险、工程第三者责任保险等险种的基本内容。

第一节 第三者责任保险概述

思政园地

一、第三者的概念

在保险的理论和实务中,第三者是一个非常重要的概念,它既是法学中的常用术语,也是保险领域中的一个重要术语,并且由于保险中不同险种对第三者的认定具有特殊的规范和限制,导致在保险领域第三者的概念在不同的场合具有不同的含义。对第三者的全面理解可以从法学、合同关系和保险学三个方面进行理解。

(一) 法学上对第三者的解释和认定

在法学上,对第三者的一般解释是:在民事诉讼中,对当事人之间的诉讼标的具有独立请求权,或者虽无独立请求权,但案件的处理结果,与其有法律上的利害关系,而参加到已经开始的诉讼中来的人,也叫诉讼参加人。[1] 原告人与被告人因民事权益纠纷正在打官司,另外又有人参加到诉讼中来,对争议的标的主张自己的权利,这个人对原当事人来说即是第三者,民法中亦称为利害关系人,因其与原当事人所争执的权益有关。第三者有两个法律特征:一是案件的处理结果,与他有法律上的利害关系;二是参加诉讼的时间,是在诉讼开始之后到法院作出裁判之前。按照不同的诉讼地位,法律上的第三者(或利害关系人)可分为有独立诉讼请求权的第三者和无独立诉讼请示权的第三者两种情况。对他人之间正在争议的诉讼标的有独立的请求权,或者他人之间的诉讼可能给自己的利益带来损失,以诉讼中的原告和被告为被告提出独立的诉讼请求,以加入已经开始的诉讼中来的、除诉

---

[1] 常怡.民事诉讼法学[M].北京:中国政法大学出版社,2002:107.

讼原告和被告以外的第三方面的当事人,称为有独立诉讼请求权的第三者。例如,兄弟二人,因为争执父母作为遗产的保险金正在诉讼,他们的妹妹认为,作为遗产的保险金也有自己一份,兄弟二人分配保险金遗产不考虑她的继承份额是违法的,从而在诉讼开始后,自己提出申请,经人民法院批准,也加入了诉讼。这种对兄弟二人争议的诉讼标的提出自己享有部分权利的诉讼请求人即为有独立诉讼请求权的第三者。无独立请求权第三者是指对当事人双方的诉讼标的,虽然没有独立的请求权,但案件的处理结果同他有法律上的利害关系,从而参加诉讼,以维护自己利益的人。如甲诉乙销售给他的电冰箱不合格,要求乙赔偿损失,乙提出制造电冰箱的材料是丙供给的,如果乙败诉,丙就可能对乙承担义务。因此丙参加到诉讼中,提供证据证明自己供给乙的材料符合质量标准,以免除自己将来对乙可能承担的义务。这种参加诉讼不是为了对原当事人的争议标的主张自己的独立权利,而只是为了预防自己的合法利益不致因当事人的诉讼受到损害的第三人,即是无独立诉讼请求权的第三者。现实中,存在无独立诉讼请求权第三者参加诉讼的情况主要有:加工承揽合同诉讼、产品质量诉讼、建筑合同诉讼、非法侵占诉讼、因无过错而引起的侵权诉讼、其他损害赔偿诉讼等。

(二)合同关系中对第三者的解释和认定

在各种合同关系中,第三者是一个相对的概念,即指合同双方当事人之外的与当事人一方或双方发生一定法律联系的、享有特定的权利和义务、其行为影响到合同当事人或其他受合同当事人行为影响的独立的民事主体(法人、自然人及其他各种经济组织和团体)。合同关系中的第三者的表现形态多种多样,概括起来主要有以下五类。

1. 合同内容涉及的第三者

该类主要表现在第三者利益合同中,即订立合同的双方当事人约定:由债务人向第三人给付。此类合同在保险业、运输业、信托业中较普遍。如责任保险合同、信用保证保险合同中的第三者以及人身保险合同中的受益人即为合同涉及的第三者;货物运输合同中托运人与承运人之外的收货人即为第三者;信托合同中信托人与受托人之外的受益人即为第三者;等等。

2. 合同履行中的第三者

该类第三者主要指合同履行中涉及的双方当事人以外的、在一定程度上享有合同权利或承担合同义务的人。合同依法成立后,合同履行的主体应当是订立合同的双方当事人,也就是说应当由合同债务人向合同债权人履行义务,合同的债权人按合同规定,享有追索债权的权利,这是对订立合同双方当事人——执行主体的基本要求。凡是国家法律、政策、计划要求必须由当事人亲自履行的合同,合同性质决定必须由当事人亲自履行的合同,以及当事人约定必须亲自履行的合同,合同债务人都必须亲自履行,而不能由第三人代替履行。但是,在某种特殊情况下,合同实际履行的主体也可能是第三人,由第三人代替合同债权人或债务人履行债权或债务。我国《民法典》第五百二十二条第一款规定:"当事人约定由债务人向第三人履行债务,债务人未向第三人履行债务或者履行债务不符合约定的,应当向债权人承担违约责任。"该法第五百二十三条规定:"当事人约定由第三人向债权人履行债务,第三人不履行债务或者履行债务不符合约定的,债务人应当向债权人承担违约责任。"由此可见,合同涉及履行中第三者的情况有两种:一是当事人约定由债务人向第三人履行债务。例如,在货物运输业务中,托运人与承运人订立货物运输合同,约定由承运人向收货人履行交付货物的义务,第三者收货人有受领履行的权利。这里的承运人即为债务人,收货人即为货物运输合同当事人双方约定由债务人向其履行债务的第三者。二是当事人约定由第三人向债权人履行债务。例如,货物运输合同中承运人A与托运人约定,运输货物在运输过程中受损后,驾驶运输货物车辆人B有代承运人A向托运人履行经济补偿的义务。在这里,负有向债权人——托运人履行货物损失赔偿的义务的驾驶人B即为货物运输合同双方当事人约定向债权人履行债务的第三者。

3. 合同权利义务转移时的第三者

该类第三者主要表现为:一是债务承担的第三者。债务承担,是指基于债权人、债务人与第三者之间达成的协议将债务移转给第三者承担。例如,A贷款人生产商向贷款银行约定由销售商B公司取代A的地位而成为合同当事人,而向债权人银行履行债务。这里的销售商B公司即为第三者。二是代替债务人履行债务的第三者。这个第三者的特点是第三者与债权人、债务人并未达成转让债务的协议,并成为合同当事人,只是自愿代替债务人履行债务。例如,借贷合同中的担保人即为自愿代替债务人承担还贷义务的第三者。

4. 合同保全中的第三者

我国《民法典》第五百三十五条第一款规定:"因债务人怠于行使其债权或者与该债权有关的从权利,影响债权人的到期债权实现的,债权人可以向人民法院请求以自己的名义代位行使债务人对相对人的权利,但是该权利专属于债务人自身的除外。"例如,甲某贷款买的房屋被乙某放火烧毁,贷款人某银行在不能向甲某行使到期债权时,银行可以向人民法院请求以自己的名义代位行使债务人甲某向乙某行使的债权。这里的乙某即为合同保全中的第三者。又如,我国的《保险法》第六十条第一款规定:"因第三者对保险标的的损害而造成保险事故的,保险人自向被保险人赔偿保险金之日起,在赔偿金额范围内代位行使被保险人对第三者请求赔偿的权利。"保险法中代位追偿的第三者也即为合同保全中的第三者。

5. 合同侵权时的第三者

该类第三者主要表现在合同双方当事人一方违约后与第三者达成新的合同关系而损害了原来合同的另一方的权益。例如,S长途汽车搭乘张某行使一段路程后,改让张某搭乘K长途汽车,结果因K长途汽车拥挤而导致张某严重呕吐。K长途汽车侵害了张某的人身权益,K长途汽车也即为S长途汽车与张某形成合同关系后导致合同侵权时的第三者。又如,石某参加了某旅行社组织的某地三日游,在住宿的W饭店吃饭时因地滑摔倒导致骨折,石某的伤害是第三者W饭店造成,即侵害旅游者权益的是W饭店,但旅游者石某把旅行社和W饭店一起推上了法庭,称是旅行社为了节省成本而安排低档次饭店导致的伤害,且旅行社没有尽提醒旅行者高度注意的义务,以致侵害了旅行者的人身权益。这种违约性侵权行为中涉及的第三者即称为合同侵权时的第三者。

值得指出的是,在保险合同关系中,双方当事人是投保人(或被保险人)与保险人,当投保人(或被保险人)与受益人不是同一人时,受益人即是保险合同关系(民事关系概念上)的第三者。如在人身保险中,当被保险人死亡后,有权获得保险金的不可能再是被保险人自己,只能是由被保险人指定的受益人或在未指定受益人的情况下的法定受益人或在未指定受益人的情况下的法定继承人;在此,受益人或法定继承人构成了人身保险合同关系中的第三者。在财产保险合同中,因没有受益人概念(财产损失后只能得到保险损失补偿,不可能从中受益),如果保险合同中发生有第三者,一般是财产的债权人(除被保险人外)。①

(三) 保险学对第三者的解释和认定

从理论上讲,保险业务中对第三者的认定要符合法律对第三者认定的原则,保险合同作为法律规范的一种法律事由,两者应该一致,但不同险别均有对第三者认定的限制条件,并优于法律上的一般解释,从而导致了第三者在不同的保险业务经营中具有不同的含义。

我国保险界对第三者最普遍、最具有代表性的定义是基于保险合同关系的见解:保险合同法律关系的主体是保险人和被保险人,保险人是第一方,也叫第一者;被保险人是第二方,也叫第二者;除保险人与被保险人外的人是第三方,也叫第三者。在不同的保险实务中,第三者的含义也有所差别。②

1. 狭义财产保险和农业保险中第三者的含义

在狭义财产保险和农业保险中,第三者是指保险人与被保险人之外的、并且造成被保险财产损失依法应负赔偿责任的法人、自然人及其他经济组织和团体,即是有保险合同关系的一方所要追偿的对象,如财产保险"向负有责任的第三者追偿"的规定中的第三者即是如此,因为若没有造成被保险财产的损失,其他法人、自然人等作为第三者对保险双方当事人而言,并无实际意义。

2. 责任保险中第三者的含义

在责任保险中,第三者与财产保险中的第三者恰恰相反,他是可以向被保险人索赔的法人、自然人及其他经济组织和团体。不过,不同的第三者责任保险,其第三者又要受其条款的限制。在责任保险实务中,保险条款一般采用排除法,对不属于第三者范畴的法人、自然人和责任予以明确规定。

(1) 机动车责任保险中的第三者。机动车第三者责任保险中,最为典型和常用的认定是:第三者是指除投保人(或被保险人)、保险人以外的,因保险车辆发生意外事故遭受人身伤亡或财产损失的保险车辆下的受害者,把车上人员排除在外。在各国的强制第三者责任保险中,有扩大对第三者范围的趋势,也即把第三者指定为在机动车交通事故中除机动车所有人和驾驶人外的受害人,把车上人员也包括进来。例如,在英国,机动车事故中的第三者就是指除驾驶人外的受害人,包括机动车上的乘员。法国《义务性机动车责任保险制度》中规定,保险合同人、机动车所有人,或者同乘者成为受害人时,如果受害人已将机动车的保管交给他人就能够接受损害赔偿。这意味着只要是由被保险车辆导致损害,其受害人即使是被保险人自己也属于第三者。我国台湾地区《强制汽车责任保险法》(2010年版)第十条就把第三者(其称为受害人)定义为因汽车交通事故遭致伤害或死亡之人。其第三者的范围是最宽泛的了。在我国机动车交通事故责任强制保险中,第三者是指本车人员、被保险人以外的受害人,未把第三者进行扩大理解。而我国商业机动车第三者责任保险有关第三者的规定,其范围比机动车交通事故责任强制保险的范围还要窄,如被保险车辆的驾驶员及其家属、被保险人家属的人身伤亡,不论在法律上是否应当由被保险人承担赔偿责任,保险人均不负责赔偿。即驾驶人及其家属、被保险人家属即使不是车上人员,其被保险车

---

① 许飞琼.责任保险[M].北京:中国金融出版社,2007:371.
② 许飞琼.责任保险[M].北京:中国金融出版社,2007:371.

辆所伤害,也不能归属于第三者责任险范围,这一界定可以说是我国商业机动车保险实务中的普遍规定。

(2) 船舶碰撞责任保险中的第三者。船舶碰撞责任保险中,第三者是指被保险人及被保险人船舶上一切人员之外的法人、自然人或其他经济组织和团体。

(3) 飞机第三者责任保险中的第三者。飞机第三者责任保险中,第三者是指飞机上的驾驶员、机组人员、同机乘客及被保险人的地面机场、塔台、导航台上的工作人员之外的法人、自然人或其他经济组织和团体。

(4) 建筑、安装工程第三者责任保险中的第三者。在建筑、安装工程第三者责任保险中,第三者是指被保险人及其职工、施工场地的工作人员和该项工程的承包人、承包人的职工及其他现场施工人员之外的法人、自然人或其他经济组织和团体。

(5) 个人第三者责任保险中的第三者。个人第三者责任保险中,第三者是指被保险人、被保险人家庭成员、与被保险人共同居住的人以及与被保险人有某种利益上的合同关系的人之外的法人、自然人或其他经济组织和团体。值得指出的是,此处的家庭成员不仅以血缘或亲缘关系为依据,还需以居住、经济利益上的关系作为依据。如兄弟分家单独生活,且无经济利益上的关系,即不能视为同一家庭的成员,这是保险中的家庭成员与伦理上的家庭成员的区别。

综上可见,第三者作为一个具有多重含义的概念,法学上、合同关系上以及保险学上都有各自的理解。特别是在保险范围内,第三者的界定须与特定的保险业务相联系,不能一概而论,对第三者的认识必须结合具体的险种做具体的理解。

二、第三者责任保险

(一) 第三者责任与第三者责任保险

第三者责任,是以在法律上对第三者应承担一定的责任为前提的一种民事赔偿责任,它是第三者责任保险产生的基础和前提,可以说如果没有法律上第三者责任的出现,第三者责任保险也就不可能出现。第三者责任有广义和狭义之分。狭义的第三者责任是指与特定的财产标的或施加在特定财产标的上的行为相联系所产生的民事法律赔偿责任,如机动车辆第三者责任、船舶第三者责任等。广义的第三者责任实质上包括各种公众责任、产品责任、职业责任、雇主责任以及狭义的第三者责任;与此相适应,广义的第三者责任保险包括所有的责任保险业务,即各种责任保险者是承保被保险人对第三者所负的法律赔偿责任。

本书所讲的第三者责任保险属于狭义的第三者责任保险,它强调与特定的财产标的相联系,承保方式上不一定是单独承保而是形式多样,对第三者有明确的限制条件。它虽然在国外也称为公众责任保险,但国内保险市场上的这类业务与公众责任保险并无交叉关系。①

(二) 第三者责任保险的产生和发展概况及其影响因素

1. 第三者责任保险的产生和发展概况

从第三者责任保险的发展历史来看,它是随着有关法律制度的建立而产生并发展起来

---

① 许飞琼.责任保险[M].北京:中国金融出版社,2007:373.

的,其中,各种意外伤害法律、法规是其产生和发展的基础。

在1846年以前的英国,业经证实的致命伤害根本与索赔无缘,所凭借的无非是关于致人于死命之行为的不成文的法律原则;在非致命性伤害事故中,如果由于受害者同行的疏忽酿成意外事故,这位疏忽的被告是能够逃避掉经济赔偿责任的。直到1846年颁布《致命伤害事故法令》后的几年,第三者责任保险才以一种偶然的方式为自己开辟了发展的道路。1870年,英国工程保险商对因爆炸事件所造成的第三者财产损毁给予补偿,开了工程项目第三者责任保险的先河。接着,欧美各国保险商纷纷在工程项目财产保险中增加第三者责任保险的附加条款。在当代,第三者责任保险作为工程项目财产扩展责任或加保项目,已经被各国保险人普遍采用,并在整个责任保险中占有一定的地位。目前,国外有的保险人已开始将工程项目第三者责任保险从附属于工程项目财产保险的地位向单独承保方向发展,其形式类似于机动车辆损失保险与机动车辆第三者责任保险。

运输工具第三者责任保险则始于1875年英国伦敦暨地方铁路客车公司开办的马车第三者责任保险,他承保马车意外事故(如马受惊)致使他人财产受损或人身受到伤害的经济赔偿责任。1883年,英国某个昙花一现的保险公司曾对自行车骑乘者办理过第三者责任保险。1896年,英国颁布《公路机动车辆法令》,保险人开始活跃在机动车辆第三者责任保险市场;1901年,美国亦有了对他人财产损害赔偿保险的汽车第三者责任保险。至20世纪70年代,运输工具第三者责任险在西方工业化国家得到了迅猛发展。

到20世纪中期,由于科学技术的进步,各种交通运输工具日益增多,建筑、安装工程项目趋向巨型化,开办的第三者责任保险以及为各种财产保险所开办的各种附加责任保险普遍为人们所接受。在许多国家或地区,有的第三者责任保险不仅成为法定保险业务,而且成了人们的自觉行动。例如,目前除了上百个国家的机动车辆第三者责任保险是法定保险外,大多数国家国际航线的飞机第三者责任也采用法定保险方式强制保险;又如,美国汽车第三者责任保险因有车者人人购买,1986年其保费就已高达2441亿美元。①

2. 第三者责任保险产生和发展的影响因素

第三者责任保险产生和发展的重要影响因素主要有两个:其一,法律制度中对第三者责任的规定;其二,保险技术,特别是精算和承保技术的发展。前者主要解决了第三者责任保险的需求问题,后者解决了第三者责任保险的供给问题。

法律制度中对第三者责任的规定是第三者责任保险得以出现的基础和前提。例如,如果法律上机动车交通事故中的致害者对受害的第三者没有相应的民事赔偿责任,那么机动车第三者责任保险也就不可能出现。除此之外,法律制度对第三者责任保险发展的影响还体现在发展过程中的推动作用,很多时候这种推动作用是巨大的。如机动车第三者责任保险从商业三者险过渡到强制三者险后在世界各国得到了迅速的发展,这一险种也成为目前第三者责任发展最好的一个责任险险种,其主要原因就是世界各国出于对机动车交通事故中受害第三者利益的保护,纷纷立法要求以强制的方式实施机动车第三者责任保险。

保险技术是第三者责任保险能在财产保险实务中产生的必要条件之一。任何一种第三者责任的出现如果在技术上不能做到转化成一种可以经营的保险险种,那么与这种第三者责任对应的第三者责任保险就不可能出现。这些技术主要有:信息计算、统计技术、精

---

① "酒后驾车险"天安有话要说[N].中国保险报,2003-09-25.

算技术、承保技术和保险公司风险管理技术等。

(三) 第三者责任保险的特点

第三者责任保险除了在责任范围、赔偿限额与免赔额等方面的理论原则与其他责任保险具有共性外,还有着其自身的特色之处。

1. 承保方式

第三者责任保险既可以作为独立险种承保,也可以作为财产保险的附加险承保,还可以作为财产保险的基本责任承保。无论采取哪种方式,均与特定的财产标的有内在联系。而公众、产品、雇主及职业责任保险全都采用独立承保的方式经营,且与特定的财产标的不必有联系。在保险市场上,一般对机动车辆、飞机的第三者责任予以独立承保,船舶的第三者责任列入船舶保险(财产保险范畴)的基本责任予以承保;建筑、安装、建造、拆修工程第三者责任保险可以独立承保,更多的则是将其作为建筑、安装、建造、拆修工程项目保险(财产保险范畴)的扩展责任承保;此外,企业财产保险附加第三者责任保险、货物运输保险附加第三者责任保险、个人或家庭第三者责任保险以及其他一切第三者责任保险均采用扩展责任或附加险的方式承保。

2. 第三者的构成

第三者责任保险中的第三者与其他责任保险中的第三者(受害方)的区别在于,前者必须满足下列条件:一是同被保险人事先无任何利益上的合同关系或承诺关系。二是同被保险人投保的肇事标的物事先无必然的联系。如机动车辆对行人并无必然联系,而展览会责任保险则是因为展品对第三者的吸引所致,从而存在着联系。三是同被保险人的具体民事活动事先无必然联系。如建筑主建造房屋与他人并无必然联系,但医生职业责任保险中的病员与医生却因医疗关系存在着必然联系。

3. 经营理论与原则

第三者责任保险因其大多附属于特定的财产保险,或者虽然单独承保也与特定的财产保险标的有内在联系,因此,它不仅适用于责任保险的一般经营理论和原则,而且与特定财产保险业务在许多方面有相通性。

4. 产生赔偿责任的场所

各种交通、运输工具产生第三者责任的场所具有广泛的流动性,事故发生频率高,不易测算损失概率;而建筑、安装工程项目等的第三者责任保险的场所却相对固定。这是在业务经营中必须区分并采取相应对策的。

5. 经营效益考核

第三者责任保险的业务收支通常被列入狭义财产保险范围,很难准确考核其经营效益;而其他责任保险的业务收支及其经营活动均单独核算,效益好坏很易判断和把握。从经营和发展的角度出发,第三者责任保险业务应纳入责任保险范围一并考核。

6. 险种的结构

第三者责任保险的险种结构随社会的发展,特别是法律制度的发展和完善,新的法律责任得以不断增多,而具有开放型的特点。

三、第三者责任保险的划分

第三者责任保险作为责任保险中自成体系的一类独特业务,其由若干具体的、独立的险种和附加险种构成。按不同的标准，可以作不同的划分。①

（一）按承保方式划分

按承保方式划分，第三者责任保险可以划分为以下三种。

1. 单独承包的第三者责任保险

该类第三者责任保险在形式上拥有独立的保险合同，在订立的程序上要求投保人向保险人提出投保的要约，保险人则根据最大诚信原则等进行核保，作出是否承保的承诺。保险人承诺后，则签发相应的保险单，投保人缴纳相应的保费，保险合同生效。尽管单独承保的第三者责任保险可能与特定的财产保险标的存在内在的依存关系，但是单独承保的第三者责任保险的保险合同在形式上是完全分离的，也即与对应的财产标的是否投保了其他类别的保险无关，类似于其他独立承保的责任保险业务。如机动车第三者责任保险（无论是商业保险还是强制保险）的保险合同，它有单独的保险合同，同时合同的成立与对应车辆是否投保了车辆损失险等险种无关。

2. 扩展承保的第三者责任保险

扩展承保的第三者责任保险，可称为附加的第三者责任保险，其不具备独立的地位，没有单独的保险合同。它最显著的特点是其附加性，也即它只能作为特定险种的附加险种成立。在投保上以投保特定的财产保险作为投保该类第三者责任保险的前提，在合同的效力上也以对应的特定财产保险的有效性为基础，当财产保险合同中止、终止或解除时，第三者责任保险也随之中止、终止或解除。在这种情况下，第三者责任保险受特定财产保险关系的制约，但同时在保险责任、保险双方的权利和义务等方面以相应的附加条款或者扩展责任条款为直接依据。在实务中，工程保险中的第三者责任保险多数情况下就以附加险种的形式出现，如建筑、安装工程保险附加第三者责任保险条款，变压器、输电线路附加第三者责任保险等即属于此类保险。扩展承保的第三者责任保险是第三者责任保险中的一般形式。

3. 作为财产保险基本责任承保的第三者责任保险

在该种情况下，第三者责任是作为财产保险承保责任的一部分，两者是部分和整体的关系，即投保相关的财产保险也就投保了第三者责任保险，两者作为一个整体，不可分割。该形式的第三者责任保险没有单独的保险合同，相关责任的规定只作为整个财产保险合同中的构成条款，并且费率的构成上多数情况下也无单独的费率规定。在这类财产保险业务中，没有第三者责任保险是不完整的，没有财产保险而投保第三者责任保险也无从谈起。如船舶保险中包含的船舶碰撞责任保险就属于这类保险。

（二）按投保对象划分

按投保对象划分，第三者责任保险可以划分为以下三种。

1. 法人第三者责任保险

法人第三者责任保险，是指以具有法人资格的企业、事业、机关、团体单位等法人作为投保人的第三者责任保险。在这种情况下，法人是第三者责任保险的主要投保对象，如企业工程项目中的第三者责任保险。

---

① 许飞琼.责任保险[M].北京：中国金融出版社，2007：376-377.

2. 个人第三者责任保险

个人第三者责任保险,也即个人责任保险,是指以家庭或个人作为投保人的第三者责任保险。如电动自行车第三者责任保险、人力车第三者责任保险和宠物第三者责任保险。

3. 其他经济组织和团体第三者责任保险

其他经济组织和团体第三者责任保险,是指以不具备法人资格的经济组织、事业单位和团体等作为投保人的第三者责任保险。如不具备法人资格的个体工商户、个人合伙组织、青年联谊会、妇女研究会等购买的第三者责任保险。

(三) 按业务内容划分

按业务内容划分,第三者责任保险可划分为运输工具第三者责任保险、工程项目第三者责任保险和其他第三者责任保险三大类,每一类又可做进一步的细分,如图6-1所示。

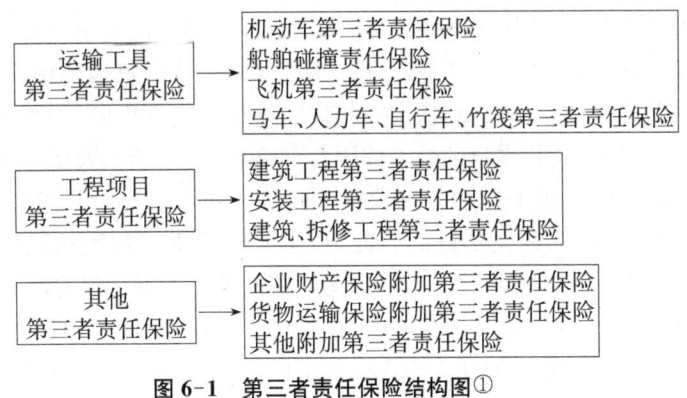

图6-1 第三者责任保险结构图①

四、有关险种简介

(一) 机动车第三者责任保险

机动车第三者责任保险是以机动车驾驶员在使用车辆过程中发生意外事故给第三者(他人)造成损害,被保险人及其驾驶员应负的相应民事责任作为保险标的的一种责任保险。该险种在第三者责任保险中是业务量最大、覆盖面最广、赔案最多、和人们生活关系最密切的险种,它有法定保险和商业保险之分。详细内容将在本章第二节专门进行介绍。

(二) 企业财产保险附加第三者责任保险②

企业财产保险③附加第三者责任保险,是指以普通企业财产保险或机器损坏保险的附加险形式承保的第三者责任保险,其以企事业单位投保财产保险或机器损坏保险为前提,由投保人提出投保要求,保险人在加收保费的条件下承担因被保险人的保险财产所致的、

---

① 图中马车、人力车、自行车第三者责任保险,因其投保人或被保险人主要是个人或家庭,故已将这一部分纳入了本书第七章进行介绍。至于运输工具中的铁路运输工具导致的第三者人身伤亡与财产损失,一般没有单独设立相应第三者责任保险,但可根据《中华人民共和国铁路法》《民法典》《最高人民法院关于审理铁路运输人身损害赔偿纠纷案件适用法律若干问题的解释》等法规的相关赔偿规定,通过其他第三者责任保险来进行投保。

② 参见本书第二章中的"安全生产责任保险"。

③ 这里的"企业财产保险"是沿用行业的习惯称谓,其实质是包括事业单位在内的"团体火灾保险"的别称。(参见:许飞琼,郑功成.财产保险[M].北京:中国金融出版社,2020:125.)

并依法应当由被保险人承担的对受害第三者的民事损害赔偿责任。其承保区域一般固定，为企事业单位财产所在的地点或活动区域，以及机器设备所在地，在经营原理和实务上与公众责任保险相似。目前，企业财产保险附加第三者责任保险在转移企业第三者责任方面发挥着重要作用。

（三）建筑、安装工程第三者责任保险

建筑、安装工程第三者责任保险，它是以在工程期间的保单有效期内因发生与保单所承保的工程直接相关的意外事故造成工地及邻近地区的第三者人身伤亡或财产损失，被保险人依法应承担的民事赔偿责任为保险责任的保险。该险种随着我国《建筑法》等相关法律体系的进一步完善，市场需求将越来越大。本险种更详细的内容将在本章第三节进行介绍。

（四）货物运输保险附加第三者责任保险

货物运输保险附加第三者责任保险，是指承保因运输中的货物造成他人损害且依法应由被保险人（托运人）承担的经济赔偿责任的责任保险。在货物运输中，造成他人损害的风险是客观存在的，虽然有承运人负责，也有相应的承运人责任保险，但如果损害事故的发生是因为托运人的过失或货物本身的缺陷或固有危险所致，承运人及承运人责任保险的承保人就没有赔偿的责任，它仍由托运人来承担；同时，货物运输保险只承保货物本身的损失，并不承担被保险人的损害赔偿责任。因此，托运人或货主在货物运输中仍有责任风险存在，从而使其在投保货物运输保险时有加保运输中的第三者责任保险的需要。

货物运输保险附加第三者责任保险的特点是保险风险具有流动性，宜采取附加险方式承保，并以投保人投保货物运输保险为前提。承保区域范围及保险责任期限应是货物自起运地点至目的地点（包括必要的转运停储）的全过程，一并受货物运输保险合同中仓至仓条款的规范。保险费应根据货物、自身的性质及可能造成的损害事故另行确定加收，并宜确定单独的责任限额，以利于保险人控制风险。此险种的经营原理和实务与公众责任保险相似。

（五）竹筏及其他水上运输工具第三者责任保险

竹筏、橡皮筏、羊皮筏等一些简易（大部分靠人力控制的）运输工具及其他水上运输工具的第三者责任保险在承保方式上多采用扩展责任承保，其实质内容与船舶碰撞保险相似。

（六）其他附加第三者责任保险

其他附加第三者责任保险是指除以上各种第三者责任保险以外，附加在其他险种如责任保险上的第三者责任保险。例如，校方责任保险附加（注册）学生第三者责任保险，雇主责任保险附加雇员第三者责任保险；等等。此类险种的经营原理和实务与个人第三者责任保险相似或公众责任保险相似。

第二节 机动车第三者责任保险

机动车第三者责任保险，是指被保险人或其允许的合格驾驶员在使用被保险车辆过程中发生意外事故，致使第三者遭受人身伤亡或财产的直接损毁，依法应当由被保险人支付的赔偿金额，转由保险人依照保险合同的规定给予赔偿的保险。机动车第三者责任保险，

按是否强制可以分为强制(法定)责任保险与任意(商业)责任保险两类;按保障范围的不同可以分为第三者人身责任保险与第三者财产责任保险。

一、机动车法定第三者责任保险

(一) 概念

机动车法定第三者责任保险,是指根据国家的有关法律、法规,机动车辆所有者或管理者必须向保险人投保的保险。在我国,机动车辆法定第三者责任保险简称交强险,即指由保险公司对被保险车辆发生道路交通事故造成本车人员、被保险人以外的受害人的人身伤亡、财产损失,在责任限额内予以赔偿的强制性责任保险。

(二) 基本内容

1. 保险合同主体

交强险保险合同主体包括投保人与保险人双方。根据我国现行《交强险条例》第二条的规定,在中华人民共和国境内道路上行驶的机动车所有人或管理人应当投保交强险。因此,交强险的投保人可以是机动车的所有者,也可以是其管理者。投保人可以是自然人,也可以是法人。如果机动车所有人、管理人未按照规定投保交强险,公安机关交通管理部门将扣留机动车,同时通知机动车所有人、管理人依照规定投保,并处应交纳交强险保险费的2倍罚款。交强险合同成立后,投保人也可以成为被保险人。被保险人是受交强险保险合同保障的人,即他们是被保险机动车辆发生交通事故导致第三者受损而依法应承担责任、依交强险合同享有保险金请求权的人。承保人即保险人,是经营交强险保险业务时收取保险费和在保险事故发生后负责赔付保险金的人,通常是指依法成立且有经营交强险资格的保险公司。在投保人投保交强险时,被选择的保险公司不得拒绝或者拖延承保。此外,如果没有违反《交强险条例》及《道交法》等相关法规、法条,交强险合同双方在合同签订后均不得解除合同。

2. 保障对象

根据《交强险条例》规定,交强险的保险保障对象是被保险车辆致害的交通事故受害人,但不包括被保险车辆本车人员及被保险人。

3. 保障内容

交强险的保障内容包括受害人的人身伤亡和财产损失。目前,保险人的赔偿限额(每次保险事故的最高赔偿金额)全国统一定为20万元。在20万元总的赔偿限额下,实行分项限额赔付,具体为死亡伤残赔偿限额18万元、医疗费用赔偿限额1.8万元和财产损失赔偿限额2 000元。(知识链接6-1)上述赔偿限额是在有责非故意的情况下,如果被保险人在道路交通事故中不承担责任,则交强险赔偿限额为:死亡伤残赔偿限额1.8万元、医疗费用赔偿限额1 800元和财产损失赔偿限额100元。此外,根据交强险合同,保险人不负责赔偿的情况有两大类:第一类是保险人在交强险保险赔偿限额范围内先垫付后可追偿的免责责任。其包括:①驾驶人未取得驾驶资格或者醉酒造成交通事故而产生的抢救费。②被保险车辆被盗抢期间肇事后所发生的抢救费。③被保险人故意制造道路交通事故而发生的抢救费。对于上述符合规定的人身伤害抢救费用,保险人在医疗费用赔偿限额内垫付,而对于其他任何费用保险人不负责垫付。保险人垫付的抢救费用,在垫付后保险人有权向致害人追偿。第二类是保险人承保的交强险不负责赔偿和垫付的免责责任。其包括：①由受害人故意造成的交通事故的损失。②被保险人所有的财产及被保险车辆上的财产遭受的损失。③被保险车辆发生交通事故，致使受害人停业、停驶、停电、停水、停气、停产、通信或者网络中断、数据丢失、电压变化等造成的损失，以及受害人财产由市场价格变动造成的贬值、修理后因价值降低造成的损失等其他各种间接损失。④因交通事故产生的仲裁或者诉讼费用以及其他相关费用。

（1）死亡伤残赔偿限额，是指被保险机动车发生交通事故，保险人对每次保险事故所有受害人的死亡伤残费用所承担的最高赔偿金额。死亡伤残费用包括丧葬费、死亡补偿费、受害人亲属办理丧葬事宜支出的交通费用、残疾赔偿金、残疾辅助器具费、护理费、康复费、交通费、被抚养人生活费、住宿费、误工费，被保险人依照法院判决或者调解承担的精神损害抚慰金。（2）医疗费用赔偿限额，是指被保险机动车发生交通事故，保险人对每次保险事故所有受害人的医疗费用所承担的最高赔偿金额。医疗费用包括医药费、诊疗费、住院费、住院伙食补助费，必要的、合理的后续治疗费、整容费、营养费。（3）财产损失赔偿限额是指被保险机动车发生交通事故，保险人对每次保险事故所有受害人的财产损失承担的最高赔偿金额。

4．保险费率与保险期限

交强险实行统一的保险条款和基础保险费率。目前，交强险费率按机动车种类、使用性质分为家庭自用汽车、非营业客车、营业客车、非营业货车、营业货车、特种车、摩托车和拖拉机八种类型。投保1年期交强险的，根据《机动车交通事故责任强制保险基础费率表》中相对应的金额确定基础保险费；投保保险期间不足1年的机动车交通事故责任强制保险的，按短期费率系数（如投保6个月，保费为基础费率的60%；投保9个月，保费为基础费率的85%；等等）计收保险费，不足1个月按1个月计算。此外，根据每位被保险人的交通事故和交通违章记录以及各保险公司的经营情况，交强险实行费率上下浮动制。因此，交强险的最终保险费可用如下计算式表示：

$$交强险最终保费 = 交强险基础保费 \times (1 + 与道路交通事故相联系的浮动比率)$$

交强险的保险期限为1年，但有下列情形之一的，投保人可以投保短期交强险：①境外机动车辆临时入境的。②机动车辆临时上道路行驶的。③机动车辆距规定的报废期限不足1年的。④保险监督管理部门规定的其他情形。

二、机动车商业第三者责任保险

（一）概念

机动车商业第三者责任保险，又称三者险，其保险责任主要是指保险期间内，被保险人或其允许的合法驾驶人在使用被保险车辆过程中发生意外事故，致使第三者遭受人身伤亡或财产直接损毁，依法应当对第三者承担的损害赔偿责任，保险人依照保险合同的约定，对于超过交强险各分项赔偿限额的部分负责赔偿。在理解三者险的保险责任时，应注意把握以下七个方面：

（1）损害事故的发生必须是由被保险人或其允许的合格驾驶员引起的，包括被保险人雇用的以及将车辆借给他人使用的合格驾驶员。

(2) 损害事故必须是非故意行为所致的意外事故。

(3) 损害事故发生于车辆的使用过程，即被保险车辆在使用过程中若发生保险责任范围内的意外事故，保险人承担损失补偿责任。

(4) 保险人只承担损害事故造成的直接损失补偿责任，即被保险车辆发生意外事故时，直接造成的第三者人身伤亡以及财产损失由保险人在保险合同限额内负责，对于间接损失保险人不予以补偿。

(5) 保险人负责赔偿的是法律上应由被保险人承担的经济损失赔偿责任。对于不应该由被保险人承担的那一部分经济损失，以及对于交通事故的发生被保险人所应承担的刑事责任、行政责任，保险人不给予承担或补偿。

(6) 保险人对依法应由被保险人承担的经济赔偿责任不是无条件的赔偿，而是按保险合同的有关规定赔付。

(7) 保险人赔偿的范围通常是交强险保障范围以上的部分。

（二）保险赔偿方式

被保险车辆发生第三者责任事故时，按《道交法》《保险法》规定的赔偿范围、项目和标准以及保险合同的规定，在保险单载明的赔偿限额内核定赔偿金额。具体赔偿方式有如下两种类型：

(1) 当(依合同约定核定的第三者损失金额－机动车交通事故责任强制保险的分项赔偿限额)×事故责任比例≥每次事故赔偿限额时：

$$赔款 = 每次事故赔偿限额 \times (1 - 事故责任免赔率) \times (1 - 绝对免赔率之和)$$

(2) 当(依合同约定核定的第三者损失金额－机动车交通事故责任强制保险的分项赔偿限额)×事故责任比例＜每次事故赔偿限额时：

$$赔款 = \left(\begin{array}{c}依合同约定核定的\\第三者损失金额\end{array} - \begin{array}{c}机动车交通事故责任强制\\保险的分项赔偿限额\end{array}\right) \times 事故责任比例 \times \left(1 - \begin{array}{c}事故责任\\免赔率\end{array}\right) \times \left(1 - \begin{array}{c}绝对免\\赔率之和\end{array}\right)$$

上述约定计算赔款类型的免赔率的规定如下：

(1) 被保险车辆一方负次要事故责任的，实行5%的事故责任免赔；负同等事故责任的，实行10%的事故责任免赔；负主要事故责任的，实行15%的事故责任免赔；负全部事故责任或单方肇事事故责任的，实行20%的事故责任免赔。

(2) 违反安全装载规定导致保险事故发生的，保险人不承担赔偿责任；违反安全装载规定，但不是事故发生的直接原因的，增加10%的绝对免赔。

(3) 投保时指定驾驶人，保险事故发生时为非指定驾驶人使用被保险车辆的，增加10%的绝对免赔。

(4) 投保时约定行驶区域，保险事故发生在约定行驶区域以外的，增加10%的绝对免赔。

(5) 投保人与保险人在投保时协商确定绝对免赔额的，在实行免赔率的基础上增加每次事故绝对免赔额。

在上述第三者责任事故赔偿过程中，若被保险车辆还有其他保障相同的保险存在，不论是否由被保险人或其他人以其名义投保，也不论该保险赔偿与否，保险人按赔偿限额的比例分摊赔偿责任。保险人在履行赔偿义务后，对于受害第三者的任何赔偿费用的增加，保险人不再负责。此外，如果被保险人自行承诺或支付受害人赔偿金额，保险人一般有权重新核定或拒绝赔偿。

需要指出的是，保险人对被保险人给第三者造成的损害，可以直接向该第三者赔偿。同时，被保险人怠于请求的，第三者有权就其应获赔偿部分直接向保险人请求赔偿。此外，受害的第三者获得的保险补偿不能取代其按照劳动法、社会保险法等法律、法规规定的应当从所在单位享受的社会保险等待遇。

（三）附加险

机动车商业第三者责任保险附加险主要有如下几种。

1. 无过失责任险

投保人要想加保无过失责任险，必须先投保机动车商业第三者责任保险。投保了无过失责任险的机动车在使用过程中，因与非机动车、行人发生交通事故，造成对方人员伤亡和财产直接损毁，被保险车辆一方无过失，且被保险人拒绝赔偿未果，对被保险人已经支付给对方而无法追回的费用，保险人按我国《民法典》《道交法》《关于审理道路交通事故损害赔偿案件适用法律若干问题的解释》《道路交通事故处理程序规定》和出险当地的道路交通事故处理规定标准在保险单所载明的保险赔偿限额内计算赔偿。无过失责任保险的每次赔偿均实行20%的免赔率。

2. 附加车上货物责任险

投保了机动车第三者责任保险的营业货车（含挂车），可投保附加车上货物责任险，即在保险期间内，发生意外事故致使被保险营业货车（含挂车）所载货物遭受直接损毁，依法应由被保险人承担的损害赔偿责任，保险人负责赔偿。被保险人索赔时，应提供运单、起运地货物价格证明等相关单据，保险人在责任限额内按起运地价格计算赔偿。但对于以下损失，保险人不承担赔偿责任：

（1）偷盗、哄抢、自然损耗、本身缺陷、短少、死亡、腐烂、变质、串味、生锈、动物走失、飞失、货物自身起火燃烧或爆炸造成的货物损失。

（2）违法、违章载运造成的损失。

（3）由包装、紧固不善，装载、遮盖不当导致的任何损失。

（4）车上人员携带的私人物品的损失。

（5）保险事故导致的货物减值、运输延迟、营业损失及其他各种间接损失。

（6）法律、行政法规禁止运输的货物的损失。

3. 附加精神损害抚慰金责任险

投保了机动车第三者责任保险可投保本附加险。在保险期间内，被保险人或其允许的驾驶人在使用被保险机动车的过程中，发生投保的主险约定的保险责任内的事故，造成第三者的人身伤亡，受害人据此提出精神损害赔偿请求，保险人依据法院判决及保险合同约定，对应由被保险人或被保险机动车驾驶人支付的精神损害抚慰金，在扣除机动车交通事故责任强制保险应当支付的赔款后，在本保险赔偿限额内负责赔偿。

4. 附加法定节假日限额翻倍险

投保了机动车第三者责任保险的家庭自用汽车，可投保本附加险。保险期间内，被保险人或其允许的驾驶人在法定节假日期间使用被保险机动车发生机动车辆第三者责任保险范围内的事故，并经公安部门或保险人查勘确认的，被保险机动车辆第三者责任保险所适用的责任限额在保险单载明的基础上增加1倍。

5. 附加医保外医疗费用责任险

投保了机动车第三者责任保险可投保本附加险。保险期间内,被保险人或其允许的驾驶人在使用被保险机动车的过程中,发生主险保险事故,对于被保险人依照我国法律应对第三者承担的医疗费用,保险人对超出《道路交通事故受伤人员临床诊疗指南》和国家基本医疗保险同类医疗费用标准的部分负责赔偿。

6. 不计免赔特约险

根据现行有关规定,被保险人在投保了机动车商业第三者责任保险、车上人员责任险的基础上,才能投保不计免赔特约险。当机动车商业第三者责任保险、车上人员责任险等主险的保险责任终止时,不计免赔特约险的保险责任同时终止。办理了不计免赔特约险的机动车发生保险事故造成损失,对其在符合赔偿规定的金额内按相应主险(三者险、车上人员责任险等)条款规定计算的免赔金额,保险人负责赔偿。不计免赔特约保险对于各附加险项下规定的免赔金额,保险人不负责赔偿。

三、车上人员责任险

车上人员责任险是指以被保险人或其允许的合法驾驶人在使用被保险机动车过程中发生意外事故,致使车上人员遭受人身伤亡为保险标的的责任保险。目前,车上人员责任险也是我国机动车保险的主险之一。

(一) 保险责任与免责责任

1. 保险责任

车上人员责任险的保险责任包括:投保了车上人员责任险的机动车在使用过程中,发生意外事故,致使被保险车辆上所载人员的人身伤亡,依法应由被保险人承担的经济赔偿责任,以及被保险人为减少损失而支付的必要合理的施救、保护费用,保险人在保险单所载明的该保险赔偿限额内计算赔偿。

2. 免责责任

车上人员责任险的免责责任与前面所介绍的三者险基本相同。此外,下列人身伤亡损失,保险人一般不负责赔偿:①被保险车辆正常行驶时车门没有完全闭合或车门闭合过程中造成的车上人员伤亡。②车上人员疾病、分娩、自残、殴斗、自杀行为导致的伤亡以及车上人员在车下遭受的人身伤亡。③违法、违章搭乘人员的人身伤亡。④超出《道路交通事故受伤人员临床诊疗指南》和国家基本医疗保险同类医疗费用标准的费用部分。⑤应当由交强险赔付的损失和费用。⑥由被保险人承担的车上人员伤亡精神损害抚慰金。

(二) 保险赔偿

1. 赔偿限额

车上人员责任险不确定保险金额,只规定赔偿限额。车上人员责任险每人的最高赔偿限额由被保险人和保险人在投保时协商确定。车上人员责任险的责任限额一般分驾驶人每次事故责任限额和乘客每次事故每人责任限额两种,均由投保人和保险人在投保时协商确定。投保乘客座位数按照被保险机动车的核定载客数(驾驶人座位除外)确定。

当发生保险责任事故时,车上人员责任险的赔款可按下面两种方式计算:

① 对每座的受害人,当(依合同约定核定的每座车上人员人身伤亡损失金额－应由机动车交通事故责任强制保险赔偿的金额)×事故责任比例≥每次事故每座责任限额时:

$$赔款 = 每次事故每座责任限额 \times (1-事故责任免赔率) \times (1-绝对免赔率之和)$$

② 对每座的受害人,当(依合同约定核定的每座车上人员人身伤亡损失金额－应由机动车交通事故责任强制保险赔偿的金额)×事故责任比例<每次事故每座责任限额时:

$$赔款 = \left(\begin{array}{l}依合同约定核定的每座车\\上人员人身伤亡损失金额\end{array} - \begin{array}{l}应由机动车交通事故责\\任强制保险赔偿的金额\end{array}\right) \times \begin{array}{l}事故责\\任比例\end{array} \times \left(1-\begin{array}{l}事故责任\\免赔率\end{array}\right) \times \left(1-\begin{array}{l}绝对免\\赔率之和\end{array}\right)$$

进行上述赔付时,保险人依据被保险机动车一方在事故中所负的事故责任比例、免赔率等与前述三者险相同;此外,未经保险人书面同意,被保险人自行承诺或支付的赔偿金额,保险人有权重新核定;不属于保险人赔偿范围或超出保险人应赔偿金额的,保险人不承担赔偿责任。

2. 赔偿处理

当发生车上人员责任保险事故时,保险人按我国《保险法》《道交法》《民法典》等国家有关法律规定的赔偿范围、项目和标准以及保险合同的约定,在保险单载明的赔偿限额内核定赔偿金额。保险事故造成车上人员人身伤亡发生的医疗费用,保险人按照《道路交通事故受伤人员临床诊疗指南》和国家基本医疗保险的标准核定医疗费用。对每座受害人的赔偿金额不超过保险单载明的每次事故每座赔偿限额,对乘客的赔偿人数以核定乘客座位数为限。在赔偿时,每次赔偿根据被保险车辆驾驶员在事故中所负责任,实行20%至5%的绝对免赔率。

3. 附加险

车上人员责任险也有附加险,如附加精神损害抚慰金责任险、附加医保外医疗费用责任险,其内容与前述机动车辆商业第三者责任保险附加险相同。值得指出的是,主险合同、附加险合同、特约险合同的法律效力是不同的,特约险高于附加险,附加险高于主险。附加险合同未尽事宜,以主险合同为准;特约险合同未尽事宜,以主险合同或附加险合同为准。

第三节　其他第三者责任保险

一、船舶第三者责任保险

(一) 碰撞与碰撞责任

由于船舶特定的运行或工作区域是在水上即江河湖泊和海洋,其给第三者造成直接损害的原因往往是由碰撞引起的,因此,在现行承保方式下,船舶的第三者责任就作为碰撞责任成了船舶保险中的重要内容。有的国家和地区甚至要求把船舶的碰撞责任单独承保,但大多数保险人仍将其作为船舶保险的基本内容或扩展责任连同船舶本身一并承保。此外,因船舶过失造成的公害性的责任风险则成为独立的业务,如油污责任保险等就采取单独承保的做法,它属于公众责任保险范畴。①

---

① 许飞琼.责任保险[M].北京:中国金融出版社,2007:380.

一般来说，船舶与其他物体非正常的接触即构成碰撞，因碰撞导致第三者的人身伤亡或财产损失即是船舶的碰撞责任或第三者责任。在此，船舶碰撞是事实，船舶碰撞责任即船方对他人的损害赔偿责任是其侵权行为所带来的直接后果。《中华人民共和国海商法》（以下简称《海商法》）第一百六十五条规定："船舶碰撞，是指船舶在海上或者与海相通的可航水域发生接触造成损害的事故。"该法第一百六十八条至一百六十九条规定，船舶发生碰撞，是由于一船的过失造成的，由有过失的船舶负赔偿责任。碰撞的船舶互有过失的，各船按照过失程度的比例负赔偿责任；过失程度相当或者过失程度的比例无法判定的，平均负赔偿责任。互有过失的船舶，对碰撞造成的船舶以及船上货物和其他财产的损失，依照过失程度的比例负赔偿责任。碰撞造成第三人财产损失的，各船的赔偿责任均不超过其应当承担的比例。互有过失的船舶，对造成的第三人的人身伤亡，负连带赔偿责任。一船连带支付的赔偿超过规定比例的，有权向其他有过失的船舶追偿。

船舶的碰撞与碰撞责任，主要表现在以下几方面。

（1）被保险船舶与另一船舶（包括行驶或停泊中的船舶）相撞，导致对方船舶、船上财物的损失以及船上人员的伤亡，应由被保险船舶承担的法律赔偿责任。

（2）被保险船舶与航标、浮筒、趸船等水上物体相撞，造成财物损毁及人员伤亡，应由被保险船舶承担的法律赔偿责任。

（3）被保险船舶与码头及港口设施相撞，造成码头和港口设施的损坏及码头、港口人员的伤亡，应由被保险船舶承担的法律赔偿责任。

（4）被保险船舶航行中碰坏渔船的拖网等或被保险渔船的网、绳等损坏了船舶等，而应由被保险方承担的法律赔偿责任，均可视同碰撞责任。

（5）船舶的其他碰撞责任，如被保险船舶碰撞水上运动员、游泳者或因其卷起水浪造成游泳者的伤亡等依法应由其承担的法律赔偿责任。

凡是上述碰撞事件导致他人人身伤亡或财产损失，依法应由被保险船舶承担的法律赔偿责任，保险人在其非故意行为所致的条件下均负责经济补偿。值得指出的是，在综合性的船舶保险中，碰撞与碰撞责任是保险人承保的意义不同的两项基本责任。前者承保的是因碰撞导致被保险船舶的自身损失，其过失责任可能在自己，也可能在对方，它属于财产保险范畴；后者承保的是因碰撞导致对方船舶、船上财物的损毁和人员伤亡，其过失责任必须是在自己，它属于责任保险范畴。

（二）船舶碰撞责任保险

船舶碰撞责任保险一般负责因被保险船舶与其他船舶碰撞或触碰任何固定的、浮动的物体或其他物体而引起被保险人应负的法律赔偿责任，包括他方财产、利益损失或人身伤亡赔偿责任和法律费用。但保险人负责赔偿的船舶碰撞责任，最高赔偿额以不超过合同约定的保险金额。在掌握这一责任时，应当注意如下几点：①碰撞责任事故必须是直接接触所致。②碰撞责任只限于被保险船舶是机动船舶（包括机帆船）或其拖带的被保险船舶，对非机动船舶不负碰撞责任（不含拖带中的船舶）。③碰撞责任损失包括被碰撞船舶或物体的直接损失，有关的修理费用、救助费用、延迟或丧失使用造成的损失，被碰撞船舶所载货物的损害和灭失以及有关费用；对被碰撞船舶上的人员伤亡，保险人也负责赔偿。④若被保险船舶与其他船舶碰撞双方均有过失，除一方或双方船东责任受法律限制外，保险人的赔偿一般按交叉责任的原则计算。当被保险船舶碰撞物体时，亦适用交叉责任的计算原则。⑤一次碰撞责任事故所造成的各种损失总和(指被碰撞方的经济损失),保险人最高赔偿额是被保险船舶的保险金额。①

值得指出的是,从国际范围考察,各国保险条款对碰撞责任的规定亦存在着差异。例如,在英国,船舶定期保险条款仅承保保险船舶与其他船舶发生碰撞所引起的3/4的赔偿责任,赔偿限额不超过保险船舶保险金额的3/4;保险船舶碰撞码头、浮筒等造成的损失,保险人不负赔偿责任。在美国,船舶保险单承担4/4的碰撞责任。② 在我国,船舶碰撞责任保险对每次触碰责任仅负责赔偿金额的3/4,对于触碰责任不负责赔偿的1/4部分,可以通过附加条款进行扩展承保,但在保险期限内一次或累计最高赔偿额以被保险船舶保险金额1/4为限。

(三) 船舶碰撞责任的赔偿处理

当被保险船舶发生碰撞事故导致碰撞责任发生时,保险人应会同港监、公安、航政部门及船方共同处理索赔案件,若在境外发生碰撞责任,应尽快让代理人参与检验并处理索赔。保险人在接受索赔时,原则上以司法部门的判决为准,一般要求受害方能证明被保险船舶有过失或疏忽责任才能承担保险责任,否则,就只能视为不可抗力造成的损害,由受害方自行负责。这是因为,船舶在水上航行,受外力作用的影响较大,不同于陆上交通运输工具,事实上导致船舶碰撞的原因往往较复杂,不能以常识判断,而必须在技术上予以确认。因此,在责任划分时应重视详细取证和专家检验。

在处理船舶碰撞责任保险赔案时,保险人须注意下列事项:

(1) 充分考虑有关水上安全管理规则及海上碰撞处理规则的国际条约和国内法律、法规,以及各港区和航行管理区的具体规定,依法分清和确认事故责任。

(2) 对于被保险船舶单方过失责任造成的损害,由过失方承担全部责任,保险人可在责任限额内(未单独承保而作为船舶保险的基本责任承保的情况下,以船舶保险的保险金额为限)赔付;对于双方互有过失的赔案,则按责分担损失。在美国,法律上对于船舶互撞不论过失程度如何,一律按50%的责任分担损失。一般来说,单方过失责任事故多发生在港内行驶及停泊过程中,双方过失责任事故多发生在沿海、公海航行及内河、湖泊航行中。

(3) 审核责任时须注意调查被保险船舶的适航性,如果碰撞责任事故是由于船舶不适航所致,保险人可以免责,由被保险人自行负责。

(4) 注意剔除间接损失和区分同时发生的修理费用。如受害方因货物损失而导致买卖上的利润损失等,应该从保险赔款中剔除。

(5) 发生索赔纠纷,在协商不成的情况下,应由海事法院判决。索赔时效与追偿时效一般均为一年。

(6) 计算赔款时,既要区分被保险船舶自身的损失与碰撞责任所造成的损失,又要区分碰撞责任事故当事人双方的责任大小。

船舶碰撞责任计算具体可分为以下两种情况:

(1) 单方面过失碰撞事故。如有A船进港,高速行驶,碰坏了停泊在港口内的B船,A船要负全部责任,B船的全部损失均由A船保险人赔偿;A船本身的损失也由其保险人赔偿。

(2) 互有过失。如A船与B船相撞,A船应承担40%的责任,B船应承担60%的责任,

---

① 许飞琼,郑功成.财产保险[M].6版.北京:中国金融出版社,2020:190.
② 许飞琼.责任保险[M].北京:中国金融出版社,2007:383.

A 船损失 25 万元,B 船损失 10 万元,那么,A 船要赔偿 B 船损失 10 万元中的 40%,即 4 万元,B 船要赔偿 A 船 25 万元损失中的 60%,即 15 万元,因此,B 船船东在扣除 A 船船东赔偿后应付 11 万元赔款。由此可见,根据法律规定的碰撞责任赔款均由两船双方的保险人按交叉责任赔偿给被保险人。

(四)船舶保赔保险

船舶保赔保险主要承保船东在经营活动中可能对第三方产生的各类责任,比如船舶油污赔偿责任、船员伤亡赔偿责任、货物损坏赔偿责任等。早期的商业保险人只承保船壳本身财产险及部分碰撞责任,而不予承保保赔保险,于是船东们自发组织船东互保协会来分摊其他各种责任风险。(☞ 知识链接 6-2)

知识链接 6-2 船东互保协会是船东相互保险组织,主要经营船东互助保障保险业务:包括责任险(如保赔保险)和船舶保险及一些附加险(如法律抗辩保险、战争险、罢工险等)。船东互保是在商业性船舶保险之外由船东互保协会提供的一种船舶风险保障措施。由于商业性船舶保险有许多风险不予承保,船东在航运中如船舶碰撞责任、旅客人身伤亡赔偿责任等时常要面临的风险得不到充分保障的情况下,便自发组织起来提供相互间船舶保险。船东互保协会具有独立的法人资格,以自己的财产对外承担债务责任。当协会终止或解散时,各会员有权分享协会资产,会员对协会的责任限于其支付协会的会费。

从狭义上来说,船舶保赔保险主要指远洋船东保赔保险(即远洋船东保障和赔偿责任保险的简称),基本都是由保赔协会经营。承保责任主要包括船东对货物损坏责任、对船员及第三者人身伤亡责任、货物责任、油污责任、清除残骸责任、船舶险除外的碰撞责任和触碰责任、罚款、偷渡、拖带责任等。

从广义上来说,船舶保赔保险除了上述远洋保赔险之外,还包括租家责任险、抗辩险以及沿海内河船东保赔保险。

(1)租家责任险。租家责任险又称租船人责任险,是指保险人按照保险合同的约定,承保租船人租用船舶期间的潜在责任风险、及与营运有关的可能的损失以及由此引起的费用的风险。租家责任险承保范围主要包括:①传统的船东保赔保险承保范围,如上述对货物责任、油污责任、对装卸工人员伤亡赔偿责任、罚款等责任,只是被保险人换成租家,承保事项稍有变动。②租家因下述原因导致租约下船舶损坏责任:不安全港口引起的责任;租家负责的装卸活动导致的责任;危险货物或货物积载不当导致的责任;租家提供燃油所引起的责任等。

(2)抗辩险。抗辩险一般是作为船东保赔保险或租家责任险的附加险而存在。其主要承保保险合同列明事件引起的任何索赔、争议和诉讼所产生的合理开支和费用,以及就上述索赔、争议和诉讼或其可能的结果向律师、检验师及其他人员咨询意见所合理产生的开支和费用。较常见的抗辩险范畴的纠纷类型有租船合同纠纷,燃油供应合同纠纷等。具体而言,抗辩险承保范围包括:①由租船合同、提单或其他货运合同或因入会船所从事的货物运输或贸易所产生的运费、亏舱费、滞期费、延误费、速遣费、转运费、租赁费或其他事项。②对入会船因碰撞事故滞留所支付的赔偿金。③救助、拖带、共同海损分摊和费用(如果入会船系救助专用船/拖轮或为专用于救助而设计、改装或维持的船舶,且索赔是由于救助或试图救助所产生或是在救助或试图救助期间所产生的不包括在内,但经理机构可同意包括此类索赔)。④非本协会承保的保险单。⑤入会船遭受的损害。⑥对有关入会船事务的正式调查的介入,或对公众团体、当局、公司或社团就有关入会船事务的干预所采取的保护。⑦入会船的任何建造、买卖、改装或修理合同(包括与该合同有关的任何担保),但仅以合同是入会船在本协会保险开始之时或在本协会保险期间订立的为限,或以经理机构书面同意包括某项合同所产生的索赔、争议或诉讼的为限。⑧入会船的任何抵押或抵押合同。⑨与入会船有关的任何其他合同,但除非经理机构另作决定,不包括由管理合同所产生的争议。⑩董事会认为属于本条规定范围内的任何其他事件。抗辩险又分为船东抗辩险和租家抗辩险,承保范围相近,只是被保险人分别为船东与租家。

(3) 沿海内河船东保赔保险。此险种虽然也叫保赔保险,但其不是非营利的互助保险,而是国内商业保险人经营的固定费率保险,主要用来承保内贸运输船舶的各项责任。具体而言,该险种主要承保如下六项船东责任风险:人身伤亡和疾病的赔偿责任、污染责任、残骸清除、货物责任、碰撞责任、施救和法律费用,但具体保障范围一般均比远洋保赔保险要窄。另外还有一些附加险,如战争保赔险、碰撞责任及固定物体漂浮物触碰责任险等。

二、飞机第三者责任保险

(一) 飞机第三者责任保险的属性

飞机第三者责任保险作为一个独立的险种,一般与机身保险(财产保险范畴)、旅客责任保险与货物运输责任保险(均属承运人责任保险范畴,参见本书第二章)等险种统一承保,但责任分开,责任限额与保险费分别计算,且航空公司有投保选择权。在我国,根据《中华人民共和国民用航空法》(以下简称《航空法》)规定,飞机第三者责任保险属于法定保险。如该法第一百零五条规定:"公共航空运输企业应当投保地面第三人责任险。"该法第一百五十条规定:"从事通用航空活动的,应当投保地面第三人责任险。"该法第一百六十六条规定:"民用航空器的经营人应当投保地面第三人责任险或者取得相应的责任担保。"对于进入我国领空的外国飞机也实行强制保险,如该法第一百七十五条规定:"外国民用航空器飞入中华人民共和国领空,其经营人应当提供有关证明书,证明其已经投保地面第三人责任险或者已经取得相应的责任担保;其经营人未提供有关证明书的,中华人民共和国国务院民用航空主管部门有权拒绝其飞入中华人民共和国领空。"

飞机第三者责任保险承保的是航空公司(被保险人)在经营过程中因飞机失事造成第三者的人身伤亡或财产损失,在法律上应负的经济赔偿责任。航空公司投保飞机第三者责任保险后,一旦发生第三者责任事故,其利益损失就可以在规定的责任限额内,从保险人处获得补偿,但它不包括航空公司的工作人员或雇佣人员及其所有的财物。如某保险公司的飞机保险单第三者责任保险条款中规定,由于飞机或从飞机上坠人、坠物造成第三者的人身伤亡或财物损失,应由被保险人负担赔偿责任,但被保险人及其支付工资的机上和机场工作人员的人身伤亡或财物损失除外。

需要指出的是,在进行保险赔偿过程中,我国《航空法》对保险人的抗辩权有一定的限制。如该法第一百六十七条规定,保险人和担保人除享有与经营人相同的抗辩权,以及对伪造证件进行抗辩的权利外,对依照该法规定提出的赔偿请求只能进行下列抗辩:①损害发生在保险或者担保终止有效后;然而保险或者担保在飞行中期满的,该项保险或者担保在飞行计划中所载下一次降落前继续有效,但是不得超过二十四小时。②损害发生在保险或者担保所指定的地区范围外,除非飞行超出该范围是由于不可抗力、援助他人所必需,或者驾驶、航行或者领航上的差错造成的;前款关于保险或者担保继续有效的规定,只在对受害人有利时适用。法律对保险人上述抗辩权的限制,表明保险人在经营法定飞机第三者责任保险时的风险也是相当大的。

在国际航线上,发生旅客死伤的情况时,承运人应负的赔偿责任都按照有关民用航空国际公约(如《蒙特利尔公约》)来处理,但对造成第三者人身伤亡和财产损失如何进行赔偿并没有明确的民用航空国际公约规定。在我国,根据《航空法》规定,国际航线采用侵权行为地法律。如《民用航空法》第一百八十九条规定:"民用航空器对地面第三人的损害赔偿,适用侵权行为地法律。民用航空器在公海上空对水面第三人的损害赔偿,适用受理案件的法院所在地法律。"至于在国境内造成的第三者责任事故,可以按国内法律、法规处理。

(二)飞机第三者责任保险的责任划分

飞机第三者责任保险承保的是飞机飞行中可能产生的对第三者的人身伤害和财产损失依法应由被保险人(航空公司)承担的赔偿责任。飞机的飞行一般指从地面准备起飞的滑行开始到降落后停稳止。据此,飞机第三者责任可以分为地面和空中两个部分。

1. 地面的第三者责任

地面的第三者责任是飞机在地面上依靠自己的动力滑行或降落过程中造成地面人员的伤亡和财产损失,依法应由被保险人(航空公司)承担的赔偿责任。但被保险人的工作人员或雇佣人员、乘客以及被保险人的财产所遭到的损害,因其不属于第三者或第三者的财产,保险人不予负责。

2. 空中的第三者责任

空中的第三者责任是指飞机在飞行过程中造成他人、他物的损害,依法应由被保险人(航空公司)承担的经济赔偿责任。它又可以分为以下三种:①飞行中从飞机上坠人、坠物而造成第三者的人身伤亡或财产损失,但不包括坠人、坠物自身的损害。②因飞机坠毁造成第三者的人身伤亡或财产损失。关于上述两项责任,我国《航空法》第一百五十七条第一款规定:"因飞行中的民用航空器或者从飞行中的民用航空器上落下的人或者物,造成地面(包括水面,下同)上的人身伤亡或者财产损害的,受害人有权获得赔偿;但是,所受损害并非造成损害的事故的直接后果,或者所受损害仅是民用航空器依照国家有关的空中交通规则在空中通过造成的,受害人无权要求赔偿。"③因飞行中的碰撞事故而导致对方飞机或其他飞行物体及所载货物、乘员(包括被撞方的驾驶人员、服务人员、旅客等)的损害,依法应由被保险人承担的经济赔偿责任。对于空中碰撞的法律责任,因没有国际公约而完全依据当地法律及空中运输管理规定来决定。由于引起飞机碰撞事故的原因常常会涉及多个方面(例如,一架飞机的驾驶员没有保持指定的飞行高度,另一架飞机的通信设备或仪器出了毛病,或当地指挥系统没有收到完整的信号,或气候突变等),即单方面的原因往往不足以造成空中碰撞事故,而极可能涉及多方面的责任,同时,空中碰撞事故的发生还可能是因为各种设备的设计制造、训练、指挥、管理、计算系统以及航空图有误所致,因此,有的国家对空中碰撞按照各种因素来确定各方面应负的责任。例如,甲飞机负70%的责任,乙飞机负20%的责任,地面塔台指挥负10%的责任;有的国家的塔台指挥作为国家机构,享受免责的特权,它通常将空中碰撞的责任由双方各负一半,如甲飞机负50%的责任,乙飞机负50%的责任;还有少数国家不采用分担责任的办法,而是根据谁先被控告,并证明有责任,谁就负100%的责任。在我国,根据《航空法》一百六十二条规定:"两个以上的民用航空器在飞行中相撞或者相扰,造成本法第一百五十七条规定的应当赔偿的损害,或者两个以上的民用航空器共同造成此种损害的,各有关民用航空器均应当被认为已经造成此种损害,各有关民用航空器的经营人均应当承担责任。"

(三) 飞机第三者责任保险的承保与理赔

1. 承保

飞机第三者责任保险的承保主要应明确如下事项:

(1) 保险期限。根据承保期限的不同可将保险分为一年期保险、短期不定期保险、航次保险三种,但须在保险单上注明为哪一种。

(2) 保险费。保险费可以按每架飞机的保险时间计算,也可以按预计飞行里程计算。对第一种计算方式收取的是固定保险费,对第二种计算方式则是预收保险费,前者还有停驶退费的规定。值得指出的是,在收取保险费时,应考虑因突发事件导致的损失,如美国"9·11"事件后,全球承保人联合调整了飞机第三者责任险中因战争原因的赔偿条款,大幅度地增加了保险费。(☞知识链接6-3)

知识链接6-3 美国"9·11"事件之后,承运人先后制定了一系列旅客、货物安全运输措施并收取相关费用,这一费用便是航空安全附加费。安全附加费在运单(AWB)上通常表示为 SCC。SC 即 Security Charge 安全附加费的简称,第三个字母 C 则是指 Carrier 承运人的简称。与此同时,全球承保人联合调整第三者责任险中因战争原因赔偿条款,航空公司必须在原保费基础上支付一次性附加费。受此影响,从 2001 年 10 月 15 日起,我国内地各航空公司在自我国内地始发的国际航线(不含国际航线国内段)和至香港、澳门的国内航线上,向旅客收取航空保险附加费,收取标准为每位旅客每航段最高不超过 2.5 美元,国内航线当时没有收取此项费用。国内航空公司对国际航空货物运输(含至香港、澳门航线)自 2001 年 11 月 1 日起,可以收取航空货物运输安全保险附加费,收费标准为每公斤货物最高不超过 1.2 元(香港、澳门航线 0.8 元);具体收取办法,由航空公司确定。

参见:杨青.国际、港澳航班昨起开收保险附加费[N].北京青年报,2001-10-16.

(3) 赔偿限额。飞机失事后,对第三者人身伤亡和财产损毁的经济赔偿金额多少往往难以预料,而保险人又不能负无限责任,因此,有必要规定责任限额,并载明于保险单,以便保险人控制。

(4) 免责责任。保险人在合同中明确保险责任的同时还应该明确免责责任,这些免责责任除战争等通常不保的责任外,还应该包括:对飞行中的民用航空器或者对该航空器上的人或者物造成的损害;受害人同被保险人或同发生损害时对民用航空器有使用权的人订立的合同责任,或者为适用双方之间的劳动合同的法律有关职工赔偿的规定所约束的损害;核损害;损害是武装冲突或者骚乱的直接后果;民用航空器的使用权业经国家机关依法剥夺的被保险人责任;等等。即上述责任均不能赔偿。

此外,对于被保险人的无过失责任是否承保,也应该在保险合同中明示。因为,根据惯例,保险人只对被保险人的过错责任承担赔偿,但根据法律规定,对飞机第三者责任人一般实行无过失责任制度。如我国的《航空法》第一百六十一条规定:"依照本章规定应当承担责任的人证明损害是完全由于受害人或者其受雇人、代理人的过错造成的,免除其赔偿责任;应当承担责任的人证明损害是部分由于受害人或者其受雇人、代理人的过错造成的,相应减轻其赔偿责任。但是,损害是由于受害人的受雇人、代理人的过错造成时,受害人证明其受雇人、代理人的行为超出其所授权的范围的,不免除或者不减轻应当承担责任的人的赔偿责任。一人对另一人的死亡或者伤害提起诉讼，请求赔偿时，损害是该另一人或者其受雇人、代理人的过错造成的，适用前款规定。"可见，对于民用航空器所造成的地面上的人身伤亡或者财产损失，民用航空器的经营人(被保险人)承担的是无过失责任。

2．理赔

飞机第三者责任事故发生后，保险人均应进行调查和检验，或委托代理人调查和检验。首先应确定损害事故发生的原因(如机械原因、人为原因，自然原因等)以及人身伤亡和财产损失的程度。如果是人身伤残，被保险人应提供受害者的治疗诊断和医院证明等。在调查中，飞行计划与飞行路线是一个重要问题，例如，原飞行航线是避开人口稠密地区或工矿区的，但驾驶员为了取捷径而没有绕道，恰好飞机在人口稠密地区或工矿区失事。保险人承担的赔偿责任不仅要受当地法律的制约，且优先以保险合同为依据，在责任限额内履行赔付的义务。此外，对于因产品缺陷等第三者方面的原因引起的损害责任事故，同样适用于权益转让或代位追偿原则及条件。

三、工程项目第三者责任保险

(一) 概念

工程项目第三者责任保险，是指在各种建筑、安装、建造及拆修工程等的施工期间，因意外事故可能导致第三者的人身伤亡和财产损失，依法应由工程所有人或承包人承担的经济赔偿责任，保险人按合同的约定进行赔偿的保险。

值得指出的是，在理解工程项目第三者责任保险的概念时要注意以下内容：

1．被保险人

由于工程项目往往涉及多个利益方，在工程项目第三者责任保险中，被保险人也可以是多个，即保险人可以在一张保险单上对所有参加该项工程的有关各方的第三者责任风险都给予保险保障。工程项目第三者责任保险的被保险人可以是：①工程项目所有人，包括独家所有者、多家共有的各成员。②工程项目承包人，即负责承揽该项工程的施工单位或个人。③工程项目分承包人，是指和承包人订立分承包合同并负责该工程项目中某一部分项目的施工单位或个人。④工程项目技术顾问，是指工程所有人或承包人雇请的专业技术人员如建筑工程师、安装工程师以及对工程项目进行设计、咨询或监督的专业技术单位或个人。一旦工程项目发生事故造成第三者的人身伤亡或财产损失，上述各方均有承担法律赔偿责任或负连带责任的可能。因此，他们均有资格成为被保险人。

2．**工程项目第三者责任保险中的第三者**

工程项目第三者责任保险中的第三者包括：一是上述被保险人之外的任何法人或自然人，他们与工程项目无任何利益关系，如行人在途经工地时被砸伤等。二是上述被保险人之间互为第三者，它与工程项目有利益关系。如承包人造成所有人的财产损失依法应由承包人承担损害赔偿责任，反之亦然。

3．**交叉责任条款**

一般来说，工程项目第三者责任保险是作为工程财产保险(主险)的附加由工程项目所有人(或承包人)投保，但为避免与工程项目有关的各方因损害事故互相追偿，保险人一般采用加贴"交叉责任条款"进行约束，即将投保人之外的与工程项目有关的单位或个人如承包人、分承包人、技术顾问等均列为保险单上的被保险人。保险人对保险单所载每一被保险人均视为单独保险的被保险人，每一被保险人如同各自有一张单独的保险单，如果各个被保险人之间发生相互的责任事故,每一个负有责任的被保险人都可以在保险单项下得到保障。这样,这些责任事故造成的损失都可由保险人负责赔偿,无须根据各自的责任大小相互进行追偿。值得指出的是,"交叉责任条款"的加贴以被保险人加保第三者责任保险为先决条件,解决的仅是被保险人之间互为第三者的责任事故赔偿,对于被保险人造成他人的人身伤亡或财产损失,依法应承担的经济赔偿责任及有关费用仍须按第三者责任保险条款规定办理。

(二) 种类

从房屋建筑到公路、桥梁、水坝、电站等工程建设,从室内装修到大型机械设备的安装,从船舶拆修到建造等等,都不可能绝对避免损害第三者权益的事故发生,因此,保险人需要提供多种多样的险种为其服务。从目前保险市场来看,工程项目第三者责任保险大多作为工程财产保险的附加险扩展承保,其业务则可分为以下三类。

1. 建筑工程第三者责任保险

建筑工程第三者责任保险作为建筑工程保险的附加险,发源于英国的保险市场,它承保各类民用、工业用和公用事业用的建筑工程项目,包括房屋、建筑物、道路、桥梁、港埠、水坝等在建造过程中造成他人人身伤亡或财产损失依法应由被保险人承担的经济赔偿责任。在此,保险人承担的是被保险人的过失或疏忽责任,即造成损害责任事故的行为不是由于出于故意而是意外,这是保险人负责的先决条件;同时,保险人开出的保险单是以事故发生为基础的保险单,它不采取以索赔为基础的承保方式。建筑工程第三者责任保险一般还有交叉责任、合同责任、地下电缆和管道条款等特约条款,一经加保,保险人即扩展承保上述责任。

在实务经营中,以下两种情况必须注意:第一,如果建筑工程中含有安装工程项目,对安装项目一般还有一个试车考核期。因此,保险单上也应相应地规定一个试车考核期(一般为一个月左右)并承担该时期内的第三者责任风险。如果安装项目的试车考核期需延长,应通知保险人,在加收保险费的基础上可延长保险责任期限。第二,建筑工程完工并验收后,承包人还有工程保证期。保证期内的第三者责任风险必须另行加保,保险人才予负责,即建筑工程第三者责任保险不包括保证期的责任。如果被保险人决定加保保证期的第三者责任,保险人可以承保,保险责任自工程验收完毕移交后开始,至保险单上注明加保责任终止日为止。如果工程提前完工,提前进入保证期,则保险责任期限按实际保证期提前终止。

2. 安装工程第三者责任保险

安装工程是指以各类工厂、矿山用的机器设备、冶金机械、发电机组、机床、储油罐、钢结构工程、起重机、吊车以及包含机械工程因素在内的任何安装工程为主体的工程项目。在机器、设备等的安装尤其是试车考核过程中,因意外事故导致的损害(第三者)责任风险是客观存在的,因此,安装工程所有人、安装单位在投保安装工程自身的财产保险时,还应投保第三者责任保险来转嫁损害责任风险。安装工程第三者责任保险是各种机器设备安装工程保险的附加险。

安装工程第三者责任保险,因其风险特殊,费率的厘订须审慎。一般来说,厘订费率应着重考虑下列因素:安装工程的内容、安装工程施工地点及邻近环境、特殊风险、施工合同对完工后的试车、考核及保证期限的规定,安装单位的技术水平和安全管理、信誉,赔偿限额与免赔额,以往经营同类业务的损失资料等。

保险人在承保安装工程第三者责任险时，一般还要规定若干特别限制条款，其中，防火设备特别限制条款就是常见的一种。防火设备特别条款包括如下内容：①被保险人在安装工地上必须配备适当的防火、灭火设备，并能就地立即使用。②工地上必须要有足够的经过培训的防火器械使用人员，并随时能参加灭火工作。③若周围有易燃物品或储存物存在，应采取增设防火墙等预防措施。④若在易燃物品周围进行焊接工作或用明火作业时，必须有经过消防训练的并配有灭火器材的人员在场。⑤试车开始后，一切防火、灭火设备亦应安装、调试完毕，并能随时进行工作，以避免或控制保证期内的损害风险发生。上述内容作为限制条款，应视同被保险人的应尽义务，保险人应检查落实情况，如果被保险人未尽上述义务，一旦发生损害责任事故，被保险人就须承担全部或部分损害赔偿责任。

3. 其他工程项目第三者责任保险

如船舶建造第三者责任保险作为船舶建造保险的附加险存在，它承保船舶在陆上建造期间因意外事故造成他人人身伤亡或财产损失，依法应由被保险人承担的经济赔偿责任及经保险人同意的为抗辩第三者索赔的诉讼费用。该业务的保险期限以船舶建造保险单生效之日起，到被保险船舶建成下水试航为止。下水后的第三者责任包括碰撞责任与保赔责任则作为船舶建造保险的基本责任承保。因此，船舶建造第三者责任保险实际上只承保陆上的第三者责任风险，因而要注意工地临近地区的第三者责任风险大小，另行确定承保条件和费率，加收保险费；同时，保险人对此还要规定责任限额，一般规定每次事故赔偿限额和累计赔偿限额两种，作为船舶建造工程陆上第三者责任保险事故赔偿的最高限额。

此外，有力地促进了现代科技产业发展的科技工程，也存在无法绝对避免各种科技事故的发生而带来的第三者责任风险。例如，海洋石油科技开发事故一旦发生，损害的就不仅仅是作业者及承包人的财产物资和人身安全，其往往造成公害和第三者的人身、财产或利益的损失。例如，沉没造成的航道阻碍，井喷或渗漏造成的海洋环境污染等，依据各国民法及有关国际公约的规定，均需要由责任者负经济赔偿责任。又如，核能技术的研究和应用，带来了核污染、核辐射及核爆炸的风险等。但这些科技工程造成的第三者赔偿责任一般均纳入公众责任保险的承保范围，故此处不再赘述。

第四节 案例分析

【案例6-1】

某年7月20日，王某购得一辆B牌新车，并于当日向F保险公司投保机动车损失保险及第三者责任保险（含交强险）。同年10月27日傍晚，王某下班回家将该车停在地面公共车位。谁知刚进入家门，物业电话告知汽车起火燃烧并将邻居家汽车烧燃。当王某赶至现场，发现虽有物业员工帮忙救火，但因火势太猛太快，两车都一起被烧毁。事发后，王某向公安部门、保险公司及汽车销售商及时报了案。三方都迅速赶到现场，共同鉴定事故的原因为王某的新车发生自燃，同时核定被烧坏的邻居家轿车损失为102 000元。B牌车生产厂商在接到销售商的通知后也赶到现场。经过勘验，B牌车厂方同意赔偿王某同型号的新车一辆，但对于邻居家的轿车只愿意赔偿损失的一半，说剩余损失应让F保险公司通过第三者责任保险赔偿。事后，王某就邻家轿车赔偿差额部分向F保险公司提出索赔，但遭到拒绝。在协商不成后,王某将F保险公司告上了法院。

不同观点:

第一种观点认为,保险公司不应该赔偿。一是被保险车辆自燃事故是在停驶期间发生,而非"道路交通事故",也非保险事故。无论是本案涉及的"机动车保险条款"及其"第三者责任保险条款",还是"机动车交通事故责任强制保险条款"(简称"交强险条款"),均是指被保险机动车发生"道路交通事故"造成的损失才按合同规定进行赔偿。二是所发生的火灾事故属于车辆自燃,这是车辆本身质量问题引起,邻居家的全部损失应该由汽车厂家赔付。三是根据保险合同规定,车辆自燃属保险免责责任,虽然王某强调,在其投保时,保险公司并未向其解释自燃导致他人损失属于免责责任,但王某在保险合同上的签字已表明其对保险合同的内容是知晓且同意的。

第二种观点认为,保险公司应该赔偿。一是邻居家汽车被烧毁,完全是王某的汽车燃烧所致,属于第三方损失。二是虽然王某在投保时车辆自燃属于保险公司免责责任,但事故发生时,车辆保险市场已将车辆自燃损失纳入了保险责任范围,而非免责责任。三是即使车辆自燃是免责责任,但那仅仅是针对被保险车辆本身损失,并不是针对第三者责任保险,且交强险更是没有明确将汽车自燃导致的第三方损失列入免责责任范围。四是按照保险合同规定,保险事故由第三方导致的损失,保险公司可先行按第三者责任损失赔偿邻居家损失,再行使代位追偿权,向导致这次事故发生的责任方——汽车厂家或商家索赔。

分析:

本案争议的焦点是被保险汽车自燃导致邻居家车辆损失是否属于保险责任范围。

(1)本案事故属于保险责任事故。一是本案属于道路交通事故。根据我国《道交法》第一百一十九条的解释,"道路"是指公路、城市道路和虽在单位管辖范围但允许社会机动车通行的地方,包括广场、公共停车场等用于公众通行的场所。"交通事故"是指车辆在道路上因过错或者意外造成的人身伤亡或者财产损失的事件。本案王某的被保险车辆自燃是发生在公共停车场,属于《道交法》规定的"道路"范围,自燃导致邻居家车被毁很显然也符合《道交法》对"交通事故"的解释。二是本案"自燃"属于保险责任。《中国银保监会关于调整交强险责任限额和费率浮动系数的公告》规定"截至2020年9月19日零时保险期间尚未结束的交强险保单项下的机动车在2020年9月19日零时后发生道路交通事故的,按照新的责任限额执行。"由此可以推知,事故发生在新车险改革政策后的本案中的"自燃"事故是否免责也应参照新车险条款规定属于"保险责任"来执行。事实上,在法院判过的案例中就有类似本案合同签订在新车险改革之前,而事故发生在新车险改革之后按新车险政策执行的判例。

(2)本案属于第三者责任保险的责任范围。本案中《机动车第三者责任保险条款》(以下简称《三者险条款》)对第三者责任保险的定义是:"被保险人或其允许的合格驾驶员在使用保险车辆过程中,发生意外事故,致使第三者遭受人身伤亡或财产的直接损毁,依法应当由被保险人承担的赔偿责任,保险人依照《道路交通事故处理办法》和保险合同的规定给予赔偿。"《机动车交通事故责任强制保险条例》(以下简称"《交强险条例》")第三条规定:"本条例所称机动车交通事故责任强制保险,是指由保险公司对被保险机动车发生道路交通事故造成本车人员、被保险人以外的受害人的人身伤亡、财产损失,在责任限额内予以赔偿的强制性责任保险。"虽然上述《三者险条款》中的定义是指汽车在"使用"过程中的事故,《交强险条例》也指发生"道路"交通事故,但这里的"使用"是泛指的概念,即被保险汽车作为一种工具其"使用"是指"使用"的整个过程,包括行驶、停放,这也是车险新改革后的概念;至于"道路交通事故"在前面分析的第一点已阐述清楚,因此,本案损失属于第三者责任保险的责任范围。

(3)保险公司应按照合同规定进行赔偿。《最高人民法院关于审理道路交通事故损害赔偿案件适用法律若干问题的解释》第十三条第一款规定:"同时投保机动车第三者责任强制保险(以下简称"交强险")和第三者责任商业保险(以下简称"商业三者险")的机动车发生交通事故造成损害,当事人同时起诉侵权人和保险公司的,人民法院应当依照《民法典》第一千二百一十三条的规定,确定赔偿责任。"而我国《民法典》第一千二百一十三条规定:"机动车发生交通事故造成损害,属于该机动车一方责任的,先由承保机动车强制保险的保险人在强制保险责任限额范围内予以赔偿;不足部分,由承保机动车商业保险的保险人按照保险合同的约定予以赔偿;仍然不足或者没有投保机动车商业保险的,由侵权人赔偿。"因此,本案依据上述法律规定,应先在交强险责任限额范围内予以赔偿,不足部分再由商业三者险赔偿。

结论:

法院经过审理后认为,本案属于保险责任事故的事实清楚,依据《民法典》《保险法》及上述相关《交强险条例》《交强险条款》,判决F保险公司在机动车交通事故责任强制保险责任限额范围内予以赔偿。最后,F保险公司在法院判决的规定时间内就王某对邻居家轿车赔偿的差额部分进行了补偿,同时也取得了向B牌车生产厂商的代位追偿权。

【案例6-2】

某年12月1日,王某将新买的小轿车向保险公司投保了车辆损失保险、第三者责任保险(含强制的交强险)和不计免赔特约险,投保金额为20万元,保险公司出具了相关保险单,王某依约支付了全部保险费。保险期间为当年2月2日0时至第二年2月1日24时止。投保当年10月16日,因操作不慎,王某所驾驶被保险车辆将其弟弟撞伤致身体8级伤残。半年后,其弟状告王某,法院判令王某赔偿其弟弟18万元。王某依据判决书及保险单向保险公司提出赔付的要求,但保险公司以第三者系其弟弟,不属于第三者责任保险的赔偿范围为由拒绝理赔。事后,王某将保险公司告上了法庭。

法院经调查审理后认为:

(1)王某所投保的第三者责任保险条款中的"被保险人本人及其家庭成员不属于第三者"的规定,与保险法律所指的"第三者"存在歧义。家庭成员应该根据所立户口划分。家庭成员包括每一户口中的成员,而不能按照直系亲属(父母妻子及子女、兄弟等)来划分,更不能按"家族"这个广义的定义来划分,如夫妻分居两地,虽然有两个"户口",但因双方经济上并不各自独立,则属同一家庭成员。本案王某兄弟在发生事故前就已经分家各自立户,不能算同一家庭的成员。第三者责任保险中对于"家庭成员"是否给予经济赔偿,关键是应分清家庭成员与亲属的区别,即亲属是指有血缘关系的人,而家庭成员是指有不可分割经济关系的人。因此,赔偿的原则是保险公司付给受害人的赔款,最终不能落到被保险人手中。所以本案这一事故应属第三者责任保险范围。保险公司应当承担被保险人王某对其弟弟的经济赔偿责任。

(2)第三者责任保险合同中的第三者,是指在发生交通事故时位置处于被保险车辆以外的人。本案中,受害人既不是被保险人,事故发生时其所处位置又在被保险车辆外,因此,受害人属于保险合同中的"第三者"。

(3) 依据《保险法》第三十条的规定,对合同条款有两种以上解释的,对合同条款有两种以上解释的,人民法院或者仲裁机构应当作出有利于被保险人和受益人的解释。故本案情形应视为不属于保险合同约定的责任免除范围,保险公司应按保险合同约定的赔偿额向被保险人王某进行赔偿。

结论:

最后,法院依据《保险法》《交强险条例》等法规,判保险公司在第三者责任保险合同范围内赔偿王某。判决书生效后,保险公司按约进行了赔付。

【案例6-3】

某个体运输老板李某曾将自有的运输车辆投保了机动车损失保险、第三者责任保险(含交强险)和车上人员责任保险等多种险种。一天,李某驾车途中想休息一下,但又怕运货时间耽搁,便让随车的表弟王某(无驾驶执照)驾驶,自己在副驾驶位置上睡觉。王某驾车肇事,造成行人一死与李某重伤的重大交通事故。案发后,李某的妻子与王某协商,由李某顶罪,并一起向调查这起事故的民警作伪证。同时,李妻拿着保险单等证明向保险公司索赔。保险公司以没有参加交通事故调查等为由拒绝赔偿,保险合同双方产生了争议。

不同观点:

首先是对李某夫妻及王某涉嫌何种犯罪,存在不同观点:

第一种观点认为,李某明知表弟王某没有驾驶证,仍将自己的运输车交给其驾驶,导致重大交通事故发生,李王兄弟因此均构成了交通肇事罪。

第二种观点认为,李某主观上具有隐匿罪证包庇犯罪的目的,王某主观上具有隐匿罪证逃避罪责及帮其兄获得保险赔偿的目的,李某妻子主观上具有诈骗保险金和包庇罪犯的目的。李王互为证人,互作伪证,李某构成伪证罪;王某构成交通肇事罪和伪证罪;李妻构成包庇罪和保险诈骗罪。

第三种观点认为,李妻让李某替王某顶罪投案,意图让王某逃避法律制裁,又使自家能得到保险赔偿。因此,李妻和李某共同构成包庇罪和保险诈骗罪;王某构成交通肇事罪。

其次,在对保险公司是否应负赔偿问题上又有不同的观点:

第一种观点认为,保险公司不应该赔偿。理由是李某一方面违反了我国《道交法》第十九条第一款"驾驶机动车,应当依法取得机动车驾驶证。"的规定;另一方面违反了《机动车保险合同》中关于事故发生后及时报险等保险条款的规定。此外,李妻诈骗保险金的目的非常明显。因此,保险公司不应该赔偿。

第二种观点认为,保险公司应该部分赔偿。理由是虽然李某违反了我国《道交法》和保险合同的有关规定,但其投保的车上人员责任保险的保险责任范围包括车上人员的人身伤亡,也包括司机本人由于机动车在行驶过程中发生意外事故而导致的损害。因此,从车上人员责任保险这个险种,投保人或被保险人可以获得保险合同规定的赔偿金额。

第三种观点认为,保险公司应该赔偿。一是李某让其表弟驾驶的行为是过失行为,而非故意行为。故意行为不构成刑事责任,但会追究他的民事责任,赔偿被害人的经济损失;二是李某驾驶疲劳若坚持驾驶也易发生交通事故,为了保证货物的及时运输,让其表弟驾驶是情理之中的事情;三是李妻与王某协商,由李某顶罪,李妻拿保险单到保险公司索赔完全是李妻的个人行为,而非被保险人李某的行为;四是李某在事故中受重伤,作为投保人或被保险人的他不可能及时向保险公司报险,向保险公司索赔也只能由其妻子代劳。因此,保险公司不能以没有及时报险或诈骗保险金为由而拒绝赔偿。对于本案,保险公司应该在合同约定的赔偿金额内全部赔偿。

分析:

首先,关于是否犯罪的问题第三种观点比较正确。

(1) 李某不构成交通肇事罪。李某虽然主观上明知表弟王某没有驾驶证而让其驾驶车,但交通肇事的后果是由王某所造成的。因此,王某构成交通肇事罪。从理论上来讲交通肇事是一种过失犯罪,不存在共同犯罪。本案中李某对事故的发生虽有责任,但不构成刑事责任,可以追究他的民事责任,赔偿被害人的经济损失。

(2) 李妻与王某不构成伪证罪。伪证行为必须发生在刑事诉讼过程即侦查、起诉、审判过程中;主体是一般主体中的"特殊主体",即只能是刑事案件中的证人、鉴定人、记录人、翻译人。本案中的李某若神志清醒则主观上具有隐匿罪证包庇犯罪的目的,反之不具有隐匿罪证包庇犯罪的目的。王某主观上具有隐匿罪证逃避罪责及帮李妻获得保险赔偿的目的,他们尽管互为证人,并向公安机关作了伪证,但他们的行为和主体显然不符合伪证罪的基本特征。

(3) 李妻让李某替王某顶罪,并隐瞒了王某驾车肇事的事实,向公安机关作了不实的供词,目的是让王某的犯罪行为不被司法机关发觉,逃避法律的惩罚,自己又能获得保险赔偿,应构成包庇罪和保险诈骗罪。

其次,在保险公司是否赔偿方面,分析如下:

(1) 本保险案中李妻合同身份的确定。我国《保险法》第二十一条规定:"投保人、被保险人或者受益人知道保险事故发生后,应当及时通知保险人。故意或者因重大过失未及时通知,致使保险事故的性质、原因、损失程度等难以确定的,保险人对无法确定的部分,不承担赔偿或者给付保险金的责任,但保险人通过其他途径已经及时知道或者应当及时知道保险事故发生的除外。"在本案中,李某虽然是重伤,但没有死亡,机动车保险合同的投保人或被保险人均是李某,当保险事故发生后,李某固然是保险金赔偿的请求人。而李某妻子既不是合同的投保人也不是合同的被保险人,在李某没有死亡的情况下,李妻也不是合同保险金的受领人。也就是说,李妻不是机动车保险合同的当事人,她没有权利领取保险赔偿金,除非投保人或被保险人李某委托她去领取。我国《保险法》第二十二条第一款规定:"保险事故发生后,按照保险合同请求保险人赔偿或者给付保险金时,投保人、被保险人或者受益人应当向保险人提供其所能提供的与确认保险事故的性质、原因、损失程度等有关的证明和资料。"由于李妻并非合同的当事人,其提供的证据也就与保险合同无关。这样,投保人或被保险人也就没有违反我国《保险法》。保险公司不能以我国《保险法》第五条:"保险活动当事人行使权利、履行义务应当遵循诚实信用原则。"和第二十七条第一款与第三款规定:"未发生保险事故,被保险人或者受益人谎称发生了保险事故,向保险人提出赔偿或者给付保险金请求的,保险人有权解除合同,并不退还保险费。""保险事故发生后,投保人、被保险人或者受益人以伪造、变造的有关证明、资料或者其他证据,编造虚假的事故原因或者夸大损失程度的,保险人对其虚报的部分不承担赔偿或者给付保险金的责任。"为由拒绝赔偿。

(2) 机动车商业第三者责任保险的保险责任,是被保险人或其允许的合格驾驶员在使用保险车辆过程中发生意外事故,致使第三者遭受人身伤亡或财产的直接损毁,依法应当由被保险人支付的赔偿金额,保险人依照《道交法》《保险法》和保险合同的规定给予赔偿。本案中,被保险人尽管要负民事赔偿责任,但很显然其不符合《保险法》即保险合同的赔偿规定。至于车上人员责任保险,具备同样拒赔的理由。由此可见,李某购买的保险险种,由于其违法行为均会遭到保险公司的拒绝赔偿。

(3) 根据《机动车交通事故责任强制保险条例》第二十二条规定,驾驶人未取得驾驶资格的,保险公司在机动车交通事故责任强制保险责任限额范围内垫付受伤人员的抢救费用,并有权向致害人追偿。也就是说,对于本案被保险人车辆在交强险项下,保险公司可以先行垫付第三方受伤人员的抢救费用,但同时有向王某追偿的权利。

(4) 李某是否违反有关法律法规的问题。①根据我国《道交法》第九十九条规定,将机动车交由未取得机动车驾驶证或者机动车驾驶证被吊销、暂扣的人驾驶的,由公安机关交通管理部门处 200 元以上 2 000 元以下的罚款,可并处拘留 15 天以下的处罚。可见,李某违反了我国《道交法》的规定。②根据我国《民法典》第一千一百六十五条第一款规定:"行为人因过错侵害他人民事权益造成损害的,应当承担侵权责任。"该法第一千一百六十八条规定:"二人以上共同实施侵权行为,造成他人损害的,应当承担连带责任。"可见,本案李某要承担侵权的连带责任。③根据《机动车保险合同》,驾驶员无有效驾驶证包括在免责责任保险条款中,即如果被保险车辆由无有效驾驶证的人员驾驶所发生的事故,保险公司不负责赔偿。再者,如果李某在交通事故中受重伤,但神志清醒,当其妻子与王某合谋由他来顶罪而他并不反对时,则李某也犯了隐匿罪证包庇犯罪罪以及保险诈骗罪。④根据我国《保险法》第一百七十四条规定,投保人、被保险人或者受益人编造未曾发生的保险事故,或者编造虚假的事故原因或者夸大损失程度,骗取保险金的依法给予行政处罚。⑤根据《中华人民共和国刑法》第一百九十八条第一款规定,投保人、被保险人或者受益人对发生的保险事故编造虚假的原因或者夸大损失的程度,骗取保险金数额较大的,处五年以下有期徒刑或者拘役,并处一万元以上十万元以下罚金;数额巨大或者有其他严重情节的,处五年以上十年以下有期徒刑,并处二万元以上二十万元以下罚金;数额特别巨大或者有其他特别严重情节的,处十年以上有期徒刑,并处二万元以上二十万元以下罚金或者没收财产。由此可见,即使李某没有犯隐匿罪证包庇犯罪罪以及保险诈骗罪,保险公司以其违反我国《道交法》《保险法》和根据《机动车保险合同》的免责责任就可以拒绝赔偿李某的保险金请求。

结论:
由于保险公司拒绝赔偿的理由充分,该案争议以拒赔而终止。

启迪:
(1) 本案实质上是一个由非保险合同当事人制造的保险诈骗案。目前,我国各家保险公司机动车及第三者责任险业务上报的综合赔付率一般在 60% 左右,但其中有相当数额的保费被投保人或被保险人骗保或假赔案吞噬,这给保险公司带来了巨大的损失。骗赔是由于一些保户及其利益相关人受利益驱使而失信于保险公司的行为。因此,一方面保险公司要检视自身是否在理赔工作上有疏忽及对骗赔现象的忽视而给骗赔提供了生存的机遇;另一方面,保户和保险公司以及社会相关部门要共同努力,尽可能杜绝骗赔现象,保证保险业的健康发展。

(2) 驾驶机动车必须依法取得相应的驾驶证方可驾驶机动车上路行驶;车辆所有权人

对自己所有的机动车负有妥善管理的责任,禁止将机动车交给无相应驾驶证的人驾驶。《道交法》第十九条第一款规定:"驾驶机动车,应当依法取得机动车驾驶证。"《民法典》第一千一百六十五条第一款规定:"行为人因过错侵害他人民事权益造成损害的,应当承担侵权责任。"本案中,李某虽然不是本次事故的当事人,但是他将被保险汽车交给无驾驶证的王某违法上路行驶才导致重大交通事故,其行为上均有重大过错,所以要承担连带赔偿责任。因此,广大机动车驾驶人员更要吸取本案的经验教训,切莫将自己的爱车交给无证的人驾驶,以免给自己造成经济损失或招来不必要的麻烦或灾难。

【案例6-4】

某年11月21日,A船务公司就其所属的船舶"向阳1号"向B保险公司投保,投保单中特别约定"碰撞、触碰责任以条款为准"。保险公司签发了沿海内河船舶保险单,保险险别为一切险附加船东对船员责任险。一切险条款中对保险责任的"碰撞、触碰责任"作了如下规定:"本公司承保的保险船舶在可航水域碰撞其他船舶或触碰码头、港口设施、航标,致使上述物体发生的直接损失和费用,包括被碰撞船舶上所载货物的直接损失,依法应当由被保险人承担的赔偿责任。"一切险条款中"免责责任"中约定"桥的损失和费用属于免责责任。"投保当年的12月22日,"向阳1号"在行驶过程中为避让一小船,触碰了河面上的大桥临时墩,造成临时墩损失3万元。A公司赔偿临时墩的损失后,向B保险公司索赔却遭拒,遂向法院提起诉讼。

当地海事法院一审认为,本案属于对保险条款的理解不同而造成的纠纷。根据本案一切险条款的规定,被保险船舶的触碰事故属于保险事故,且船舶触碰的范围包括码头、港口设施、航标。A公司主张保险条款的列举没有穷尽船舶触碰的范围,而B保险公司则主张此种列举是列明式,已穷尽船舶触碰的范围。保险合同作为格式合同的一种,对格式条款有两种以上解释的,应当作出有利于非提供格式条款一方的解释。故本案事故造成的损失及责任属于一切险承保范围。至于"免责责任"条款的效力问题,B保险公司主张本案事故造成的损失属于免责责任,其已对免责责任条款进行了明确说明。但本案免责责任条款仅包括桥的损失和费用,未明确界定大桥临时墩损失的性质,且保险公司无法证明其对免责责任条款进行了明确说明,故该条款不产生效力。于是,海事法院一审判决:B保险公司按保险合同赔付A公司2.4万元。

一审判决后,保险公司不服,提起上诉。当地高级人民法院二审认为,本案保险条款以列举规范规定了保险人的赔偿责任,临时墩的损失不属于保险责任范围,保险公司无需赔偿。至于"明确说明"的问题,本案当事人争议的焦点是涉案事故是否属于保险人赔偿范围,而不是涉案事故是否属保险人责任免除条款的内容,故B保险公司在本案争议的问题中没有"明确说明"的义务。因此,二审法院判决撤销一审判决,驳回A公司的诉讼请求。A公司不服,申请再审。

最高人民法院审查认为:本案所涉"沿海、内河船舶保险条款"对触碰责任的范围作了列明式的规定,保险人对触碰责任的承保范围仅限于"触碰码头、港口设施、航标",致使上述物体发生的直接损失和费用。故本案"一切险"的承保风险应当为列明风险,未在保险条款中列明的风险不属于保险公司的承保范围。A公司签署的投保单中特别约定"碰撞、触碰责任以条款为准"。综上,本案事故不属于保险责任范围,B保险公司无需承担赔付责任,裁定驳回 A 公司的再审申请。

【案例 6-5】

某年 1 月 11 日,某公路桥梁公司中标建设 A 高速公路项目 S 标段,同年 3 月 30 日该公路桥梁公司为该工程向保险公司投保了建筑工程一切险,其中第三者责任保险累计责任限额为 10 000 000 元,第三者责任每次事故财产损失保险免赔额为 5 000 元,保险期间自同年 3 月 31 日至第二年 8 月 28 日。同年 4 月 3 日该公路桥梁公司与 B 爆破公司签订《爆破服务协议》,按 B 公司出具的《A 高速公路 S 标段爆破工程爆破技术与施工方案设计》,由具有爆破作业许可证的爆破员进行爆破施工。同年 5 月开始,因爆破施工陆续导致多村农户房屋墙体、楼面开裂,造成财产损失,引发当地农户上访、阻工维权。该公路桥梁公司多次向保险公司报险索赔,但保险公司均以事故不属于保险责任为由拒绝赔付。因受损农户高达 800 多户,故该公路桥梁公司请当地镇政府出面协调,并委托鉴定机构对受损房屋进行鉴定,鉴定费用由该公路桥梁公司垫付。该公路桥梁公司按鉴定意见先垫付了农户的损失,取得债权后向法院提起诉讼,要求保险公司按合同规定理赔全部受损农户。

法院经审理后认为:①原告公路桥梁公司已向被告保险公司投保建筑工程一切险,据保险公司提供的建筑工程一切险条款以及我国《保险法》的规定,因工程爆破导致农户的房屋损失应当纳入建筑工程一切险的赔偿范围,即本案原告垫付的农户房屋财产损失应由被告保险公司按合同进行赔偿。②因涉及农户数量较多,在保险公司拒绝理赔的情况下,为避免发生群体性事件、维护施工正常进行及当地社会的稳定,原告公路桥梁公司根据鉴定机构进行的损失鉴定,会同当地政府及时、足额将补偿款项支付给房屋受损群众的行为并非不当,而说明原告公路桥梁公司严格履行施工合同,维护企业信誉,切实处理好因爆破施工所造成的相关遗留问题。基于此,现原告公路桥梁公司按照保险合同约定要求被告保险公司承担保险责任合法合理。因此,一审法院判决被告保险公司按保险合同约定向原告公路桥梁公司支付其垫付的赔偿金和鉴定费。被告保险公司不服提起上诉后,二审法院判决驳回上诉,维持原判。之后,该保险公司申请再审,再审法院经审查后,裁定驳回该保险公司的再审申请。最终,保险公司按合同规定赔付了公路桥梁公司相应的保险赔偿金。

复习思考题

一、名词解释

第三者；第三者责任；第三者责任保险；机动车第三者责任保险；船舶碰撞责任；飞机第三者责任保险；工程项目第三者责任保险

二、选择题

1. 被保险车辆因意外事故致使他人遭受人身伤亡或财产的直接损失依法应负的赔偿责任所归属的险种是（　　）。
   A. 车辆损失保险　　　　　　　　　　B. 无过失责任保险
   C. 机动车第三者责任险　　　　　　　D. 车上责任险

2. 机动车第三者责任保险的（　　）是保险人计算保险费的依据，同时也是保险人承担第三者责任险每次事故赔偿的最高限额。
   A. 保险价值　　　B. 赔偿限额　　　C. 保险金额　　　D. 保险利益

3. 甲某将其汽车投保了第三者责任保险，赔偿限额为20万元，在保险期间先后发生两次保险事故，被保险人应承担的赔偿责任分别为12万元、21万元。保险人按保单约定第一次赔偿12万元，在对第二次责任事故（　　）。
   A. 赔偿8万元后，第三者责任保险的保险责任仍然有效
   B. 赔偿8万元后，第三者责任保险的保险责任终止
   C. 赔偿20万元后，第三者责任保险的保险责任仍然有效
   D. 赔偿20万元后，第三者责任保险的保险责任终止

4. "交强险"的保险责任包括（　　）。
   A. 本车上财产的直接损失　　　　　　B. 本车上人员的人身伤亡
   C. 本车外他人财产的直接损失　　　　D. 本车外他人的人身伤亡

5. "交强险"责任免除包括（　　）。
   A. 被保险车所载货物撞击的损失　　　B. 被保险车上的一切人员和财产损失
   C. 被保险车下的一切人员和财产损失　D. 被保险人及其驾驶员的故意行为

6. 被保险人在工程保险期内因意外事故造成工地及工地附近的第三者人身伤亡或财产损失时依法应负的赔偿责任，一般称为（　　）。
   A. 工程险合同责任　　　　　　　　　B. 工程险侵权责任
   C. 工程险行政责任　　　　　　　　　D. 工程险第三者责任

7. 安装工程第三者责任险的第三者包括（　　）。
   A. 雇员
   B. 所有被保险人及其与工程有关的雇员
   C. 除所有被保险人及其与工程有关的雇员以外的自然人
   D. 除所有被保险人及其与工程有关的雇员以外的法人

8. 飞机第三者责任中的第三者不包括（　　）。
   A. 飞机上的驾驶员　　　　　　　　　B. 飞机上的机组人员
   C. 飞机下的旅客或乘客　　　　　　　D. 导航台上的工作人员

9. 船舶在海上或者与海相通的可航水域发生接触造成损害的事故，称为（　　）。
   A. 碰撞责任　　　B. 碰撞　　　C. 共同海损　　　D. 单独海损

10. 根据我国《航空法》规定，国际航线发生旅客死伤的情况时，确定承运人应负的赔偿责任采用的法律是（　　）。
    A. 侵权行为地法律　　B. 事故发生地法律　　C. 国际航班所在国法律　D. 罗马公约

三、问答题

1. 如何界定"第三者"？构成"第三者"的条件有哪些？
2. 第三者责任保险的特点有哪些？
3. 为什么世界各国都要强制实施机动车辆第三者责任保险？
4. 工程项目第三者责任保险的种类有哪些？
5. 安装工程第三者责任保险的费率厘定应考虑哪些因素？

四、案例分析

1. 甲某将其所有的一辆4座小轿车向A保险公司投保了车辆损失险和商业第三者责任险及车上人员责任险，保险金额分别为：车辆损失险24万元，商业三者险的责任限额为50万元（交强险另外），

车上人员责任险的责任限额为5万元。在保险期间,甲某将车借给司机乙某使用,在一次行驶中与某货车相撞,同时引起火灾,除该轿车全部被烧毁外,车上2位乘客和司机乙某受伤支付医疗费用2.6万元,乙某的一台电脑在车上被烧毁,损失金额为1万元;货车车损8万元,残值为0.8万元,货车上的人员医疗费用1万元。经交通管理部门鉴定,小轿车负全部责任。

问:保险公司应该赔偿吗?如果赔偿,如何赔偿?

2. 自某年3月1日起,W公司已对飞机进行了连续投保。前两年,由A财险公司独家承保。第三年4月11日,W公司第三年投保,此次由A、B、C三家保险公司共同承保,共保比例份额依次为50%、30%、20%。由三家保险公司向W公司联合签发的飞机保险单的保险险种涉及飞机机身一切险、法定责任险。其中飞机机身为定值保险,保险金额为人民币3000万元;法定责任险分项投保旅客座位险和地面第三者责任险,旅客责任险按飞机五座旅客座位每名旅客责任限额50万元,地面第三者责任险为每次事故赔偿限额500万元。同年10月1日,某电视台因举办活动,在报经有关部门批准后,向W公司租用直升机进行空中拍摄。在拍摄过程中,飞机失事坠毁,除机尾外机身全部烧毁。机上5名航拍人员3人死亡、2人重伤(机组人员中副驾驶死亡,机长重伤),地面撞死两人。事故发生当日,W公司向保险公司提交了《事故情况报告》,要求保险公司启动理赔并预付保险金,同时提出要求保险公司支付旅客责任险、第三者责任险在内的法定责任险保险金750万元。但保险公司拒绝理赔。保险公司的拒赔理由是:①保单一览表载明的用途为"公务",而非"空中拍摄"(按照《通用航空经营许可管理规定》,"空中拍摄"与"公务飞行"是两种不同的经营项目),保险责任只保"公务飞行"。②W公司在本次投保前曾多次将飞机用于空中拍摄,但填写投保单时却故意隐瞒这一事实,仍将用途设定为公务飞行,从保险公司获取最低的保险费率,属于故意不履行如实告知义务。③W公司将飞机用于空中拍摄,改变了适航证核定的"公务飞行"的使用范围,使飞机处于不适航状态。④W公司未提供任何证据证明地面第三人提出索赔请求。

问:(1)保险公司的拒赔理由充分吗?为什么?
(2)该案应该如何结案才合法合理?

3. 某年1月16日,安某经过一工地时,被该工地竖立的钢筋架砸伤,致腰椎压缩性骨折,现已瘫痪残废,完全丧失了生活自理能力。安某要求施工单位进行赔偿,但施工单位以安某自身没有注意"建筑工地危险,闲人免进"的警示牌有过错为由,拒绝赔偿。为此,安某向法院提起诉讼,请求判令施工单位给原告赔偿经济损失及伤残补助、继续治疗费等共计169.5万元,并判承保了施工单位建筑工程第三者责任险的保险公司代为支付赔款。

问:(1)本案安某的损失属于保险赔偿的责任范围吗?为什么?对待此案,保险公司应该如何理赔?
(2)法院能否在这次庭审中判保险公司赔偿?为什么?

4. 某年11月21日,D航空公司由B地飞往S地的航班在B地发生坠毁。除飞机上的53名机乘人员遇难外,空难还造成地面某公园临时工人白某(61岁,某单位退休工人)和一名晨练老太太龚某罹难。同时造成该公园中心湖水污染不能正常营业,船只、营帐等设施的受损以及公众对公园恐惧不再来公园游玩与健身活动,并带来职工工资支付困难、社会保险费无力支付的后果。同年11月27日,D航空公司向"11·21"空难每位遇难乘客的家属按法律进行了赔偿,但对地面上的两名遇难人员家属的安抚和理赔以及环境污染及其他间接责任却迟迟不予解决,特别是对于白某与公园的水环境污染等赔偿产生了长时间的争议。

(1)退休工人白某是在原单位退休后,在该公园当临时工(未签订劳动合同,该公园也没有为其投保社会(工伤)保险)因飞机坠毁而遭到意外死亡。

问:
第一,在此次事故中,公园与D航空公司是否都对白某的死亡负有法律赔偿责任?如果有责任,两方对死者承担什么性质的责任?如何划分他们各自承担的责任?

第二,根据事故发生地社会保险条例的有关规定,如果退休职工自然死亡,按规定单位一次性给予3000元左右的丧葬费,但对于白某这种双重劳动关系,当地社保条例中对此尚未有明确的赔偿规定。如果白某家属想从社会保险机构领取死亡补偿金,应按何种社会保险项目索赔?为什么?

第三,飞机地面第三者责任保险又如何赔偿白某的人身死亡损失?

(2)"11·21"空难直接炸毁了公园中心湖的旅游码头,烧毁了湖中的旅游船只、轮船、快艇和相关设施,污染了湖水(经调查与分析,空难事故对湖的水体造成了严重的石油污染和挥发酚污染;总磷、总氮、化学需氧量、高锰酸钾指数和五项生化需氧量超标非常严重,有机污染加重;湖总体水质恶化,富营养化程度加重;等等),砸毁了该公园的品牌,这是最直接的经济损失;空难造成旅游区全线停业,渔者不渔、船者不船,职工无业下岗,收入无源,生活水平一落千丈,这是营业中的损失;同时还有重大合同项目不能履行造成的巨额损失等。

问:飞机第三者责任保险又如何赔偿这些直接或间接的财产损失?其法律依据是什么?

第七章 个人责任保险

学习目标

学习本章时,学生应主要了解个人责任的形式,重点掌握并理解个人责任保险险种的特点、内容等;同时掌握个人责任保险业务经营的基本内容,了解家政责任保险、宠物责任保险等险种的市场变化。

第一节 个人责任保险概述和种类

思政园地

一、个人责任的概念和种类

(一)概念

个人责任,即自然人或其家庭成员由于过错,或者在法律特别规定的场所不问过错,违反法律规定的义务,以其作为或不作为的方式对他人的身体及财物造成损害并依法应负的经济赔偿责任。一般来说,个人责任又分为个人法律责任和个人合同责任。前者是指依法应由行为人承担的对他人的损害赔偿责任,其受害方是不确定的第三者(包括法人和自然人);后者是指行为人依照合同规定对造成合同的另一方的损害应承担的经济赔偿责任,其受害方是确定的合同相对方,即与致害人签订合同的法人或自然人。

(二)种类

个人责任,可以分为以下三项。

1. 个人侵权行为造成对他人身体或财物的损害赔偿责任

该赔偿责任是指如下一些责任:骑自行车撞伤了行人,骑车者应承担被撞者的医药费、误工工资等损失赔偿责任;由于自来水龙头没关好导致水溢到楼下住户家中,损坏了楼下住户家的财产,致害人要承担经济赔偿责任;个人因过失行为造成单位财产(法人财产)的损毁,依法应负的赔偿责任;客人来家中做客因地板滑而摔倒骨折,或者热水瓶爆炸将客人烫伤等发生的医疗费用等。

2. 个人或家庭所有的静物责任

该责任是指归个人或家庭所有的物质财产在个人不作为时发生意外而造成对他人身

体或财物的损害赔偿责任。例如,阳台上的花盆由于受刮风等自然力的作用落下砸伤他人或损坏了他人的财物,花盆的主人依法应对受害者负赔偿责任等。

3. 个人或家庭饲养的动物责任

该责任即个人或家庭饲养的动物在个人不作为时造成对他人身体或财物的损害赔偿责任。例如,个人饲养的狗咬伤行人,狗的主人就要对伤者负责;又如,个人饲养的牛毁坏了他人的农作物,亦应负赔偿责任。

如果个人静物或动物责任是因个人过错行为造成的,应归属于个人侵权行为。例如,阳台上花盆放置地方不当,户主负过失责任;对狗不圈养、不看管,亦不能简单地视为动物责任。因此,上述静物或动物责任仅指个人无过失的情况下造成的损害赔偿责任。当然,对赔偿而言,这种划分并无实际意义,但对保险人确定承保条件,明确保险责任却有益处。

二、个人责任保险的概念、特点及加速发展的必要性

(一) 个人责任保险的概念

个人责任保险,是指在保险期间因个人或家庭成员(被保险人)的过失而发生意外事故并造成第三人人身伤害、死亡或财物损失,依法律规定应负赔偿责任而受赔偿请求时,保险公司将对被保险人负赔偿责任的保险。简言之,个人责任保险就是为个人或其家庭提供的责任保险。因此,它适用于任何个人或家庭,即任何个人或家庭均可以将自己或自己所有物(动物、静物)可能造成损害公众利益的责任风险通过投保个人责任保险转嫁给保险人。

个人责任保险在宏观上按习惯列入公众责任保险范畴,但它实质上是一类承保个人或家庭各种责任风险如个人第三者责任或公众责任、个人职业责任、个人产品责任等的独成体系的责任保险业务。早在20世纪30年代,欧美国家就开办了个人责任保险。由于西方国家在法律上强调私有财产神圣不可侵犯和个人价值,相应地使个人责任风险日益扩大,人们投保个人责任保险的需求也日益高涨,且责任范围逐渐由住宅内扩展到住宅外的个人一切日常活动乃至专业工作。因此,个人责任保险在西方国家发展迅速,在少数国家已成为保险人重要的业务来源之一。

(二) 个人责任保险的特点

个人责任保险具有其他责任保险的共同特征,如代致害人承担损害赔偿责任等,但作为独立的保险业务,还有着如下特点:

(1) 个人责任保险的投保人仅限于自然人及其家庭,其被保险人可以解释为被保险人个人,也可以解释为被保险人的配偶、子女及与他们共同居住一起生活的亲属和其他人。

(2) 个人责任保险包括了个人职业责任保险,即个人职业责任保险虽然作为一项独立或附加保险存在,其内容与普通职业责任保险基本一致,但仍只能作为个人责任保险范畴投保。此外,个人雇工或个人生产所带来的雇主责任风险与产品责任风险也被列入个人责任保险范畴。例如,家庭中的保姆作为雇员需通过个人(雇主)责任保险获得保障;又如,个体户生产的面条、糕点、服装等产品同样需要通过个人(产品)责任保险获得保障。因此,个人责任保险是综合性业务,在实务经营中既要考虑到其特殊性,又可以参照其他责任保险的内容。

(3) 个人责任保险的承保区域范围比其他公众责任保险广,它包括被保险人的住宅内、

住宅外活动和各种个人娱乐、职业活动等,即凡是个人的活动范围(个人在单位工作时除外)均可以通过个人责任保险获得保障。

(4) 个人责任保险承保的一般是被保险人在工作时间之外的活动引起的损害赔偿责任,经过特别约定,也可以承保其在工作中的损害赔偿责任。

此外,个人责任保险在厘订费率的具体依据及承保条件等方面与其他责任保险亦有区别。

(三) 个人责任保险加速发展的必要性

在我国,个人责任风险客观存在,虽然一些保险公司销售的家庭财产保险产品中包含个人责任保险的内容(如水管爆裂保险、宠物保险),但将个人责任风险像保险发达国家或地区那样完全通过保险制度转嫁还相距甚远,而社会经济的发展与进步已使个人责任保险业务的加速发展日显迫切。

第一,我国的法律制度既保护公有财产不受侵犯,也保护私有财产不受侵犯,人身权利更是宪法赋予每个公民的根本权利。而损害赔偿作为我国民法中的一项基本原则,在法律上要求致害人必须对受害人履行经济赔偿的义务。因个人责任事故带来的个人责任风险,使每个人或家庭均可能产生民事损害索赔。致害人是否能履行法律赔偿义务,往往因受其自身财力的限制难于履行,因此可以利用保险作为后盾。

第二,经济的发展使个人生活水平不断提高,各种智能家用电器等逐渐进入居民家庭,在给人们带来方便的同时,也带来了室内新的危险因素,加之个人社交范围日益扩大,户外活动不断增加(如郊游、运动等),室外风险也相应增加。个人或家庭在住宅内外的新风险不仅会危及自身财产及人身,也可能危及第三者或公众的财产或人身安全。如室内电器事故对客人的伤害、室外活动对公众财产或他人人身的损害等。因此,个人及家庭已具有投保个人责任保险的潜在需求。

第三,公民法治观念的树立使受害索赔的意识增强,公民之间、公民与法人之间以及法人之间的损害索赔案逐年增多,且日趋程序化,为保障受害方的权益并顺应公众的要求,使有关法律得到贯彻落实,有必要开办和发展个人责任保险。

上述分析表明,在我国加快发展个人责任保险很有必要,而《民法典》等法律、法规的颁布实施为个人责任保险提供了基本的法律条件,人们生活水平的提高又使其承受保险费支出的能力增强。因此,开办并发展个人责任保险无论对社会、保险人、被保险人和受害人均有着积极意义。

第二节 个人责任保险的经营

一、个人责任保险的承保

个人责任保险的承保主要包括如下内容。

(一) 风险调查

风险调查是决定开办或承保个人责任保险业务与否的基础工作。个人责任保险的风险调查可以分为综合风险调查和特定风险调查两部分,前者是指对一定地区范围内的全体居民的责任风险的综合调查,后者则是指对特定投保人或被保险人的个人责任风险调查。

1. **综合风险调查的内容**
(1) 本地区居住户数、人口数、人口构成、职业构成情况。
(2) 本地区流动人口情况,如保姆、家庭教师及其他非常住人口情况。
(3) 本地区社交情况。
(4) 本地区个人责任事故发生频率及索赔处理情况。
(5) 本地区常见的个人责任风险及排名顺序。
(6) 保险人经营同类业务的量的预计和市场潜力大小。
(7) 其他保险人经营情况的参考。

2. **特定风险调查的内容**
(1) 投保人的姓名、年龄、性别、职业。
(2) 投保人的家庭成员的基本情况。
(3) 投保人住宅的结构、位置、是否属私人所有?
(4) 投保人住宅内的财物构成、性能、分布及可能出现的事故?哪些财产最易造成对他人的损害?
(5) 投保人是否饲养动物?用何种方式喂养?该动物可能造成对他人的损害风险有哪些?
(6) 投保人的一般生活规律及工作时间与业余时间的分布情况。
(7) 投保人的户外活动有哪些?
(8) 投保人是否属个体专业技术人员?是何种职业?职业风险如何?
(9) 投保人的社交情况及社交对象的多寡,社交活动的场所一般在哪里?
(10) 投保人对保险的具体需求。

通过综合风险调查,保险人可以对本地区的个人责任风险及市场前景作出评估,为是否开办该业务以及确定保险费率等一般承保条件提供依据;通过特定风险调查,保险人可以对投保人的个人责任风险作出评估,为决定该业务的承保与否及其具体的承保条件、费率标准等提供依据。

(二) 确定被保险人的行为场所和行为时间

确定被保险人的行为场所和行为时间,是明确被保险人转嫁个人责任风险的范围和保险人赔偿的先决条件。

1. **行为场所**
被保险人的行为场所,可以分为如下几种。

1) 被保险人居住的处所
(1) 属被保险人所有或长期使用、支配的房屋、住宅、公寓、基地及私用通道以及任何其他建筑物当作住宅使用的部分,但不包括用于商业的任何部分。
(2) 在保险期内不属于被保险人所有,但为被保险人临时居住的住宅、房屋,如租用的别墅、房间、借住亲友之家、旅社或学校等。

2) 被保险人居住处所外的行为
(1) 户外运动,包括上下班。
(2) 外出旅行。
(3) 外出购物、郊游、散步、迎送亲友、走访等。
3) 被保险人个人用作经营的房屋及建筑物
例如私人诊所、个体理发厅等。保险人负责的行为场所范围由其与被保险人协商确定,并在保险单上注明,作为保险当事人双方履行权利或义务的法律依据之一。

2. 行为时间
(1) 工作时间。
(2) 工作时间以外的所有时间,即除了被保险人上班时间外的行为均在保险范围内。
(3) 全天24小时,即对被保险人在保险期限内任何时间发生的损害事故,只要发生在保险区域范围并依法应负赔偿责任,保险人均在赔偿限额内予以负责。

由于个人行为的广泛性和个人行为的不确定性,个人责任保险对被保险人行为的唯一限制不是其行为的数量,而是被保险人的行为必须具有疏忽性和过失性,即对行为本身性质的认定是所有个人责任保险的共同基础。

(三) 确定可保的个人责任

个人责任风险是复杂且大量的,保险人并非承担被保险人的一切法律赔偿责任,而是以被保险人的疏忽大意行为为条件来确定可保的个人责任,它一般包括以下几项:

(1) 在被保险人所有、使用或支配的住宅内发生意外事故并造成了第三者的人身伤害或财产损失,依法应当由被保险人承担的经济赔偿责任。这项责任与场所责任保险相似,但仅适用于被保险人的住宅。

(2) 被保险人所有、使用或支配的静物或饲养、看护的动物造成第三者的人身伤害或财产损失,依法应由被保险人承担的经济赔偿责任。其含意是被保险人本人及其行为并无过失和故意,而是由其静物或动物的行为造成的损害事故,保险人负责赔偿。如阳台上的花盆随风落下砸伤行人或财物,猫伤害了邻居家的小孩等。

(3) 被保险人日常生活中造成第三者的人身伤害或财产损失,依法应由被保险人承担的经济赔偿责任。这项责任除包括上述两项内容外,还包括被保险人本人、他的亲属以及其他与被保险人一起居住的家庭成员在住宅内、外的日常生活行为所引起的依法应承担的损害赔偿责任。如骑自行车撞伤行人,小孩打伤了邻居家的小孩等。

(4) 由损害事故所导致的有关费用。如造成第三者财物损毁的场地清理费,造成第三者人身伤害的紧急医治费、手术费,为防止和减轻对他人的损害赔偿责任而支付的合理费用,事先经保险人同意支付的法律费用及其他合理费用,只要是保险责任范围内的事故引起,保险人均予负责。

(5) 被保险人的行为或不行为造成合同对方的损害赔偿责任。

上述责任,保险人均可以作为普通责任或附加责任在个人责任保险项下予以承保。

(四) 保险责任的选择或限制

在实际承保中,保险人应根据被保险人的要求和自己的经营能力对被保险人的个人责任做有选择或有限制的承保。如前述可保的个人责任中,有的可以不加任何限制条件即可承保,有的需附加限制条件才能承保,有的也可以作为免责责任。因此,将何种、何地、何时的个人责任风险作为保险责任,如何选择,如何承保,对个人责任保险的经营而言尤为重要。保险责任的选择或限制方法有如下几种。

1. **选择或限制被保险人的活动场所**

在选择和限制活动场所方面,可以任选一种:①承保被保险人在住宅内、外日常生活中造成的损害赔偿责任,此类责任场所范围最宽,宜慎重考虑。②承保发生在被保险人住宅内的损害赔偿责任,将被保险人住宅外的活动及其风险列为免责责任,它较利于保险人评估和控制风险。③承保被保险人住宅外活动引起的损害赔偿责任,将被保险人住宅内活动列为除免责任。它能满足个人户外活动利益保障的需要。

2. **选择或限制被保险人的行为时间**

在选择或限制被保险人的行为时间方面,也可任选一种:①按全天 24 小时承保,即不论工作、工余时间均属于保险责任时间。②按工余时间承保,即仅保被保险人工作之余时间发生的责任事故所引起的损害赔偿,将工作时间中的损害事故责任除外不保。但对被保险人的静物、动物而言,仍须全天 24 小时承保。

3. **选择或限制损害赔偿责任**

保险人对被保险人的损害赔偿责任可以根据需要进行选择或限制,如既可以将故意行为和无过失行为所致的损害责任和合同责任除外,也可以扩展承保无过失责任和合同责任。

4. **选择或限制赔偿限额**

保险人承担多大的经济赔偿责任,是通过赔偿限额来体现的,因此,承保中对赔偿限额应慎重确定,既要做到满足被保险人转嫁风险的需要,又要考虑自身承保能力及其带来的社会、经济效益。其可供选择的方法有如下几种:

(1) 分别规定每次事故的赔偿限额和累计赔偿限额(前者适用于被保险人的每一次责任事故,后者适用于被保险人在整个保险有效期内的全部事故责任,下同)。

(2) 仅规定每次事故的赔偿限额或累计赔偿限额。

(3) 分别规定人身伤害和财产损失的赔偿限额,且互不调剂。

(4) 仅规定一个综合赔偿限额,不分项。

(5) 将有关费用列入赔偿限额,共受限制。

(6) 将有关费用在保险单上列明,另行计赔。

通常情况下,保险人对个人责任保险仅规定一个人身伤害和财产损失的混合赔偿限额,但也可以按投保人所投保的风险责任采用其他方法确定。同时,有关费用须在保险单中明确规范,如受害人因受害误工的工资、住院费、医疗费、必要的营养费、看护费、看病者的交通费、伙食补贴费以及丧葬费、抚恤费、诉讼费、律师费、抗辩费、取证费等,一旦明确规定,保险双方须按约履行,避免纠纷。

(五) 免责责任

个人责任保险不能承保的风险责任,主要有以下几项:

(1) 被保险人及其家庭成员的故意行为或恶意行为所导致的损害赔偿责任。但对限定年龄以下的家庭成员(如 12 岁以下的儿童)的故意行为经过特别约定并加收保险费,保险人亦可扩展承保,限制条件必须是儿童自己的行为,而不是受人支使的行为所导致的损害赔偿责任。

(2) 被保险人业务活动中引起的法律赔偿责任,但个人职业责任可以通过个人职业责任保险获得保障,因而例外。

(3) 被保险人在精神错乱、智障状态下所引起的损害赔偿责任。

(4) 被保险人或在被保险人支使下的违法行为、格斗等引起的损害赔偿责任。

(5) 被保险人所有、使用或照管的各种飞行器、船舶、机动车或枪支(不包括气枪)造成的损害赔偿责任,但射击运动员责任保险例外。

(6) 被保险人所有、控制、租赁的非承保场所,而被保险人在该场所的行为或不行为所造成的损害赔偿责任。

(7) 被保险人在承保场所范围外及承保责任时间以外的一切损害赔偿责任。

(8) 被保险人及其配偶、子女以及与其一起居住的亲属和其他人之间互相造成的损害而产生的任何损失,保险人不负责任。

(9) 任何类型的传染病导致的损失和责任。

(10) 不属于保险单上保险责任范围的其他损害赔偿责任。

二、个人责任保险保险费的计厘

个人责任保险的保险费收取标准,主要根据保险人所承担的风险责任大小按基本限额一次性收取固定保险费。其计算依据如下:

(1) 被保险人居住的处所,包括居住处所的数量和准确的位置。如临街的处所与独家住宅楼以及一个居住处所与多个居住处所的风险不同,费率应有差异。

(2) 被保险人的环境,包括地理环境、社会环境等。

(3) 被保险人的家属及共同居住的亲属或其他人的数量。居住的人数多,行为或不行为所产生的个人责任就大,应根据各人的年龄、职业、性别等分别计算收费。

(4) 承保的区域范围大小。区域范围大,风险责任也大,如住宅外的活动就比住宅内的风险大,外出旅游又比一般室外活动风险大。

(5) 被保险人的住处是否兼作营业使用,被保险人是否居住在其营业的场所。作为营业用或半营业用的场所与单纯居住的场所风险程度是有区别的,应分别考虑。

(6) 保险责任的日时长短。全天时间负责比工余时间负责收费要高。

(7) 赔偿限额和免赔额的高低。

若保险责任中还包括了被保险人的住宅外损害赔偿责任,保险人还应根据被保险人的生活习惯和户外活动内容、特点等评估风险,作为计收保险费的依据。综合考虑上述因素后,保险人可以按基本赔偿限额收取固定保险费,限额增加,保险费也增加,但不一定成比例增长。保险费应在承保签单或保险单生效时一次性收取。

三、个人责任保险的赔偿处理

(一) 赔偿金额的确定

在保险期内,当个人责任保险承保的事故发生后,保险人对每次事故的赔偿金额以受害人、被保险人双方协商确定并经保险人同意,或经法院或仲裁机构依照法定程序确定的金额为准。但最高不超过保险单载明的每次事故责任限额。对于每人人身伤亡，保险人的赔偿金额不超过保险单明细表列明的每人人身伤亡责任限额；对保险责任范围内的最高赔偿金额不得超过保险单载明的累计责任限额。

（二）注意事项

（1）被保险人给第三者造成损害，被保险人未向该第三者赔偿的，保险人不得向被保险人赔偿保险金。

（2）发生保险事故时，如果被保险人的损失在有相同保障的其他保险项下也能够获得赔偿，则保险人应按照个人责任保险合同的责任限额进行比例分摊。其他保险人应承担的赔偿金额，保险人一般不负责垫付。

（3）若被保险人未如实告知导致保险人多支付赔偿金的，保险人有权向被保险人追回多支付的部分。

（4）发生保险责任范围内的损失，应由有关责任方负责赔偿的，保险人自向被保险人赔偿保险金之日起，在赔偿金额范围内代位行使被保险人对有关责任方请求赔偿的权利，被保险人应当向保险人提供必要的文件和所知道的有关情况。被保险人已经从有关责任方取得赔偿的，保险人赔偿保险金时，可以相应扣减被保险人已从有关责任方取得的赔偿金额。

（5）保险事故发生后，在保险人未赔偿保险金之前，被保险人放弃对有关责任方请求赔偿权利的，保险人不承担赔偿责任；保险人向被保险人赔偿保险金后，被保险人未经保险人同意放弃对有关责任方请求赔偿权利的，该行为无效；由于被保险人故意或者因重大过失致使保险人不能行使代位请求赔偿的权利的，保险人可以扣减或者要求返还相应的保险金。

第三节　个人责任保险的种类

个人责任保险作为一项保险业务，可以由若干具体险种组成。在西方国家，个人责任保险险种大部分是独立险种，而在国内，大部分保险公司则将该险种作为家庭财产保险的附加险，进行打包销售。但无论是独立险种还是附加险种，从国内外的发展实践来看，比较流行的个人责任保险有以下几种。

一、家庭责任保险

家庭责任保险是一种以全体家庭成员（一般指长期同住在一起的家庭成员）为被保险人，以被保险人在其所居住的住所、使用、安装或存放其所有或租借的财产时，由于过失和疏忽造成第三者的人身伤亡或财产的直接损毁，在法律上应由被保险人承担民事损害赔偿责任为保险标的的保险。在我国保险市场上，该险种有独立销售的险种（如某保险公司的居家责任保险），但大部分属于家庭财产保险的附加险，因此，有时该险种又称为家庭财产（综合）保险附加第三者责任保险。

在保险有效期内，家庭责任保险合同一般对下列被保险人居所附属的安装物、搁置物、悬挂物,因自然灾害或意外事故造成倒塌、脱落、坠落,致使第三者人身伤害或财产损失,被保险人在法律上应承担经济赔偿责任的,保险人按照合同给予赔偿,即：①安装在室外的晾衣装置、晾衣竹竿、晾晒衣物。②常年安装于室外的遮阳棚、空调器或其支架。③排气风扇及热水淋浴器、脱排油烟机室外排气装置。④独立使用面积内的门、窗或安装于门、窗上的玻璃。⑤摆放于阳台、窗台内侧的盆栽、盆景。此外,被保险人因上述事故依法应承担的诉讼费用以及事先经保险公司书面同意支付的其他合理费用,保险公司在约定的责任限额内予以赔偿。

家庭责任保险除了上述承担的赔偿责任,对于下列各项保险人不负赔偿责任：
(1) 战争、军事行动、暴乱所造成的损失。
(2) 被保险人违反政府有关部门规定,擅自搭建违章建筑所造成的损失,或政府及有关部门明令拆除而引起的损失。
(3) 对被保险人的故意、欺诈、酗酒、殴斗以及在精神错乱、病理性痴呆情况下引起的损害赔偿责任。
(4) 涉及知识产权、姓名权、肖像权、名誉权、荣誉权的侵害赔偿责任及精神损害赔偿责任和费用。
(5) 使用或驾驶各种动力与非动力交通、运输工具所造成损害赔偿责任和费用。
(6) 违反国家有关保护环境防止污染的规定,由污物、水、气、噪音、磁波和电子波造成的财产和人身损害事故的赔偿责任和费用。
(7) 被保险人聘请的雇员的民事侵权造成他人的财产或人身伤害的赔偿费用。
(8) 被保险人所遭受的人身伤害以及其所有、照管、控制的财产所遭受的损失。
(9) 饲养的动物所造成的损害赔偿责任和费用。
(10) 燃放烟花爆竹所引起的民事损害赔偿责任和费用。
(11) 惩罚性赔偿及罚款。
(12) 各种间接损失及被保险人(或其家庭成员)私自承诺的费用。
(13) 其他不属于本保险责任范围内的损失和费用。

在赔偿方面,该险种一般有如下规定：①如一次责任事故赔偿金额达到最高赔偿限额,则保险责任即行终止,被保险人如需恢复原赔偿限额时,应补交保险费,并由保险人出具批单批注;如一次责任事故未达至最高赔偿限额,其有效赔偿限额应是最高赔偿限额减去赔偿金额后的余额。②因民事责任原因发生保险责任事故时,被保险人或家庭成员在赔偿他人人身伤亡和财产损失前,须征得保险人书面许可,被保险人未经保险人同意,所订立一切协议或支付的费用,保险人不承担责任。③每份保单均有绝对免赔额。

值得指出的是,在实践中,家庭责任保险有的被称为住宅责任保险、家主责任保险、居家责任保险等,名称虽然有别,但保障的范围大同小异,如作为个人静物责任保险的住宅责任保险,承保的是由于被保险人的住宅及住宅内的静物(如家用电器、液化气灶、阳台上的花盆等)发生意外事故致使其雇佣人员(如保姆、家庭教师)或客人或通行的他人在住宅内部或附近遭受伤害或其财物被损毁,根据法律应由被保险人负责的经济赔偿责任。也就是说,住宅责任保险的责任范围包括有房屋本身导致的民事损害赔偿责任,而前述的家庭责任保险不包含房屋本身而仅仅是属于住所范围之内的静物导致的责任,但两者承保的都是被保险人在法律上的间接责任风险。此外,有的家庭责任保险的承保责任还包括有保险单上载明地点的被保险人居所发生火灾或爆炸致使第三者人身伤亡或财产损失,被保险人或其家庭成员依照我国法律应承担的经济赔偿责任。火灾或爆炸导致的他人损失,既非静物责任,也非动物责任,但属于个人或家庭人为事故导致的第三者责任。除了间接责任风险,保险人同样承保投保人或被保险人法律意义上的直接责任风险,如某保险公司的居家责任保险承保的是被保险人或其家庭成员在保险单载明的被保险人住址内,因过失造成第三者的人身伤亡或财产损失,依法应由被保险人承担的赔偿责任。当然,这个居家责任保险的承保责任其实也包括被保险人法律意义上的间接责任风险及火灾或爆炸所导致的民事赔偿责任风险,即其保障范围要比前述的住宅责任保险等家庭责任保险险种的范围要大。

二、家政责任保险

随着人们生活水平的不断提高,工作节奏的加快,老龄化的日益加重,多胎政策的开放,居民家中雇用保姆、钟点工等家政服务人员(☞知识链接 7-1)的情况越来越多,由此会带来一些特定的雇主责任风险,如家政服务人员在烧饭时被烫伤或因煤气泄漏导致死亡、在擦窗时被摔伤、在照顾宠物时被抓伤或咬伤、在购物途中发生交通事故被撞伤,等等。根据我国《民法典》第一千一百九十二条规定:"个人之间形成劳务关系,提供劳务一方因劳务造成他人损害的,由接受劳务一方承担侵权责任。接受劳务一方承担侵权责任后,可以向有故意或者重大过失的提供劳务一方追偿。提供劳务一方因劳务受到损害的,根据双方各自的过错承担相应的责任。提供劳务期间,因第三人的行为造成提供劳务一方损害的,提供劳务一方有权请求第三人承担侵权责任,也有权请求接受劳务一方给予补偿。接受劳务一方补偿后,可以向第三人追偿。"这从法律上认定了雇主必须承担家政服务人员在工作中发生意外伤害事故所带来的赔偿责任,亦即家庭雇主在雇佣家政人员时存在着民事赔偿责任风险。

知识链接 7-1 家政服务人员一般是指与家庭有雇佣关系的务工人员。在我国,自人力资源和社会保障部颁布的《中华人民共和国职业分类大典(2015 年版)》后,就有了正式的家政服务人员国家职业技能标准。随着家政服务需求日益多元化、个性化,家政服务领域趋向多样化、专业化。现行的家政人员已不仅仅限于简单的如保洁、搬家、保姆等传统的简单劳务型家政服务,知识技能型家政服务如育婴师、家教、护理等更加专业,甚至专家管理型家政服务如理财、管家等服务也正在快速发展。为了推动家政服务业提质扩容,进一步扩大居家养老、育幼服务供给,增加社区就业,创新消费场景,引导家政服务充分融入社区生态体系,2022 年 12 月 19 日,国家发展改革委、商务部等部门印发了《关于推动家政进社区的指导意见》,该《指导意见》提出,到 2023 年年底,促进家政服务业提质扩容"领跑者"行动重点推进城市的社区家政网点服务能力覆盖率达到 90%以上,全国家政服务网点服务能力进一步提升。到 2025 年,全国基本实现社区家政服务能力全覆盖,推动家政行业从业人员进一步增加,消费规模进一步扩大,服务品质进一步提升。

家政责任保险,就是指以被保险人为其家庭聘用的合格的家政服务人员(☞知识链接 7-2),在为被保险人或其家庭成员提供家政服务过程中遭受意外伤害,被保险人或其家庭成员依照我国法律规定应承担的经济赔偿责任为保险标的的保险。家政责任保险既能起到维护家政服务人员的合法权益的作用,又能规避雇主家庭的责任风险。在中国香港、新加坡、菲律宾等地都是属于强制性的保险险种。在我国内地,该险种有独立销售的产品,但以附加险为主流。

知识链接7-2 当前我国家政服务人员从业模式大致可以分为以下三种:员工制、中介制及零散制。员工制是指家政服务人员作为家政公司员工被派遣到雇主家中服务,公司与家政服务人员签订劳动合同,家政公司给家政服务人员发工资、买社会保险、协调相关矛盾,家政公司需承担家政服务人员意外事故后的法律赔偿责任(一般可通过雇主责任保险转嫁)。中介制是指家政公司给雇主家介绍或推荐家政服务人员,并收取雇主的中介费,家政服务人员的工资由雇主发放。而零散制则是指雇主通过亲戚朋友介绍、或通过当地劳务市场自己寻找、或相关App及其他方式发表信息直接寻找家政服务人员并直接支付家政服务人员的工资。中介制与零散制的家政人员在雇主家从事家政服务时遭受意外伤害事故后,需要根据家政服务人员与雇主各自的过错承担相应的责任。

家庭或个人在雇佣家政服务人员并投保家政服务人员责任保险后,保险人按照保险合同的约定,在赔偿限额内予以赔付被保险人应该承担的家政服务人员在工作中,因意外伤害导致的医疗费用、残疾、身故等民事损害赔偿费用。但家政服务人员责任保险对于以下原因产生的损失、费用和赔偿责任,保险人一般不负责赔偿:①家政服务人员的违法、犯罪、故意行为或重大过失行为。②合同约定的赔偿责任,但即使没有该合同被保险人依法仍应承担的赔偿责任不在此限。③其他不属于保险合同责任范围内的损失和费用。

一般来说,家政责任保险消费者——雇主,不仅可以为全日工投保家政责任保险,也可以为钟点工投保。此外,因家政服务人员具有流动性大的特点,在一年时间内会经常发生人员变动。当家政服务人员变动后,雇主需要通知保险人对保险合同进行变更,保险人同意变更后,合同继续有效至合同期满。

三、宠物责任保险

宠物责任保险,是指承保以投保人(或被保险人)豢养的,经公安部门、卫生防疫部门及其他有关政府部门检验合格并核发宠物准养证和免疫牌的宠物,造成第三者的人身伤亡或财产损失,根据法律规定应由被保险人承担民事损害赔偿责任为保险标的的保险。近几年来,猫犬等宠物进入我国寻常百姓家,宠物不仅是人们闲暇时候的玩伴,更逐渐成为家庭的一分子。但宠物终究有着兽性的一面,伤人、伤物的事件时有发生,给宠物的主人带来不必要的纠纷和一定的经济损失。据统计,我国每年有近4 000万人被猫狗咬伤。[1] 我国《民法典》第一千二百四十五条至第一千二百四十七条规定,饲养的动物造成他人损害的,动物饲养人或者管理人应当承担侵权责任;违反管理规定,未对动物采取安全措施造成他人损害的,动物饲养人或者管理人应当承担侵权责任;禁止饲养的烈性犬等危险动物造成他人损害的,动物饲养人或者管理人应当承担侵权责任。该法第一千二百四十九条也规定:"遗弃、逃逸的动物在遗弃、逃逸期间造成他人损害的,由动物原饲养人或者管理人承担侵权责

---

[1] 我国每年约4 000万人被猫狗咬伤 致伤后如何规范处置? [N/OL].中国经济网——国家经济门户.http://bgimg.ce.cn/xwzx/gnsz/gdxw/202112/26/t20211226_37203454.shtml,2021-12-26.

任。"由此可见,宠物带来的法律责任风险是高度危险责任风险,且随着家庭饲养数量与种类的增加,风险也越来越大。

为了避免宠物带来的责任风险,国外保险公司很早就有专门的宠物保险险种,而美、英等国还有专门的宠物保险公司(当然,宠物责任保险仅仅是其中的一方面,主要还包括宠物医疗保险等内容)。在我国,许多财产保险公司均先后推出了宠物责任保险险种,该险种有的是附加于家庭财产保险险种,有的是独立险种;有的仅仅针对宠物狗进行保险,有的还包括其他动物。

根据目前国内的宠物责任保险绝大部分只限于犬类,而对猫、蜥蜴、蛇等其他宠物还都没有涉及的情况,在此,特简要归纳各保险公司的犬类责任保险险种的保险保障范围。

犬类宠物责任保险的保险责任主要包括三项:

(1) 因被保险人的犬类宠物的袭击、撕咬行为致使他人遭受人身伤亡和财产的直接损失,依法应由被保险人承担的经济赔偿责任。

(2) 因被保险人的犬类宠物原因引起他人患狂犬病,依法应由被保险人承担的经济赔偿责任。

(3) 对被保险人因上述原因而支付的诉讼费用以及事先经保险公司书面同意而支付的其他费用。

犬类宠物责任保险的免责责任主要包括以下几项:

(1) 被保险人故意纵容、唆使被保险人的犬类宠物侵害他人利益引起的赔偿责任。

(2) 非被保险人饲养或虽由被保险人饲养但未经国家有关职能部门批准饲养的犬类宠物因侵害他人利益引起的赔偿责任。

(3) 被保险人的犬类宠物咬伤、咬死其他宠物引起的赔偿责任。

(4) 被保险人的犬类宠物造成的大气、土地及水污染及其他各种污染所引起的责任。

(5) 由于受害人自身的过错行为或违法行为导致被保险人的犬类宠物对受害人侵害所造成的受害人人身伤亡及财产损失。

(6) 宠物咬伤、咬死被保险人及其家庭成员所造成的损失。

(7) 其他不属于保险责任范围的责任、损失和费用等。

对于保险责任限额,宠物责任保险一般规定每次事故的赔偿金额以不超过保险单列明的每人人身伤亡责任限额和财产损失限额为度;同时,在保险期间内,保险人的累计赔偿金额一般不超过保险单列明的累计责任限额。例如,表 7-1 为某财产保险公司销售的宠物(犬类)责任保险定额保单,其对赔偿限额、保费等的规定就可以说明这一点。

表 7-1 ××保险公司宠物(犬类)责任保险定额保单

保险单号码:××××××××

投保人/被保险人姓名		身份证号码		性别		联系电话	
投保人/被保险人住址							
宠物(犬类)种类							
宠物(犬类)饲养许可证号码							
宠物(犬类)免疫证号码							

(续表)

保险责任	保险金额（人民币：元）	累计赔偿限额（人民币：元）
被保险人合法拥有的宠物（犬类）造成第三者的人身伤害或财产的直接损失。其中财产损失每次事故赔偿限额为2 000元,全年累计赔偿限额为10 000元。	150 000.00	150 000.00
保险费（人民币：元） 150.00	每次事故财产损失免赔额（人民币：元）	50.00
保险期间	一年,自 年 月 日零时起至 年 月 日二十四时止。	
承保区域范围 B市	保险合同争议解决方式：协商\仲裁\诉讼	

鉴于投保人已向本保险人投保《××财产保险股份有限公司宠物（犬）饲养责任保险》,并按本保险合同约定支付保险费,保险人同意按照上述条款的约定承担保险责任,特立本保险单为凭。

保险人：（签章）
保险人地(网)址： 电话：
　　　　　　　　　　　　　　　　　　年　月　日

四、非机动车第三者责任保险

非机动车是指以人力或者畜力驱动,上道路行驶的交通工具,以及虽有动力装置驱动但设计最高时速、空车质量、外形尺寸符合有关国家标准的残疾人机动轮椅车、电动自行车等交通工具。非机动车第三者责任保险是以经公安交通部门检查合格并核发有效牌证的非机动车,在行使过程中发生意外事故,致使第三者遭受人身伤亡或财产的直接损毁,依法应由被保险人承担的经济损失作为保险标的的保险。这里的第三者,是指因被保险非机动车辆发生意外事故而遭受人身伤亡或者财产损失的人,但不包括投保人、被保险人、保险人和保险事故发生时被保险非机动车辆上的人员。

由于非机动车无须投保交强险,在发生非机动车第三者责任保险事故进行理赔时,不涉及交强险先行赔付问题。对于非机动车之间、非机动车与行人之间发生交通事故的,应根据道路事故认定书中的责任比例来承担相应的赔偿责任。我国《道交法》第七十六条第三款规定:"机动车与非机动车驾驶人、行人之间发生交通事故,非机动车驾驶人、行人没有过错的,由机动车一方承担赔偿责任;有证据证明非机动车驾驶人、行人有过错的,根据过错程度适当减轻机动车一方的赔偿责任;机动车一方没有过错的,承担不超过百分之十的赔偿责任。"

在免责责任方面,被保险人的故意行为或违法犯罪行为以及欺骗行为作为免责责任不予承保;对于被保险车辆导致的被保险人及其家庭成员的人身伤亡或财产损失、被保险车辆在发生意外事故时引起被保险人停业、停驶等的一切间接损失,被保险车辆被盗窃、抢劫、抢夺后或在其他被非法占用期间导致的损失,不论在法律上是否应当由被保险人承担赔偿责任,保险人均不负责赔偿。但在投保了非机动车辆第三者责任保险的基础上,投保人可以投保附加车上人员责任保险、附加盗抢保险。

对于每次事故造成的损失,非机动车第三者责任保险的保险人在每次事故责任限额内计算赔偿。在赔偿限额上有每次最高赔偿金额的限定,而且通常还规定了一个免赔额。赔偿以后保险单继续有效,直至保险期满。对于医疗费用赔付,保险人按照国家基本医疗保险的标准核定赔偿金额,在保险限额内进行赔付。除合同另有约定外,对每次事故法律费用的赔偿金额,保险人在保险合同载明的每次事故责任限额以外另行计算应由被保险人支付的法律费用数额,最高以每次事故责任限额的5%为限。

非机动车第三者责任保险的保险费在办理投保时,投保人按照合同约定向保险人一次缴清。如果被保险车辆灭失或报废,对未到期部分的保险费可按月计算退还保险费。此外,还有保险公司规定,非机动车第三者责任保险的保险责任开始前,投保人要求解除保险合同的,应当向保险人支付相当于保险费5%的退保手续费,保险人应当退还剩余部分保险费。

五、其他个人责任保险

除了上述四大类个人责任保险险种外,在国内外还有以下十个比较成熟的险种。

(一)管道爆裂渗漏责任保险

管道爆裂渗漏责任保险是一个在我国财产保险市场上开发比较早的家庭责任保险险种,但基本上是以附加险的方式出现。即在20世纪80年代到90年代的家庭财产保险中,附加有管道爆裂渗漏责任保险。目前,有的保险公司独立开发有家庭责任保险,管道爆裂渗漏责任保险便不再被附加在家庭财产保险险种的方式而被附加到家庭责任保险险种中了。管道爆裂渗漏责任保险承保被保险人或其家庭成员在保险合同有效期内,坐落于保险单上载明地点内的管道(特指自来水管、暖气管、排水管、排污管)发生爆裂或渗漏,致使第三者的财产遭受损失,依照我国法律规定应承担的经济赔偿责任。但该险种对于以下原因产生的损失、费用和赔偿责任,保险人一般不负责赔偿:①被保险人未按规范改动的管道或私自改动不允许改动的管道发生爆裂或渗漏。②违法安装管道、安装时使用不合格材料或有重大过失。③其他不属于本附加险责任范围内的损失、费用和赔偿责任。④主险责任免除条款列明的任一原因(类似如前述家庭责任保险险种免责责任中的任一条)。

(二)监护人责任保险

监护人责任保险,是指在保险合同有效期内,被保险人或其家庭成员中无民事行为能力或限制民事行为能力人员的民事行为造成第三者人身伤害或财产损失,其监护人依照我国法律规定应承担的经济赔偿责任,保险人按照保险合同的约定,在约定的赔偿限额内予以赔付的责任保险。监护人责任保险具有自身特殊的责任免除条款。除通常的责任免除事项外,对于下列原因造成的损失、费用和责任,保险人不负责赔偿:①被保险人或与其共同居住的成年家庭成员对被监护人的教唆。②被保险人及其家庭成员的人身伤亡和财产损失。③被监护人系精神病人所致的赔偿责任。监护人责任保险有独立销售的产品,但以附加险种居多,可附加在家庭责任保险中销售,也可附加在一般家庭财产保险险种中销售。

其保险费率一般根据投保人赔偿限额的档次和被监护人的年龄来确定。

(三) 烟花爆竹责任保险

烟花爆竹责任保险是专门为被保险人个人或其家庭成员在燃放质量合格的烟花爆竹时,对第三者造成的财产损失和人身伤亡,被保险人个人或其家庭成员按照我国法律规定应承担的经济赔偿责任而设计的险种。我国是一个烟花爆竹销售、消费的大国,虽然近几年来一些地方出台有禁燃禁放的规定,但烟花爆竹造成的民事损害赔偿责任风险也相当严重,为此,保险人销售这一保险险种有重要意义。但保险人在销售时,一般是以家庭财产保险险种或家庭责任保险险种的附加险形式进行销售。烟花爆竹责任保险除了承担的保险责任,及不承担一般家庭财产保险或家庭责任保险的免责责任外,对于以下原因产生的损失、费用和赔偿责任,保险人也不负责赔偿:①不在当地政府规定的允许燃放烟花爆竹的时间及区域内燃放所引起的事故。②购买非经政府批准销售的单位出售的烟花爆竹或质量不合格的产品所引起的事故。

(四) 房屋出租人责任保险

房屋出租人责任保险一般是附加在家庭财产保险中销售的个人责任或家庭责任保险险种,它承保保险期间内,由于被保险人的过失导致坐落于保险单载明地址内的出租房屋及其配套设施发生火灾、爆炸,电气线路或电器设备漏电、煤气泄漏、结构破坏或者倒塌等事故,造成房屋承租人及其家庭成员的人身伤亡,依法应由被保险人承担的经济赔偿责任,及经保险人事先书面同意,被保险人因发生保险责任范围内的事故给承租人及其家庭成员造成损害而被提起仲裁或者诉讼的,对应由被保险人支付的仲裁或者诉讼费用以及其他必要的、合理的费用。房屋出租人责任保险对于下列损失一般不予负责赔偿:①由于被保险人或其家庭成员的故意或者重大过失行为造成的人身伤亡,保险人不负责赔偿。②被保险人及其家庭成员的人身伤亡。③精神损害赔偿。④财产损失。⑤在不符合国家质量安全标准的出租房屋内发生的人身伤亡。⑥因保险事故造成的间接损失。⑦罚款、罚金或惩罚性赔偿。此外,出租的房屋被承租人用作从事仓储、生产或者经营性活动的场所时,不论任何原因导致的人身伤亡,对依法应由被保险人承担的经济赔偿责任,保险人一般也不负责赔偿。

(五) 农民个人责任保险

农民个人责任保险是专为农民提供的一种综合性个人责任保险,承保农民在日常生活和劳动过程中因故致使他人的身体受到伤害或财物损毁,根据法律应由被保险人负责的经济赔偿责任。其承保区域范围包括被保险人的住宅内、住宅外的日常生活活动以及田间、山地生产活动,其保险责任包括农民及其家庭成员的过失侵权行为所致的损害赔偿责任以及农民的静物责任和动物责任,如被保险人自建房导致第三者人身或财产损失、饲养的牲畜毁坏他人的庄稼而导致的损害赔偿责任,等等,保险人均予负责。

(六) 运动责任保险

运动责任保险承保个人或其家庭成员在运动时由于意外事故或过失致使他人的身体伤害或财物损毁,根据法律应由被保险人负责的经济赔偿责任,其承保区域范围一般指住宅外的运动如户外长跑、舞剑、骑车、投掷标枪、铅球、滑冰、滑雪等活动。

(七) 高尔夫球员第三者责任保险

高尔夫球员第三者责任保险在国外是一个比较成熟且销售量比较大的个人责任保险险种。在我国,目前有保险公司推出了类似的险种,但一般是以附加险形式或混合在其他财产或人身意外伤害保险中进行销售。高尔夫球员第三者责任保险一般承保被保险人因参加高尔夫球运动发生意外事故(包括球车事故),导致第三者(包括球场的雇员和财产)的人身伤害或财产损失,依法应由球员承担的法律赔偿责任,以及必要的诉讼及其他费用。但对于球员及其家属或受雇人(不包括球童)的身体伤害或死亡,或球员及其家属或受雇人(不包括球童)自用、租用、代人保管或管理的财物的损失,保险人一般不负责赔偿。

(八) 综合个人责任保险

综合个人责任保险是普遍适用的综合性个人责任保险,承保个人或其家庭成员在居住、从事体育运动及其他一切日常生活活动中致使他人身体伤害或财物损毁,根据法律应由被保险人负责的经济赔偿责任,其承保区域范围广,承担的责任风险大,是很受欢迎的个人责任保险业务。

(九) 个人职业责任保险

个人职业责任保险承保私人医生、律师、会计师、健身教练及其他个体专业技术人员如摄影师、理发师等的职业风险责任。凡是上述人员因工作中的疏忽或过失导致他人身体伤害或财物损毁,根据法律应由上述人员承担损害赔偿责任的,保险人均予负责赔偿。其特点是责任事故的发生及损害后果须与被保险人的职业活动有关,且不包括被保险人日常生活中的个人责任。由于个人职业责任风险较大,其承保条件和赔偿条件一般比普通职业责任保险(团体单位投保者)更为严格。

(十) 个人超额责任保险

个人超额责任保险是个人责任保险的附加险,承保各种个体专业技术人员及企业家在业务活动中可能造成他人财产损失或人身伤亡依法应负的超出个人责任保险所规定的最高赔偿限额的赔偿责任。该险种主要是针对经理人、律师、医生、会计师、保险代理人和工程师而设计的,被保险人要获得个人超额责任保险,须先投保个人责任保险或个人职业责任保险,即投保主险是投保附加险的基础和先决条件。值得指出的是,在美国,个人超额责任保险还承保非法拘捕、非法监禁、非法驱逐、非法拘留、诬告、口头或书面诽谤、人格诋毁和对隐私权的侵犯以及殴打或对人身攻击等带来的责任风险,其承保的条件是上述行为并非由被保险人或经被保险人的授意而为,或在驾驶汽车、船舶、飞机的过程中为防止损害的发生或保护他人人身或财产免受伤害而作出的上述行为。[①]

在国外个人责任保险市场上,还有射击运动员责任保险、猎人责任保险等若干具体险种。在众多个人责任保险险种中,家庭责任保险或住宅责任保险、综合个人责任保险是个人责任保险的主要业务来源,它更易被人们接受,更符合大众化的需要。运动责任保险和个人职业责任保险在西方发达国家虽然业务量不大,但普及程度高,因而也是有影响的个人责任保险业务。

---

① 所罗门·许布纳.财产和责任保险[M].陈欣,等译.北京:中国人民大学出版社,2002:429.

第七章　个人责任保险

第四节　案例分析

【案例 7-1】

某年 5 月 3 日,小文骑滑板车时不慎碰到某广场的立柱,小文与广场管理者协商后要赔付 1 000 元。这时,他想到了之前手机投保个人责任保险时在承保公司 App 上看到的"快速赔"服务。小文便在该 App 上一键报案,进入"快速赔"的操作界面,通过该 App 的智能指引,他自助拍照有关证明材料及办理理赔单证,用时不到 5 分钟就完成了理赔,1 000 元赔款立即到账。

点评:传统的理赔模式基于风险审核,包括查勘、定损、核赔、复查、收单等流程,单个案件平均需要近 6 人进入工作业务流程,需要与客户反复沟通 5 次以上,而该款个人责任保险"快速赔"是结合大数据,基于图片定损、OCR 票据识别、生物识别等技术搭建的 AI 智能理赔信用模型,为每位保险客户配置理赔信任额度,额度内的理赔款由保险客户自主操作赔付,全程将不再产生理赔人工审核作业,将保险客户在理赔中的繁琐缩减为零。目前,大部分保险公司将人工智能、区块链、云计算、大数据等最新技术不断应用于个人、家庭保险全流程管理,将产品与服务融入保险客户需求场景,依托公司开发的 App、智能一体机等设备,推动客户全流程服务线上化、数据化,实现客户智能录入、智能查勘、自助批改、自助理赔等多种智能服务,充分让广大保险消费者体验到科技背景下保险服务的便捷与简单,畅享保险服务新时代。

【案例 7-2】

某年 7 月 15 日傍晚,李某下班后将车停在住所楼下的公共过道旁边,正准备进入楼道回家,突然住 4 层庹某家的一小孩将其一玩具扔下来,刚好把李某停在楼下价值 80 多万的小车砸坏。经公安机关现场勘察,车损大约 6 万多元。后经李某投保车辆损失保险的 R 保险公司及汽车维修部门共同精准估损及维修,该车损失维修费为 64 057 元。R 保险公司在车辆损失保险合同项下赔偿了李某后,取得了向致害人的监护人庹某的代位追偿权。然而,庹某拒绝了 R 保险公司的索赔要求。拒赔的理由之一是肇事孩子仅仅是 5 岁儿童,不知任何风险,法律不追究无民事行为能力的人;拒赔的理由之二是,他已向 H 保险公司购买了监护人责任保险,即使要赔偿,也应找 H 保险公司索赔。而 H 保险公司则以"高空抛物"是犯罪行为属于保险合同免责责任为由而拒绝补偿。在与庹某及 H 保险公司就本次事故赔偿事宜协商未果后,R 保险公司以庹某与 H 保险公司为共同被告,提起了诉讼,要求后者对其进行 64057 元的车损险赔偿款予以补偿并承担相关诉讼费用。

不同观点:

本案在庭审中,原被告之间产生了如下争议:

(1) 被告方认为不应该赔偿。理由是:①监护人不应该担责。本案肇事者小孩才 5 岁,是无民事行为能力人,其抛玩具完全是一种无意识的自娱自乐行为,并非故意砸车子,谁知玩具却意外地被抛到窗外而砸坏了车辆,而当时小孩的监护人庹某正在厨房做饭,平常也经常教育小孩不要往楼下抛东西,且李某的车不应该停在公共过道上,如果停到车位上,其车就不会被砸。因此,这次小孩的无意识行为导致的损失,庹某不应该承担责任。②H保险公司不应该赔偿。一是监护人无责,监护人责任保险就无须赔偿。二是即使监护人有责,也属于"高空抛物"之责,而"高空抛物"属于犯罪行为,是保险合同免责的范围。③本案车辆被砸完全是一种意外事故,即李某车辆损失的近因是"外界物体坠落导致的损失",虽然这个外界物体是小孩的玩具,但因5岁小孩的行为属于无民事行为能力人的行为,对于车辆而言,完完全全是意外,就如车辆在公路上行驶,山坡上突然滚下一个小石头砸了一样,这属于车辆损失保险中的承保责任,这也是为什么R保险公司很爽快地在车损险中赔偿李某的原因所在。

(2) 原告方认为被告应该赔偿。理由是:①我国《民法典》第二十条规定:"不满八周岁的未成年人为无民事行为能力人,由其法定代理人代理实施民事法律行为。"该法第一千一百八十八条同时规定:"无民事行为能力人、限制民事行为能力人造成他人损害的,由监护人承担侵权责任。监护人尽到监护职责的,可以减轻其侵权责任。"本次事故,监护人没有尽到监护职责,否则就不会任由才5岁的小孩独自抛玩具玩耍,而且窗户不关好危险性不仅仅是玩具掉下去砸了车子的事情,小孩本身也面临着危险。因此,监护人庹某应承担侵权责任。②"高空抛物"是触犯法律的犯罪行为,我国《刑法》第二百九十一条之二第一款规定:"从建筑物或者其他高空抛掷物品,情节严重的,处一年以下有期徒刑、拘役或者管制,并处或者单处罚金。"我国《民法典》第一千二百五十四条也规定:"禁止从建筑物中抛掷物品。从建筑物中抛掷物品或者从建筑物上坠落的物品造成他人损害的,由侵权人依法承担侵权责任;经调查难以确定具体侵权人的,除能够证明自己不是侵权人的外,由可能加害的建筑物使用人给予补偿。可能加害的建筑物使用人补偿后,有权向侵权人追偿。"虽然我国追究刑事责任的年龄是必须年满14周岁,本案事件中小孩的年龄只有5岁不承担刑事责任,但作为无民事行为能力人的违法行为导致的民事损害责任必须依法承担。高空抛物由于具有极强的危险性,这也是法律将其定为犯罪行为的原因。对于本案小孩高空抛物行为,监护人无任何理由逃避监督义务。因此,本案庹某必须依法为其被监护人造成的损失承担赔偿责任。③我国《保险法》第六十条第一款规定:"因第三者对保险标的的损害而造成保险事故的,保险人自向被保险人赔偿保险金之日起,在赔偿金额范围内代位行使被保险人对第三者请求赔偿的权利。"本案李某车辆受损所支付的维修费完全是由于第三者所致,在R保险公司向其被保险人李某赔偿保险金之日起,就具有在赔偿金额范围内代位行使被保险人李某向庹某或其承保人请求赔偿的法律权利。

法院判决:

法院审理后认为:

(1) 被告庹某作为案涉5岁小孩的监护人,未依法履行监护义务,对小孩疏于监护,以致小孩在玩耍活动过程中将玩具从窗户抛出砸中李某的车辆,给李某造成损失。依我国《民法典》第二十条、第一千一百八十八条、第一千二百五十四条的相关规定,庹某应承担赔偿责任。

(2) 李某将车辆停放于小区公共过道旁边而没有停在停车位上,与车子被玩具砸中没有任何关联,且过道停车是物业经过小区全体业主推荐且业主委员会讨论同意了的为解决小区目前停车难问题的唯一方法。因此,庹某提交的证据不足以证明李某对于车辆的损失存在主观故意或者重大过失,故此不能减轻庹某的侵权责任。

(3) 依据《保险法》第六十条的规定,原告 R 保险公司享有对被告庹某的代位追偿权。至于 H 保险公司是否按其与庹某之间签订的《监护人责任保险合同》赔偿庹某或代庹某赔偿 R 保险公司,虽与本案无关,但鉴于 H 公司作为本案的被告被起诉,且事实清楚,本案就一并处理。

(4) 本案小孩导致的损失属于《监护人责任保险合同》的保险责任。我国《民法典》第二十条规定,不满八周岁的未成年人为无民事行为能力人。而我国《刑法》第十七条规定:"已满十六周岁的人犯罪,应当负刑事责任。已满十四周岁不满十六周岁的人,犯故意杀人、故意伤害致人重伤或者死亡、强奸、抢劫、贩卖毒品、放火、爆炸、投放危险物质罪的,应当负刑事责任。已满十二周岁不满十四周岁的人,犯故意杀人、故意伤害罪,致人死亡或者以特别残忍手段致人重伤造成严重残疾,情节恶劣,经最高人民检察院核准追诉的,应当负刑事责任。对依照前三款规定追究刑事责任的不满十八周岁的人,应当从轻或者减轻处罚。因不满十六周岁不予刑事处罚的,责令其父母或者其他监护人加以管教;在必要的时候,依法进行专门矫治教育。"也就是说,作为无民事行为能力人,本案 5 岁小孩不追究其刑事责任。依据 H 保险公司与庹某签订的《监护人责任保险合同》显示,该保险的保险责任是:在保险期限内,由被保险人的监护对象(被监护人)造成第三者人身伤亡或财产损失,依法应由被保险人承担赔偿责任时,保险人根据保险单的规定负责赔偿。而监护人责任保险的责任免除条款,虽然包括犯罪导致的第三者损失属于责任免除,但本案小孩的行为,法律不追究其刑事责任,即不属于犯罪行为,且本案有证据证明被监护人的行为不是被保险人庹某或与其共同居住的其他成年家庭成员对被监护人的教唆所致,被监护人导致的损失也非精神病人所致的赔偿责任,也就是说,本案小孩导致李某车辆损失也非其他免责责任范围,而属于《监护人责任保险合同》中的承保责任,H 保险公司应该按合同规定在保险责任范围内进行赔偿。

最后,法院判决庹某赔偿李某车辆损失维修费 64 057 元,因该损失属于 H 保险公司承保的《监护人责任保险合同》的赔偿责任,因此,庹某的赔偿款可由 H 保险公司直接支付给 R 保险公司。至于法律诉讼费用,法院判由原告与被告 H 各自承担一半。法院判决后,原被告双方均没有异议,判决生效。

启迪:

(1) 监护人的职责是代理被监护人实施民事法律行为,在保护被监护人的人身权利、财产权利以及其他合法权益等的同时,对被监护人造成他人损害的,也由监护人承担侵权责任。监护人尽到监护职责的,可以减轻其侵权责任,而没有履行监护职责的监护人,则是被监护人犯错后的第一责任人。正如本案中的儿童,属于无民事行为能力人,对是非过错还没有很清楚的认识、甚至完全不清楚,而作为孩子的监护人庹某,时刻要对被监护对象尽到监护责任。可作为监护人的庹某没有履行好监护职责,从而应当承担本次事故的损害赔偿责任。

(2) 高空抛物行为有可能涉及刑事和民事法律责任,应尽量避免。尽管本案车辆损害事件发生在"熊孩子"身上,但问题的根源还在于监护人的监护责任上。作为第一监护人,父母对孩子除负有法定抚养义务外,还应当树立家庭是第一个课堂、家长是第一任老师的责任意识,承担对未成年人实施家庭教育的主体责任,用正确思想、方法和行为教育未成年人养成良好思想、品行和习惯。该案同时告诉我们,居住或者处在高楼之上的公民,一定要有安全意识,坚决杜绝高空抛物、坠物的行为,以免危及他人生命、财产安全。

(3)"监护人责任保险"是面向有18周岁以下未成年孩子的家庭责任保险,主要保障由被保险人(父母)的监护对象(孩子)造成第三者人身伤亡或财产损失。投保监护人责任险主要是为了转移作为孩子监护人的经济赔偿责任。现实中,常见一些"熊孩子"引发巨额赔偿事件,如本案。如果有监护人责任保险,或许可以帮助监护人减轻一些经济赔偿支出。不过,虽然"监护人责任保险"能让监护人或家长松一口气,但监护人或家长并不能因为有此保险就"高枕无忧"。这是因为不同产品保障范围存在很大区别。我国责任保险市场上的不少产品,除了通常的责任免除事项外,对于被保险人或与其共同居住的成年家庭成员对被监护人的教唆、被保险人及其家庭成员的人身伤亡和财产损失、被监护人系精神病人所致的赔偿责任,保险人也不负责赔偿。此外,还有将弄坏首饰、损坏电子产品等常见情况也列为免责条款。因此,投保监护人责任保险时,需要注意其免责责任条款。

(4)对于受害车主而言,因自己的车辆已经购买了保险,首先向R保险公司索赔,这是明智之举。而R保险公司在赔偿后及时通过法院向小孩的监护人进行追偿是保险公司经营过程中控制自身损失风险的必要措施。

【案例7-3】

某年7月,某市职工张某购买了家庭财产保险附加家政责任保险,其中家政责任保险赔偿限额20万元,同年10月3日,张某居家保姆在浴室洗澡时突发疾病死亡,后经医生判断,保姆是因心肌梗塞猝死。保姆去世后,张某送了2万元的慰问金,但保姆家属提出了120万元的赔偿要求。张某觉得太冤,坚决不答应。后经警方、司法部门和所在社区的介入协调,张某和保姆子女达成协议,张某出于人道主义赔偿保姆子女8万元。事后,张某拿着相关材料向保险公司索赔,要求保险公司在家政责任保险项下赔偿其10万元。

不同观点:

保险公司收到理赔申请后迅速去往现场及相关部门了解情况,证实了张某所说保姆死亡及赔偿等情况属实,但在保险理赔问题上却发生了争议:

(1)保险公司不应该理赔。持本观点的人认为,本案中保姆是因心肌梗塞猝死,是保姆自身疾病所致,而非雇主张某所致,张某不用负法律责任。除非该保姆在张某家是因超劳动强度的工作致死或在干家务活时因其他意外事故如擦地滑倒导致死亡的,则张某要承担法律赔偿责任。鉴于本案事实清楚,保姆的死亡完全是疾病所致,非张某的责任。张某的10万元赔付仅仅是一种人道主义援助,而非法律责任赔偿。因此,保险公司在家政责任保险项下不应该理赔。

(2)保险公司应该理赔。持本观点的人认为,一是保姆作为张某的雇工,张某理应承担雇主赔偿责任。我国的《工伤保险条例》第十五条就规定,在工作时间和工作岗位,突发疾病死亡或者在48小时之内经抢救无效死亡的视同工伤。虽然保姆是在洗澡时猝死,但该保姆是居家保姆,其洗澡应是家务工作后必做的个人清洁内容,就如企业职工上下班时间属于工作时间或有的企业职工工作完成后在单位洗澡换下工作服发生事故均属于工伤事故一样。除非保姆在节假日放假休息不做家务而发生的事故可以免责。二是从医学角度来看,心肌梗塞猝死之前一般都有一定的前兆,比如胸闷、胸痛、血压下降、额头出冷汗、嗓子痛等症状,本案保姆可能有某些症状却没有说,而雇主张某未能发现保姆有异样,虽然没有过错,但从雇主责任的归责原则,应属于无过失责任,根据我国的《民法典》,无过失责任也是要承担赔偿责任的。三是张某主动支付的2万元慰问金及在警方、司法部门和所在社区的调解下支付的8万元,表面上是出于人道主义的补偿,但这个"人道主义"是出于保姆在其家做工的前提下,如果该保姆与其没有任何联系,张某这个"人道主义"的支出估计就不可能有。因此,张某的10万元补偿实际上是一种雇主责任赔偿。而家政责任保险的本质就是一种个人或家庭雇主责任保险,鉴于雇主责任保险的保障范围一般均包括无过失责任,因此,本案保险公司应依据合同规定对张某进行理赔。

(3) 保险公司可以酌情理赔。持本观点的人认为,一是张某作为一般的雇主,是不具备医学专业知识的普通人,对保姆死亡后果不具备预见的可能性,因此,张某不存在过错。二是保姆是否有过错无法定论。一方面,作为完全民事行为能力人,保姆对自身身体状态应比他人更清楚,当有不适时应该进行合理判断与处置,可其并没有提出任何不适需要休息等要求,从这方面说,其对后果有责任。但另一方面,也可能基于医学知识的贫乏,保姆对猝死的前兆并没有引起其注意及意识到严重性,猝死完全是一个意外;此外,求生是人的第一本性,保姆如果知道心肌梗塞的后果,也绝对会高度注意。因此,从这个角度说,保姆不可能为其猝死担责,或者说更不可能担责。三是根据我国《民法典》第六条规定:"民事主体从事民事活动,应当遵循公平原则,合理确定各方的权利和义务。"该法第一千一百八十六条规定:"受害人和行为人对损害的发生都没有过错的,依照法律的规定由双方分担损失。"张某作为保姆提供劳务的受益人,依民事活动的公平原则,对保姆死亡所造成的损失应该给予适当的补偿。也正因为如此,警方、司法部门和所在社区出面协同,张某同意在支付2万元慰问金后再同意支付8万元的人道主义补偿金。换言之,基于法律公平原则张某支付的这8万元可以视同为法律赔偿责任,而张某又购买了家政责任保险,此法律赔偿责任并不属于家政责任保险的免责责任,因此,保险公司应支付8万元的保险理赔金。至于张某2万元的慰问金并非法律赔偿金,保险公司可以不予理赔。

结论:

公平是法律的价值选择之一,也是社会公德的体现。最后,保险公司为了弘扬公平担当责任,结合上述第二种观点尤其是第三种观点,对张某进行了8万元的保险补偿。

【案例7-4】

某年5月13日傍晚,李某带其饲养的阿拉斯加雪橇犬遛弯经过一个商店,便将狗拴在商店旁边树下后进入商店购物,恰巧王某也带着自己的宠物京巴犬散步从此路过。京巴犬没有拴绳,其看见阿拉斯加犬后冲上去狂吠,两只犬对吼,被激怒的阿拉斯加犬挣脱绳子冲出来,和京巴犬撕咬在了一起。王某连忙上前救自家宠物,却被阿拉斯加犬咬伤了左腿。李某听见狗叫声急忙跑出商店,将王某解救后送往了医院。由于伤势较重,王某在医院治疗了20多天。出院后,王某与李某就赔偿问题未能达成一致,王某遂将李某及其投保的宠物责任保险公司一起告上了法庭,要求法院判令被告赔偿其医疗费12 340元、误工费8 100元、营养费15 000元、精神损失费30 000元、陪护费6 000元、住院伙食补助费

3 000元、交通费1 500元、祛疤美容费6 000元,合计81 940元。

不同观点:

第一种观点认为,被告方不应该赔偿。一是犬型动物作为具有生命力和攻击力却缺乏理智的特殊主体,饲养者应该承担较高的管理责任。原告王某所饲养的京巴犬虽为小型犬,但其极具挑事等攻击性的特征,而王某违反政府颁发的《××市养犬管理条例》的规定,携带犬只外出时并未用犬绳牵领犬只,未尽其高度注意的职责。我国《民法典》第一千二百四十六条规定:"违反管理规定,未对动物采取安全措施造成他人损害的,动物饲养人或者管理人应当承担侵权责任;但是,能够证明损害是因被侵权人故意造成的,可以减轻责任。"二是被告李某的阿拉斯加犬本已由被告用犬绳固定牵领在树下,是原告王某未用犬绳牵领其养殖的京巴犬对被告的阿拉斯加犬狂吠后,两狗才发生争执,阿拉斯加犬终被激怒而挣脱绳子冲出来,且原告在救助其京巴犬时用拍打阿拉斯加犬等非理性的处理方式处理两犬之争,以至于阿拉斯加犬咬伤了原告。对于一个完全民事行为能力人而言,这种做法是属于重大的过失行为。我国《民法典》第一千二百四十五条规定:"饲养的动物造成他人损害的,动物饲养人或者管理人应当承担侵权责任;但是,能够证明损害是因被侵权人故意或者重大过失造成的,可以不承担或者减轻责任。"综上,本案原告王某因自身的重大过失造成的损害,被告方当然可以不承担责任。

第二种观点认为,被告方应该赔偿。因野性使然,动物天生具备侵害他人的危险,因此,我国的《民法典》第一千二百四十五条对动物侵权采取的是无过失责任,即只要发生了饲养动物致人损害的后果,饲养人或管理人就应当承担民事责任。本案被告李某饲养的阿拉斯加犬虽栓了狗绳,但其将狗单独栓树下而去购物,没有意识到无人看管下狗有可能挣脱绳子而伤人,故其应该承担赔偿责任。

法院审理:

法院经过庭审调查认为,本案争议的焦点主要有二:一是被告李某对原告王某的受伤是否存在过错,如有,过错比例多少?二是原告王某的各项赔偿是否应予支持?为此,法院根据相关证据分析如下:

(1) 关于被告是否存在过错的问题。作为动物饲养人或者管理人,对所饲养的动物负有管束的义务,因而也就必须对动物所具有的危险性负责,保证其饲养的动物不至于造成他人损害,而一旦这种危险性造成损害,动物的饲养人或者管理人就应承担民事责任,这是我国《民法典》第一千二百四十五条明文规定的内容。该法第一千二百五十一条同时规定:"饲养动物应当遵守法律法规,尊重社会公德,不得妨碍他人生活。"本案中,被告擅自在行人必经的人行道上的绿化树下拴牵大型阿拉斯加雪橇犬,从而导致阿拉斯加雪橇犬挣脱铁制狗链伤害到原告身体。被告作为一个成年人应当预见犬只咬人的风险而放任风险的发生,应对原告的损失承担主要责任。但因原告王某遛狗不拴绳,其违反《××市养犬管理条例》,未遵守共同秩序,尊重社会公德,根据《民法典》第一千二百四十五条、第一千二百五十一条的规定,应承担本次事故损失的次要责任。至于被侵权人王某饲养的京巴犬存在的所谓故意挑逗的行为,这是动物的本能,无法成为侵权者李某免责的事由。同时,王某对阿拉斯加雪橇犬的拍打并未超出一般人的合理反应界限。因此,鉴于原、被告均有过错,综合本案起因、过程及结果,由原告承担30%的过错责任、被告承担70%的过错责任。

(2) 对于原告主张的赔偿项目及数额,根据相关发票、证据及原告所在单位财务管理规定,最终确定如下:门诊、住院医疗费 12 340 元、误工费 8 100 元、陪护费 4 000 元、住院伙食补助费 2 000 元、交通费 1 000 元。此外,因被告侵权致原告身体受伤、精神受到损害,法院认为原告可以请求赔偿相应的精神损害抚慰金。根据侵权行为造成的后果、侵权人承担责任的经济能力及本地区平均生活水平等因素综合考量酌定精神损害抚慰金为 2 000 元。上述费用共计 29 440 元。至于原告诉请的营养费、祛疤美容费因无医嘱证明,且金额远超相关规定,本次庭审不予支持。

结论:

最后,根据原被告责任承担比例,本案法院判被告按 70% 的责任赔偿原告的损失为 20 608 元,驳回原告王某的其他诉讼请求。同时,根据《保险法》第六十五条的规定,保险人对责任保险的被保险人给第三者造成的损害,可以依照法律的规定或者合同的约定,直接向该第三者赔偿保险金。责任保险的被保险人给第三者造成损害,被保险人对第三者应负的赔偿责任确定的,根据被保险人的请求,保险人应当直接向该第三者赔偿保险金。被保险人怠于请求的,第三者有权就其应获赔偿部分直接向保险人请求赔偿保险金。法院判本案被告之一保险公司可依据与李某签订的《宠物责任保险合同》直接向原告王某进行赔偿。

启迪:

(1) 随着越来越多的家庭开始饲养宠物,宠物伤人事件时有发生。宠物伤人的损害赔偿责任的承担问题成了人们比较关心的话题。一般情况下,侵权损害赔偿责任适用过错责任原则,但根据我国的《民法典》规定,饲养的动物致人损害的,动物饲养人或者管理人承担无过错责任。通俗地说,此类案件中的被侵权人无需证明饲养人或管理人对侵害的发生具有过错,只需证明自己遭受到其饲养动物的侵害,责任人即应负民事赔偿责任。只有在被侵权人本身存在故意或者重大过失时,责任人才得以免除或减轻赔偿责任。因此,动物所有人在日常生活中应当注重加强对饲养动物的管控力度,积极采取必要安全措施,防止动物在管控失序的情况下对他人造成侵害,否则将承担无过失责任。

(2) 饲养宠物是自由,文明养宠是责任。只有合法合规饲养,才能在安心享受宠物带来乐趣的同时,保障他人的生活安宁。因此,广大宠物饲养者或管理者应自觉遵守宠物饲养管理条例,切实担负起监管责任,提升文明饲养动物的意识,除了及时给宠物犬注射疫苗,并对宠物犬尽到看管责任外,外出遛狗时更要拴好绳子,避免自家宠物犬伤及他人甚至殃及自身。

(3) 宠物责任保险能够为宠物饲养者或管理者提供充分的风险保障服务。宠物是人类的朋友,可是不要忘记,任何宠物都具有原始的野性。人们是没有办法完全控制它们行为的发生的。所以,只有提前做好准备才能在遇到事情的时候,不慌乱、不后悔。我国责任保险市场上,保险公司提供有累计赔偿金额高达 100 万元的宠物责任保险。凡在保险期间内,由于被保险人合法饲养的宠物造成第三者人身伤害,依法应由被保险人承担经济赔偿责任的,保险人将根据合同的规定,在约定的赔偿限额内予以赔偿。有的产品还包括精神损害赔偿。因此,为了他人和自己的安全,在文明养宠的同时,选择并投保宠物责任保险,不仅可以为受害者提供保障,也可以减少自身的经济损失,充分享受宠物带来的快乐时光。

【案例 7-5】

李某驾驶电动三轮车将赵某的高档小汽车撞坏,致使赵某的小汽车产生维修费用达 75 000 元。交通部门的事故责任认定书认定李某承担主要责任(70% 的责任),赵某承担次要责任(30% 的责任)。李某的电动车及赵某的小汽车分别在 A、B 两家保险公司投保有第三者责任保险(赵某的车包含交强险)与车辆损失保险。事故发生时,两车均在保险期限内。B 保险公司经赵某申报,在车损险合同项下先行赔偿了其车辆维修费 22 500 元(即交通事故损失裁定的 30%),剩余 70% 的维修费即 52 500 元则让赵某找肇事者李某赔偿。后赵某起诉了 B 保险公司,B 保险公司在法院的判决下对赵某剩余的维修费用在车损险合同项下进行了全部赔偿。随后,B 保险公司向李某及其承保人 A 保险公司进行代位追偿,要求后者赔偿其代为支付的 70% 损失即 52 500 元,但李某与 A 保险公司均以交通部门对事故定责处理不当为由拒绝赔付。于是,B 保险公司将李某与 A 保险公司诉至法院,要求被告按交通部门裁定的责任补偿其代李某支付的赵某车损维修费 70% 的款项 52 500 元,并承担相关诉讼费用。

不同观点:

本案诉讼争议的焦点是交通事故中非机动车驾驶人对机动车一方车辆损失的赔偿责任认定问题。

第一种观点认为,李某或 A 保险公司应该按交通部门的定责进行赔偿。理由是《民法典》《道交法》及最高法院司法解释均把机动车方向非机动车方的赔偿责任作为特殊侵权责任,对机动车方自身的损失如何补偿却没有规定,鉴于两者性质不同,应推定按一般侵权来处理,即非机动车方承担和其过错相当的赔偿责任,判定其按照事故成因中的责任大小对车损进行赔偿。

第二种观点认为,李某或 A 保险公司均不应该赔偿。理由是,根据《道交法》优先保护非机动车方的立法目的、"优者危险负担"原则(该原则的目的是基于公平原则对交通事故中弱势一方的保护,意旨在受害人有过失的情况下,考虑到双方对道路交通注意义务的轻重,按机动车危险性的大小以及危险回避能力的优劣,分配交通事故的损害后果。)以及非机动车方违反对己注意义务的过错实质,只要非机动车方不是故意(无论主、次责任),即视为受害者,而本案李某并不是故意制造车祸,因此,无需对机动车的财产损失承担赔偿责任,即李某或 A 保险公司均不应该被 B 保险公司追偿。

第三种观点认为,李某或 A 保险公司应酌情赔偿。本案事故的发生,李某虽非故意,但并非无责。但相对于机动车一方而言,非机动车一方属于弱势方,可根据《民法典》的过错责任原则,依据《道交法》及通过以往的判案中对机动车的财产损失及非机动车驾驶人、行人的人身损害获赔等情况进行利益衡量,酌情减轻非机动车一方的赔偿责任,给予弱势方适当的倾斜保护。

分析:

上述三种不同的观点中,第三种观点是比较合法合理的。

(1)保险公司的赔偿责任是法定的。我国《道交法》第七十六条规定:"机动车发生交通事故造成人身伤亡、财产损失的,由保险公司在机动车第三者责任强制保险责任限额范围内予以赔偿;不足的部分,按照下列规定承担赔偿责任:(一)机动车之间发生交通事故的,由有过错的一方承担赔偿责任;双方都有过错的,按照各自过错的比例分担责任。(二)机动车与非机动车驾驶人、行人之间发生交通事故,非机动车驾驶人、行人没有过错的,由机动车一方承担赔偿责任;有证据证明非机动车驾驶人、行人有过错的,根据过错程度适当减轻机动车一方的赔偿责任;机动车一方没有过错的,承担不超过百分之十的赔偿责任。交通事故的损失是由非机动车驾驶人、行人故意碰撞机动车造成的,机动车一方不承担赔偿责任。"我国《民法典》第一千二百零八条也规定:"机动车发生交通事故造成损害的,依照道路交通安全法律和本法的有关规定承担赔偿责任。"也就是说,机动车与非机动车驾驶人、行人之间发生交通事故,机动车一方即使没有过错,也要对超过交强险赔偿限额的部分承担不超过10%的赔偿责任,这是法律规定的赔偿责任。本案中B保险公司承保的赵某小汽车按交通部门裁定有30%的过错责任,如果按照《道交法》上述第七十六条的规定,小汽车承保的B保险公司应先在交强险限额内进行赔偿,交强险赔偿不够的情况下,再根据过错程度在适当减轻机动车一方的赔偿责任下进行赔偿。但同时,我国《民法典》第一千一百六十五条规定:"行为人因过错侵害他人民事权益造成损害的,应当承担侵权责任。依照法律规定推定行为人有过错,其不能证明自己没有过错的,应当承担侵权责任。"也就是说,本案中的李某因过错侵害了赵某的民事权益,依法应当承担侵权责任,该侵权责任风险转移给了A保险公司,故A保险公司有代其承担责任的义务。

(2)在确定非机动车驾驶员、行人对机动车一方车辆损失的赔偿时,宜结合事故原因及责任划分、非机动车一方的人身损害获赔情况、机动车方的财产损失及投保情况等,酌情减轻非机动车一方的赔偿责任,给予其适当的倾斜保护。理由是:①若非机动车方的赔偿按一般侵权处理,有如下弊端:一是有违正义价值。此做法实质是将同一起交通事故人为地割裂为两个事件,非机动车一方的索赔按交通事故适用特殊侵权赔偿原则处理,而机动车一方的索赔按一般侵权处理,有违法律对同等情形应同等对待,同一事故引起不同主体之间的赔偿应遵循同一性的原则。二是违反公平原则。处理交通事故赔偿时,应重人的生命价值,贯彻以人为本理念。若机械按照事故责任比例确定非机动车方对车损的赔偿,将导致个案中人命不如车贵的极端问题,有违人伦道德。②若规定非机动车方非故意就可不赔偿机动车方损失,会产生如下问题:一是举轻以明重,与紧急避险的立法精神相悖。按照"不赔论"观点,假设行人横穿马路,机动车方正常行驶过程中紧急避险造成车辆损失,只要行人非故意制造事故即不承担责任,这与紧急避险的立法精神相违背。二是对弱势方过度保护,造成当事人间民事责任不平衡。尽管《道交法》突出了对弱势方非机动车驾驶人、行人的保护,但这种保护仅是适度地增加了机动车方的举证责任(无过错与过错推定原则)及赔偿比例(无过错时承担不超过10%的赔偿责任),并非无条件纵容非机动车方有责也不赔。③不利于引导非机动车方遵守交通规则,侵犯合法驾驶者的正当权益。就法的规范作用而言,法律的首要目的并非制裁违法行为,而是引导人们正确的行为,合法地参与社会生活。非机动车方在事故中过错的实质是违反了对己的保护注意,尽管法律不能因违反对己义务即判定其行为违法,要求其承担法律责任,但不意味着鼓励、纵容非机动车方违法而不受任何节制。

(3)通过利益平衡,彰显公平正义理念。《道交法》仅规定了机动车方的单向赔偿规则,但切不可以法无规定为由认为非机动车方有责也不赔,法无规定时还可以通过其他法律或法律解释来指导实践。《道交法》第七十六条第一款第(一)项规定了机动车之间的损害赔偿采用过错责任原则,第一款第(二)项机动车与非机动车、行人之间的损害赔偿否定了机动车之间按照责任比例分担赔偿的模式,第二款规定了只有非机动车方故意制造事故才可使机动车方免责,从体系解释角度充分体现了以人为本、人优先于车的立法安排。根据"优者危险负担"原则,机动车在对他人的危险性、防护自身的安全性、危险发生后获赔的保障性上均远高于非机动车和行人,《道交法》正是基于此立法目的给予了弱势方适当的倾斜保护。因此,在确定非机动车方的赔偿时,理应综合事故的发生原因、非机动车一方的人身损害获赔情况、机动车方的财产损失及投保情况等,对机动车财产损失的救济或补偿进行个案分析、权利平衡,给予非机动车方适当的倾斜保护,以免造成人命比豪车贱的错误价值导向,同时可有效倒逼驾驶员、行人严格遵守交通规则,建立规范有序的道路交通秩序。此外,《道交法》第七十六条虽然没有将非机动车规定为责任主体,但这也并不影响机动车一方对非机动车一方的损害赔偿请求权,因为机动车一方的请求权可以通过《民法典》第一千二百零八条和第一千一百六十五条确定。只有通过这样的利益平衡,才彰显公平正义理念。

结论:

最终法院酌定由李某承担55%的责任即41 250元。尽管B保险公司已经履行了全部赔付义务,但其只可在41 250元范围内代位行使追偿权。因李某在A保险公司购买了电动三轮车第三者责任保险,判决A保险公司依据其与李某签订的《非机动车第三者责任保险》合同偿还B保险公司41 250元;驳回B保险公司的其他诉讼请求。

复习思考题

一、名词解释

个人责任;个人责任保险;家庭责任保险;家政责任保险;宠物责任保险;运动责任保险;住宅责任保险

二、选择题

1. 承保家庭或个人法律风险的保险被称为(   )。
   A. 家庭责任保险   B. 公众责任保险   C. 个人责任保险   D. 雇主责任保险
2. 下列事件属于个人侵权行为造成对他人身体或财物的损害赔偿责任的是(   )。
   A. 骑车撞伤了人   B. 公交车驾驶员驾驶公交车时撞死了狗
   C. 小张砸了他人的电脑   D. 王某虐待了保姆
3. 下列责任属于家庭所有的静物责任的是(   )。
   A. 花炮炸伤了他人   B. 花盆掉下楼砸死了别人家小猫
   C. 走廊挂件刮破了邻居的衣服   D. 自来水管爆裂浸淹了楼下邻居家的家具
4. 保险期间因个人或家庭成员(被保险人)的过失而发生意外事故并造成第三人人身伤害、死亡或财物损失,依法律规定应负赔偿责任而受赔偿请求时,保险公司将对被保险人负赔偿责任的保险称为(   )。
   A. 家政责任保险   B. 火灾责任保险   C. 个人责任保险   D. 家庭财产保险
5. 家庭责任保险的除外责任包括(   )。
   A. 小轿车所造成的损害赔偿责任和费用
   B. 饲养的动物所造成的损害赔偿责任和费用
   C. 燃放烟花爆竹所引起的赔偿责任和费用
   D. 安装在室外的晾衣装置砸伤了行人引起的赔偿责任和费用
6. 犬类宠物责任保险的保险责任包括(   )。
   A. 被保险人的犬类宠物咬伤、咬死其他宠物引起的赔偿责任
   B. 因被保险人的犬类宠物原因引起他人患狂犬病的赔偿责任
   C. 被保险人的犬类宠物造成的水污染所引起的赔偿责任
   D. 被保险人的犬类宠物咬坏了他人的衣服所引起的赔偿责任
7. 下列属于运动责任保险承保区域范围的有(   )。
   A. 家庭游泳池   B. 户外长跑、舞剑   C. 骑自行车   D. 室内瑜伽
8. 主要根据保险人所承担的风险责任大小按基本限额一次性收取的个人责任保险费的计算依据(   )。
   A. 被保险人的身高   B. 被保险人居住的环境
   C. 赔偿限额   D. 免赔额
9. 个人责任保险的特点包括(   )。
   A. 投保人仅限于自然人   B. 个人职业责任保险不属于个人责任保险
   C. 投保人仅限于法人   D. 承保区域范围比公众责任保险要窄

10. 个人损害赔偿法律责任一般有( )。
   A. 动物责任　　　　B. 静物责任　　　　C. 侵权责任　　　　D. 行政责任

三、问答题

1. 个人侵权的民事损害赔偿责任的表现形式主要有哪些?
2. 在我国开办个人责任保险有何必要性?
3. 个人责任保险有哪些特点?
4. 如何进行个人责任保险的风险调查?
5. 个人责任保险费计算的依据是什么?
6. 目前,在我国开展宠物责任保险有市场吗? 为什么?
7. 如何进行个人责任保险业务经营的风险防范?

四、案例分析

1. 小周、小王夫妻俩到公园游玩,拿着香蕉边走边吃。小王吃完一只香蕉,顺手将香蕉皮扔在路上,这时,游客吴某踩到香蕉皮,跌倒摔伤,游客帮吴某拉住小王,吴某遂要求小王赔偿。

   问:(1) 小周、小王夫妻俩遭遇了什么风险?
   　　(2) 吴某的损害如果不能从小王处获得损害补偿,能否从公园经营者处获得补偿? 为什么?

2. 某日早晨,6岁女童安安在自家门前玩耍时,邻居李某家的一条狗突然蹿上来咬伤了其左面部。安安的母亲和李某一起立即将安安送往医院进行了治疗。治疗中,共花去医疗费4 200元,其中李某垫支1 000元。事后,安安妈妈要求李某除补偿自己支付的医疗费3 200元外,还要求其赔偿后续的医疗费、交通费、营养费、护理费合计8 100元及整容费5万元、精神损失费2万元。

   问:(1) 李某是否应该赔偿安安的妈妈要求其赔偿的各项费用? 为什么?
   　　(2) 如果李某购买了宠物责任保险,安安被狗咬伤的损失能否获得保险赔偿? 为什么?

3. 某年,某村村民毛某搬入新居,弃住了原来破旧的房屋。不久,毛某弃住的旧屋西面山墙突然倒向西边的公共通道,砸了李某的东间卧室,将正在睡觉的李某及5岁的儿子砸死。事故发生后,毛某因涉嫌以危险方法危害公共安全罪被县人民检察院批准逮捕。

   问:(1) 毛某应该负责其弃住的旧屋所带来的民事损害赔偿责任吗? 为什么?
   　　(2) 如果毛某面临民事责任赔偿风险,其能否将风险转嫁给保险公司? 为什么?
   　　(3) 如果毛某购买了个人责任保险,对于本案中的民事损害赔偿责任,保险公司负责赔偿吗? 为什么?

4. 小学生毕某等五人单独或结伙多次向同学席某敲诈、索要钱财,并对席某进行殴打。一天上午,毕某等五人又向席某索钱,席某未给,并告诉他们自己表哥要在放学后找他们解决问题。毕某等五人放学后遂将席某叫至学校旁边小路,对席某进行拳打脚踢,后又将他拖到小路旁边废弃的工地上,继续进行殴打,造成席某身体重伤。后席某父母向派出所报警,公安局对毕某等五人的行为分别给予了治安处罚。席某的伤情经医院治疗,共花费医疗费33 650元。席某及其父母诉至其居住地区人民法院,以毕某等五人的行为造成原告席某重伤,并导致席某精神高度恐惧为由,要求五名被告及其监护人赔偿席某医疗费33 605元、交通费598元、继续治疗费23 700元(含护理费8 000元)和精神损害赔偿费40 000元。

   问:(1) 毕某等五人的行为所导致的民事损害赔偿责任属于个人责任吗? 如果是,保险公司承保这样的民事责任风险吗?
   　　(2) 由于受害人身体和精神受到的伤害是由毕某等五人共同侵害所致,无法区分出每个被告或每次侵害给原告造成的损害程度和后果,那么,五名被告如何承担责任呢?

参考文献

[1] 许飞琼.责任保险[M].北京:中国金融出版社,2007.
[2] 许飞琼.财产保险与案例分析[M].北京:中国财政经济出版社,2022.
[3] 许飞琼.财产保险理论与经营实务[M].北京:国家开放大学出版社,2022.
[4] 许飞琼.经典保险案例分析100例[M].北京:中国金融出版社,2020.
[5] 许飞琼,郑功成.财产保险[M].6版.北京:中国金融出版社,2020.
[6] 许飞琼.财产保险案例分析[M].北京:中国金融出版社,2004.
[7] 郑功成.责任保险理论与经营实务[M].北京:中国金融出版社,1991.
[8] 许飞琼.保险学概论[M].北京:中国金融出版社,2019.
[9] 中国保险行业协会.责任保险行业承保指引汇编[M].北京:中国金融出版社,2016.
[10] 科林·史密斯.责任保险[M].彩芬,译.北京:中国金融出版社,1991.
[11] 邹海林.责任保险论[M].北京:法律出版社,1999.
[12] 所罗门·许布纳,等.财产和责任保险[M].陈欣,等译.北京:中国人民大学出版社,2002.
[13] 樊启荣.责任保险与索赔理赔[M].北京:人民法院出版社,2002.
[14] 国际咨询工程师联合会,中国工程咨询协会.职业责任保险入门[M].北京:中国计划出版社,2001.
[15] 王玉玲.责任保险(行业版)[M].北京:首都经济贸易大学出版社,2014.
[16] 张新宝.侵权责任法原理[M].北京:中国人民大学出版社,2005.
[17] 编写组.安全生产责任保险实施办法学习读本[M].北京:煤炭工业出版社,2018.
[18] 陆荣华.美国职业责任保险(上、下)[M].北京:中国金融出版社,2017.